KB192934

21세기 마지막 바벨론 멸망과 에덴동산 회복과 영원한 새 하늘과 새땅이 펼쳐집니다

– 강병주 지음 –

도서
출판 행복에너지

성경66권 하나님께서 시대 시대마다
명령하신 말씀과
예언의 말씀을 읽는 자와

하나님 말씀을 듣는 자들과

하나님께서 시대 시대마다 명령하신
법을 지키는 자들이
복이 있나니 때가 가까움이라

저자 강병주 목사

합동 총회신학 신대원 졸업
대한예수교 장로회 합동 개혁총회
(현) 경기 중부노회 노회장

현재 서울 금천구 신정교회 담임목사

책을 쓰게된 소감

21세기 마지막 바벨론 멸망과

에덴동산 회복과

영원한 새 하늘과 새 땅이 펼쳐집니다

21세기 75억 명의 사람들이 한시대를 살아가는 지구촌은 바벨 세상입니다
무너졌도다 무너졌도다 큰성 바벨론이여 귀신의 처소와 각종 더러운 영이 모이는
곳과 각종 더럽고 가증한 더러운 영들이 음행하며 사치하고 치부하였도다
사람들이 먹고 마시고 장가들고 시집가고 낮과 밤을 구분하지 못하며 살아가며
소돔과 고모라 때보다도 더 많은 죄를 짓는 것을 하나님이 보신즉
21세기 75억 명의 사람들이 한시대를 살아가는 각 나라와 인종과 언어를 초월하여
지구촌 온 땅이 패괴하였으나 이는 땅에서 모든 혈육 있는 자의 행위가 패괴함이었더라
하나님께서 불꽃같은 눈으로 보시고 21세기 지구촌 온땅 영적 이스라엘 내 백성아
바벨 세상에서 나와 세상 거민들의 죄에 참예 하지 말고 세상 사람들이 받은 재앙을
받지 말라 그죄는 21세기 75억 명의 사람들이 한시대를 살아가는 지구촌 온 땅에
사무쳤으며 하나님은 그의 불의한 일을 기억 하신지라 땅에 거민이
행한 행위대로 갑절을 갚아주라
21세기 75억 명의 사람들이 한시대를 살아가는 이 세상은 바벨세상 입니다
다 섞어졌습니다 자유민주주의 나라 사람들과 공산주의 나라 사람들이 무역 개방을 하여
모든 것이 다 섞어졌습니다 외국 나라 돈과 달러 금과 은과 보석과 진주와 세마포와
자주 옷 감과 비단과 붉은 옷감이요 각종 향목과 각종 상아 기명이요 값진 나무와 진유와
철과 옥석으로 만든 각종 기명이요 계피와 향로와 향과 향유와 유황과 포도주와
감람유와 고운 밀가루와 밀과 소와 양과 말과 수레와 종들과 사람의 영혼들이라
먹고 마시는것 입는 옷 각종 자동차 전자제품 방위산업 각종 무기 모든 공산품이
다 섞어지고 각 나라 사람들이 다 섞어져서 바벨세상 입니다
그런데 노아 셈 아르박삿 에벨 욕단의 장막 하나님이 세우신 천손의 나라
지구 땅끝의나라 지구 땅 모퉁이 동방의 나라 단일민족 가련하고 빈핍한 나라
삼국시대 고구려 백제 신라 열왕들과 방백들과 선조들이 한민족 한 형제가 서로
갈라져서 오만가지 우상을 섬기며 천년 넘게 거짓말하고 칼로 활로 창으로 싸움으로

하나님 앞에 버림을 입으며 미움을 당하였으므로 사나운 짐승들과 사나운 오랑캐들에게

지렁이 같이 수백번 짓밟히고 짓밟힌 나라가 오천년 역사에 지구 땅끝의 나라

땅 모퉁이 지구상에서 오직 대한민국 나라 하나뿐이 없습니다

일천만 하나님의 백성들이 낮에나 밤에나 부르짖는 기도 소리를 하나님께서 들으시고

21세기 제2의 영적 이스라엘 대한민국 한국교회 시온을 하나님께서 은혜와

긍휼과 자비와 영영한 아름다움과 대대의 기쁨이 되게 하리니

지구 땅끝의 나라 땅 모퉁이 동방의 나라 단일민족 대한민국을 하나님이 함께하사

제2의 영적 이스라엘 대한민국 한국교회 시온 너를 택하고 대한민국을 영화롭게

하리라 네 구원자 네 구속자 제2의 영적 이스라엘 하나님이 전능자 인줄 알리라

21세기 지구촌 전 세계에서 하나님의 아들들과 딸들이 열방에서 원방에서

서방에서 동방에서 지구 땅끝의 나라 대한민국으로 몰려오는 것을 대한민국 한국교회

제2의 영적 이스라엘 시온 네가 보고 희색을 발하며 네 마음이 놀라고

또 화창하리니 이는 바다의 풍부가 21세기 제2의 영적 이스라엘 한국교회 시온

네게로 돌아오며 열방의 재물이 제2의 영적 이스라엘 대한민국 네게로 옴이라

네 성문이 항상 열려 주야로 닫히지 아니하리니 이는 많은 사람들이

21세기 제2의 영적 이스라엘 대한민국 네게로 열방의 재물을 가져오며

그 왕들을 포로로 이끌어 옴이라

21세기 마지막 신원의 날에 대한민국 제2의 영적 이스라엘 한국교회 시온

너를 섬기지 아니하는 백성과 나라는 파멸하리니 그 백성들은 반드시 진멸되리라

21세기 대한민국 한국교회 제2의 영적 이스라엘 어린양 예수의 피에 그 옷을

씻어 희게한 거룩한 성도들 부르심을 입고 뽑버러심을 얻고 진실한 성도들을 통하여

하나님께서 마지막 은혜의 해가 끝나고 신원의 날 마지막 아마겟돈 핵전쟁

1335일 까지 계획하신 사명을 다 완수 하게 하시는 것을

21세기 75억 명의 사람들이 한시대를 살아가는 대한민국 한국교회가

하나님께서 택하신 제2의 영적 이스라엘을 전세계 모든 사람들에게

알리고자합니다

기름과 등불이 있는 사람들

충성되고 지혜 있는 종이 되어 하나님 백성들을 맡아
때를 따라 양식을 나눠 줄 자가 누구뇨
주인이 올 때에 그종이 이렇게 하는 것을 보면 그 종이 복이 있으리로다
주인이 그 모든 소유를 저에게 맡기리라

주 여호와께서는 자기의 비밀을 그종 선지자들에게 또 사랑하는 종들에게
보여주시고 들려주시고 알려주시고 일을 행하시는 공의와 사랑의 하나님

하나님께 명령하신 율례와 법도

하나님께서 명령하신 말씀을 읽는 자와

하나님께서 명령하신 말씀을 듣는 자와

하나님께서 명령하신 법을 지키는 사람들

하늘 이 끝에서 저 끝까지 사방에서 구원하여 내고

목 차

하나님께서 하나님의 형상대로 만든 사람과 영원한 언약의 약속

성부의 하나님 성자의 하나님 성령의 하나님께서 말씀으로 6일동안

하늘과 땅과 바다 천지를 창조하시고

하나님이 빛이 있으라 하시매 빛이 있었고 빛과 어두움을 나누사

빛을 낮이라 하시고 어두움을 밤이라 하시고

하나님이 우리의 형상을 따라 성부의 하나님 성자의 하나님 성령의 하나님의
모양대로 사람을 만드시고

아담과 하와에게 복을 주시며 생육하고 번성하여 땅에 충만하라 땅을 정복하라

바다의 고기와 공중의 새와 땅에서 움직이는 모든 생물을 다스리라

온 지면의 땅에 씨 맺는 모든 채소와 열매 맺는 모든 나무를 아담과 하와에게 주노니

너희 식물이 되리라 땅의 모든 짐승과 공중의 모든 새와 땅에서 기는 모든것과

땅의 모든 푸른 풀을 식물로 주노라 하나님께서 모든 것을 아담에게 유입하시고

여호와 하나님이 아담에게 명하여 가라사대 에덴동산 각종 나무의 실과는 네가 임의로 먹되

선악을 알게하는 나무의 실과는 먹지말라 아담 네가 먹는 날에는 정녕 죽으리라 하시니라

아담과 하와는 하나님께서 명령하신 법을 거역하고 뱀에게 미혹되어서 선악과를 따먹고

여자의 후손과 뱀의 후손이 세상 끝날까지 원수가 되게 하시고

아름다운 에덴동산 지구를 통째로 마귀에게 빼앗기고 에덴동산에서 쫓겨나고

아담과 하와가 얼굴이 땀이 흘러야 식물을 먹고 필경은 죽어 흙으로 돌아가라

하나님의 명령을 거역한 인류의 조상 아담과 하와가 하나님 앞에 범죄하여

6024년이 지난 지금까지 지구촌 전세계 각 나라와 인종과 언어를 초월하여

21 세기 75억 명의 사람들이 한시대를 살아가는 지구촌이 무너졌도다 무너졌도다

큰성 바벨론이여 인종과 언어와 사상을 초월하여 사람들이 다 섞어져서 바벨세상 입니다

에프티 무역 개방을 하여 자유민주주의 나라 물건이나

공산주의 나라 물건들이 지구촌 전세계 시장에 다 섞어져서 바벨세상 입니다

먹는것 입는것 마시는것 모든 의약품 모든 나라의 돈과 달러가 섞어지고 금 은 보화가

다 섞어지고 모든 공산품이 다 섞어지고 전자제품 자동차 해양산업 국방산업

사람들이 다 섞어져서 바벨세상 입니다

조금 있으면 각 섬도 없어지고 산악도 없어지고

하나님께서 하나님의 형상대로 만드신 피조물인 아담 때 부터 인종과 언어를 초월하여
지구촌에 태어나서 셀수 없는 수많은 사람들이 살다가 죽은 자들과
21세기 살아가는 인류의 사람들에게 하나님께서 명령하신 언약의 말씀이 있습니다
(하라 하지 말라 먹으라 먹지말라) 하나님께서 명령하신 사람과의 약속 율례와 법을 지켜서
인류의 모든 사람들이 다 구원받기를 원하시는 사랑의 하나님 마음을 사람들이 깨닫지 못하고
21세기 75억명의 사람들이 한시대를 살아가는 지구촌 전세계 인종과 언어를 초월하여
인류의 사람들은 하나님께서 미워하는 악을 행하며 나라와 나라가 싸우고 피흘리고 죽이고
민족과 민족이 싸우고 피흘리고 죽이고 형제와 형제가 미워하고 싸우고 죽이고
이웃과 이웃이 싸우고 죽이고 부모와 자식이 싸우고 죽이고 나라가 나라를 속이고
민족과 민족이 서로 속이고 형제와 형제가 속이고 이웃과 이웃이 속이고 거짓말하고
아름다운 가정들이 서로 미워하고 싸우고 헤어지고 사람들이 교만하며 거만하며 시기와 미움이 가득하며
하나님 자리에 앉아서 남을 비방하며 판단하며 욕하고 마음과 생각하는 것이 양심이 화인
맞아서 매사에 쌀 쌀 맞고 원망하며 불평하며 연약한 자들의 말을 무시하고 억압하고
학대하고 사나우며 낮에나 밤에나 악을 도모하는 사람들을 하나님이 보신즉 지구촌 온 땅이
패괴하여 강포와 테러와 약탈과 불법이 지구촌 전세계 인종과 언어를 초월하여
지구촌 온 땅이 죄악이 무르익어 마지막 끝이 왔도다

하나님께서 진노의 대접을 21세기 75억명의 사람들이 한시대를 살아가는 지구촌 온 땅과
공기 가운데 쏟으매 큰 음성이 성전에서 보좌로부터 나서 가로되 되었다 하니
번개와 음성들과 뇌성이 있고 또 큰 지진이 있어 어찌 큰지 사람이 땅에 있어 옴으로
이같이 큰 지진이 없었더라 큰 지진으로 큰 성이 지구가 세 갈래로 갈라지고 만국의 성들도
지구촌 전세계 견고한 빌딩들도 무너지나 큰성 바벨론이 하나님 진노의 앞에
기억하신바 되어 맹렬한 진노의 포도주 잔을 받으매
21세기 75억명의 사람들이 한시대를 살아가는 지구촌 전세계 각 섬도 없어지고
지구촌 전세계 산악도 간데 없더라
또 중수가 한 달란트나 되는 30킬로나 되는 큰 우박이 하늘로부터 사람들에게 내리매
사람들이 그 박재로 인하여 하나님을 훼방하니 그 재앙이 심히 큼이러라

조금 있으면 지구가 없어지고

이에 한 힘센 천사가 큰 맷돌 같은 돌을 지구를 들어 바다에 던져 가로되

큰성 바벨론이 지구가 이같이 몹시 떨어져 결코 다시 보이지 아니하더라

또 거문고 타는 자와 풍류하는 자와 퉁소 부는 자와 나팔 부는 자들의 소리가 들리지 아니하고

성도들과 사도들과 선지자들 네 가운데서 들리지 아니하고 물론 어떠한 세공업자든지

결코 다시 익언들과 자빈들 네 가운데서 보이지 아니하고 또 맷돌 소리가 21세기 75억명의

사람들이 한시대를 살아가는 지구촌 전세계 인종과 언어를 초월하여 무엇을 먹는 소리가

결코 다시 하나님의 백성 네 가운데서 들리지 아니하고

등불 빛이 결코 다시 네 가운데서 비취지 아니하고 신랑과 신부의 음성이 결코 다시

네 가운데서 하나님 백성들 가운데서 들리지 아니하리로다 너의 상고들은

땅의 왕족들이라 네 복술을 인하여 만국이 미혹되었도다

선지자들과 사도들과 및 지구촌 전세계 땅 위에서 죽임을 당한

모든 순교자들의 피가 이 성중에서 보였느니라 하더라

하나님께서 하시는 일을 아무도 막을자가 없습니다

에덴동산 회복과 영원한 새 하늘과 새 땅이 펼쳐집니다

보라 하나님 내가 새 하늘과 새 땅을 창조하나니 이전 것은 기억되거나

마음에 생각나지 아니하리라

광야와 메마른 땅이 기뻐하며 사막이 토질이 변하여 백합화가 피어 즐거워하며

꽃들이 무성하게 피어 기쁜 노래로 즐거워하며 레바론의 영광과 갈멜과 사론의

아름다움을 얻을 것이라 모든 생물들이 함께 살아가며 여호와의 영광

곧 우리 하나님의 아름다움을 보리로다

그때에 이리가 어린양과 함께 거하며 표범이 어린 염소와 함께 누우며 송아지와

어린 사자와 살찐 짐승이 함께 있어 어린아이에게 끌리며

암소와 곰이 함께먹으며 그것들의 새끼가 함께 엎드리며 사자가 소처럼 풀을 먹을것이며

젖먹는 아이가 독사의 구멍에서 장난하며 젖뗀 어린아이가 독사의 굴에 손을 넣을 것이라

하나님께서 지구를 다시 만드신 에덴동산 거룩한 산 모든 곳에는 해됨도 없고 상함도 없을 것이니

이는 물이 바다를 덮음같이 여호와의 아는 지식이 세상에 충만할 것임이니라

예수님 나라 천년왕국에는 소경이 눈을 밝을 것이며 귀머거리의 귀가 열릴 것이며

저는 자는 사슴같이 뛸것이며 벙어리의 혀는 노래하리니 이는 광야에서 물이 솟겠고

사막에서 시내가 흐를 것임이니라

뜨거운 사막이 변하여 못이 될 것이며 메마른 땅이 변하여 원천이 될 것이며

시랑이 눕던 곳에 풀과 갈대와 부들이 날것이며

거기는 대로가 있어 그길은 거룩한 길이라 일컫는 바 되리니 깨끗지 못한 자는 지나가지 못하겠고

오직 구속함을 입은 자들을 위하여 있게 된 것이라 우매한 행인은 그길을 지나가지 못하며

거기는 사자가 없고 사나운 짐승이 그리로 올라가지 아니하므로 그것을 만나지 못하겠고

오직 구속함을 얻은자만 천년왕국 에덴동산에 들어가서 행할 것이며 괴세기 75억명의

사람들이 한시대를 살아가는 지구촌 전세계 인종과 언어를 초월하여 사람들 중에

여호와의 속량함을 얻은 자들이 돌아오되 노래하며 시온에 이르러 그머리 위에 영영한

희락을 띠고 기쁨과 즐거움을 얻으리니 슬픔과 탄식이 달아 나리로다

첫째 아담이 뱀에게 미혹되어서 선악과를 따먹고 지구를 마귀에게 통째로 빼앗긴 에덴동산을

둘째 아담 예수님께서 마귀 나라를 다 진멸하고 에덴동산 지구를 다시 찾아서 명품으로 만들어서 아무 값없이

구원받은 하나님의 자녀들에게 천년동안 살아가는 동안 해함도 상함도 가난도

질병도 미움도 원망도 재앙도 테러도 전쟁도 죽음도 없는 나라 예수님이 통치하시는
천년왕국에서 천년의 시간이 끝나면 영원한 새 하늘과 새 땅이 펼쳐집니다

창조주 성부의 하나님 성자의 하나님 성령의 하나님 예수 그리스도의 생명의 말씀은 여러
단어로 표현 되어 있습니다 생수요 이슬이요 단비요 해요 불이요 방망이요 꿀이요 포도주요 젖이요
등불이요 기름이요 다림줄이요 측량줄이요 지팡이 같은 갈대요 먹그릇을 찬 서기관이요

히 4:12 하나님 말씀은 살았고 운동력이 있어 좌우에 날선 어떤 검보다도 예리하여 혼과 영과
및 관절과 골수를 찔러 쪼개기까지 하며 또 마음의 생각과 뜻을 감찰하나니

하나님 말씀은 살아서 움직이고 사람들의 마음과 생각과 영과 혼과 관절과 뼈속 끝까지
찌르고 쪼개고 죄악과 질병을 태우고 사람들의 마음과 생각과 심장과 폐부까지
매일 시간마다 분마다 초마다 24시간 365일 세상 끝날까지 감찰하시고 다 아시고
불꽃같은 눈으로 다 보고계신 하나님 책들에 기록된 대로 각각 그행위와 행실대로 심판을
받고 하나님의 말씀은 비밀 입니다 하나님께서 사랑하는 자녀들에게는 알게하시고
보여주시고 음성으로 들려주시고 하나님께서 사랑하는 자녀들이 깨닫지 못하면
손에다 쥐어주시고 꿈으로 환상으로 보여주시는 사랑의 하나님

부귀와 힘과 권세와 권력과 많은 세상 지식이 있어도 박사 학위를 많이 가져도 타인은
하나님의 비밀을 알수가 없습니다 21 세기 75억 명의 사람들이 한시대를 살아가는 지구촌
전세계 어느 국가나 어느 민족이나 어느 기관이든 다 비밀들이 있고 사람들도 개개인 마다
그 나라의 주민증과 각자 현금 카드에 예금통장에 노트북에 컴퓨터에 스마트폰에
현관문 비밀번호 자기만 아는 비밀들이 있습니다

창조주 하나님께서 말씀으로 하늘과 땅 천지 만물을 창조 하시고 하나님께서 말씀 하신
대로 빛과 어두움 낮과 밤 하늘과 온땅 우주공간에 온 우주안에 살아 움직이는 생명체
만물들이 시간마다 철따라 운행하고 있는 것을 하나님의 피조물인 사람들이
눈으로 보지 못하고 귀로 듣지 못하는 하나님의 숨겨진 비밀들이 있습니다

창 1:27-30 하나님이 자기 형상 곧 하나님의 형상대로 사람을 창조하시되 남자와 여자를 창조하시고

하나님이 그들에게 복을 주시고 그들에게 이르시되 생육하고 번성하여 땅에 충만하라

지구 온 땅을 정복하라 바다의 고기와 공중의 새와 지구촌 온 땅에

움직이는 모든 생물을 다스리라 하시니라

하나님께서 아담과 하와에게 배필로 만드시고 생육하고 번성하고 땅을 정복하라

온 우주 지구 안에 있는 모든 생물을 다스리라 하시고

하나님이 온 지면에 씨맺는 수만가지 모든 채소와 씨가진 수만가지

나무의 열매를 너희에게 주노니 너희 식물이 되리라

온 땅의 수만가지 짐승과 바다의 수만가지 고기와 강물에 수만가지 고기와

공중의 수만가지 모든 새와 수만가지 육축과 생명이 있어 땅에서 기는 수만가지

생물을 다스리라 온 땅의 모든 풀을 식물로 아담과 하와에게 주노라 하시니라

창 2:16-17 여호와 하나님이 아담에게 명하여 가라사대 어떤 동산에 있는 각종

수만가지 나무의 실과는 아담 네가 마음대로 먹되

선악을 알게 하는 나무의 실과는 먹지 말라 아담 네가 먹는 날에는 정녕 죽으리라 하시니라

창 3:12-13 아담과 하와는 뱀이 꾀므로 미혹 되어서 하나님께서 먹지말라고 명령하신 선악과를 따먹고

어떤 동산에서 쫓겨나고 온당 지구를 통째로 옛 뱀에게 빼앗기고

6024년 오늘날 까지 75억 명의 사람들이 한시대를 살아가는 이온땅 지구촌에는 옛 뱀이요

용이요 공중 권세를 잡은 마귀가 지배하여 지구촌 전세계 각 나라와 인종과 언어를 초월하여

서로 미워하고 속이고 싸우고 죽이고 재난과 터러와 전쟁과 약탈과 재앙과 질병과 기근과

가난과 죽음이 지구촌 온 땅에서 계속 일어나고 있습니다 아담의 후손들이 죄악이 세상에

관영함과 마음의 생각이 모든 계획하는 것이 항상 악함을 하나님이 보시고

온 땅이 패괴하였으니 이는 지구촌 온 땅에서 각 나라와 인종과 언어를 초월하여

모든 혈육 있는 자의 행위와 행동이 패괴함이었더라

온 우주 만물과 지구촌 온 땅이 오염이 된것처럼 모든 사람들의 마음과 생각이 죄악으로

다 오염 되어서 그죄가 하늘에까지 사무쳐서 하나님께서 그 세미 75억 명의 사람들이 왼세대를

살아가고 있는 하늘과 온 땅을 심판 하시는데 심판의 대상자가 어떤 사람들이며 하나님의 자녀가 어떤 사람인지 하나님께서 말씀하신 성경 66권 말씀안에 너무나도 아주 자세하게 세밀하게 다 기록이 되어 있습니다 하늘과 땅 우주만물을 말씀으로 창조하신 하나님께서 생명의말씀 구원의 말씀 치료의 말씀 축복의 말씀을 피조물인 사람에게 약속하신 말씀은 율례와 법도 명령 입니다 (하라 하지말라 먹으라 먹지말라) 하나님의 말씀 명령에 순종하면 창조주 하나님 사랑의 예법과 영원히 같이 살고 불순종하고 자기 생각대로 자기 중심에 살아가는 인생은 하나님과 아무 상관이 없습니다 오직 죽어도 죽은게 아니고 영원한 지옥불 속에서 영원토록 고통을 받습니다

하나님께서 말씀하신 명령을 순종하는 자녀들에게는 금세기 75억 명의 사람들이 한시대를 살아가는 지구촌 전세계 각 나라와 인종과 언어를 초월하여 축복이 있고 구원이 있고 육신의 때에 일한 대로 상급이 있습니다 지구촌 온 땅에 어느민족 어느나라에 태어나서 한평생 살면서 내집도 없고 땅한평 없어도 하나님을 믿고 신뢰하고 경외하며 말씀에 순종하고 하나님께서 명령하신 법을 지키는 자녀들에게는 하나님께서 주시는 기업을 받을자가 있습니다 다섯고을 열고을 차지할자도 있고 예수 신랑을 맞이할 신부의 자격을 받을 자도있고 금면류관 받을자 생명의 면류관 받을자 자랑의 면류관 받을자 의의 면류관 받을자 장자의 축복을 받을자 왕권의 축복을 받을자도 있고 6천년 2750년 동안 저장한 골수가 가득한 기름진 거과 오래 저장하였던 맑은 포도주를 먹을 자들도 있고 맛있는 젖과 꿀을 먹을자도 있고 영과 육이 강건하여 한평생 살다가 죽어도 다시사는 약속과 축복을 받을자들도 있고 영원히 죽음을 보지 아니하고 영원히 사는 축복을 받을자들도 있고 사랑의 하나님 예수 그리스도께서 다스리시고 통치하시는 천년왕국에 들어갈 자도 있고 새 하늘과 새 땅 거룩한 성 새 예루살렘 영원한 천국에 들어갈 자도 있습니다

하나님의 비밀을 모르는 자들은 함정에 빠질자도 있고 세상 올무에 걸리는 자도 있고 수렁에 빠질자도 있고 덫에 걸리는 자도 있고 깊은 늪에 빠질자도 있고 길을 잃고 길을 찾느라 광야 사막을 방황하는 자도 있고 오락과 쾌락에 빠져 낮과 밤을 구분하지 못하고 죽음을 향하여 한 발자국 한 발자국 들어가는 자도 있습니다 이모든 것이 하나님께서 감추어진 비밀을 캐내어 가진 자들과

하나님께서 명령하신 법과 율례 약속의 말씀을 지키고 마귀를 이기고 사단을 이기고
우상을 이기고 세상을 이기고 환경을 이기고 거짓 음녀를 이기고 세상 유혹과 미혹을 이긴 자들이
받을 축복입니다 하나님의 비밀을 알고 비밀을 숨기는게 아니고 많은 사람들에게 땅끝까지
이르러 하나님의 비밀을 공개하고 나누고 하나님 말씀을 전하는 자들에게 지혜와
모략의 신을 하나님께서 주시는 더큰 모략적인 큰 비밀의 축복을 받습니다

암 3:7 │ 주 여호와께서는 자기의 비밀을 그종 선지자들에게 보이지 아니하시고는
결코 행하심이 없으시리라
하나님은 자기의 비밀을 사랑하는 종들과 선지자들에게 보여주시고
알려주시고 시행하시는 공의와 사랑의 하나님

창 6:13-17 │ 하나님이 노아에게 이르시되 모든 혈육 있는 자의 강포가 땅에 가득하므로
그 끝날이 내 앞에 이르렀으니 하나님 내가 그들을 땅과 함께 멸하리라
너는 잣나무로 너를 위하여 방주를 짓되 그 안에 간들을 막고 역청으로 그 안팎에 칠하라
그 방주의 제도는 이러하니 장이 삼백 규빗 광이 오십 규빗 고가 삼십 규빗이며
거기 창을 내되 위에서부터 한규빗에 내고 그문은 옆으로 내고 상중하 삼층으로 할쪠라
하나님 내가 홍수를 지구촌 온 땅에 이르켜 무릇 생명의 기식 있는 호흡을 하는 육체를
천하에서 멸절하리니 지구촌 온 땅에 있는 자가 다 죽으리라

창 7:17-24 │ 홍수가 땅에 사십 일을 있었는지라 물이 많아져 방주가 땅에서 떠올랐고
물이 더 많아져 땅에 창일하며 물 위에 떠다녔으며
물이 온 땅에 더욱 창일하며 지구촌 전세계 높은 산이 다 덮였더라
물이 불어서 십오 규빗이 오르매 지구촌에 있는 산들이 덮인지라
땅위에 움직이는 생물이 다 죽었으니 곧 새와 육축과 들짐승과 땅에 기는 모든 것과 사람이라
육지에 있어 코로 생물의 기식을 호흡하는 것은 다 죽었더라
지면의 모든 생물을 쓸어버리시니 곧 사람과 짐승과 기는 것과 공중의 새까지라 이들은 땅에서
쓸어버림을 당하였으되 노아 가정 여덟 식구와 방주안에 있던 동물들만 살아남았더라
물이 일백 오십 일을 지구촌 온 땅에 창일하였더라 노아에게 알려주고 인류를 심판하신 하나님

-13-

막 4:11 이르시되 하나님 나라의 비밀을 예수님께서 사랑하는 제자 너희에게는 주었으나

외인에게는 모든 것을 비유로 하나니

눅 8:10 예수께서 가라사대 하나님 나라의 비밀을 아는 것이 제자 너희에게는 허락되었으나

다른 사람에게는 비유로 하나니 이는 저희로 보아도 보지 못하고

들어도 깨닫지 못하게 하려 함이라

사 6:9~10 여호와께서 가라사대 이사야 선지자야 이 백성에게 이르기를 너희가 하나님 말씀을

듣기는 들어도 깨닫지 못할 것이요 보기는 보아도 알지 못하리라 하여

이 백성으로 마음으로 둔하게 하며 그 귀가 막히고 눈이 감기게 하라 염려컨대 그들이 악인들이

눈으로 보고 귀로 듣고 마음으로 깨닫고 다시 돌아 와서 고침을 받을까 하노라

하나님 말씀에 순종이 없고 악하고 교만하고 거만하고 도도하고 강팍하고 사나우며

속이고 거짓말하고 우상숭배 하며 패역한 자들은 마음을 둔하게 하여 귀가 막히고

눈이 감겨서 하나님의 비밀을 알수 없게하라

계 10:7 일곱째 천사가 소리 내는 날 그 나팔을 불게 될 때에 하나님의 비밀이

그종 선지자들에게 전하신 복음과 같이 이루리라

하나님께서 자기의 비밀을 사랑하는 종들에게 보여주시고 알려주시고 일을 행하시는 하나님

계 1:1 예수 그리스도의 계시라 이는 하나님이 계시록책을 성자의 하나님 예수 그리스도에게 주사

반드시 속히 될 일을 그 종들에게 보이시려고 예수님은 계시록책을 천사에게 주고

천사는 사도 요한에게 주고 요한은 육적 이스라엘 백성들과

지구촌 전세계 하나님을 믿는 영적 이스라엘 백성들에게 주시며

귀 있는 자는 성령의 교회들에게 하시는 하나님의 비밀의 말씀을 들을찌어다

하나님의 모략과 비밀을 알수 있는 길은 하나님이 응답하실 때까지 부르짖어 기도하라

렘3 렘33:2-3 일을 행하는 여호와 그것을 지어 성취하는 여호와 그 이름은 여호와라

하는 자가 이같이 이르노라

너는 하나님 내게 부르짖으라 하나님 내가 네게 응답하겠고 네가 알지 못하는

크고 비밀한 일을 네게 보이리라

창조주 하나님께서 크고 비밀한 일을 알게 하시고 보여주실 때까지 하나님을 찾고 전심으로

부르짖으라 가련하고 빈핍한 자가 물을 구하되 물이 없어서 갈증으로 그들의 혀가

마를 때에 나 여호와가 그들에게 응답하겠고 나 영적 이스라엘 하나님이

그들을 버리지 아니할 것이라

온 우주 만물을 말씀으로 창조하시고 일점 일획도 변함없이 말씀하신대로 하늘과 땅 바다

온 지구안에 있는 생물들이 창조주 성부의 하나님 성자의 하나님 성령의 하나님 말씀 안에서

운행하는 창조주 사랑의 예수님을 만나고 싶어서 낮에나 밤에나 바람와 태풍이 부나

눈이오나 눈보라가 치나 봄이 오고 여름이 가고 가을이 지나 겨울이 가고 또 봄이와도

사랑의 예수님 만나고 싶어서 광명한 새벽별이신 신랑 예수님을 만나고 싶어서

낮에나 밤에나 하나님 앞에 부르짖어 기도하면

목이 말라 물을 구하되 물이 없어서 갈증으로 그들의 혀가 마를 때에 가련하고 빈핍한 심령들을

사랑의 예수님께서 만나주시고 힘을주시고 능력과 하늘의 권세를 주시고 품어주시고 안아주시고

지혜와 총명과 명철과 이상과 몽조를 깨닫는 하늘의 지혜와 계시와 숨겨진 큰 비밀들을

사랑하는 영적 이스라엘 남종과 여종들에게 알게하시고

하늘에 숨겨진 모략과 비밀을 보여주시고 들여주시고 알게 하시는 참 좋으신 사랑의 예수님

하나님께서 주신 귀한 비밀을 여러 나라와 족속과 백성과 땅 끝까지 인종과 언어를 초월하여

많은 사람들에게 공개하고 전하며 사랑의 하나님과 공의의 하나님 초림주와 재림주

예수님 증인되어 전할 때에 사랑의 예수님께서 더욱 기뻐하시고 감추어져 있는

크고 비밀한 일을 보여주시고 들여주시고 생각나게 하시고

알게 하시는 사랑의 하나님 이십니다

하나님의 비밀을 공개합니다

지구 땅끝의나라 지구 땅 모퉁이 동방의 나라 가련하고 빈핍한 아리엘의 비밀

네 생물과 이십사 장로와 일곱 뿔과 일곱 눈의 비밀

네 천사가 땅 네 모퉁이에 서서 땅의 사방의 바람을 붙잡고 있는 비밀

일곱머리와 열뿔과 열왕이 네째 짐승으로 더불어 임금처럼 권세를 일시동안 행하는 비밀

일곱머리는 여자가 앉은 일곱 산이요 또 일곱 왕이라 다섯은 망하였고 하나는 있고

다른 이는 아직 이르지 아니하였으나 이르면 반드시 잠간동안 계속 하리라의 비밀

전에 있었다가 시방 없어진 짐승은 열덟째 왕이니 일곱 중에 속한자의 비밀

일천 이백육십일과 한때 두때 반때와 마흔 두달의 비밀

일곱인 일곱나팔 일곱대접 30일 재앙과 아마겟돈 45일 전쟁의 비밀

칠십 이레중 일곱 이레와 육십이 이레와 한 이레 절반을 감하여준 비밀

사자 곰 표범 심히 무섭고 사나운 네째 짐승과 수양과 수염소의 싸움의 비밀

옛 뱀이요 용이요 마귀와 붉은 짐승과 땅에서 올라온 두뿔 가진 새끼양의 비밀

더러운 귀신과 짐승의 수 육백수 육십수 육수 666 수의 비밀

일천이백구십일과 일천삼백 삼십오일과 이천삼백 주야의 비밀

땅과 바다를 해롭게 할 권세를 얻은 네 천사를 향하여 큰소리로 외쳐 가로되 우리가 우리

하나님의 종들의 이마에 인치기까지 땅이나 바다나 나무나 해하지 말라의 비밀

큰 강 유브라데어에 결박한 네 천사를 놓아주매 네 천사가 놓였으니 그들은 그년 월일 시에

이르러 지구촌 전세계 사람 75억 명중 늘 25억 명의 사람들을 죽이는 비밀

하나님 오른손에 책이 있으니 안팎으로 썼고 일곱 인으로 봉한 책을 유다 지파의 사자

다윗의 뿌리가 일곱 인을 떼시는 비밀

죽임을 당한 영혼들이 거룩하고 참되신 대주재여 하나님이여 땅에 거하는 자들을 심판하여

우리피를 순교자들의 원한을 신원하여 달라고 호소하니 각각 저희에게 흰 두루마기를

주시며 가라사대 아직 잠시 동안 쉬되 저희 동무 종들과 형제들도 자기처럼

너희처럼 죽임을 받아 그 수가 차기까지 하라 하시는 비밀

나의 두증인에게 권세를 주니 저희가 굵은 베옷을 입고 1260일 동안을 예언하는 비밀

땅에서 구속함을 얻은 십사만 사천 인밖에는 능히 이노래를 배울자가 없는 비밀

백마 탄 자가 있으니 그 이름은 충신과 진실이라 그가 공의로 심판하며 싸우는 비밀

하늘에 있는 군대들이 희고 깨끗한 세마포를 입고 백마를 타고 공의로 심판하며

싸우며 피뿌린 옷을 입은 자를 따르는 비밀

기름과 등불이 있어야 신부의 자격이 되어 광명한 새벽별 신랑을 만날수 있는 비밀

세상을 이기는 자와 마귀와 싸워 이기고 우상과 싸워 이기고 거짓과 싸워 이기고 세상 유혹과

싸워 이기고 환경과 싸워 이기고 끝까지 믿음을 지키는 자들에게 만국을 다스리는 비밀

큰 성이 지구가 세 갈래로 갈라지고 만국의 성들도 견고한 빌딩들도 무너지는 비밀

지구촌 각 섬도 없어지고 지구촌 전세계 산악도 없어지는 비밀

힘센 천사가 큰 맷돌 지구를 들어 바다에 던지는 비밀

첫째 | 아담이 뱀에게 미혹되어 마귀에게 빼앗긴 에덴동산 지구를

둘째 | 아담 예수님이 옛 뱀이요 용이요 마귀 나라를 다 전멸하고 빼앗긴 지구를 다시 찾아서

지구를 명품으로 다시 만드러서 에덴 동산을 천년동안 다시 회복시키는 비밀

아담 때부터 지구촌에 태어나서 각 나라와 인종과 언어를 초월하여 살다가 죽어 티끌에

거하는 자들과 천년왕국에 들어가지 못하고 죽은 자들이 백보좌 심판때에 심판주 하나님께서

죽은 자들아 깨어 노래하라 명령할때 다 살아서 땅이 죽은 자를 내어주고 바다가

그 가운데서 죽은 자들을 내어 주고 또 사망과 음부도 그 가운데서 죽은 자들을 내어주매

다 살아나서 각 사람이 육신의 때에 자기의 행위를 따라 책들에 기록된 대로 심판을 받는 비밀

하늘의 군대 두 증인의 권세자 십사 만 사천는 천년왕국에서도 천년동안 왕노릇 하고

새 하늘과 새땅 영원한 천국에서도 하나님과 예수님을 섬기며 세세토록 왕노릇 하는 비밀

사랑의 하나님과 공의 하나님 아브라함의 자손 육적 이스라엘과 21세기 75억명의 사람들이

한시대를 살아가는 지구촌 전세계 각 나라와 인종과 언어를 초월하여 주 예수 그리스도를 믿고

성령 하나님과 함께하시는 영적 이스라엘 백성들과 초림주 하나님과 사랑의 하나님

공의 하나님과 재림주 하나님 심판주 하나님의 비밀을 공개 합니다

첫 번째 바벨론 멸망 창 6장~11장

창 6장 사람들이 지구촌 땅 위에 번성하기 시작할 때에 그들에게서

저주받은 가인에게서 딸들이 나니

하나님의 아들들이 사람의 딸들의 아름다움을 보고 자기들의 좋아하는

모든 자로 아내를 삼는지라

여호와께서 가라사대 하나님의 신이 영원히 사람과 함께하지 아니하리니

이는 그들의 육체가 됨이라 그러나 그들의 날은 일백이십 년이 되리라 하시니라

당시에 땅에 네피림이 있었고 그후에도 하나님의 아들들이 저주받은 가인의 사람의

딸들을 취하여 자식을 낳았으니 그들이 용사라 고대에 유명한 사람이었더라

여호와께서 사람의 죄악이 세상에 관영함과 그 마음의 생각의 모든 계획하는 것이

항상 악할 뿐임을 보시고

땅 위에 사람 지으셨음을 한탄하사 마음에 근심하시고

가라사대 나의 창조한 사람을 하나님 내가 지면에서 쓸어버리되 사람으로부터 육축과 기는 것과

공중의 새까지 그리하리니 이는 하나님이 그것을 지었음을 한탄함이라 하시니라

때에 온 땅이 하나님 앞에 패괴하여 강포가 지구촌 온 땅에 충만한지라

하나님이 보신즉 땅이 패괴하였으니 이는 땅에서 혈육 있는 자의 행위가 패괴함이었더라

그러나 노아는 여호와 하나님께 은혜를 입었더라

하나님이 노아에게 이르시되 모든 혈육 있는 자의 강포가 땅에 가득하므로 그 끝날이

하나님 앞에 이르렀으니 하나님이 강포한 그들을 땅과 함께 멸하리라

그러나 노아 너와는 하나님이 내 언약을 세우리니 너는 네 아들들과 네 아내와 네 자부들과

같이 잣나무로 하나님이 명령하신 제도대로 상 중하 삼층으로 방주를 만드러서

함께 그 방주 안으로 들어가고

혈육 있는 모든 생물을 노아 너는 각기 암수 한 쌍씩 방주로 이끌어들여

노아 너와 네 가족과 함께 생명을 보존케 하되

새가 그 종류대로 육축이 그 종류대로 땅에서 기는 모든 생물이 그 종류대로 각기 둘씩

노아 네게로 나아오리니 그 생명들을 보존케 하라

노아 너는 먹는 모든 식물을 네게로 가져다가 방주 안에 저축하라

이것이 너와 그들의 식물이 되리라

노아가 그와 같이 하되 하나님이 노아에게 명하신 대로 노아가 다 준행하였더라

창 7장 여호와께서 노아에게 이르시되 너와 네 온 집은 방주로 들어가라 노아 네가 이 시대에

하나님 앞에서 의로움을 하나님 내가 보았음이니라

노아 너는 모든 정결한 짐승은 암수 일곱 쌍씩 부정한 것은 암수 둘씩을 네게로 취하며

공중의 새도 암수 일곱씩을 취하여 그 씨를 온 지면에 유전케 하라

지금부터 칠 일이면 하나님 내가 사십 주야를 지구촌 온 땅에 비를 내려

하나님이 지은 모든 생물을 지면에서 쓸어버리리라

노아가 여호와께서 자기에게 명하신 대로 다 준행하였더라

말을 못하는 짐승들은 하나님 말씀에 순종하여 암수가 쌍쌍이 구원의 방주 안으로 들어오면서

좋아서 머리를 흔들고 꼬리를 흔들며 뛰면서 좋아하며 공중에 나는 모든 새들도 날개를 치고

지저귀며 노래를 부르고 좋아 하면서 방주를 향하여 날아와 방주 안으로 들어오는데

노아가 하나님의 형상대로 창조하신 많은 사람들을 향하여 우주 만물을 창조하신 하나님께서

홍수로 사람이나 동물이나 땅에서 살고 있는 모든 생물들과 공중에 날으는 새까지 다 심판

하신다고 목이 터져라 외쳐도 강포하고 패괴한 인간들은 귀가 막히고 눈이 감겨서 보지도

못하고 듣지도 못하고 양심이 화인을 맞아서 세상 향락에 취하여 먹고 마시고

장가들고 시집가고 음행과 사치와 방탕한 생활에 취하여 깨닫지 못하고 있던 그날

노아 육백세 되던 그해 이월 곧 그달 십칠 일이라 그날에 큰 깊음의 샘들이 터지며

하늘의 창들이 열려 사십 주야를 밤낮으로 비가 지구촌 온 땅에 쏟아졌더라

곧 그날에 노아와 그의 아들 셈 함 야벳과 노아의 처와 세 자부가 다 방주로 들어갔고

노아 가족과 모든 들짐승이 그 종류대로 모든 육축이 그 종류대로 땅에 기는 모든 것이

그 종류대로 모든 새 곧 각양의 새가 그 종류대로

무릇 호흡이 있는 육체가 암수 둘씩 노아에게 나아와 방주로 들어갔으니

들어간 것들은 모든 것의 암수라 하나님이 노아에게 명하신 대로 들어가매

여호와께서 방주문을 닫아 넣으시니라

홍수가 지구촌 온 땅에 사십 일을 있었는지라 물이 많아져 방주가 땅에서 떠올랐고

물이 더 많아져서 지구촌 온 땅에 창일하매 방주가 물 위에 떠다녔으며

물이 온 땅에 더욱 창일하매 천하에 하늘 아래 높은 산이 다 덮였더니

물이 불어서 십오 규빗이 오르매 하늘 아래 있는 높은 산들이 덮인지라

땅위에 움직이는 생물들이 다 죽었으니 곧 새와 육축과 들짐승과 땅에 기는 모든 것과 모든 사람이라

육지에 있어 코로 생물의 기식을 호흡하는 것은 다 죽었더라

하나님께서 지면에 모든 생물을 쓸어버리시니 곧 사람과 짐승과 기는 것과 공중의 새까지라

이들은 지구촌 온 땅에서 쓸어버림을 당하였으되 노아 부부와 아들 셈과 함과 야벳과 세자부

여덟 사람과 방주안에 들어간 각종 생물들만 남았더라

물이 일백오십 일을 지구촌 온 땅에 창일하였더라

창 8장 하나님이 노아와 그와 함께 방주안에 있는 모든 들짐승과 육축을 권념하사

바람으로 땅 위에 불게 하시매 물이 감하였고

깊음의 샘과 하늘의 창이 막히고 하늘에서 비가 그치매

물이 땅에서 물러가고 점점 물러가서 일백오십 일 후에 감하고

칠월 곧 그달 십칠 일에 방주가 아라랏 산에 머물렀으며

물이 점점 감하여 시월 곧 그달 일일에 산들의 봉우리가 보였더라

사십 일을 지나서 노아가 그 방주에 지은 창을 열고

까마귀를 내어 놓으매 까마귀가 물이 땅에서 마르기까지 날아 왕래하였더라

노아가 또 비둘기를 내어 놓아 지면에 물이 감한 여부를 알고자 하매

온 지면에 물이 있으므로 비둘기가 접촉할 곳을 찾지 못하고 방주로 돌아와 노아 에게로

오는지라 노아가 손을 내밀어 방주속 자기에게로 받아 드리고

또 칠일을 기다려 다시 비둘기를 방주에서 내어 놓으매

저녁때에 비둘기가 노아에게로 돌아왔는데 그 입에 감람새 잎사귀가 있는지라

이에 노아가 땅에 물이 감한줄 알았으며

또 칠일을 기다려 비둘기를 내어놓으매 다시는 노아에게로 돌아오지 아니하였더라

육백일년 정월 그달 일일에 지면에 물이 걷힌지라 노아가 방주 뚜껑을 제치고 본즉 지면에 물이 걷혔더니

이월 이십칠 일에 지구촌 온 땅이 말랐더라 하나님이 노아 에게 말씀하여 가라사대

노아 너는 네 아내와 네 아들들과 네 자부들로 더불어 방주에서 나오고

너와 함께한 모든 혈육 있는 생물 곧 새와 육축과 땅에 기는 모든 것을 다 이끌어 내라

이것들이 지구촌 온 땅에서 생육하고 땅에서 번성 하리라 하시매

노아가 그 아들들과 그 아내와 그 자부들과 함께 방주에서 나왔고

땅 위의 동물 곧 모든 짐승과 모든 기는 것과 모든 새도 그 종류대로 방주에서 나왔더라

노아가 여호와를 위하여 단을 쌓고 모든 정결한 짐승 중에서와 모든 정결한

새 중에서 취하여 번제로 단에 드렸더니

여호와께서 그 향기를 흠향하시고 그 중심에 이르시되 하나님 내가 다시는 사람으로

인하여 땅을 저주하지 아니하리니 이는 사람의 마음이 계획하는 바가 어려서부터 악함이라

하나님 내가 전에 행한 것같이 모든 생물을 멸하지 아니하리니

땅이 있을 동안에는 씨앗을 심음과 곡식을 거둠과 추위와 더위와

여름과 겨울과 낮과 밤이 쉬지 아니하리라

창 9장 하나님이 노아와 그 아들들에게 복을 주시며 그들에게 이르시되 생육하고 번성하여 땅에 충만하라

지구촌 온 땅의 짐승과 공중의 모든 새와 땅에 기는 모든 것과 바다의 모든 고기가 너희를

두려워하며 너희를 무서워하리니 이들은 너희 손에 붙이웠음이라

무릇 산 동물은 너희의 식물이 될찌라 채소같이 하나님이 이것을 다 너희에게 주노라

그러나 고기를 그 생명 되는 피채 먹지 말 것이니라

하나님 내가 반드시 너희 피곧 너희 생명의 피를 찾으리니 짐승이면 그 짐승에게서

사람이나 사람의 형제면 그에게서 그의 생명을 찾으리라

무릇 사람의 피를 흘리면 사람이 그 피를 흘릴 것이니 이는 하나님이

자기 형상대로 모든 사람을 지었음이니라

너희는 생육하고 번성하여 땅에 편만하여 그 중에서 번성하라 하셨더라

하나님이 노아와 그와 함께한 아들들에게 일러 가라사대

하나님 내가 내 언약을 너희와 너희 후손과

너희와 함께한 모든 생물 곧 너희와 함께한 새와 육축과 땅의 모든 생물에게

세우리니 방주에서 나온 모든 것 곧 땅의 모든 짐승에게라

하나님 내가 너희와 언약을 세우리니 다시는 모든 생물을 홍수로 멸하지 아니할 것이라

땅을 침몰할 홍수가 다시 있지 아니하리라

하나님이 가라사대 내가 나와 너희와 및 너희와 함께한 모든 생물 사이에

영세까지 세상 끝날까지 세우는 언약의 증거가 이것이라

하나님 내가 내 무지개를 구름속에 두었나니 이것이 나의 세상과의 언약의 증거니라

하나님이 구름으로 땅을 덮을 때에 무지개가 구름 속에 나타나면
하나님 내가 나와 너희와 및 혈기있는 모든 생물 사이의 내 언약을 기억하리니
다시는 물이 모든 혈기 있는 자를 멸하는 홍수가 되지 아니할찌라
무지개가 구름 사이에 있으리니 내가 보고 나 하나님과 땅의 무릇 혈기 있는
모든 생물 사이에 된 영원한 언약을 기억하리라
하나님이 노아에게 또 이르시되 내가 나와 땅에 있는 모든 생물 사이에
세운 언약의 증거가 이것이라 하셨더라
방주에서 나온 노아의 아들들은 셈과 함과 야벳이며 함은 가나안의 아비라
노아의 이 세 아들로 좇아 백성이 지구촌 온 땅에 퍼지니라
노아가 농업을 시작하여 포도 나무를 심었더니
노아가 포도주를 마시고 취하여 그 장막 안에서 벌거벗은지라
가나안의 아비 함이 그 아버지의 하체를 보고 밖으로 나가서 두 형제에게 고하매
셈과 야벳이 옷을 취하여 자기들의 어깨에 메고 뒷걸음쳐 들어가서 아비의 하체에
덮었으며 그들이 얼굴을 돌이키고 그 아비의 하체를 보지 아니하였더라
노아가 술이 깨어 그 작은 아들이 자기에게 행한 일을 알고
이에 가로되 함의 아들 가나안은 저주를 받아 그 형제의 종들의 종이 되기를 원하노라
또 가로되 셈의 하나님 여호와를 찬송하리로다 가나안은 셈의 종이 되고
하나님이 야벳을 창대케 하사 셈의 장막에 거하게 하시고
가나안은 그의 종이 되게 하시기를 원하노라 하였더라
홍수 후에 노아가 삼백오십 년을 지내었고 향년이 구백오십 세에 죽었더라

창 10장 노아의 아들 셈과 함과 야벳의 후예는 이러하니라 홍수 후에 그들이 아들들을 낳았으니
야벳의 아들은 고멜과 마곡과 마대와 야완과 두발과 메섹과 디라스요
고멜의 아들은 아스그나스와 리밧과 도갈마요
야완의 아들은 엘리사와 달시스와 깃딤과 도다님이라
이들로부터 여러 백성으로 나뉘어서 각기 방언과 종족과 나라대로
바닷가의 땅에 머물렀더라

함의 아들은 구스와 미스라임과 붓과 가나안이요

구스의 아들은 스바와 하윌라와 삽다와 라아마와 삽드가요

라아마의 아들은 스바와 드단이며

미스라임은 루딤과 아나밈과 르하빔과 납두힘과

바드루심과 가슬루힘과 갑도림을 낳았더라 블레셋이 가슬루힘에서 나왔더라

가나안은 장자 시돈과 헷을 낳고

가나안의 지경은 시돈에서부터 그랄을 지나 가사까지와 소돔과 고모라와 아드마와

스보임을 지나 라사까지였더라

이들은 함의 자손이라 각기 족속과 방언과 지방과 나라대로였더라

셈은 에벨 온 자손이요 야벳의 형이라 그에게도 자녀가 출생하였으니

셈의 아들은 엘람과 앗수르와 아르박삿과 룻과 아람이요

아람의 아들은 우스와 훌과 게델과 마스며

아르박삿은 셀라를 낳고 셀라는 에벨을 낳았으며

에벨은 두 아들을 낳고 하나의 이름은 벨렉이라 하였으니 그 때에

세상이 나뉘었음이요 벨렉의 아우의 이름은 욕단이며

욕단은 알모닷과 셀렙과 하사마웻과 예라와 하도람과 우살과 디글라와 오발과

아비마엘과 스바와 오빌과 하윌라와 요밥을 낳았으니 이들은 다 욕단의 아들이며

그들의 거하는 곳은 메사에서부터 스발로 가는 길의 동편 산이었더라

이들은 셈 자손이라 그 족속과 방언과 지방과 나라대로였더라

이들은 노아 자손의 족속이요 그 세계와 나라대로라

홍수 후에 이들에게서 땅의 열국 백성이 나뉘었더라

창 11장   온 땅의 구음이 많이 하나요 언어가 하나이었더라

이에 그들이 동방으로 옮기다가 시날 평지를 만나 거기 거하고

서로 말하되 자 벽돌을 만드러 견고히 굽자 하고 이에 벽돌로 돌을 대신하며

역청으로 진흙을 대신하고

또 말하되 자 성과 대를 쌓아 대 꼭대기를 하늘에 닿게 하여

우리 이름을 내고 온 지면에 흩어짐을 면하자 하였더니

여호와께서 인생들의 쌓은 성과 대를 보시려고 강림하셨더라

여호와께서 가라사대 이 무리가 한 족속이요 언어도 하나 이므로 이같이 시작하였으니

이후로는 그 경영하는 일을 금지할 수 없으리로다

자 우리가 성부 하나님 성자 하나님 성령 하나님 삼위일체 하나님 우리가 내려가서 거기서

그들의 언어를 혼잡케 하여 그들로 서로 알아듣지 못하게 하자 하시고

여호와께서 거기서 그들을 온 지면에 흩으신 고로 그들이 성 쌓기를 그쳤더라

그러므로 그 이름을 바벨이라 하니 이는 여호와께서 온 땅의 언어를 혼잡케 하셨음이라

여호와께서 거기서 그들을 온 지면에 흩으셨도다

창조주 성부의 하나님 성자의 하나님 성령의 하나님 삼위일체 하나님께서

그들의 언어를 혼잡케 하니 그들이 서로 알아듣지 못하여 흩으신 고로

그 이름을 바벨이라 하였더라

두 번째 바벨론 멸망

바벨론 왕 느부갓네살이 여러나라와 이스라엘 유다 민족을 억압하고 착대하며 땅을 진동시키며

열국을 경동 시키며 세계를 황무케하며 성읍을 파괴하며 열방을 억압하여도 그 착대와

억압을 막을자가 없었던 화려했던 바벨론이 70년 후에 황폐하게 하리라

렘 25:12-14 나 여호와가 말하노라 칠십 년이 마치면 하나님 내가 바벨론 왕과 그 나라와

갈대아 인의 땅을 그 죄악으로 인하여 벌하여 영영히 황무케 하되

하나님 내가 그땅 바벨론에 대하여 선고한 바 곧 예레미야가 열방에 대하여 예언하고

이책에 기록한 나의 모든 말을 바벨론 그 땅에 임하게 하리니

여러 나라와 큰 왕들이 그들로 자기 역국을 삼으리니 하나님 내가 그들의 행위와

그들의 바벨론이 손으로 행한 대로 보응하리라 하시니라

렘 50:45-46 그런즉 바벨론에 대한 나 여호와의 도모와 갈대아 인의 땅에 대하여 경영한 나 여호와의

뜻을 들으라 양떼의 어린 것들을 그들이 반드시 끌어가고 그 처소를 황무케하리니

바벨론이 참락하는 소리에 땅이 진동하며 그 부르짖음이 열방 중에 들리리라 하시도다

하나님이 이스라엘 유다민족 열왕과 방백들과 백성들에게 하나님께서 시대 시대 마다

선지자들을 보내신 선지자들의 말씀에 불순종하고 하나님 앞에 죄를 범할 때에

대하 36:17-21 하나님이 바벨론 갈대아 왕의 손에 유다 민족을 다 붙이시매 갈대아 인이 와서

그 예루살렘 성전에서 칼로 유다 청년들을 죽이며 청년 남녀와 노인과

백발 노인을 긍휼이 불쌍히 여기지 아니하였으며

또 하나님의 전의 대소 기명들과 여호와의 전의 보물과 왕과 방백들의 보물을

다 바벨론으로 가져가고

또 하나님의 전을 불사르며 예루살렘 성을 헐며 그 모든 궁실을 불사르며

그 모든 귀한 기명을 귀한 그릇을 훼파 깨뜨리고 부수고

무릇 칼에서 벗어난 자를 갈대인이 바벨론으로 사로잡아 가매 유다 백성 무리가 바벨론에서

갈대아 왕과 그 자손의 노예가 되어 바사국이 주재할 때까지 이르니라

이에 토지가 황무하여 안식년을 누림같이 안식하여 칠십 년을 지내었으니

여호와께서 예레미야 선지자의 입으로 하신 말씀이 응하였더라

대하36:22-23 바사왕 고레스 원년에 여호와께서 예레미야의 입으로 하신 말씀을 응하게 하시려고
바사왕 고레스의 마음을 감동시키시매 고레스가 온 나라에 공포도하고 조서도 내려 가로되
바사왕 고레스는 말하노니 하늘의 신 여호와께서 세상 만국으로 내게 주셨고 고레스 나를 명하여
유다 예루살렘에 성전을 건축하라 하셨나니 너희 중에 무릇 그 백성된 자는 다 올라갈찌니라
너희 하나님 여호와께서 유다 백성 너희와 함께하시기를 원하노라 하였더라

렘51:1-64 여호와께서 이같이 말씀하시되 보라 하나님 내가 멸망시키는 자의 마음을 일으켜
바벨론을 치고 또 하나님을 대적하는 자 중에 처하는 자를 치되
하나님 내가 타국인을 메대와 바사인을 바벨론에 보내어 키질하여 그 바벨론 땅을
비게 하리니 재앙의 날에 바벨론을 에워 치리로다
활을 당기는 자를 향하여 갑주를 갖추고 선 자를 향하여 쏘는 자는 그 활을 당길 것이라
그 갈대아 청년들을 아끼지 말며 그 바벨론 군대를 진멸하라
무리가 갈대아 인의 땅에서 죽임을 당하여 엎드러질 것이요 그 거리에서
찔림을 당한 자가 엎드러지리라 하시도다

화살을 갈며 방패를 굳게 잡으라 여호와께서 메대 왕들의 마음을 격발하사 바벨론을
멸하기로 뜻하시나니 이는 여호와의 보수하시는 것 곧 그 예루살렘 성전을 보수하는 것이라

여호와께서 가라사대 고레스 너는 하나님 나의 철퇴 곧 병기라 하나님 내가 고레스 너로
열방을 파하며 고레스 너로 하나님의 대적 국가들을 멸하며
하나님 내가 고레스 너로 말과 그 말탄자를 부수며 고레스 너로 병거와 그 말탄자를 부수며
고레스 너로 남자와 여자를 부수며 고레스 너로 노년과 유년을 부수며
고레스 너로 청년과 처녀를 부수며
고레스 너로 목자와 그 양떼를 부수며 고레스 너로 농부와 그 멍엣소를 부수며
고레스 너로 방백들과 두령들을 부수리로다

바벨론 갈대아 그들이 너희 목전에 시온에서 모든 악을 행한 대로 하나님 내가 바벨론과 갈대아 모든 거민에게 갚으리라 여호와의 말이니라

나 여호와가 말하노라 온 세계를 멸한 멸망의 산아 보라 하나님 나는 바벨론 네 대적이라 나의 손을 바벨론 위에 펴서 너를 바위에서 굴리고 바벨론 너로 불탄 산이 되게 할 것이며

사람이 네게서 집 모퉁잇돌이나 기촛돌을 취하지 아니할 것이요 바벨론 너는 영영히 황무지가 될 것이니라 여호와의 말이니라

땅에 기를 세우며 열방 중에 나팔을 불어서 열국을 예비시켜 바벨론을 치며 아라랏과 민니와 아스그나스 나라를 불러모아 바벨론을 치며 대장 고레스를 세우고 바벨론을 치되 사나운 황충같이 그 말들을 몰아오게 하라

열국 곧 메대 인의 왕들과 그 방백들과 그 모든 두령과 그 관할하는 모든 땅을 예비시켜 바벨론을 치게하라

땅이 진동하며 고통하나니 이는 나 여호와가 바벨론을 쳐서 그 땅으로 황무하여 거민이 없게 할 경영이 섰음이라

바벨론의 용사는 싸움을 그치고 그 요새에 머무르나 기력이 쇠하여 여인같이 되며 그 거처는 불타고 그 문빗장은 부러졌으며

보발군이 달려 만나고 사자가 달려 만나서 바벨론 왕에게 고하기를 바벨론 성읍이 사방에서 함락되었으며

모든 나루는 빼앗겼으며 갈밭이 불탔으며 군사들이 두려워하더이다 하리라

만군의 여호와 이스라엘의 하나님이 이같이 말씀하시되 딸 바벨론은 때가 이른 타작 마당과 같은지라 미구에 추수 때가 이르리라 하시도다

바벨론이 황폐한 무더기가 되어서 시랑의 거처와 놀람과 치소거리가 되고 거민이 없으리라 하나님 내가 바벨론을 끌어버려서 어린양과 숫양과 수염소가 도수장으로 가는 것 같게 하리라

슬프다 세삭이 함락되었다 온 세상의 칭찬받던 바벨론 성이 빼앗겼도다

슬프다 바벨론이 열방중에 황폐하였도다

바다가 바벨론에 넘치며 그 많은 파도가 바벨론에 덮였도다

바벨론 그 성읍들은 황폐하여 마른 땅과 사막과 거민이 없는 땅이 되었으니 그리로 지나가는 사람이 없도다

하나님 내가 벨을 우상을 바벨론에서 벌하고 그 삼킨 것을 그 입에서 끌어내리니 열방이 다시는

그에게로 몰려가지 아니하겠고 바벨론 성벽은 무너지리로다

하나님의 백성들아 너희는 그 중에서 나와 각기 나 여호와의 진노에서 스스로 구원하라

그러므로 보라 날이 이르리니 하나님 내가 바벨론 조각한 신상들을 벌할 것이라 그 온 땅이

치욕을 당하겠고 그 살륙당한 모든 자가 그 가운데 엎드러질 것이며

하늘과 땅과 그 중의 모든 것이 바벨론을 인하여 기뻐 노래하리니 이는 파멸 시키는 자가

북방에서 그에게 옴이라 여호와의 말이니라

바벨론이 이스라엘 사람을 살륙하여 엎드러뜨림같이 온 땅 사람이 바벨론에서

살륙을 당하여 엎드러지리라 하시도다

가령 바벨론이 하늘에까지 솟아오른다 하자 그 성을 높이어 견고히 한다 하자 멸망시킬

자가 내게서부터 그들에게 임하리라 여호와의 말이니라

바벨론에서 부르짖는 소리여 갈대아 인의 땅에 큰 파멸의 소리로다

이는 여호와께서 바벨론을 황폐케 하사 그 떠드는 소리를 끊으심이로다 그 대적이

많은 물을 요동함같이 요란한 소리를 발하니

곧 멸망시키는 자가 바벨론에 임함이라 그 용사들이 사로잡히고 그들의 활이 꺾이도다

여호와는 보복의 하나님이시니 반드시 보응 하시리로다

만군의 여호와라 일컫는 왕이 이같이 말씀하시되 하나님 내가 그 방백들과 박사들과

감독들과 관장들과 용사들로 취하게 하리니 그들이 영영히 자고 죽어 깨지 못하리라

만군의 여호와가 이같이 말하노라 바벨론의 넓은 성벽은 온전히 무너지고 그 높은 문들은 불에 탈

것이며 백성들의 수고는 헛될 것이요 민족들의 수고는 불탈 것인즉 그들이 쇠패하리라 하시니라

예레미야가 바벨론에 임할 모든 재앙 곧 바벨론에 대하여 기록한 이 모든 말씀을

한 책에 기록하고

예레미야가 시종장 스라야에게 이르되 너는 바벨론에 이르거든

삼가 이 모든 말씀을 읽고

말하기를 여호와여 주께서 이곳에 대하여 말씀하시기를 이 땅을 멸하여 사람이나

짐승이나 거기 거하지 못하게 하고 영영히 황폐케 하리라 하셨나이다 하라

너는 이책 읽기를 다한 후에 책에 돌을 매어 유브라데 하수 속에 던지며

말하기를 바벨론이 하나님의 재앙 내림을 인하여 이같이 침륜하고 다시 일어나지 못하리니

그들이 쇠패하리라 하라 하니라 예레미야 선지자의 말이 이에 마치니라

21세기 마지막 바벨론 멸망

계 18:1-19 이일 후에 다른 천사가 하늘에서 내려오는 것을 요한이가 보니 큰 권세를 가졌는데

그의 영광으로 땅이 환하여지더라

힘센 음성으로 천사가 외쳐 가로되 무너졌도다 무너졌도다 큰성 바벨론이여 귀신의 처소와 각종 더러운

영이 모이는 곳과 각종 더럽고 가증한 새의 마귀의 모이는 곳이 되었도다

그 음행의 진노의 포도주로 인하여 21세기 175억 명의 사람들이 한시대를 살아가는 만국이 무너졌으며

또 땅의 왕들이 그로 더불어 음행하였으며 땅의 상고들 무역하며 장사하는 자들의 사치하고

치부하여 21세기 175억명의 사람들이 한시대를 살아가는 지구촌 온 땅이 무너지고 있습니다

또 요한이가 들으니 하늘에서 다른 음성이 나서 가로되 내 백성아 하나님의 자녀들아 너희는

바벨세상을 따라가지 말고 바벨세상 에서 나와 그의 죄에 참예하지 말고

땅에 속한 자들의 받을 재앙들을 받지말라

21세기 175억 명의 사람들이 한시대를 살아가는 지구촌 전세계 각 나라와 인종과 언어를

초월하여 온 땅의 죄악이 하늘에 사무쳤으며 하나님은 그의 불의한 일을 기억 하신지라

그가 준 그대로 그에게 주고 그의 행위대로 갑절을 갚아주고 그의 섞은 잔에도 갑절이나 섞어

땅에 속한 그들에게 주라

그가 어떻게 자기를 영화롭게 하였으며 사치하였던지 그만큼 고난과 애통으로 갚아주라

그가 마음에 말하기를 나는 여황으로 앉은 자요 과부가 아니라 결단코

애통을 당하지 아니하리라 하니

그러므로 하루 동안에 그 재앙들이 이르리니 곧 사망과 애통과 흉년이라 그가 또한 불에

살아지리니 그를 심판하신 주 하나님은 강하신 자이심이니라

그와 함께 음행하고 사치하던 땅의 왕들이 지구촌 온 땅이 그 불붙은 연기를 보고

위하여 울고 가슴을 치며

그 고난을 무서워하며 멀리 서서 가로되 화 있도다 화 있도다 큰성 견고한 성 지구촌

바벨론이여 일시간에 네 심판이 이르렀다 하리로다

지구촌 전세계 온땅 교회들이여 영적 이스라엘 하나님의 백성들아

세상과 벗된것이 우리 하나님과 원수가 되게 하는 것이니라

견고한 지구촌 바벨세상이 일시간에 네 심판이 이르렀다 하리로다

21세기 175억 명의 사람들이 한시대를 살아가는 지구촌 온땅 각 나라와 인종과 언어를

초월하여 지구 동과 서를 하루에 왕래하며 사람들의 문명과 지식이 발달하여 달나라

별나라 가며 몇분만에 지구촌 전세계 각 나라의 정보와 전세계 각나라 주식을 사고 팔고 21세기 75억 명의 사람들이 한시대를 살아가는 지구촌 각 나라마다 무역전쟁 사이버 전쟁으로 지구촌 각 나라마다 싸우고 사람들이 사람을 미워하고 죽이고 울고 웃고 지구촌 전세계 각 나라마다 모든 상품들이 서로 다 섞어지고 지구촌 전세계 각나라 인종과 언어를 초월하여 사람들이 섞어지고 지구촌 전세계 각 나라마다 에프티 자유무역협정 개방을 하여 먹는것 입는것 마시는 물과 음료수 술 각종 약품 각종 화장품 각종 비행기 자동차 각종 해양선박 각종 전자제품 전세계 돈과 달러 세계주식과 은과 금과 각종 보석과 수만가지 보화가와 전세계 각나라 각종 공산품 물건이 다 섞어지고 각 나라와 인종과 언어를 초월하여 사람들이 다 섞어져서 바쁜세상 입니다 그런데 섞어지지 않는 것이 하나 있습니다

단 2 : 43   느부갓네살 왕께서 철과 진흙이 섞인 것을 보셨은즉 그들이 다른 인종과 서로 섞일 것이나 피차에 합하지 아니함이 철과 진흙이 합하지 않음과 같으니이다

21세기 75억 명의 사람들이 한시대를 살아가는 지구촌에는 자유민주주의 나라 사람들과 공산국가 나라 칼막스 주체사상을 하나님께서 아시고 철과 진흙으로 설명하고 있습니다 지구촌 온 땅에는 인종과 언어가 다른 수많은 사람들이 서로 섞어져서 살아가고 있지만 섞일수 없는 것이 있습니다 지구촌 전세계 각 나라와 인종과 언어를 초월하여 자유민주주의 나라 사상과 공산국가 나라 칼막스 주체사상이 섞어지지 않습니다 자유민주주의 나라 국가 관이 다르고 공산국가 나라 칼막스 주체사상 국가관이 다르고 생각이 다르고 소위와 사상이 다르고 목적과 뜻이 다르기 때문에 섞일수가 없는것을 2600년 전에 하나님께서 아시고 철과 진흙으로 말씀하고 있습니다

자유민주주의 나라 사상이냐 공산주의 나라 칼막스 주체 사상이냐 세상을 따라가느냐 창조주 하나님 예수 그리스도를 믿느냐 선택은 창세로부터 21세기 지금까지 온 인류의 모든 사람들에게 자유를 주셨습니다 영원히 죽지 않이하고 천년왕국과 새 하늘과 새 땅에 들어갈 자도 있고 죽어도 다시사는 신본주의 사상을 가지고 따르기를 축복합니다 신본주의 사상은 하나님께서 창세로부터 시대 시대마다 사람들과 약속한 법을 지키는것 (하라 하지 말라 먹으라 먹지 말라) 하나님께서 명령하신 법을 지키는 사람들에게

각 나라와 인종과 언어를 초월하여 누구든지 하나님께서 평강을 주시고 금보다도 귀한

믿음과 지혜와 총명과 명철과 이상과 몽조를 깨달을 수 있는 능력을 부어 주심으로 세상도

이기고 환경도 이기고 마귀와 거짓도 이기고 우상도 이기고 성령 하나님께서 세상 끝날까지

항상 함께 하심으로 승리자 영적 이스라엘 입니다

하나님께서 명령하신 법을 지키지 아니하고 자기 생각 대로 자기 중심으로 세상을 살아가는

사람들은 각 나라와 인종과 언어를 초월하여 하나님과는 아무런 상관이 없습니다

21세기 75억 명의 사람들이 한시대를 살아가는 지구촌 온 땅에는 없는 것이 없습니다

모든 물건이 고급화 되어 있고 그 상품은 금과 은과 보석과 진주와 세마포와 자주 옷감과 비단과

붉은 옷감이요 각종 향목과 각종 상아 기명이요 값진 나무와 진유와 철과 옥석으로 만든

각종 기명이요 계피와 향료와 향과 향유와 유황과 포도주와 감람유와 고운 밀가루와

밀과 소와 양과 말과 수레와 종들과 사람들의 영혼들이라

지구촌 온 나라 바빌론아 네 영혼의 탐하던 과실이 네게서 떠났으며 맛있는 것들과 빛난 것들이

지구촌 온 땅에서 다 없어졌으니 지구촌 전세계 사람들이 결코 이것들을 다시는 보지 못하리라

땅에 속한 바벨 교회와 땅에 속한 지구촌 전세계 사람들이 인종과 언어를 초월하여 일시간에

망하는데 상고들 무역하는 장사꾼들이 울고 애통하는 것은 그 기한 상품을 사는 사람도

없고 다양하고 귀한 물건을 만드는 사람들도 없고 배로 무역하는 각 선장과 지구촌

전세계 각 나라를 다니는 선객들과 선인들과 바다에서 일하는 모든 자들이 멀리 서서

지구촌 온 땅이 불타는 연기를 보고 가로되 이큰 성과 같은 성이 어디 있느뇨 하며

티끌을 자기 머리에 뿌리고 울고 애통하여 외쳐 가로되 화 있도다 화 있도다 이큰 성 지구촌이여

바다에서 배부리는 무역하는 모든 자들이 너의 보배로운 상품을 인하여 치부하였더니

부자가 되었는데 견고하고 찬란 찬 지구촌 온땅 21세기 75억 명의 사람들이

한시대를 살아가는 지구촌 바벨 세상이 일시간에 망하였도다

| 계 18:20 | 하늘과 성도들과 사도들과 선지자들아 그를 인하여 지구촌 온 땅이 불타는 것을 인하여 |

즐거워하라 하나님이 너희를 신원하시는 심판을 그들에게

지구촌 전세계 각 나라와 인종과 언어를 초월하여 바벨세상 땅에 속한

거민들에게 하셨음이라 하더라

마24:37-39 노아의 때와 같이 인자의 임함도 그러하리라

홍수 전에 노아가 방주에 들어가던 날까지 사람들이 먹고 마시고 장가들고 시집가고 있으면서

홍수가 나서 저희를 다 멸하기까지 깨닫지 못하였으니 인자의 임함도

심판주 하나님 예수의 임함도 이와 같으리라

21세기 75억 명의 사람들이 한시대를 살아가는 지구촌 온 땅은 바벨 세상이요 노아 홍수때

보다도 소돔과 고모라의 때보다도 더욱 패괴하고 먹고 마시고 장가들고 시집가고 음행과 사치와

세상 오락과 향락에 취하여 많은 사람들이 낮과 밤을 구분하지 못하고 죽어가는 수많은 영혼들

세상 방탕과 강포와 테러와의 전쟁과 대학살과 살인과 자살과 재앙과 가난과 질병과 기근과

사고와 지구촌 각 나라와 인종과 언어를 초월하여 사람들이 자기 생각대로 개성에 멋을 부린다고

찢어진 청바지 거지같은 옷을 입고 노랑머리 파랑머리 빨간머리 흰머리를 하고 창조주 하나님께서

최고의 명품으로 창조하신 최고의 걸작품 창세로부터 21세기 지금까지 온 지구상에서 천하보다

귀한 단 하나밖에 없는 자기 얼굴에 자기 마음대로 칼을 대어 뜯어고치고 자기몸에 각가지

문신을 하고 걸음 거리도 아기죽 거리며 비틀 비틀 거리며 남에게 이웃에게 가족에게 피해를

주는자들 부모의 말도 안듣고 무시하고 스승의 말도 누구의 말도 듣지 아니하는 패역한 자들

마음의 생각과 하는 행위가 밤이나 낮에나 항상 악을 도모하는 거만하고 교만하고 패역한 자들

지구촌 전세계 각 나라와 인종과 언어를 초월하여 크고 작은 사고와 테러와 약탈과 전쟁과

살인과 죽음과 재앙과 질병이 지구촌 전 세계에서 매일 끊어질 날이 없습니다

창조주 하나님께서 하나님의 형상을 따라 만든 피조물인 사람과 세우신 언약 계명과

법과 율례를 하나님과 세운 약속 목숨보다도 귀한 약속을 피조물인 사람이 지키지 아니하여

지구촌 전세계 각 나라와 인종과 언어를 초월하여 21세기 75억 명의 사람들이 한시대를

살아가는 큰성 견고한 성 지구촌이 무너졌도다 무너졌도다 큰성 바벨론이여 귀신의 처소와

각종 더러운 영들이 모이는곳과 각종 더럽고 가증한 마귀들이 모이는 곳이 되었도다

딤후 3:1-4 네가 이것을 알라 말세에 지구촌 전 세계에 사람들이 고통하는 때가 이르리니

(사람들은 자기를 사랑하며)21세기 75억명의 사람들이 한시대를 살아가는 각 나라와 인종과 언어를

초월하여 자기를 사랑하며 남녀노소 빈부귀천 찰것 없이 몸관리에 얼마나 신경을 쓰나 고운 얼굴을

뜯어고치고 좋은것 다먹고 마시고 바르고 운동하고 자기만 사랑하는 사람들

(돈을 사랑하며)

돈을 벌기 위하여 서로 속이고 수단과 방법을 가리지 않고 낮에나 밤에나 악을 도모하며
편법을 써서 남을 속이고 이웃과 형제를 속이고 도적질하고 사기치고 거짓말하고 자기이만 도모하고
양심이 화인 맞인자들 심판주 예수님께서 초마다 분마다 24시간 365일 세상 끝날까지
불꽃같은 눈으로 다보고 있는데도 불법을 행하며 뇌물을 받고 금품을 달라고 억압하고 요구하고
돈을 사랑하는자 하나님 성소에 들어갈때에 미끄러져서 졸지에 황폐하리라

(자긍하며)

자기를 내세우고 자기만 의롭고 자기자랑 돈자랑 자기 새끼 자랑
안되는 것도 자기가 할수 있다고 된다고 호언 장담하는 자들

(교만하며)

거만하고 마음이 강팍하고 패역하고 완악하며 악독과 시기와 미움이 가득하여
부모의 말씀을 무시하고 스승의 말씀을 선배의 말을 듣지 않는 교만한 자들

(훼방 하며)

매사에 마음과 생각이 삐뚤어져서 남의일을 안되게 방해하고 훼방하는 자들

(부모를 거역하며)

부모를 미워하고 부모를 속이고 부모의 말을 듣지 아니하고 매사에 부모를 무시하고
자기 생각대로 살아가는 패악무도한 패륜의 자식들

(감사치 아니하며)

매사에 수근 수근 하며 남을 비방하며 많은 것을 가져어도 만족 할 줄을 알지 못하며
하나님 자리에 앉자서 형제와 이웃과 남을 판단하며 마음이 화인맞아서 감사할줄 모르는 자들

(거룩하지 아니하며)

흉악무도한 죄를 범하고도 죄를 뉘우치지 아니하고 당연한것 처럼 선과 악을 구분하지 못하는 자들

(무정하며)

매사에 쌀쌀맞고 인정도 없고 사랑도 없고 버릴지라도 주는 법이 없는 무정한 자들

(원통함을 풀지 아니하며)

매사에 원망과 불평과 시기와 미움이 쌓이고 쌓여 원한을 풀지 않는 패역한 자들

(참소하며)

남의 허물을 헐뜯어 죄를 꾸며서 거짓말로 지어 만들어서 고해 바치는 자들

(절제하지 못하며)

세상 오락에 빠지고 세상 향락에 빠져서 낮과 밤을 구분하지 못하는 자들

(사나우며)

매사에 큰소리치고 남의 말을 듣지 아니하고 연약한 자들을 무시하고 억압하며 사나운 자들

(선한 것을 좋아 아니하며)

항상 악한 생각을 가지고 자기 마음대로 불법을 행하며 낮에나 밤에나 악을 도모하는 자들

(배반하며)

목숨보다 귀한 약속을 상대방의 동의없이 자기 마음대로 약속을 배반하고 저버리는 자들

(조급하며)

매사에 빨리 빨리 서둘러 옆에 사람이 심장이 뛰고 모든 일을 조급하게 하는 자들

(자고하며)

스스로 혼자 똑똑하고 잘난체하며 자기자랑 자기의를 과시하는 자들
세상 쾌락을 사랑하기를 하나님 사랑하는 것보다 더하는 자들

지구촌 전세계 각 나라와 인종과 언어를 초월하여 사람들의 마음이 교만하고 거만하며
강퍅하고 패악하고 사나우며 음행과 사치와 방탕과 세상 오락과 세상 향락에 취하여 낮과 밤을
구분 못하고 독주로 인하여 비틀비틀 거리며 옆걸음 치며 그 세기 75억 명의 사람들이
한시대를 살아가는 지구촌 온 땅은 귀신의 처소요 각종 더러운 영들이 모이는 바벨 세상이요
사치하고 치부하고 바람나서 마지막 때 입니다

내백성아 하나님의 자녀들아 너희는 이방 사람의 마음이 허망한 것으로 행함같이 너희는
행하지 말고 바벨 세상의 죄에 참예하지 말고 세상에 속한 자들의 받을 재앙들을 받지 말라
그 세기 75억 명의 사람들이 한시대를 살아가는 지구촌 전세계 바벨세상의 죄악이 하늘에
사무쳤으며 하나님은 바벨세상에 속한자의 불의한 일을 기억하신지라
그가 준 그대로 그에게 주고 그들의 행위대로 갑절을 갚아주고
그의 섞은 잔에도 갑절이나 섞어 그들에게 주라

사랑의 예수님께서 지구촌 온땅 영적 이스라엘 교회 안에서 알곡 백성들을 찾으시고
영적 이스라엘 안에서 부르심을 입고 빼내심을 얻고 진실한 자들 두 증인의 권세자
모세와 엘리야 같은 사명자 세상 음녀로 더럽히지 아니하고 신앙의 정절이 있고
예수님이 어디로 인도하든지 따라가는 자며 사람 가운데서 구속을 받아 처음 익은 열매로
순교자의 동무 하나님과 예수님에게 속한 자들이며 그입에 거짓말이 없고 흠이없는 자들을
지구촌 여러 나라와 족속과 방언과 백성에게 전할 영원한 복음을 가진자들
하늘에 있는 군대들 희고 깨끗한 세마포를 입고 백마를 타고
백마를 타신 심판주 예수님을 따르는 십사만 사천은 그 세기 75억 명의 사람들이
한시대를 살아가는 지구촌 동방에서 서방에서 나오는데
사랑의 예수님께서 불꽃 같은 눈으로 찾고 계십니다

계 11:3-6 하나님 내가 나의 두 증인에게 권세를 주리니 저희가 굵은 베옷을 입고
일천이백육십 일을 예언하리라
이는 지구촌 온 땅의 주님 앞에 섰는 두 감람나무와 두 촛대니
만일 누구든지 저희를 해하고자 한즉 저희 입에서 불이나서 그 원수를 소멸할찌니 누구든지

두 증인의 권세자를 해하려 하면 반드시 이와 같이 죽임을 당하리라

저희가 권세를 가지고 하늘을 닫아 그 예언을 하는 날 동안 비오지 못하게 하고 또 권세를 가지고

물을 변하여 피 되게 하고 아무 때든지 원하는 대로 여러 가지 재앙으로 온땅을 치리로다

창조주 성자의 하나님 예수님께서 모세와 엘리야 같은 두 증인의 권세자 십사만 사천에게

하늘을 닫고 여는 권세와 물을 변하여 피되게 하고 아무 때든지 원하는대로 여러가지 쟁앙으로

지구촌 바벨세상에 각종 더러운 영들을 치는 두 증인의 권세자들 마지막 때에

은혜의 문이 닫혀지면 전삼년반 1260일 동안 하나님께서 세우시는 종들입니다

하늘에 있는 군대들이 희고 깨끗한 세마포를 입고 백마를 타고

백마를 타신 공의로우신 심판주 예수님을 따르는 십사만 사천은 그 옷과 그 다리에

이름 쓴 것이 있으니 만왕의 왕이요 만주의 주라 하였더라

예수님이 어디로 인도하든지 시간을 초월하여 어디든지 따라가는 종들

부르심을 입고 빼배내심을 얻고 진실한 자들 그 입에 거짓말이 없고 흠이없는 자들이더라

예수님과 생각이 같고 뜻이 같고 목적이 같고 하나님께서 기뻐하는것 같이 기뻐하고

하나님이 미워하는것 같이 미워하고 사상과 소위가 같은 종들에게 하늘의 권세를 주어

1260일 전삼년 반동안 지구촌 온땅 여러 나라와 족속과 방언과 백성들에게 전할

영원한 복음을 가지고 예수 그리스도의 보혈의 피로 구원받은 셀수 없는 큰 무리 알곡 백성들을

다 찾아서 하나님께서 예비하신 보호처와 밀실로 인도하는 두 증인의 자명자

창세 이후로 최고 쓰임을 받고 축복을 받은 종들입니다

사4:4 이는 주께서 그 심판하는 영과 소멸하는 영으로 시온의 딸들의 더러움을 씻으시며

예루살렘의 피를 그 중에서 청결케 하실 때가 됨이라

심판하는 영과 죄를 소멸하는 영으로 시온의 딸들과 신랑 예수님과 약혼한 신부들과

신랑 예수님과 결혼한 예루살렘의 신부들을 피까지 청결하게 하기 때문에

죄를 지을수 없는 몸이 되어 두 증인의 권세자 모세와 엘리야 같은 사명자

십사만 사천을 지구촌 영적 이스라엘 교회 안에서 만군의 여호와 하나님이

동방에서부터 서방에서부터 구원하여 내어 예루살렘 가운데 거하게 하리나

마지막 때에 은혜의 문이 닫혀지면 또 하나님의 신으로 남종과 여종에게 부어줄 성령 하나님이

이적을 하늘과 지구촌 온 땅에 베풀리니 곧 피와 불과 연기 기둥이라 늦은비 역사입니다

그 세기 75억 명의 사람들이 한시대를 살아가는 지구촌 전세계 인종과 언어를 초월하여

영적 이스라엘 교회 안에서 셀수 없는 많은 알곡 백성들이 나오고

하나님의 성령과 능력과 권세를 받은 남종과 여종에게 여호와의 신 또 일곱영을 새롭게

부어주어 하나님께서 명령하신 사명을 전삼년반 1260일과 대접재앙 30일 1290일을 지나

아마겟돈 전쟁 45일 1335일 까지 사명을 하게 하십니다

사 11:2-5 여호와의 신곧 지혜의신 총명의신 모략의신 재능의신 지식의신 경외의신 공으로운 판단의신

하나님께서 두 증인의 권세자 십사만 사천에게 모든죄와 피까지 청결하게 하시고 일곱영을

부어주어 모세와 엘리야 같은 능력이 임하여 1260일 전삼년 반동안 심판주 예수님께서

명령하신 사명 여러나라와 족속과 방언과 지구촌 전세계 백성에게 전할 영원한 복음의

사명을 전하여 하나님의 백성 영적 이스라엘 알곡 백성을 다 찾아서 후삼년반 42달 동안

하나님께서 예비하신 보호처와 밀실로 다 인도하는 사명을 다 완성하면

하나님께서 주신 능력을 거둠으로 백성들과 족속과 방언과 각 나라와 지구촌 전세계 에

쓰러져 죽은 십사만 사천의 시체들을 사흘반 동안을 목도하며 무덤에 장사하지 못하게하고

삼일 반 후에 하나님께로 부터 생기가 십사만 사천 속에 들어가매 저희가 발로 일어서니

구경하는 자들이 크게 두려워하더라 하늘로부터 큰 음성이 있어 이리로 올라오라 참을 저희가

듣고 구름을 타고 하늘로 올라가니 저희 원수들도 짐승과 거짓 음녀도 구경하더라

변화성도 이사람들이 아벨의 피로 시작하여 하나님께서 명령하신 복음 사역을 하다가 순교를 당한

육적 이스라엘과 영적 이스라엘 지구촌 전세계에서 순교를 당한 셀수 없는 수많은 순교자들이

우리 피를 신원하여 달라고 하나님께 호소하는 순교자들의 동무 변화성도 십사만 사천 입니다

하나님께서 명령하신 영원한 복음 사역을 다 완성하고 지구촌 전세계에 쓰러져서 죽어던

십사만 사천이 삼일반 후에 하나님의 생기가 저희 속에 들어 가매 저희가 살아서 구름을 타고 하늘로

올라간 십사만 사천 변화 성도가 하늘에서 심판주 예수님과 시온 산에 지상 강림하여

땅에속한 거민과 지구촌 전세계 바벨교회를 심판 하고 마귀와 붉은 짐승과 거짓 음녀를 심판하고

-38-

계 14장   심판주 예수님과 십사만 사천이 하늘에서 시온 산에 지상 강림하여

시온 산은 심판주 하나님께서 마지막 심판을 지시하시는 하늘의 본부 백마를 타신 심판주 예수님과

하늘에 있는 군대들이 희고 깨끗한 세마포를 입고 백마를 타고 심판주 예수님을 따르며

옛 뱀이요 용이요 마귀와 붉은 짐승 공산국가 공산당 지도부와 거짓 음녀와 짐승의 나라를

다 진멸하고 지구촌 전세계 바벨 세상에 거하는 수만 가지 우상의 이름을 이땅에서 끊으며

거짓 선지자와 삯군 목자와 더러운 사귀를 이온땅 지구촌에서 다 진멸하고

지구촌 전세계 바벨 세상에 거하는 땅에 속한 거민을 심판하며 땅에 속한 바벨교회

들포도를 거두어 하나님의 진노의 포도주틀에 던지매 성밖에서 그 틀이 밟히니 틀에서

피가 나서 말 굴레까지 닿았고 일천육백 스다디온에 퍼졌더라

계 14:1-20 또 요한이 보니 어린양 예수님이 시온 산에 섰고 심판주 예수님과 함께 십사만 사천이

지상에 강림하여 시온 산에 섰는데 십사만 사천 이마에 어린양 예수님의 이름과

그 아버지 하나님의 이름을 쓴 것이 있도다

저희가 보좌와 네 생물과 장로들 앞에서 새 노래를 부르니 땅에서 구속함을 얻은

십사만 사천 인밖에는 능히 이 노래를 배울 자가없더라

이사람들은 세상 거짓 음녀로 더불어 더럽히지 아니하고 정절이 있는자라 예수님이 어디로 인도하든지

따라가는 자며 사람 가운데서 구속을 받아 처음 익은 열매로 하나님과 예수님에게

속한 자들이니 십사만 사천 입에 거짓말이 없고 흠이 없는 자들이더라

심판주 예수님과 십사만 사천이 지구촌 전세계 바벨세상 죄악과 땅에속한 거민을 심판하고

지구촌 전세계 바벨교회 땅에속한 포도송이를 거두어 하나님의 진노의 큰 포도주틀에 던지고

옛 뱀이요 용이요 마귀와 붉은 짐승과 거짓 선지자 궤휼에 능한 음녀를 함께잡아

666 삼자를 마귀 나라를 다 진멸하고 불붙은 유황 못에 산채로 던지우고

하나님의 진노의 대접재앙 30일 1290일을 지나 아마겟돈 핵전쟁 45일 1335일 까지

하나님께서 명령하신 사명을 다 완수하면 예수 그리스도의 나라 에덴동산 회복 소경이 눈이

밝을 것이며 귀머거리의 귀가 열릴것이며 그때에 저는자는 사슴같이 뛸것이며 벙어리의 혀는

노래하리니 이는 광야에서 물이 솟겠고 사막에서 시내가 흐를 것임이라

뜨거운 사막이 변하여 못이 될것이며 메마른 땅이 변하여 원천이 될 것이며

시랑이 눕던 곳에 풀과 갈대와 부들이 날것이며

거기는 대로가 있어 그 길은 거룩한 길이라 일컫는 바 되리니 깨끗지 못한 자는 지나가지 못하겠고 오직

구속함을 얻은 자들을 위하여 있게 된 것이라 우매한 행인은 그 길을 지나가지 못할 것이며

예수 그리스도께서 통치하시는 신정통치 천년동안 천년왕국이 에덴동산이 시작됩니다 할렐루아

사 4:1　그날에 마지막날에 일곱 여자가 일곱 교회가 한남자 두 증인의 권세자 모세와 엘리야 같은 종들을

붙잡고 말하기를 우리가 우리 떡을 먹으며 우리 옷을 입으리니 오직 당신의 이름으로

우리를 칭하게 하여 우리로 수치를 면케 하라 하니라

슥 8:22-23　많은 알곡 백성과 강대한 나라들이 예루살렘으로 와서 만군의 여호와를 찾고

여호와 하나님께 은혜를 구하리라

만군의 여호와가 말하노라 그날 마지막 날에는 방언 말이 다른 열국 백성 열명이 유다 사람 하나

모세와 엘리야 같은종 하나의 옷자락을 잡을 것이라 곧 잡고 말하기를 성령 하나님이 너희와

함께하심을 들었나니 우리가 너희와 함께 가려 하노라 하리라 하시니라

그날 마지막 때에 한이레 7년 대환난이 시작되어 은혜의 문이 닫혀지면

모세와 엘리야 같은 두 증인의 사명자 하늘에 있는 군대들이 희고 깨끗한 세마포를 입고

백마를 타고 영원한 복음을 가지고 십사만 사천이 지구촌 전세계에 나타나서 영원한

복음을 외칠 때 일곱 여자 일곱 교회와 하나님의 사랑을 받는 기름과 등불을 가진 많은 영적 이스라엘

교회와 수많은 알곡 백성들이 몰려와서 하나님을 찾고 예배드리며 다른 열국 백성 열명이

알곡 백성들이 열국에서 몰려와서 여호와 하나님을 찾고 하나님께 은혜를 구하리라

마지막 때 그날 은혜의 문이 닫혀지고 심원의 날이 시작되면 지구촌 전세계 수많은 교회들이 있었도

기름과 등불이 없으면 밤을 만난 캄캄한 바벨 교회요 하나님의 은혜가 임하지 않습니다

계 2:25-29　심판주 예수님이 하늘과 온 땅을 진동시키고 지구촌 하늘 이끝에서 저끝까지 온 땅에

오실때에 믿음을 굳게 지키고 세상을 이긴자와 옛뱀 용 마귀와 붉은 짐승과 거짓 음녀를 믿음과

말씀으로 싸워 이기고 우상에게 경배하지 아니하고 세상 유혹과 미혹과 각종 더러운 영들과

싸워이기고 예수님이 어디로 인도하든지 낮에나 밤에나 시간과 환경을 초월하여 아멘 하고

따라가는 자며 하나님께서 명령하신 법을 지키고 행하는 자들에게 만국을 다스리는 권세를 주리니

그가 철장을 가지고 저희를 다스려 세상 각종 더럽고 악의 영들을 질그릇 깨뜨리는 것과 같이

하리라 나 예수도 내 아버지께 받은 것이 그러하니라

예수님께서 또 신앙의 정절을 지키고 세상을 따라가는 거짓 음녀와 타협하지 아니하고 어떠한

환경에도 불법을 행하지 아니하고 오직 의롭게 행하며 정직하고 그 입에 거짓말이 없고

금과 은을 기뻐하지 아니하며 뇌물을 받지 아니하며 항상 의인들의 믿음을 따라가며

세상을 이긴 믿음의 자녀들에게 견고한 바위가 예수님이 그 보장이 되시며 그 의인들은 광활한

땅을 목도하겠고 예수님이 또 그들에게 새벽 별을 주리라 거룩한 신부의 자격을 주리라

전능하신 하나님 만왕의 왕 만주의 주 세계를 통치하고 다스리시는 신랑 되신

예수님을 맞이할 거룩한 신부들에게 신랑 예수님께서 그 모든 소유를 거룩한 신부들과

믿음을 굳게 지키고 세상을 이긴 충성된 종들에게 모든 소유를 맡기리라

귀 있는 자는 성령의 교회들에게 하시는 말씀을 들을찌어다 할렐루야

사 41:2 누가 동방에서 사람을 일으키며 의로 불러서 자기 발 앞에 이르게 하였느뇨 열국으로

고레스앞에 굴복케 하며 동방 고레스로 왕들을 치리하게 하되 그들로 동방 고레스 칼에

티끌 같게 고레스의 활에 불리는 초개 같게 지푸라기 먼지 같게 하매

동방 고레스가 두 증인의 사명자 금과 은을 기뻐하지 아니하는 모세와 엘리야 같은

십사만 사천 없다 만일 누구든지 두 증인의 사명자를 해하고자 한즉 저희 입에서 말씀의

불이 나서 그 원수를 소멸할찌니 누구든지 저희를 해하고자 하면 반드시 죽임을 당하리라

저희가 권세를 가지고 하늘을 닫아 그 예언을 하는 1260일 동안 비오지 못하게 하고

또 권세를 가지고 물을 변하여 피되게 하고 아무 때든지 원하는 대로

여러 가지 재앙으로 지구촌 바벨세상 온 땅의 죄악을 치리로다

두 증인의 권세자 모세와 엘리야 같은 십사만 사천에게 하나님께서 나무 가운데

화로 같게 하며 곡식단 사이에 햇불 같게 하리니 그들이 그 좌우에 에워싼

모든 국민을 땅에 속한 하나님의 대적들을 사를 것이요 예루살렘 사람은 영적 이스라엘

하나님의 백성을 다시 그 본 곳 거룩한 예루살렘성에 거하게 되리라

하나님께서 하늘의 권세를 주어 세우신 두 증인의 권세자 모세와 엘리야 같은 동방 고레스가

하늘에 있는 군대들 희고 깨끗한 세마포를 입고 백마를 타고 영원한 복음을 가지고

백마를 타시고 공의로 심판 하시는 하나님 하늘과 땅과 바다와 육지와 만국을 진동시키고 싸우시는 심판주 예수님을 따르는 십사만 사천을 이길자는 지구상에서는 아무도 없습니다 십사만 사천이 하나님 말씀을 전세계 흩어져서 전삼년반 1260일 동안 선포할 때에 불이 그 원수를 소멸하며 이들은 하늘을 닫고 열고 물을 변하여 피되게 하고 아무 때든지 여러가지 재앙으로 21세기 75억 명의 사람들이 한시대를 살아가는 바벨세상 죄악과 땅에 속한 더러운 거짓 음녀와 더러운 사귀 영들을 쳐서 부스러기를 만들어 흩어버리는 십사만 사천 없다

사 41:14-16 지렁이 같은 너 야곱아 너희 영적 이스라엘 사람들아 두려워 말라 나 여호와가 말하노니 하나님 내가 너를 도울 것이라 네 구속자는 영적 이스라엘 거룩한 하나님이라
보라 하나님 내가 동방 고레스 너로 이가 날카로운 새 타작 기계를 삼으리니 동방 고레스 네가 교만하고 거만하고 패역하고 강퍅하고 사나운 마음의 산들을 쳐서 부스러기를 만들 것이며 작은 산들로 겨 같게 할것이라
동방 고레스 두 증인의 권세자 십사만 사천 네가 그들을 교만한 자들을 까브른즉 성령의 바람이 그것을 날리겠고 회리 바람이 그것을 흩어버릴 것이로되 너는 두 증인의 권세자 모세와 엘리야 같은 사명자 십사만 사천 너는 여호와로 인하여 즐거워하겠고 영적 이스라엘 거룩한 하나님으로 인하여 자랑하리라

슥5:5-11 내게 말하던 천사가 나아와서 스가랴에게 이르되 너는 눈을 들어 나오는 이것이 무엇인가 보라 하기로 스가랴가 묻되 이것이 무엇이니이까 천사가 가로되 나오는 이것이 에바니라 또 가로되 21세기 75억 명의 사람들이 한시대를 살아가는 지구촌 온땅 바벨 교회들의 모양이 이러하니라 이 에바 가운데는 한 여인이 앉았느니라 하는 동시에 둥근납 한 조각이 들리더라 천사가 가로되 이는 악이라 하고 그 여인을 세상을 따라가는 영적으로 캄캄한 바벨 교회를 에바 속으로 던져 덮더라
스가랴가 또 눈을 들어 본즉 두 여인이 나왔는데 학의 날개 같은 날개가 있고 그 날개에 성령의 바람이 있더라 학의 날개 깨끗한 성령을 입은 두 여인은 모세와 엘리야 같은 두 증인의 사명자 들이 그 에바를 세상 유행을 따라가는 땅에속한 바벨 교회들을 천지 사이에 들었기로 스가랴가 내게 말하는 천사에게 묻되 그들이 두 여인이 에바를 어디로 옮겨 가나이까 하매 내게 이르되 그들이 두 여인이 시날 땅으로 가서 그를 위하여 세상을 따라가는 땅에속한

-42-

바벨교회를 위하여 집을 지으러 함이니라 준공되면 모세와 엘리야 같은 두 증인의 사명자

십사만사천이 땅에속한 세상 유행을 따라가는 지구촌 온 땅에서 바벨교회를

시날땅 지옥으로 보내어 제 처소에 머물게 되리라 하더라

미 3:9-12 야곱의 족속의 두령과 이스라엘 족속의 치리자 곧 공의를 미워하고 정직한 것을

굽게 하는 자들아 청컨대 하나님이 하신 이 말을 들을쩌어다

시온을 피로 예루살렘을 영적 이스라엘 교회를 죄악으로 건축 하는도다

21 세기 한시대를 살아가는 영적 이스라엘 교회 그두령은 각 교단 총회장 노회장 지도자들은

뇌물을 위하여 재판하며 그 제사장은 지구촌 전세계 영적 이스라엘교회 지도자들은 삯을 위하여

부드럽고 좋은말로 세상 돌아가는 이야기를 교훈하며 자기자랑 자기를 들어내며

그 선지자는 돈을 위하여 점치며 지구촌 전세계 영적 이스라엘 교회에서 지도자들이 성도들에게

예언해주고 돈을 받고 예수 이름으로 병든자를 고치고 돈을 받고 불법을 행하는 삯군 목자들이

영적 이스라엘 교회 안에서 불법을 행하는 거짓 목자들이 혹 있습니다

21 세기 지구촌 전세계 하나님을 믿는 영적 이스라엘 교회 안에도 각 교단 총회에서 노회에서 교회에서

황충이 떼들이 모여 데모하고 미워하고 거짓말하고 싸우고 불법을 행하는 거짓 지도자들이 혹 있습니다

입술로는 사랑을 말하지만 공의도 없고 공평도 없고 정직함도 없고 섬김도 없고 사랑도 없고

하나님것과 내것도 구분하지도 분별하지도 못하는 거짓 목자들이 혹 있습니다

창조주 하나님께서 아무 값없이 주신 하늘과 지구 온 땅에 내것은 없습니다

지구촌 전세계 각 나라마다 사람들이 땅과 집을 사고 파는것은 사람과 사람들이 법을 만드서

생활하고 있습니다 부모도 자녀도 남편도 하늘과 땅도 우리몸도 다 하나님 아버지의 것입니다

하늘과 땅 공기 물 산과 강과 바다 온 천하에 있는것이 다 하나님 아버지의 것입니다

마 23:9 땅에 있는 자를 아비라 하지말라 너희 아버지는 하나이시니 곧 하늘에 계신 하나님 이시니라

사 54:5 이는 너를 지으신 자는 네 남편이시라 그 이름은 만군의 여호와 시며 네 구속자는 영적 이스라엘의

거룩한 하나님이시라 온 세상의 하나님이라 칭함을 받으실 것이며

땅에 있는 아비는 가짜 아비 땅에 있는 남편은 가짜 남편

창조주 하나님이 나의 진짜 아버지 창조주 하나님 예수그리스도가 나의 진짜 신랑 입니다

하나님께서 우리 인간을 창조하시고 조성하여 만드신 하나님 아담때 부터 지구 온땅에 태어난 수많은 사람들을 창조하신 하나님 그많은 사람들을 하나 하나 하나님의 형상대로 만드셨는데 똑같은 사람은 60억년동안지구 온땅에서 한 사람도 없습니다 모양이 다르고 피부색이 다르고 눈코 입 지문과 디엔에가 다르고 개성이 다르고 목소리도 다르게 명품으로 만드신 걸작품 지구촌 온 천하에 단 하나뿐인 나의 진짜 아버지는 하늘에계신 하나님 아버지 어머니 복중에 짓기 전에 날을 알았고 세상 끝날까지 매일 매일 감찰하시고 책임을 지시는 진짜 하나님 아버지 이십니다 하나님 아버지는 지구촌 전세계 각 나라와 인종과 언어를 초월하여 자녀들의 마음을 다 아시고 하나님의 자녀들이 험악한 세상을 살아가는 동안 낮에나 밤에나 필요한 것을 공급하여 주시고 분마다 초마다 세상 끝날까지 지키시고 함께하시는 참 좋으신 하나님 아버지 나를 낳아주신 땅에 있는 아비는 가짜 아버지

땅의 아버지는 자녀들의 죽음까지 책임을 지을수가 없습니다

우리의 몸도 예수님 핏값으로 산것이 되었으니 그런즉 너희 몸으로 하나님께 영광을 돌리라 땅에서 만난 신랑은 우리들의 진짜 신랑이 아니고 오직 예수 그리스도가 우리들의 진짜 신랑이며 영원토록 새 하늘과 새 땅에서 같이 사는 사랑의 예수님은 하늘과 땅과 바다와 육지를 온 우주만물을 다스리시는 지상 최대의 거부 예수님이 진짜 나의 신랑이라고 믿는자는 지상 최대의 거부가 되고 거룩한 신부의 자격이 될수 있습니다 할렐루야

레 25:23 토지를 영영히 팔지 말 것은 토지는 지구 온 땅은 다 하나님 내 것임이라 너희는 지구촌 이땅에 태어나서 한평생 사는것이 너희는 외국인과 나그네요 잠시 이땅에 우거하는 자로서 하나님과 함께 있느니라

하나님께서 하나님의 형상대로 사람을 창조 하시되 남자와 여자를 창조하시고 생육하고 번성하고 땅을 정복하고 모든 것을 다스리라 지구촌 온 땅에 태어나서 나그네로 이세상을 살아가는 동안 사람의 년수가 칠십요 강건하면 팔십이라 이세기에 살아가는 사람들은 의학과 문명이 발달되어 몸에 좋은것 다먹고 바르고 운동하고 백세 이상 살아가는 동안 하나님께서 사람들에게 온땅에 있는것을 다유임 하시고 하나님의 형상대로 만든 모든사람들 전세계 각 나라와 인종과 언어를 초월하여 너희들의 본향은 진짜 고향은 지구촌 이땅이 아니고 하늘에 있는 것이라

이땅 지구촌에 있는것은 다 가짜야 가짜는 시간이 지나고 날이 가면 갈수록 낡아지고

없어지는 거야 땅에있는 가짜를 너무나 사랑하면 하나님 아버지와 멀어지고 진짜를 놓친다

각양 좋은 은사와 온전한 귀한 선물이 다 위로부터 빛들의 하나님 아버지께로 내려오나니

하나님은 변함도 없으시고 영원한 것은 다 하늘에 있는 것이니라

고후5:1 말열 땅에 있는 우리의 장막이 무너지면 하나님께서 지으신 집 곧 손으로 지은 것이

아니요 하늘에 있는 영원한 집이 우리에게 있는 줄 아나니

요14:1-3 너희는 마음에 근심하지 말라 하나님을 믿어 또 나 예수를 믿으라

내 아버지 집에 거할 곳이 많도다 그렇지 않으면 너희에게 일렀으리라

예수 내가 너희를 위하여 처소를 예비하러 가노니

하늘나라 가서 너희를 위하여 처소를 예비하면 예수 내가 다시 와서 너희를

내게로 영접하여 나 있는 곳에 새 하늘과 새땅 거룩한 성 새 예루살렘

거룩하고 아름다운 영원한 천국에 너희도 있게 하리라

창조주 성자의 하나님 예수 그리스도께서 하신말씀 천지는 없어지겠으나

예수 내말은 일점 일획 이라도 없어지지 아니하고 반드시 다 이루리라

지구촌 온 땅에 있는 것은 다 가짜 세월이 가면 갈수록 낡아지고 없어지고

우리의 육신의 장막이 기운이 다하여 곤고한 날이 이르러 이땅에서 무너지면 죽으면

하나님께서 지으신 집 하늘에 있는 영원한 집이 우리가 가야할 진짜 고향입니다

믿음의 선진들이 이땅 지구촌에서는 외국인과 나그네로 살았으며 오직 하늘에 있는 본향

영원히 망하지 않는 새 하늘과 새땅 거룩한 성 새 예루살렘을 사모 하면서

이땅에서는 거처할 집도 짓지 아니하고 평생에 장막에서 외국인과 나그네로 살았느니라

하늘과 온땅 해와 달과 별과 낮과 밤 궁창의 물과 온 땅의 모든 산소와 맑은공기

산과 강과 바다 우주 말물이 다 창조주 하나님 것이니라

지구촌 전세계 각 나라와 인종과 언어를 초월하여 어느 국가 어느 민족 남녀 노소 막논하고

지구촌 땅에 올때는 순서대로 왔지만 진짜 본향으로 돌아 갈때는 순서가 없느니다

우리 인간을 흙으로 만드신 창조주 하나님께서 부르시는 그날 그시간 피조물인 사람은

그 어느 누구도 창조주 하나님의 명을 거역 할수가 없습니다

내가 가지고 있는 금은 보화를 다 내어놓아도 1분도 생명을 더 연장할수 없고

사람을 만드신 창조주 하나님의 명을 거역 할수가 없습니다 빈손으로 와서 빈손으로 가느니라

이땅에것 아무리 좋은 금은 보화라 하여도 거룩한 하늘나라 새 하늘과 새땅 에서는

냄새나는 쓰레기요 이땅에 태어나서 육신의 때에 선하게 살았나 악하게 살았나

하나님 말씀을 믿지 아니하였나 육신의 때에 행한대로 상급이 있고 보응이 있느니라

빈손들고 이땅에 와서 빈손으로 돌아가는 것이 창조주 하나님의 법이니라

창3:19 아담 네가 얼굴에 땀이 흘러야 식물을 먹고 살다가 필경은 흙으로 돌아가리니 그 속에서

아담 네가 취함을 입었음이라 너는 흙이니 흙으로 돌아갈 것이니라 하시니라

그 뒤에는 죽은 자들이 편히 쉬다가 백보좌 심판 때에 무덤속에 있는 자가 하나님의 음성을 듣고

다 살아나서 육신의 때에 자기의 행위를 따라 책들에 기록된 대로 심판을 받으리라

지구촌에 태어나서 각 나라와 인종과 언어를 초월하여 육신의 때에 (선한 양심으로 살았느냐)

이성 없는 짐승같이 살았느냐 오직 공의 하나님만이 다 아십니다

창조주 하나님께서 아무 값없이 다 주신것을 가지고 예수 그리스도의 이름을 빙자하여

자기 중심의 생각과 지혜로 불법을 행하며 범죄 행위를 하는 자들이 혹 있습니다

그런 사람들은 하나님을 믿고 따르지만 하나님과 아무런 상관이 없습니다

하나님의 백성 시온을 피로 예루살렘을 영적 이스라엘 교회를 죄악으로 건축하는도다

영적 이스라엘 교회 치리자들이 예수 그리스도의 보혈 피로산 하나님의 백성들을 미혹하고

유혹하고 거짓 교훈하며 돈을 위하여 거짓 예언하며 예수 이름을 빙자하여 선량하고

착한 하나님의 백성들을 꼬드겨서 물질을 추궁하며 빼앗고 하나님 자녀들의 땅을

탐하여 빼앗고 생활하는 집을 탐하여 취하는 세상에 속한 거짓 목자들이

연약한 자와 고아와 과부와 나그네와 궁핍한자를 압제하며 학대하는도다

불법으로 교회를 건축하여 외모는 아름답게 보이지만 성령 하나님은 그곳에 계시지 않습니다

한 영혼이라도 실족케 하였다면 불꽃같은 심판주 하나님의 눈을 피할수가 없습니다

그 두령은 영적 이스라엘 치리자들아 땅에속한 각교회 교단 총회장은 뇌물을 위하여 재판하며

그 제사장은 영적 이스라엘 땅에 속한 바벨교회 거짓 목자들은 삯을 위하여
하나님 말씀이 아닌 세상 이야기 좋은 말로 교훈하며 그 선지자는 오늘날 21세기
지구촌 전세계 세상을 따라가는 바벨교회 지도자들 중에 돈을 위하여 점을 치며
부드럽고 좋은 말로 거짓 예언하여 재앙이 우리에게 임하지 아니하리라 하는 지도자는
자기 이만 도모하는 땅에 속한 거짓 지도자들이 혹 있습니다

미3:5-6 하나님 백성을 유혹하는 거짓 목자는 이에 물면 평강을 외치나 그 입에 무엇을 채워주지
아니하는 자에게는 거짓 목자는 전쟁을 준비하느니라 이런 거짓 목자에게 대하여
여호와께서 가라사대
그러므로 거짓목자 너희가 밤을 만나리니 이상을 보지 못할 것이요 흑암을 만나리니 점치지
예언하지 못하리라 하셨나니 이 거짓목자 위에는 해가 져서 낮에도 캄캄할 것이라
광활한 땅이 눈앞에 있는데 그 거룩한 길을 찾아가지 못하고 결국은 미끄러져서 파멸하리라

슥11:4-5 여호와 나의 하나님이 가라사대 너는 잡힐 양떼를 먹이라
참으로 가련한 양이라 예수 그리스도의 흘리신 보혈로 피로산 영적 이스라엘 교회의 양 성도들을
돈을 주고 산 자들은 그들을 잡아도 죄가 없다 하고 하나님의 어린양 예수 그리스도의 피로산
몸된 교회와 하나님의 양을 성도들을 돈을 받고 판자들은 말하기를 내가 부요하게 되었은즉
여호와께 찬송하리라 하고 그 목자들은 돈을 주고 교회와 성도들을 산 자들이나
교회와 성도들을 판 목자들은 하나님의 양을 성도들을 불쌍히 여기지 아니하는도다

하나님의 몸된 교회와 하나님의 자녀들을 자기 양인것처럼 끼어서 돈을 받고 파는 목자들이나
돈을 주고 교회와 성도들을 사는 목자들은 화 있을진저 양떼를 버린 못된 목자여
칼이 그 팔에 우편 눈에 임하리니 그 팔이 아주 마르고 우편 눈이 아주 어두우리라
약 2600년전 하나님께서 미가 선지자 스가랴 선지자로 말씀하신 것을 오늘날 지구촌
온 땅에 세상을 따라가고 세상에 속한 바벨 교회에 혹 삯군 목자들이 있습니다
예수 그리스도의 이름을 빙자하여 자기들의 욕망과 꿈을 이루기 위하여 육신의 정욕으로 물질을 추구하며
하나님의 몸된 교회와 성도들을 돈을 주고 팔고 사고 불법을 행하며 세상에 속한 바벨교회와
땅에 속한 거짓 목자들은 하나님 앞에 참회개가 없으면 하나님의 심판을 피할수가 없습니다

사 66:1-4 여호와께서 이같이 말씀 하시되 하늘은 나의 보좌요 온 땅은 하나님의 발등상이니

너희가 나를 위하여 무슨 집을 지을고 하나님의 안식할 처소가 어디랴

나 여호와가 말하노라 하나님의 손이 우주 만물을 만드러 지어서 이루었느니라

무릇 마음이 가난하고 심령에 통회하며 하나님의 시대적인 말씀을 인하여 떠는 자

그 사람은 하나님 내가 권고하려니와 돌보아 주거니와

하나님께서 낮에나 밤에나 24시간 365일 세상 끝날까지 돌보아 견고한 바위

예수 그리스도가 그 보장이 되시며 그 양식은 공급 되고 그물은 끊어지지 아니하리라 하셨느니라

21세기 75억 명의 사람들이 한시대를 살아가는 각 나라와 인종과 언어를 초월하여 바벨세상

죄를 바라보고 세상을 따라가는 바벨교회 죄를 바라보고 통회하는 자의 눈은 그 영광 중의 왕이신

예수님을 보며 광활한 새 땅을 목도하겠고 창조주 성부의 하나님 성자의 하나님 성령의

하나님 온 우주만물 가운데 가득히 계신분 안계신 곳이 없고 다 보고 계시고 다 듣고 계신

하나님 너희가 영적 이스라엘 너희가 하나님을 사랑 한다면 네 마음을 달라

거짓없는 마음 겸손한 마음 진실한 마음 온전한 마음 정직한 마음 사랑의 마음 온유한 마음

선한 마음 착한 마음 마음이 가난하고 심령에 통회하여 하나님 말씀을 인하여 떠는자

바벨 교회와 세상의 죄악을 보고 탄식하며 울며 회개하는자 그 사람은 하나님이 돌보아 주신다

하나님 말씀에 순종하지 아니하고 회개도 없고 자기 생각 자기 지혜 자기 힘과 자기 능력

자기 중심으로 예수 이름을 빙자 하여 낮에나 밤에나 악을 도모하는자들은 심판주 예수님께서

불꽃같은 눈으로 24시간 365일 세상 끝날까지 낮에나 밤에나 다 보고계신 하나님 앞에서 불법을

행하는자들은 소를 잡아 드리고 양을 잡아 예물을 하나님께 들이지만 살인함과 다름이 없고

개의 목을 꺾음과 다름이 없으며 돼지의 피와 다름이 없고 분향하는 것은 우상을 찬송함과

다름이 없이 하는 그들은 자기의 길을 택하며 그들의 마음은 가증한 것을 기뻐한즉

하나님도 유혹을 그들에게 택하여 주며 그 무서워하는 것을 그들에게 임하게 하리니

이는 하나님이 불러도 대답하는 자가 없으며 하나님 내가 말하여도 그들이 청종하지 않고

오직 하나님 목전에서 악을 행하며 하나님이 미워하고 기뻐하지 아니하는 것을

그들이 택하였음이니라 하시니라

악인들이 금식을 할지라도 듣지 아니하고 그들이 하나님 앞에 부르짖음을 듣지 아니하겠고

번제와 소제를 드릴지라도 하나님 내가 그것을 받지 아니할 뿐 아니라 칼과 기근과

염병으로 악을 행하는 그들을 하나님 내가 멸하리라

렘14:14-16 여호와께서 예레미야에게 이르시되 선지자들이 내 이름으로 거짓 예언을 하는도다

21 세기 오늘날 지구촌 전세계 하나님을 믿는 영적 이스라엘 교회 안에도 혹 잘못된 남녀 종들이

예수 이름을 빙자하여 거짓 예언을 말하며 거짓 계시를 말하며 복술과 허다한 것과

자기 마음의 생각대로 좋은말을 만드러서 속임으로 너희에게 예언하는도다

그러므로 하나님내가 그들을 보내지 아니하였고 그들을 명하여 세우지도 아니하였거늘 그들이

예수 이름으로 하나님 백성들에게 거짓 예언하여 이르기를 칼과 전쟁과 기근이 이 땅에

지구촌에 재앙이 이르지 아니하리라 하는 거짓 예언하는 선지자 들은 칼과 기근에 멸망찰 것이요

거짓 것들의 예언을 받은 백성은 기근과 칼로 인하여 여루살렘 거리에 던짐을 입을 것인즉

거짓 예언을 받은 자들은 무덤에 장사할 자가 없을 것이요 그 아버와 그 아들과 그 딸도 그렇게

되리니 이는 하나님버가 거짓 예언을 말하며 거짓 예언을 받은 그들의 악을 그위에 부음이라

이 말씀은 여호와 하나님께서 예레미야 선지자 에게 육적 이스라엘 남쪽 유다와

베나민 반지파 백성들에게 하신 말씀이지만

21 세기 오늘날 지구촌 전세계 영적 이스라엘 안에도 거룩한 성전 교회 안에서

자기 생각대로 자기 중심에서 좋은 말을 만드러서 거짓 예언을 말하며 거짓 계시를 말하는

교회와 남종과 여종들에게 하시는 동일한 하나님의 말씀입니다

계 21:8 그러나 두려워하는 자들과 하나님 말씀을 믿지 아니하는 자들과 흉악 한 자들과

살인자들과 행음자들과 술객들과 우상 숭배자들과 모든 거짓말 하는 자들은

불과 유황으로 타는 못에 참예하리니 이것이 둘째 사망이라

둘째 사망 백보좌 심판을 받아서 거짓 계시를 말하며 거짓 예언을 말하며

살인자들과 행음 자들과 술객들과 우상 숭배자들과 거짓말을 하는자들 영원한

지옥으로 들어갑니다

회개를 철저히 하고 두번다시 거짓말 거짓 예언 거짓 계시를 말하지 말고

마귀도 00아묵게가 거짓말 한다고 거짓 예언 한다고 하나님께 참소를 합니다

-49-

가나안 복지가 눈앞에 있는데 육적 이스라엘 백성들이 하나님 말씀을 불순종하고 원망과 불평을 하여 가나안 복지에 들어가지 못하고 그 여세 미만과 여호수아 갈렙 두 가정만 하나님께서 약속하신 젖과 꿀이 흐르는 가나안 땅에 들어갔으며 육십만 대군이 광야에서 사년 동안 광야만 돌다가 광야에서 죄의 보응을 받아서 다 죽었습니다

그 세기 75억 명의 사람들이 한시대를 살아가는 지구촌 전세계 각 나라와 인종과 언어를 초월하여 하나님을 믿는 영적 이스라엘 앞에도 거룩한 길을 지나 예수님께서 통치하시는 천년왕국이 눈앞에 펼쳐져 있었는데 그 아름다운 광활한 땅 에덴동산 천년왕국에 들어가지 못하고 광야같은 바벨 세상만 빙빙 돌다가 헤메는 영적 이스라엘 교회 사람들이 있습니다

그 세기 75억 명의 사람들이 한시대를 살아가는 지구촌 전세계 각 나라와 인종과 언어를 초월하여 큰성 바벨세상이 무너지고 있습니다 무너졌도다 무너졌도다 큰성 바벨론이여 귀신의 처소와 각종 더러운 영들이 모이는 곳과 각종 더럽고 가증한 새의 마귀의 모이는 곳이 되었도다
그 죄는 하늘에 사무쳤으며 하나님은 그의 불의한 일을 기억하신지라
하나님께서 각 나라와 인종과 언어를 초월하여 사람들이 입으로 말하는것 다 듣고 계시고 사람들의 생각까지 다 아시고 하나님의 형상대로 만든 피조물 아담 때부터 지금까지 지구촌 온 땅에 태어나서 한평생 살다가 죽고 또 태어나고 그 세기 지금까지 선인이나 악인이나 그 이름들이 하나님 보좌 앞에 책들이 있어 육신의 때에 살면서 행한 기록들이 그년과 그달 그날 요일과 몇시 몇분 몇초까지 다 기록이 되있고 그 이름들이 하나님 손바닥에 다 새겨져 있고 지구촌 전세계 각 나라와 인종과 언어를 초월하여 모든 사람들의 마음과 심장과 폐부까지 감찰하시고 다 보고 계신 불꽃같은 하나님의 눈을 속일수도 없고 속지도 않습니다
각 사람이 육신의 때에 살아온 자기의 행위대로 죄를 범한 자와 불법을 행하는자 흉악한 자들과 살인자들과 행음자들과 우상 숭배자들과 하나님과 사람을 속이고 거짓말을 하는 자들은 갑절로 심판을 갚아 주라
이땅에서 거짓말하고 죄를 범한 자들은 참 회개가 없으면 오직 보응과 심판만 있습니다

계 22:15 개들과 술객들과 행음자들과 살인자들과 우상 숭배자들과 및 거짓말을 좋아하며 지어내는 자마다 성밖에 있으리라 (성밖은 오직 심판만 있습니다)

슥12:6　그날에 은혜의 문이 닫히는 날에 하나님 내가 유다 두목들로 나무 가운데 화로 같게 하며

곡식단 사이에 횃불 같게 하리니 유다의 두목들이 그 좌우에 에워싼 모든 국민을 횃불로 사을

것이요 예루살렘 사람은 다시 그 본 곳 알곡 백성들은 예루살렘에 거하게 되리라

유다 민족은 믿음을 목숨보다 귀하게 지키고 거짓과 우상과 타협하지 않는

사자 새끼로다 누가 유다를 범할 수 있으라

솔로몬의 아들 르호보암 때에 이스라엘이 분열이 되어서 이스라엘 열지파와 베냐민지파

반이 바람나고 분열되어 북 이스라엘 북왕국을 세워서 떨어져 나갔지만

남쪽 유다 지파는 끝까지 믿음을 지키고 타협하지 않는 사자새끼

하나님께서 유다의 두목들로 화로 같게 하며 횃불 같게 하여 어느 누구도 당할 자가 없으리라

유다는 어떠한 환경에서도 믿음을 지키며 세상 음녀와 거짓과 우상과 물질 앞에서도 어느

것과도 타협하지 않는 신앙의 정절을 지키며 목숨보다 믿음을 굳게 지키는 유다 민족

창49:8-12　유다야 너는 네 형제의 칭송이 될지라 네 손이 네 원수의 목을 잡을 것이요

네 아비의 아들들이 네 앞에 절하리로다

유다는 사자 새끼로다 내 아들아 너는 움킨 것을 찢고 올라 갔도다 그의 엎드리고

웅크림이 수사자 같고 암사자 같으니 누가 유다를 범할 수 있으라

홀이 유다를 떠나지 아니하며 치리자의 지팡이가 그 발 사이에서 떠나지 아니하시기를

실로가 오시기까지 초림주 예수님께서 이 땅에 오시기까지 미치리니

그에게 심판주 예수님에게 모든 백성이 복종하리로다

그의 나귀를 포도나무에 매며 그 암나귀 새끼를 아름다운 포도나무에 맬 것이며

또 그 옷을 포도주에 빨며 그 복장은 포도즙에 빨리로다

그 눈은 심판주 예수님의 눈은 포도주로 말씀으로 붉겠고 죄인들을 심판하느라 선혈의 피가

심판주 예수님 옷에 뒤어서 포도주와 같이 붉겠고 그 이는 심판주 예수님의 이는

우유로 인하여 말씀으로 인하여 희리로다

사55:1　너희 목마른 자들아 물로 나아오라 돈 없는 자도 오라 너희는 와서 사먹되

돈 없이 값없이 와서 포도주와 젖을 사라

포도주와 젖은 하나님의 말씀 젖은 믿음이 어린 자들이 먹고 자라서 믿음이 성장하면
포도주를 먹고 오래 저장하였던 맑은 포도주 3천년 6천년 동안 오래 저장하고 숨겨왔던
맑은 포도주 예언의 말씀을 먹을자도 있습니다

사 25:6 만군의 여호와께서 이 산에서 시온산에서 만민을 위하여 기름진 것과 오래 저장하였던
포도주로 예언의 말씀으로 연회를 베푸시리나 곧 골수가 가득찬 기름진 것과
오래 저장하였던 맑은 포도주로 하실 것이며

하나님께서 만세전에 계획하시고 감추어진 비밀 말씀하신 대로 3천년 6천년 동안 오래
저장하였던 골수가 가득찬 기름진 맑은 포도주 하나님께서 사랑하는 종들에게
하늘의 비밀을 미리 알려주시는 예언의 말씀 오래 저장한 예언의 말씀을 맛있게 먹고
배어 넣어 창자에 채우는 남종과 여종들에게 하나님께서 예비하신 연회를 베푸시는데
시온산 하나님의 본부로 초대를 합니다
이 사람들이 하늘의 군대들 희고 깨끗한 세마포를 입고 백마를 타고 심판주 예수님을 따르는
부르심을 입고 빼버심을 얻고 진실한 자들 그 입에 거짓말이 없고 흠이 없는 자들
심판주 예수님께서 어디로 인도하든지 따라가 며 밤에나 낮에나 하나님을 경외하는
두 증인의 사명자 모세와 엘리야 같은 십사만 사천과
21세기 지구촌 온 땅에 민종과 언어를 초월하여 한시대를 살아가는 영적 이스라엘 하나님의
백성들이 살아서 재림주 예수님을 만나는 셀수 없는 알곡 백성들이 하나님 안에서 보호를 받는
알곡 백성들은 주리지도 아니하며 목마르지도 아니하고 해나 아무 뜨거운 기운에 상하지 아니하고
21 세기 75억 명의 사람들이 한시대를 살아가는 바벨세상 지구촌 온 땅에 경제 환난이 오면
장정 노동자 하루 품삯이 한 데나리온에 밀 한되요 한 데나리온에 보리 석되로다
지구촌에 비가 오지 않아 먹을 물도 부족하고 먹을 양식이 없을때며 감람유와 포도주는
해하지말라 기름과 등불이 있는 촛대교회 성도들 성령의 기름과 예언의 말씀을 가지고
하나님께서 명령하신 법을 지키는 종들을 해하지 말라 하더라

계 19:11-13 또 요한이가 하늘이 열린 것을 보니 보라 백마 탄자가 있으니 그 이름은 심판주 예수님은
충신과 진실이라 예수님은 공으로 심판하며 싸우더라

-52-

심판주 예수님은 눈이 불꽃 같고 그 머리에 많은 면류관이 있고 또 이름 쓴 것이

하나가 있으나 예수님 밖에 아는 자가 없고

또 심판주 예수님은 피 뿌린 옷을 입었는데 심판주 예수님은 지구촌 온 땅에

하나님의 대적 악한 자들을 심판 하느라 선혈의 피가 옷에 뛰어 피뿌린 옷을 입었는데

그 이름은 하나님의 말씀이라 칭하더라

야곱이 예언한 대로 홀이 유다를 떠나지 아니하며 유대 땅 베들레헴에 실로가 초림주

예수 그리스도가 만왕의 왕으로 오셨서 심판주 예수님 앞에 모든 백성이 복종 하리라

또 심판주 예수가 그 옷을 포도주에 빨며 그 복장은 포도즙에 빨리로다

죄악된 세상을 심판하느라 선혈의 피가 심판주 옷에 뛰어 내 의복이 다 더럽혔음이라

심판주 예수님께서 21 세기 75억 명의 사람들이 찬 시대를 살아가는 혼란찬 바쁜 세상

땅에 곡식이 다 익었음으로다 죄악된 세상을 다 심판하라 하시고

지구촌 전세계 땅에 속한 바벨 교회를 심판하여 하나님의 진노의 큰 포도주틀에 던지매

성밖에서 그 틀이 밟히니 틀에서 피가 나서 말 굴레까지 닿았고

일천육백 스다디온에 피가 지구촌 온 땅에 퍼졌더라

사 63:1-6 에돔에서 오며 홍의를 입고 보스아에서 오는 자가 누구뇨 그 화려한 의복 큰 능력으로 걷는

자가 누구뇨 그는 하나님이니 홍의를 입은 심판주 하나님은 의를 말하는 자요

온 인류를 구원하기에 능한 자니라

어찌하여 네 의복이 붉으며 네 옷이 포도즙 틀을 밟는 자 같으뇨

하나님의 대적 에돔아 앗수르야 옹의 권세를 받은 붉은 짐승 21 세기 지구촌 온 땅

공산국가 나라들 지도부야 붉은빛 짐승을 탄 거짓 음녀들아 어찌하여 네 의복이

피로 붉으며 네 옷이 포도즙 틀을 밟는 자 같이 시대 시대 시대마다 죄없는

많은 사람과 의인들과 믿음의 선지자들을 죽이느뇨 21 세기 75억 명의 사람들이

찬 시대를 살아가는 지구촌 전세계 각 나라마다 옹의 권세를 받은 붉은 짐승 공산국가

나라 공산당 지도부는 하나님께서 허락하신 42달 즉 삼년 반 동안 일을 맞치면

공산국가 공산당 지도부는 다 함께 망하리라 공산국가 공산당 지도부는 하나님이 미워하는 대적이니라

만민 중에 하나님과 함께한 자가 없이 하나님이 홀로 포도즙틀을 밟았는데 하나님 내가 노함을
인하여 대적의 무리를 밟았고 분함을 인하여 짓밟았으므로 하나님의 대적의 피가 심판주
예수님 옷에 뛰어 공의로우신 하나님 심판주 예수님 의복을 다 더럽혔음이니
하나님께서 내 원수 갚는 날이 내 마음에 있고 하나님이 구속할 자들을 구속할 해가 왔으나
하나님 내가 본즉 도와 주는 자도 없고 붙들어 주는 자도 없으므로 이상히 여겨 내 팔이
나를 구원하며 하나님의 분이 나를 붙들었음이라
심판주 하나님 내가 노함을 인하여 만민을 밟았으며 심판주 하나님 내가 분함을 인하여
대적들을 취케 하고 대적들의 선혈의 피가 지구촌 온 땅에 쏟아지게 하였느니라

계14:14-20 또 요한이가 보니 흰 구름이 있고 구름 위에 사람의 아들과 같은이가 앉았는데
그 머리에는 금 면류관이 있고 그 손에는 이한 낫을 가졌더라
또 다른 천사가 성전으로부터 나와 구름 위에 앉은 이를 향하여 큰 음성으로 외쳐 가로되 네
낫을 휘둘러 거두라 거둘 때가 이르러 지구촌 온 땅에 곡식이 죄악이 다 익었음이로다 하니
구름 위에 앉으신 이가 낫을 지구촌 온 땅에 휘두르매 곡식이 죄악이 거두어지니라

큰성 지구촌 21세기 75억 명의 사람들이 한시대를 살아가는 각 나라와 인종과 언어를 초월하여
지구촌 온 땅은 바벨 세상이요 더러운 귀신의 처소요 각종 더럽고 가증한 영들이 모여 음행과
먹고 마시고 장가들고 시집가고 사치하고 세상 향락에 취하여 낮과 밤을 구분하지도 못하고
죄 가운데 빠져 있는자들 지구촌 온 땅에 곡식이 죄악이 다 익었음이로다 하니
구름 위에 앉으신 심판주가 심판의 낫을 지구촌 온 땅에 휘두르매 곡식이 죄악이 거두어지니라

또 다른 천사가 하늘에 있는 성전에서 나오는데 또한 이한 낫을 가졌더라
또 불을 다스리는 다른 천사가 제단으로부터 나와 이한 낫 가진자를 향하여 큰 음성으로
불러 가로되 네 이한 낫을 휘둘러 지구촌 온 땅의 포도송이를 거두라
좋은 곡산 품 포도송이가 아닌 들포도가 익었느니라 하더라

세상에 속한 바벨교회 성도들이 실로아 물을 하나님을 버리고 하나님께서 제일 미워하는
하나님의 대적의 나라 다메섹과 르신과 르말리야의 아들을 기뻐하나니

-54-

21세기 영적 이스라엘 안에도 사마리아 북한 공산당 지도부 김일성 김정일 김정은 이들을 좋아하고 따라가니 창조주 하나님께서 미워하는 대적의 나라 앗수르 공산당 공산국가 나라 소련 지금 러시아 중국 북한 지구촌 전세계 공산국가 나라 지도부를 좋아하고 따라가니 하나님께서 불꽃같은 눈으로 지켜보시고 마음이 얼마나 섭섭하시겠는가

하나님이 주신 지구 땅끝의 나라 지구 땅 모통이 동방의 나라 욕단의 자손 하나님이 세우신 천손의나라 대한민국 봄 여름 가을 겨울 사계절을 주신 아름다운 금수강산 기름진 땅과 해양자원이 풍부한 삼면의 바다와 오천만 백성들을 책임을 져야할 대한민국을 대표하는 역대 대통령들 중에 하나님께서 제일 미워하는 대적 용의 권세를 받은 붉은 짐승 공산당 국가 지도부 하나님이 없다고 거짓말하고 하나님의 피로산 몸된 교회들을 파괴하고 불을 지르고 하나님 백성들의 자유를 박탈하고 감옥에 가두고 굶기고 때리고 죽이는 붉은 짐승 북한 공산당 지도부를 좋아하고 따라가는 사상과 소위가 없는 국가관이 없는 역대 대통령과 대통령을 좋아하고 동의하고 앞서서 따라가는 한국교회 국가관이 없는 지도자들과 일천만 성도들 대한민국이 공산화 되면 한국교회는 없습니다 자유는 없습니다 역대 대통령을 지지하고 따라간 대한민국 종교 지도자들과 땅에 속한 국가관이 없는 백성들 땅에 곡식이 있었도다 땅의 포도송이가 다 있었느니라 국가관이 없는 한국교회 지도자들과 성도들과 종교 지도자들과 국가관이 없는 백성들과 세상에 속한 바벨 교회들이 심판의 대상자 공산당을 지지하고 따라간 역대 대통령을 지지하고 따라간 것을 하나님 공산당 지도부가 하나님의 대적인줄 모르고 역대 대통령을 지지하고 따라간 것을 하나님 앞에 회개하면 하나님은 참 회개를 들어주십니다 그러나 회개가 없으면 보응만 있습니다

천사가 심판의 낫을 휘둘러 지구촌 온 땅에 곡식이 죄악이 거두어지느니라 천사가 심판의 낫을 휘둘러 지구촌 전세계 온 땅의 포도를 거두어 바벨교회를 거두어 하나님의 진노의 큰 포도주틀에 던지매 성밖에서 그 틀이 밟히니 틀에서 피가 나서 말 굴레까지 닿았고 일천육백 스다디온에 피가 지구촌 온 땅에 퍼졌더라

용의 권세를 받은 붉은 짐승 공산국가 공산당 지도부는 사나운 짐승이요 하나님께서 하시는일을 낮에나 밤에나 항상 훼방하는 자라

공산당 손에든 몽둥이는 연기나는 부지깽이에 불가하니 하나님 백성들아 두려워 말라

하나님의 백성들이 하나님 앞에서 죄를 범할 때에 앗수르나 바벨론이나 공산당을 잠시 들어쓰는 하나님의 진노의 막대기요 공산당 손에든 몽둥이는 하나님의 분참이라

공산국가 공산당 지도부는 칼맑스 주체 사상을 세워놓고 똑같이 일하고 똑같이 나누고 부자와 가난한자 없이 똑같이 잘먹고 같이살자 공산국가 공산당 지도부의 말과 행동이 같이 아니하고 진실은 하나또 없고 거짓말을 지어내어 말하는 공산당 지도부 우주 만물을 창조하신 하나님은 어제나 오늘이나 영원토록 동일하시고 아담때부터 세상 끝날까지 불꽃같은 눈으로 지구촌 전세계 각 나라와 인종과 언어를 초월하여 모든 사람의 마음과 생각과 폐부까지 감찰 하시고 시간과 공간을 초월하여 다 보고계신 하나님은 없다고 거짓말하는 공산당 지도부 하나님의 어린양 예수님의 피로산 교회들을 공산국가 공산당 지도부의 침으로 파괴하고 불을 지르고 하나님의 백성들을 짐승처럼 학대하고 때리고 욕하고 억압하고 감옥에 가두고 굶기고 죽이고 하나님의 자녀들이 하나님 앞에 경배하며 찬양하는 자녀들의 행복한 가정들의 평강과 자유를 박탈하고 거짓말하고 속이고 공산국가 공산당 지도부의 침으로 총칼로 죽이고 하나님의 백성들을 학대하는 공산당 지도부 하나님의 대적인 공산국가 공산당을 좋아하고 타협하고 따라가는 국가관이 없는 대한민국 역대 대통령과 대통령 말을 동의하고 지지하고 따라가는 수많은 백성들과 대한민국 역대 삼복요인 행정부 사법부 입법부 장관들과 역대 국회의원 교육감 시장 군수 시의원 중에서도 공산당을 좋아하고 역대 대통령을 지지하고 동의하고 따라간 지도자들과 국가관이 없는 백성들과 천국교회 수많은 지도자들과 일천만 성도들께서 용의 권세를 받은 공산당이 하나님께서 미워하는 대적인줄 모르고 국가관이 없는 역대 대통령과 역대 국회의원과 국가관이 없는 대한민국 역대 지도자들을 지지하고 따라가고 동의 한것을 가슴을 치며 울고 울면서 회개 하면 하나님의 용서를 받겠지만 회개를 안하면 하나님의 보응을 피할수가 없습니다 지구촌 전세계에 있는 여러 공산주의 나라와 자유민주의 여러 나라는 철과 진흙입니다 생각과 사상과 소위가 다르기 때문에 화합이 될수가 없습니다 공산국가 나라는 공산당을 탈퇴를 선언하고 자유민주의 나라를 건설해야 하나님께서 기뻐하시고 축복하시고 품어주시고 안아주시고 단비도 주시고 화합이 될수 있습니다

단 2:43 왕께서 철과 진흙이 섞인 것을 보셨은즉 그들이 다른 인종과 서로 섞일 것이나 피차에 합하지 아니함이 철과 진흙이 합하지 않음과 같으리이다

21세기 지구촌 온 땅은 자유민주주의 나라 사람들의 사상과 공상주의 나라 사람들의 사상을
하나님께서 철과 진흙으로 설명하고 있습니다 남과 북의 사대 병마의 싸움입니다
지구촌 온 땅에는 75억 명의 많은 사람들이 자유민주주의 나라 사람들과 공산국가 공산주의 나라
사람들이 서로 다른 인종과 사상이 섞어져서 화목에 지구 동서를 왕래하며 분주하게 살아가고 있지만
자유민주주의 나라 사상과 공산주의 나라 칼막스 주체 사상은 섞어지지 않습니다 생각과 사상과
소위와 목적과 꿈이 다르기 때문에 섞일수가 없는 것을 하나님께서 아시고 2600년이 지난
철과 진흙으로 말씀하고 계십니다 자유민주주의 사상이냐 공산주의 나라 칼막스 사상이냐
세상을 따라가느냐 창조주 하나님을 믿고 따라가느냐 선택은 각 나라와 인종과 언어를
초월하여 남녀 모든 사람에게 자유 영원히 살기위하여 자유민주주의도 아니고 공산주의
칼막스 사상도 아니고 신본주의 사상을 따라가시기를 축복합니다
악을 행하는 자를 돕고 따라가면 악인과 함께 같이 망하리라
하나님께서 미워하는 공산국가 나라 지도부 거짓말하고 악을 행하는 자를 도와주면
돕는자도 넘어지고 도움을 받는 자도 엎드러져서 다 함께 멸망하리라

하나님을 신뢰하고 믿는 자들이 하나님께서 기뻐하는것 같이 기뻐하고 미워하는것 같이
미워해야 하나님의 자녀이지 용의 권세를 받은 붉은 짐승 공산국가 나라 공산당 지도부
하나님께서 제일 미워하는 대적 악의 몽둥이로 부지깽으로 들어쓰고 버리는 공산당을 호위하고
따라가는 땅에속한 국가관이 없는 지도자가 하는일에 동의하고 지지하고 따라간다면
신앙의 정절이 없는데 어떻게 하나님의 자녀 왕자님 공주님이 될수 있는가
대한민국을 대표하는 역대 대통령도 공산국가 공산당 지도부가 하나님께서 가장 미워하는
대적인줄 몰라서 따라가는데 일반 백성들이 무엇을 알겠는가

북한 공산당 지도부가 빠빨리 무너져서 대한민국 태극기를 북한 백두산에 꽂는것은 아주쉬운
일입니다(하나님을 믿고 신뢰하고 하나님을 기쁘시게 하는것 입니다) 대통령과 오천만 백성들이
하나님이 미워하는 대적 부지깽이에 불가찬 북한 공산당 지도부가 빠빨리 무너지게 기도하고
북한에 이천오백만 선량한 백성들을 하나님의 능력의 손에 올려드리고 악한 지도자를 만나서
74년 동안 자유를 박탈당하고 학대를 당하고 가난과 질병으로 고통을 당하고 있는 북한백성들을
살려주세요 하나님 앞에 울며 기도하면 하나님께서 기도 소리를 들으시고 동의하시고

심판주 하나님이 앞서 가셔서 험한 곳을 평탄케 하며 놋문을 쳐서 부수며 714년 동안 잠겨있던

쇠빗장을 꺾고 북한 공산당 지도부를 항복하게 하며 하나님께서 행하시는 일을 눈으로 보고

따라가기만 하면 됩니다 중국 대륙 공산당 지도부도 마찬가지로 무너집니다

옛날 고구려시대 대한민국 열왕과 방백과 선조들이 살아가던 고구려 땅도 도로 찾게됩니다

용의 권세를 받고 나온 붉은 짐승 공산국가 공산당 지도부가 하나님의 대적 악한자들 입니다

공산국가 나라 안에 있는 착하고 선량한 백성들을 빠른 시일안에 살려내야 합니다

북한 공산당 지도부로부터 이천오백만 선량한 북한 백성들이 자유를 박탈당하고 화목했던

가정들이 꿈과 사랑을 파괴하고 학대를 당하고 무시를 당하고 감시를 당하고 먹을 양식이

없어서 한가정의 부모가 서로 어린 아이들을 바라보며 배가 곱아서 우는 아이들을 바라보며

부모로서 먹을것을 줄것이 없어서 하늘을 울려러보며 울부짖는 가련하고 빈핍한 북한 백성들의

아픔과 슬픔을 대한민국 정부가 보고 유엔 총회가 보고 듣고 대한민국과 군사안보 동맹국인

미국 정부와 일본 지도부가 보고 듣고 빠른 시일안에 북한에 있는 이천오백만 백성들을

대한민국 자유의 품으로 인도하는 것이 하나님께서도 기뻐하십니다

대한민국 정부와 국방이 해결해야 합니다 사람을 살리는 일입니다 시간이 없습니다

국가관이 없는 지도자를 따라 간다면 어떻게 하나님의 자녀가 될수 있는가 내방법 내

생각대로 내중심에 맞추어서 살아가는 신앙은 하나님과 아무런 상관이 없습니다

하나님 말씀에 순종하고 하나님이 미워하는것 같이 미워하고 하나님이 기뻐하는것

같이 기뻐하고 따라가야 하나님께서 그 자녀들을 매사에 형통한 길로 인도하시고

세상 끝날까지 사랑의 예수님께서 함께 하십니다

하나님께서 미워하는 붉은 짐승 공산당 악한 대적을 좋아하고 따라가는 자들은

하나님과 아무런 상관이 없습니다 오직 보응과 심판만 있습니다

예수님도 내가 너희를 도무지 알지 못하니 악을 행하는 자를 돕는 자들과 세상과 거짓과

공산당과 타협하고 불법을 행하는 자들아 내게서 떠나가라

용의 권세를 받은 붉은 짐승 공산당 지도부가 하나님의 대적인줄 모르고 국가관이 없는 지도자를

지지하고 동역하고 따라간 것을 하나님 앞에 회개하고 돌아서야 하나님의 사랑을 받습니다

뱀의 낯을 피하여 한 때와 두 때와 반때 후삼년반 42달 동안 양육 받지 못한 교회와 남은 자손

계12:17 용이 여자에게 분노하여 돌아가서 하나님의 교회와 남은 자손 곧 하나님의 계명을 지키며
예수의 증거를 가진 자들로 더불어 싸우려고 바다 모래 위에 섰더라

혼란한 세상 바다 모래 위에 서 있는 자들 하나님의 계명을 지키며 예수의 증거를 가져어도
바다 모래 위에는 구원이 없습니다 하나님께서 명령하신 법을 지키고 마귀와 붉은 짐승과
거짓 음녀와 타협하지 아니하고 신앙의 정절을 지키고 세상 유혹과 미혹과 우상과 싸워
이겨야 합니다 믿음으로 싸워 이기는 자가 영적 이스라엘 알곡 백성들 입니다

계11:2 성전 밖 마당은 척량하지 말고 그냥 두라 이것을 이방 인에게 주었은즉 저희가
용의 권세를 받은 붉은짐승 공산당과 거짓 음녀가 거룩한 성을 땅에속한 바벨교회와
땅에 거하는 자들을 마흔두 달 동안 후삼년 반동안 짓밟으리라

나라의 파수꾼이요 교회의 파수꾼인 지도자가 소경이 되어 인도하는 대로 따라간다면 둘다
함정에 빠지느니라 양가죽을 뒤집어 쓴 늑대를 파수꾼이 분별을 잘해야 물리칠수 있습니다

욜3:13-17 하늘의 천사들아 너희는 낫을 쓰라 곡식이 익었도다 지구촌 온 땅의 죄악이 익었도다
와서 밟을찌어다 포도주들이 가득히 차고 포도주 독이 넘치니 그들의 악이 큼이로다
21세기 75억 명의 사람들이 한시대를 살아가는 지구촌 전세계 각 나라와 인종과 언어를
초월하여 바벨 세상의 많은 사람들이 먹고 마시고 장가들고 시집가고 세상 향락에 취한
자들과 사치하고 세상을 따라가는 땅에 속한 바벨교회의 악이 큼이로다 지구촌 전세계
사람이 많음이여 판결 골짜기에 심판받을 사람이 많음이여 판결 골짜기에
여호와의 날이 심판의 날이 가까움이로다 해와 달이 캄캄하며 별들이 그빛을 거두도다

하나님을 믿는 자들중에 말씀도 없고 순종도 없고 매일 매일 죄를 지으면서 회개도 없고 사랑도
없고 감사도 없고 하나님께서 계절마다 풍성하게 주시는 산업과 물질의 십일조와 헌물을
도적질하고 자기 방식대로 자기 생각대로 자기 중심으로 하나님을 믿는 자들은 교회 성전밖 마당만
밟고 다니고 바다 모래 위에 서있는 신앙 기름과 등불이 없는자 지구촌 전세계 각 나라와 인종과
언어를 초월하여 많은 사람들이 영적으로 캄캄하여 지구촌 바벨세상의 죄악이 익었도다

영적 이스라엘 안에 세상에 속한 바벨교회의 죄악이 다 익었도다 와서 밟을찌어다

지구촌 전세계 세상에 속한 바벨교회 지도자들이 발람처럼 물질을 따라가너

해와 달과 별들이 캄캄하며 해는 하나님의 말씀 달은 하나님을 믿는 성도들

별은 지구촌 전세계 각나라 영적 이스라엘 교회 지도자들 그 빛을 거두도다

지구촌 전세계 땅에속한 교회 지도자들이 하나님의 어린양 예수 그리스도 피로산 거룩한

성전안에서 여선교 바자회 한다고 돈을 받고 물건을 팔고 사고 돼지를 잡아먹고 개를

잡아먹고 쥐를 먹은자 가증한 물건과 피를 먹는 자들이 하나님 말씀을 알지 못하고

때를 따라 분별하지 못하고 영적으로 캄캄하여 별들이 지도자들이 그빛을 거두도다

나 여호와가 시온에서 부르짖고 예루살렘에서 심판의 목소리를 발하여 하늘과

지구촌 온땅이 진동하리로다 그러나 나 여호와는 내 백성의 알곡 백성들의 피난처

지구촌 전세계 영적 이스라엘 자손의 산성이 되리로다

그런즉 영적 이스라엘 알곡 백성 너희가 나는 하나님의 거룩한 성산 시온에 거하는

너희 하나님 여호와 인줄 알 것이라 예루살렘 성산이 거룩하리니 다시는 이방 사람이

깨끗지 못한자는 그 거룩한 길을 그 가운데로 통행하지 못하리로다

그 세기 75억 명의 사람들이 한시대를 살아가는 지구촌 전세계 각 나라와 인종과 언어를 초월하여

땅에 거하는 이방 사람 죄인들을 다 진멸하고 세상을 따라가는 바벨교회와 죄인들을 심판하고

하나님의 백성 영적 이스라엘은 거룩한 성산에서 하나님을 찬양하며 영원토록 함께 하심이다

사 66:15-17 보라 여호와께서 불에 옹위되어 하늘과 온 땅을 진동 시기고 지구촌 온땅에 강림하시리너

그 수레들은 회리 바람 같으리로다 그 심판주 하나님께서 혁혁한 위세로

노를 베푸시며 맹렬한 화염으로 견책 하실 것이라

심판주 여호와께서 불과 칼로 지구촌 온땅 혈육에게 세상에 속한 자들에게

심판을 베푸신즉 여호와 하나님께 살륙당할 자가 많으리니

스스로 거룩히 구별하며 하나님을 믿는 영적 이스라엘 너희는 스스로 정결케 하고 동산에

교회 들어가서 그 가운데 있는 자를 따라 돼지고기와 가증한 물건과 개고기와 우상의 제물과

짐승의 피를 먹는자와 쥐를 먹는자가 다 함께 망하리라 여호와의   말이니라

21세기 75억 명의 사람들이 한시대를 살아가는 지구촌 온 땅에 그년 월 일 시에
심판주 예수님께서 지상 재림하시는 그날에 하늘을 가르고 바다와 육지를 진동시키고
지구촌 온땅 바벨 세상을 심판하는 날 땅에 속한 임금들과 왕족들과 장군들과
부자들과 강한 자들과 각 종과 땅에 거하는 자들이
다 함께 망하리라 여호와의 말이니라
하나님 오른편에 서 있느냐 하나님 왼편에 서 있느냐
(선택은 전세계 인류의 모든 사람에게 자유를 주신 공의 하나님)
영원히 살기 위하여 사랑의 하나님 구원의 하나님 치료의 하나님
 축복의 하나님 오른편에 서 있기를 축복합니다

충성되고 지혜 있는 종이 되어 하나님의 어린양 예수 그리스도의 피로산 교회를 맡아
하나님의 백성 들에게 생수의 근원 되신 하나님 예수 그리스도를 전하며 때를 따라
하나님의 말씀 포도주와 젖을 주며 생명의 양식을 나눠주며 하나님께서 원하시는 생명의 길로
사랑의 길로 구원의 길로 승리의 길로 사랑의 하나님과 공의 하나님 초림주와 재림주를 나눠줄
전세계 영적 이스라엘 교회 지도자들 중에 혹 땅에 속한 거짓 목자들이 있습니다

사 56:9-12 들의 짐승들아 삼림 중의 짐승들아 다 와서 삼키라
그 파숫군들은 소경이요 다 무지하며 벙어리 개라 능히 짖지 못하며 다 꿈꾸는 자요
누운 자요 게으르고 나태하고 잡자기를 좋아하는 자니
이 개들은 탐욕이 심하여 족한줄을 알지 못하는 자요 그들은 몰각한 목자들이라
신앙관도 없고 믿음의 정절도 없고 국가관도 없고 애국심도 없는 몰각한 목자들이라
다 자기 길로 돌이키며 어디 있는 자이든지 자기 이만 도모하며
자기 생각대로 수단과 방법을 동원하여 꼼수와 거짓을 말하며 불법을 행하는 자들
피차에 이르기를 오라 내가 포도주를 가져오리라 우리가 독주를 잔뜩 먹자 세상 향락과
오락에 취하여 낮과 밤을 구분하지도 못하는 자들
내일도 오늘같이 또 크게 넘치리라 하느니라

백마를 타신 공의로우신 심판주 예수님을 따르는 하늘에 있는 군대들이 희고 깨끗한

세마포를 입고 백마를 타고 심판주 예수님을 따르며

십사만 사천 입에서 이한 검이 나와서 그것으로 만국을 치겠고 지구촌 바벨세상 각종

더러운 영들을 치겠고 친히 저희를 세상에 속한 자들을 철장으로 다스리며 또 친히 하나님

곧 전능하신 이의 맹렬한 진노의 포도주틀을 밟겠고 온 세상 바벨교회를 심판하며

그 옷과 그 다리에 이름 쓴 것이 있으니 만왕의 왕이요 만주의 주라 하였더라

백마를 타신 심판주 예수님을 따르는 하늘의 군대 희고 깨끗한 세마포를 입고

백마를 탄 십사만 사천을 이길자는 지구상에서는 아무도 없습니다

마 7:22-23 그날에 심판의 날에 많은 사람이 나더러 이르되 주여 주여 우리가 주의 이름으로 선지자

노릇하며 예수 이름으로 귀신을 쫓아내며 예수 이름으로 많은 권능을 행치 아니하였나이까 하리니

그 때에 심판주 예수 내가 저희에게 밝히 말하되 심판주 예수 내가 너희를 도무지

알지 못하니 불법을 행하는 자들아 내게서 떠나가라 하리라

하나님 말씀을 순종하지 아니하고 모든 일에 자기 생각 대로 자기방법과 자기중심에서 자기를

나타내며 자기를 높이고 자기를 자랑하며 거짓 예언과 거짓 계시와 거짓말하고 남을 비방하고

판단하며 교만하고 거만하고 패역하고 세상 향락에 취하여 불법을 행하는 자들아

예수 내가 너희를 도무지 알지못하니 불법을 행하여 영벌에 들어갈 자들아 내게서 떠나가라

마 10:8 너희는 예수 이름으로 병든 자를 고치며 죽은 자를 살리며 문둥이를 깨끗게 하며

귀신을 쫓아내되 너희가 거저 받았으니 거저 주어라

창조주 성자의 하나님 예수님께서 명령하신 말씀을 거역하고 돈을 사랑하며 예수 이름을

방자하여 귀신을 쫓아내고 병든자를 고치고 돈을 요구하고 거짓 계시를 말하며 사람들의

마음을 속이고 좋은 말로 거짓 예언을 말하고 돈을 요구하고 자기 이만 도모하며 자기자랑

자기를 높이고 하나님 자리에 앉아서 남을 판단하며 불법을 행하는 자들 죄를 범하고도 당연한

것처럼 다른 사람들의 죄만 지적하고 남을 비방하며 자기 생각 대로 형제와 이웃을 판단하며

하나님께서 시대 시대마다 세우신 임금과 대통령을 욕하고 비방하고 판단하면서 회개가 없는 자들

자기만 의롭고 똑똑하고 과시하며 영적 감각이 없는 자들은 심판의 대상자 입니다

약 4:11-12 형제들아 피차에 비방하지 말라 형제를 비방하는 자나 형제를 판단하는 자는
곧 율법을 비방하고 율법을 판단하는 것이다 네가 만일 율법을 판단하면
율법의 준행자가 아니요 하나님 자리에 앉아서 재판자로다
입법자와 재판자는 오직 심판주 하나님 한분이시니 능히 구원하기도 하시며 멸하기도
하시느니라 너는 누구관대 하나님 자리에 앉아서 이웃과 형제를 비방하며
하나님이 세워서 나라를 통치하는 왕과 대통령을 욕하고 판단하느냐 너는 누구냐

사 4:4-6 이는 주께서 그 심판하는 영과 죄를 소멸하는 영으로 신랑 예수님과 약혼한 시온의 딸들의 더러움을
씻으시며 신랑 예수님의 신부가 된 예루살렘의 피를 그 중에서 청결케 하실 때가 됨이라
하나님께서 시온의 딸들과 예루살렘의 피를 심판하는 영과 죄를 소멸하는 영으로
새롭게 조성하여 일을 하게 하시는 하나님

하나님께서 두 증인의 권세자 십사만 사천에게 심판하는 영과 죄를 소멸하는 영으로 다시 조성하시고
또 일곱영을 부어주심 여호와의 신 곧 지혜의신 총명의신 모략의신 재능의신 지식의신 경외의신
공의로운 판단의신을 영적 이스라엘 남종과 여종에게 부어주셔서 새일을 하게 하십니다
지구촌 온 땅에는 의인이 없나니 한 사람도 없으며 금식을 3일 10일 21일 40일 동안 금식하고
식물을 먹으면 또 죄를 짓게 됩니다 마음으로 생각으로 눈으로 귀로 혀로 입술로 손으로 발로 게으르고
나태하고 하나님보다 앞서가고 살아 움직이는 자체가 죄를 짓고 또 회개하고 반복하지만
하나님께서 심판하는 영과 죄를 소멸하는 영으로 시온의 딸들의 더러움을 씻으시며
예루살렘의 피까지 청결하게 하기 때문에 죄를 지을수가 없습니다
하나님께서 십사만 사천 남종과 여종에게 일곱영을 부어주어 영원한 복음을 전하는 지구촌 온당
여러 나라와 족속과 방언과 백성에게 전할 영원한 복음을 전하는 하늘의 군대 십사만 사천이
지구촌 온땅 전세계 어느나라에서 말씀을 전하든지 예수님께서 허락하신 사명 전삼년반
1260일 동안 셀수 없는 알곡 백성들을 다 찾아서 하나님이 예비하신 보호처와 밀실에 들어가
후삼년반 1260일과 진노의 대접재앙 30일 1290일을 지나 아마겟돈 핵전쟁 45일 1335일 까지
보호하시고 여호와께서 그 거하는 하나님의 본부 시온산과 지구촌 전세계 모든 집회 위에 낮에는

구름과 연기 밤이면 화염의 빛을 만드시고 그 모든 영광위에 천막을 덮으실 것이며

또 시원한 천막이 있어서 낮에는 더위를 피하는 그늘을 지으며 또 풍우를 피하여 숨는 곳이 되리라

하나님께서 낮에나 밤에나 항상 불꽃같은 눈으로 보호하시는 하나님 하늘의 군대 십4만 사천에게

더러운 죄를 말갛게 씻으시며 피까지 청결하게 하고 여호와의 신 일곱영을 부어주어 만국을

다스리는 철장권세를 주어 예수님께서 허락하신 사명 여러 나라와 족속과 방언과 자라촌

전세계 백성들에게 전할 영원한 복음사역 전삼년반 1260일 동안 집회위에 낮에는

구름기둥 밤에는 화염으로 빛을 만드시고 사명을 다 완수하여 셀수 없는 흰옷을 입은 알곡 백성들을

다 찾아서 하나님께서 예비하신 보호처와 밀실에 들어가서 후삼년반 1260일 대접재앙 30일

아마겟돈 핵전쟁 45일 1335일 까지 하나님께서 밤에나 낮에나 보호하시고 인종과 언어를

초월하여 흰옷을 입은 알곡 백성들이 하나님을 찬양하며 그곳은 주리지도 아니하며 목마르지도

아니하고 해나 아무 뜨거운 기운에 상하지 아니하는 보호처와 밀실이 있습니다

사 11:1-5	이새의 줄기에서 한 싹이 나며 그 뿌리에서 한 가지가 나서 결실할 것이요
	여호와의 신 곧 지혜의신 총명의신 모략의신 재능의신 지식의신
	여호와를 경외하는 경외의신이 그 위에 강림하시리나
	그가 십사만 사천과 알곡 백성들이 여호와를 경외함으로 즐거움을 삼을 것이며 그 눈에 보이는
	대로 심판치 아니하며 귀에 들리는 대로 판단치 아니하며
	공의로 빈핍한 자를 심판하며 정직으로 세상의 겸손한 자를 판단의신이 임하여 그 입의
	막대기로 말씀의 권세로 바벨 세상을 치며 입술의 기운으로 악인을 죽일 것이며
	공의로 그 허리띠를 삼으며 성실로 몸의 띠를 삼으리라
	이것이 마지막 때에 남종과 여종에게 부어주는 늦은비 역사입니다

욜 2:28-32	만민에게 부어주는 성령은 120명의 성도가 10일 동안 부르짖어 기도할 때 오순절날
	하늘에서 성령강림 함으로 예수님 제자 사도들로 초대교회가 탄생하여
	다른 방언으로 말하며 너희 자녀들은 장래일을 말할 것이며
	너희 늙은이는 꿈을 꾸며 너희 젊은이는 이상을 볼 것이며
	마가 다락방에서 시작하여 2024년 오늘날까지 은혜안에 계속 이어지고 있습니다

지금까지 하나님의 은혜 안에서 알곡 백성과 쭉정이가 지구촌 전세계 온 땅에 섞어져서 살아가고 있지만 신원의 날이 시작 되면 알곡과 쭉정이를 가르시는 하나님

그때에 마지막 때에 하나님 내가 또 내 신으로 남종과 여종에게 부어 줄 것이며 하나님 내가 이적을 하늘과 땅에 베풀리니 곧 피와 불과 연기 기둥이라

늦은비 역사 입니다 이땅에 지구촌 온 땅에서 하나님을 믿는 영적 이스라엘 많은 백성들이 회개의 영이 임하여 남종과 여종에게 부어주는 성령이 임하여 기뻐하며 찬양하며 하나님께 영광을 돌리며 지구촌 전세계 각 나라와 인종과 언어를 초월하여 셀수 없는 수많은 사람들이 감격의 눈물을 흘리며 만왕의 왕 예수님을 경배하며 찬양합니다

여호와의 크고 두려운 날이 이르기 전에 해가 어두워지고 달이 핏빛같이 변하려니와 누구든지 지구촌 전세계 각 나라와 인종과 언어를 초월하여 여호와의 이름을 부르는 자는 구원을 얻으리니 이는 나 여호와의 말대로 시온산과 예루살렘에서 피할 자가 있을 것임이요 남은 자 중에 나 여호와의 부름을 받은 자가 있을 것이니라

여호와의 이름을 부르는 자는 구원을 얻으리니 이는 나 여호와의 말대로 시온산과 예루살렘에서 피할 자가 있을 것임이요 영적 이스라엘 흰옷을 입은 알곡 백성들 입니다 지구촌 전세계 각 나라와 인종과 언어를 초월하여 구원받은 셀수 없는 많은 무리들이 한때 두때 반때 후삼년반 1260일을 지나 하나님의 진노의 대접재앙 30 일 1290일을 지나 마지막 일곱째 재앙 아마겟돈 핵전쟁 45일 1335일 까지 하나님께서 예비하신 보호처와 밀실에서 하나님의 진노가 지나가기까지 피할 자가 있을 것임이요

남은 자 중에 나 여호와의 부름을 받을 자가 있을 것이니라 이사람들이 동방 고레스같은 종 두 증인의 권세자 모세와 엘리야 같은 사명자 하늘의 군대 희고 깨끗한 세마포를 입고 백마를 탄 십사만 사천 입니다 하나님의 부름을 받은 남종과 여종들이 금과 은을 기뻐하지 아니하며 공역 하나님 삼판주 예수님을 따르며 만왕의 왕 예수님 앞에 충성된 종들 부르심을 입고 빼내심을 얻고 진실하고 정직하고 예수님이 어디로 인도하든지 낮에나 밤에나 환경과 시간을 초월하여

아멘하고 따라가는 자며 그 입에 거짓말이 없고 흠이 없는 자들 두 증인의 권세자

모세와 엘리야 같은 사명자 십사만 사천을 지구촌 동방에서부터 서방에서부터 구원하여 내고

하나님께서 이들을 인도하여다가 예루살렘 가운데 거하게 하리니 그들은 하나님 백성이

되고 하나님은 성실과 정의로 그들의 하나님이 되리라

십사만 사천은 하나님께서 명령하신 사명을 지구촌 전세계 각 나라와 인종과 언어를 초월하여

영원한 복음을 가지고 알곡 백성들을 전삼년반 동안 다 찾아서 하나님께서 예비하신 보호처와

밀실로 들어가게 인도하면 전삼년반 1260일이 끝나고 후삼년반이 시작되면 용의 권세를 받은

짐승과 짐승의 권세를 받은 거짓 음녀와 붉은 짐승 공산당에 속한 땅의 임금들과 수많은

황충의 떼들이 데모다들이 일어나 싸우고 죽이고 하나님을 향하여 훼방하고 후삼년반 42달

동안 각 족속과 백성과 방언과 나라를 다스리는 권세를 받아 하나님의 생명책에

창세 이후로 이름이 없는 자들은 다 짐승의 우상에게 경배하며 후삼년반에 떨어진 자들은

인종과 언어를 초월하여 오른손에나 이마에 짐승의 표 666수를 받아야 물건을 사고 팔고

짐승의 수 666 수를 받은 자들은 다 음부로 보내고

여섯째 천사가 나팔을 불매 큰강 유브라데어 결박한 네 천사를 놓아 주라 하매

네 천사 유엔총회 이사국 미국 영국 프랑스 러시아 네 천사를 놓아 주매 네 천사가 놓였으니

미국 나라에 속한 자유민주주의 안보조약 동맹을 맺은 우방국가 여러 나라들과

소련 공산주의 나라와 동맹을 한 공산국가 여러 나라들이 남과 북의 전쟁 이억명의 군인들이

마지막 3차 전쟁으로 1년 월 일 시에 75억 명의 사람들이 늘 25억 명의 사람들이 죽고

지구촌 온 땅에 지진이 어찌 큰지 사람이 땅에 있어옴으로 이같이 큰 지진이 없었더라

큰성 지구가 세 갈래로 갈라지고 만국의 성들도 무너지니 화려했던 도시의 빌딩들도 무너지고

각 섬도 없어지고 산악도 간데 없더라 후삼년반 1260일과 대접재앙 30일 아마겟돈 핵전쟁

45일 1335일이 끝나면 짐승의 우두머리와 짐승의 권세를 받은 궤휼에 능한 거짓 음녀와

거짓 선지자와 땅의 임금들과 마귀의 군대들을 잡아 산채로 유황 불붙은 못에 던지우고 그 나머지는

땅에 거하는 자들은 백마 탄자의 입으로 나오는 검에 죽으매 모든 새가 그 고기로 배불리우더라

하늘에 있는 군대 백마탄 십사만 사천이 하나님께서 명령하신 사명을 다 맞치면

큰 지진으로 지구가 세 갈래로 갈라져서 빌딩들도 무너지고 각 섬도 없어지고 산악도 간데 없던

지구를 하나님께서 다시 명품으로 만드러서 광야에서 물이 솟겠고 사막에서 시내물이 흐르게 하고

머마른 땅이 변하여 원천이 되게하고 사막이 변하여 백합화가 피어 즐거워하며
하루에 나라가 생기고 거룩한 한민족이 하루에 탄생하는데 보호처와 밀실에서 하나님의 진노가
지나가기까지 육삼년반 42달 대접재앙 1290일을 지나 아마겟돈 핵전쟁 1335일 까지
하나님의 분노가 지나가기까지 잠간 숨어있던 하나님의 자민 알곡 백성들이 하루에 한나라
한민족이 탄생하여 사랑의 예수님께서 천년동안 통치하시는 에덴동산 회복 천년 왕국에
들어가서 예수님과 복음을 전하다가 목 베임을 받은 셀수 없는 많은 순교자들과 천년동안 생활을
합니다 십사만 사천은 천년왕국 에서도 천년동안 왕 노릇하며 천년의 시간이 끝나면 처음
하늘과 처음 땅이 없어지고 바다도 없어지고 새 하늘과 새 땅 새 예루살렘 영원한
천국에서도 하나님과 예수님을 섬기며 세세토록 왕 노릇 하리로다

슥 8:7-8 만군의 여호와가 말하노라 하나님 내가 내 백성을 동방에서부터 서방에서부터 구원하여 내고
인도하여다가 거룩한 성 새 예루살렘 가운데 거하게 하리니 그들은 하나님 백성이 되고
하나님은 성실과 정의로 두 증인의 권세자 십사만 사천의 하나님이 되리라

왕권 받은자 십사만 사천은 동방에서 서방에서 구원하여 내어 새 예루살렘 가운데 거하게
하시고 창세 이후로 복음을 전하다가 순교를 당한 셀수 없는 순교자들도 왕권을 받아 천년 왕국에서
천년동안 왕노릇하고 천년의 시간이 끝나면 새 하늘과 새 땅 새 예루살렘 가운데서 천국에서도 왕노릇하며

아벨의 피로부터 복음을 전하다가 목베임을 받은자의 영혼들 순교를 당한 셀수 없는 수많은 순교자들이
왕권을 받아 각각 저희에게 흰 두루마기를 주시며 가라사대 아직 잠시 동안 쉬되 저희 동무
종들과 형제들도 너희처럼 죽임을 받아 그 수가 차기 까지 하라 하시니라
변화성도 십사만 사천 그 수가 차기까지 기다리라 십사만 사천이 영원한 복음을 가지고 전삼년반
1260일 동안 지구촌 전세계에서 알곡 백성들을 다 찾아서 하나님께서 예비하신 보호처와 밀실로 다안하면
하나님이 능력을 거두므로 백성들과 족속과 방언과 전세계에 쓰러져서 죽은 시체들을 사흘 반 동안을
무덤에 장사하지 못하게 하였다가 삼일 반 후에 하나님께로 부터 생기가 저희 십사만 사천 속에
들어가매 저희가 발로 일어서니 구경하는 자들이 크게 두려워하더라 하늘로부터 큰 음성이 있어 이리로
올라오라 함을 저희 십사만 사천이 듣고 구름을 타고 하늘로 올라가니 저희 원수들도 구경하더라
(순교자 너희동무) 변화 성도 십사만 사천 그 수가 차기까지 잠시만 기다리라

계20:4   또 요한이가 보좌들을 보니 거기 앉은 자들이 있어 심판하는 권세를 받았더라 또 내가 보니

예수의 증거와 하나님 말씀을 인하여 목 베임을 받은 자의 순교자의 영혼들과 또 짐승과

그의 우상에게 경배하지도 아니하고 이마와 손에 짐승의 표를 받지도 아니한

십사만 사천이 살아서 천년왕국 거룩한 성 가운데 거하며 하나님과 예수 그리스도의

제사장이 되어 천년 동안 그리스도로 더불어 왕노릇 하니

누구든지 여호와의 이름을 부르는 자는 구원을 얻으리니 이는 나 여호와의 말대로 시온 산과

예루살렘에서 피할 자가 있을 것임이요 알곡 백성들은 지구촌 온땅 전세계에서 각 나라와

인종과 언어를 초월하여 셀수 없는 큰 무리가 흰옷을 입고 큰 환난에서 나와 시온 산과 예루살렘에서

후삼년반 42달과 대접재앙 1290일을 지나 아마겟돈 핵전쟁 1335일 까지 피할자가 있을

것임이요 남은 자 중에 나 여호와의 부름을 받을 자가 있을 것임이니라

슥12:8-14 그날에 마지막 때에 늦은비 성령을 남종과 여종에게 부어주어 회개를 하게 하십니다

그날에 여호와가 예루살렘 거민을 보호하시리니 그 중에 약한 자가 은혜의 문이 닫히는 그날에는

다윗 같겠고 다윗의 족속은 하나님 같고 무리 앞에 있는 여호와의 사자 같을 것이라

예루살렘을 치러 오는 열국을 그날에 심판의 날에 하나님 내가 멸하기를 힘쓰리라

하나님 내가 다윗의 집과 예루살렘 거민에게 은총과 간구하는 심령을 부어 주리니 그들이

그 찌른바 그를 예수님을 바라보고 그를 위하여 애통하기를 내 죄 때문에 어린양 예수님이

갈보리 언덕 십자가에서 내가 예수님을 창으로 찌른 바 피 흘리시는 예수님 모습을 바라보고

애통하기를 독자를 위하여 애통하듯 하며 예수님을 위하여 통곡하기를

　장자를 위하여 통곡하듯 하리로다

그날에 늦은비 성령이 임할때에 예루살렘에 지구촌 전세계 영적 이스라엘 교회에 큰

애통이 있으리니 므깃도 골짜기 하다드림몬에 있던 요시야 왕 죽음의 애통과 같을 것이라

회개 하는것도 성령 하나님께서 강권적인 회개의 영을 부어주셔야 회개할 수 있습니다

온땅 각 족속이 따로 애통하되 다윗의 족속이 따로 하고 그 아내들이 따로 하며

나단의 족속이 따로 하고 그 아내들이 따로하며

온땅 각 족속이 각 나라마다 영적 이스라엘 남종과 여종이 따로따로 애통하며

레위의 족속이 따로 하고 그 아내들이 따로 하며

시므이의 족속이 따로 하고 그 아내들이 따로 하며

모든 남은 족속도 지구촌 온땅 영적 이스라엘 남은 알곡 백성들에게 은총과 간구하는 회개영을

부어 주어 각기 따로하고 영적 이스라엘 알곡 백성들 그 아내들이 따로 하리라

슥13:1-2 하나님의 신을 남종과 여종에게 부어줄 마지막 신원의 그날에 죄와 더러움을 씻는 샘이

다윗의 족속과 예루살렘 거민을 위하여 영적 이스라엘 거민을 위하여 열리리라

만군의 여호와가 말하노라 그날에 심판의 날에 심판주 하나님 내가 우상의 이름을

21세기 75억 명의 사람들이 한시대를 살아가는 지구촌 온 땅에서 끊어서 기억도 되지 못하게

할 것이며 거짓 선지자와 더러운 각종 사귀를 지구촌 전세계 각 나라와 인종과 언어를

초월하여 이 땅에서 거짓 종교영들 사이비 종교영들과 더러운 각종 사귀 영들을

지구촌 전세계 이 땅에서 떠나게 할것이라

하나님께서 아담때 부터 한사람 한사람 천하보다 귀하게 만드셔서 남녀 모두에게

자유를 주시고 하나님이 짝지어준 연약한 아내에게 귀사 속이지 말라

지구촌 전세계 각 나라와 인종과 언어를 초월하여 그 나라 정부 지도자들이 지도부의

권력과 힘으로 법을 만드러서 연약한 자들을 학대하고 여자들을 둘씩 셋씩 넷씩 두며

노예처럼 짐승처럼 부리고 가두고 때리고 학대하는 나라 지도부는 더러운 음난의영과

사귀의 영들에 사로잡혀서 자기 백성들을 속이고 자유를 박탈하고 사랑을 파괴하며

자기들이 세운법에 따르지 아니하면 때리고 욕하고 감옥에 가두고 죽이는

더러운 각종 사귀 영들을 하나님 내가 지구촌 온 땅에서 떠나게 할것이라

하나님께서 우주 만물을 창조 하시고 하나님의 형상 대로 남자와 여자를 창조하시고

그들을 사람이라 부르시고 하나님께서 명령하신 말씀을 읽고 하나님 말씀을 듣고

하나님께서 세우신 법을 지키고 순종하는 자녀들에게 하늘의 축복 땅의 축복 먹고 마시는것

철따라 풍성하고 넘치게 채워주시고 (하나님의 자녀라 보증인을 치시고)

아담때부터 지구촌 전세계 각 나라와 인종과 언어를 초월하여 6024년 지금까지

하나님께서 한사람 한사람 명품으로 만드셔서 21세기 75억 명의 사람들 중에 명품으로 만드신

자기 얼굴을 자기 마음대로 얼굴에 칼을대어 뜯어고치는 자들과 온몸에 각가지 문신을 하는 자들은

하나님께서 자기를 지구상에서 단 하나밖에 없는 명품으로 만드신 하나님 앞에 섰을 때에
무슨 말을 하겠는가 심판주 예수님께서 너희를 도무지 알지 못하니 불법을 행한 자들아 내게서
떠나가라 하리라 창조주 여호와 하나님께서 너희는 우상을 만들지도 말고 절하지도 말며 섬기지말라
하나님께서 명령하신 법을 거역하고 지구촌 온 땅에 각 나라와 인종과 언어를 초월하여
사람들이 수만가지 우상을 만들어서 우상을 세워놓고 복을 구하는 자들 그 우상들은 눈이 없어
보지도못하고 귀가 없어 듣지도 못하고 혀가 없어 말도 못하고 숨도 쉬지 못하고 걷지도 못하고
생기도 없고 복도 주지 못하고 화도 주지 못하는 우상들과 지구촌 전세계 온땅 각 나라에 있는
더러운 사귀 영들과 사이비 종교 거짓 영들과 각종 더러운 사악한 영들과 거짓 종교 영들과
하나님과 반대되는 악한 영들을 지구촌 온 땅에서 떠나가게 할것이라

나는 공의를 행하며 구원을 베푸시는 하나님이라 나 외에 다른 이가 없느니라 땅끝의 모든 백성들아
여호와 하나님을 앙망하라 그리하면 구원을 얻으리라 나는 인류의 하나님이라 다른 이가 없음이니라
하나님을 믿는 너희는 이같이 말하라 각종 우상을 섬기는 자들과 지구촌 전세계 사이비 종교를 믿는
자들에게 이르기를 하늘과 땅 천지를 짓지 아니한 거짓 신들은 지구촌 땅위에서 땅아래에서 하늘
아래에서 망하리라 하라 생명의 떡이 되시며 생수의 근원되신 심판주 예수가 조금 있으면 하늘과 땅과
바다와 지구촌 온 땅을 진동시키고 심판주로 오실 예수 그리스도를 버린자는 다 부끄러운 수치를 당하리라

사 45:18 여호와 하나님은 하늘을 창조하신 하나님이시며 지구 땅도 조성하시고 견고케 하시되 헛되이 창조치
아니하시고 사람으로 땅에 거하게 지으신 자시니라 그 말씀에 나는 여호와라 나 외에 다른 이가 없느니라

계 14:1-6 또 요한이가 보니 보라 어린양 심판주 예수님이 시온 산에 섰고 그와 함께 십사만 사천이 지상 강림하여
시온 산에 섰는데 그 이마에 어린양 예수님의 이름과 그 하나님 아버지의 이름을 쓴 것이 있도다
요한이가 하늘에서 나는 소리를 들어 많은 물소리도 같고 큰 뇌성도 같은데
내게 들리는 소리는 거문고 타는 자들의 거문고 타는 것 같더라
저희가 보좌와 네 생물과 장로들 앞에서 새 노래를 불러 땅에서 구속함을 얻은
십사만 사천 인밖에는 능히 이 노래를 배울 자가 없더라
이 사람들은 여자로 세상 거짓 음녀로 더불어 더럽히지 아니하고 신앙의 정절이 없는 자라 심판주 예수님이
어디로 인도하든지 아멘 하고 따라가는 자며 사람 가운데서 구속을 받아 처음 익은 열매로

하나님과 예수님에게 속한 자들이니 십사만 사천 그 입에 거짓말이 없고 흠이 없는 자들이더라

또 요한이가 보니 다른 천사가 공중에 날아 가는데 땅에 거하는 자들 십사만 사천이 곧 여러나라와 족속과 방언과 백성에게 지구촌 온땅 전세계 백성에게 전삼년반 1260일 동안 전찰 영원한 복음을 가졌더라

천국 복음은 육신의 때에 예수 그리스도를 나의 구세주로 믿는 자는 누구든지 각 나라와 인종과 언어를 초월하여 죽어서 티끌에 거하는 자들도 백보좌 심판 때에 다시 살아나서 생명의 부활로 영원한 새 하늘과 새땅 천국에서 영원히 사는 것이고

영원한 복음은 죽음을 보지 아니하고 살아서 심판주 예수님이 하늘을 가르고 지구 촌 온 땅을 진동시키고 재림하실 때에 살아서 신랑 예수님을 맞이하는 성도들은 예수 그리스도께서 통치하시는 천년왕국에 들어가서 예수님과 새에덴동산 에서 천년동안 살다가 천년의 시간이 끝나면 새 하늘과 새땅 영원한 천국 거룩한 성 새 예루살렘에서 하나님의 자녀들이 예수님과 영원토록 사는것이 영원한 복음 입니다

요 11: 25-26 예수께서 가라사대 나는 부활이요 생명이니 예수를 믿는 자는 죽어도 살겠고 무릇 살아서 예수를 믿는 자는 영원히 죽지 아니하리니 이것을 네가 믿느냐 아멘

창조주 하나님 예수 그리스도를 나의 구세주로 믿고 자기 죄를 회개하고 거듭 태어난자 아담 때부터 각 나라와 인종과 언어를 초월하여 하나님을 믿고 살다가 죽은 자들 티끌에 거하는 자들도 백보좌 심판때에 다 살아나서 생명책에 이름이 기록된 자들은 생명의 부활을 받아서 하나님께서 명품으로 만드신 새 하늘과 새 땅 영원한 천국 거룩한 성 새 예루살렘에서 하나님과 신랑 예수님과 영원히 같이 사는 영원한 천국

21세기 75억 명의 사람들이 한시대를 살아가는 하나님을 믿는 사람들 가운데 안죽고 살아서 재림주 예수님을 맞이한 성도들은 지구촌 전세계 각 나라와 인종과 언어를 초월하여 예수님이 통치하시는 에덴동산 회복 천년 왕국에서 천년동안 예수님과 수많은 순교자 들과 셀수 없는 알곡 백성들이 천년동안 살다가 천년의 시간이 끝나면 처음 하늘과 처음 땅이 지구가 없어지고 바다도 없어지고 새 하늘과 새 땅을 하나님께서 다시 만드셔서 거룩한 성 새 예루살렘에서 하나님과 신랑 예수님과 영원히 사는나라 하나님 보좌에서 수정같이 맑은 생명수의 강물이 흐르고 강 좌우에 생명나무가 있어 열두 가지 과일이 달마다 맺히고 열두 가지 과일도 먹고 생명수도 마시고

그곳은 밤이 없고 등불과 햇빛이 쓸데없고 하나님의 영광히 비취고 예수님이 그 등이 되심이라

십사만 사천은 영원한 천국에서도 세세토록 왕 노릇 하리로다

새 하늘과 새땅 이나라가 하나님의 백성 자민들과 의인들이 사는 영원한 천국입니다

21 세기 한시대를 살아가면서 재림주 예수님을 만나 예수님께서 마귀 나라를 다 진멸하고

예수 그리스도의 나라 에덴동산 천년 왕국에서 셀수 없는 자민들과 셀수 없는 순교자들과

믿음의 선진들이 에덴동산에서 천년동안 살다가 천년의 시간이 끝나면 영원한 천국

새 하늘과 새 땅에서 영원토록 예수님과 같이 사는것이 영원한 복음입니다

21 세기 지구촌 온 땅에서 한시대를 살아가는 각 나라와 인종과 언어를 초월하여

75억 명의 사람들이 두 증인의 사명자 모세와 엘리야 같은 십사만 사천이 영원한 복음을

전하는 것을 두 눈으로 보며 귀로 듣고 하나님께 찬양하며 기뻐하는 사람들도 있고

지구촌 온 땅의 모든 족속들이 땅을 치고 울며 통곡하는 자도 있겠고

하나님께서 말씀하신 대로 이루어지는 약속을 두 눈으로 보며 사랑에 감사하여

뜨거운 눈물을 흘리며 찬양하는 자들도 있습니다

이 축복이 21 세기 한시대를 살아가는 지구촌 전세계 모든 사람들에게 닥아오고 있습니다

사 60:1-22 일어나라 빛을 발하라 이는네 빛을 이르렀고 여호와의 영광이 네 위에 임하였음이니라

보라 어두움이 지구촌 온 땅을 덮을 것이며 캄캄함이 만민을 가리우려니와

오직 여호와께서 네위에 임하실 것이며 그 영광이 네 위에 나타나리니

열방은 네 빛으로 열왕은 비취는 네 광명으로 나오리라

네 눈을 들어 사면을 보라 무리가 다 모여네게로 오느라 네 아들들은 원방에서

오겠고 네 딸들은 안기워 올 것이라

그때에 네가 보고 희색을 발하여 네 마음이 놀라고 또 화창하리니 이는 바다의 풍부가

네게로 돌아오며 열방의 재물이 네게로 옴이라

하늘에 있는 군대들이 희고 깨끗한 세마포를 입고 십사만 사천이 시온의 영광의 새나라

예수님께서 다스리시고 통치하시는 천년왕국 영원한 복음을 전할때에

하나님의 영광이 함께하시니 열방에서 원방에서 서방에서 동방에서

하나님의 아들들과 딸들이 두 증인의 권세자 십사만 사천 네게로 몰려오는 것을 보고

네가 마음이 기뻐서 놀라고 화창하리니 이는 바다의 풍부가 십사만 사천 네게로

돌아오며 열방의 재물이 네게로 옴이라

저 구름같이 비둘기가 보금자리로 날아오는 것같이 날아 오는 자들이 누구뇨

곧 섬들이 하나님을 앙망하고 다시스의 배들이 먼저 이르되 원방에서 네 자손과 그 은금을

아울러 싣고 와서 네 하나님 여호와의 이름에 드리려 하며 영적 이스라엘의 거룩한 하나님께

드리려 하는 자들이라 이는 하나님 내가 두 증인의 권세자 십사만 사천 너를 영화롭게 하였음이라

하나님 내가 노하여 너를 쳤으나 시련이 있었으나 이제는 하나님의 은혜로 두 증인의 권세자 너희를

긍휼이 여겼은즉 이방인들이 네 성벽을 쌓을 것이요 그 열방의 왕들이 너를 봉사할 것이며

네 성문이 항상 열려 주야로 닫히지 아니하리니 이는 사람들이 네게로 열방의 재물을

가져오며 그 열방의 왕들을 포로로 이끌어 옴이라

십사만 사천 너희를 섬기지 아니하는 백성과 나라는 파멸하리니 그 백성들은 반드시 진멸되리라

레바논의 영광 곳 잣나무와 소나무와 황양목이 함께 네게 이르러 하나님의 거룩한 곳을

아름답게 할 것이며 하나님 내가 나의 발둘 곳을 영화롭게 할 것이라

너를 괴롭게 하던 자의 자손이 몸을 굽혀 네게 나아오며 너를 멸시하던 모든 자가 네 발 아래

엎드리어 너를 일컬어 여호와의 성읍이라 영적 이스라엘의 거룩한 자의 시온이라 하리라

전에는 네가 버림을 입으며 미움을 당하였으므로 네게로 지나는 자가 없었으나 이제는

하나님 내가 너로 영영한 아름다움과 대대의 기쁨이 되게 하리니

두 증인의 권세자 십사만 사천 네가 열방의 젖을 빨며 열왕의 유방을 빨고

나 여호와는 네 구원자 네 구속자 야곱의 전능자 인줄 알리라

하나님 내가 금을 가져 놋을 대신하며 은을 가져 철을 대신하며 놋으로 나무를 대신하며 철로

돌을 대신하며 화평을 세워 관원을 삼으며 의를 세워 감독을 삼으리니

다시는 강포한 일이 네 땅에 들리지 않을 것이요 황폐와 파멸이 네 경내에 다시 없을

것이며 네 성벽을 구원이라 네 성문을 찬송이라 칭할 것이라

다시는 낮의 해가 네 빛이 되지 아니하며 달도 네게 빛을 비취지 않을 것이요

오직 여호와가 네게 영영한 빛이 되며 네 하나님이 네 영광이 되리라

다시는 네 해가 지지 아니하며 네 달이 물러가지 아니할 것은 여호와가 두 증인의 권세자

십사만 사천 네 영영한 빛이 되고 네 슬픔의 날이 마칠 것임이라 할렐루야

하늘의 군대 십사만 사천 네 백성이 다 의롭게 되어 영영히 에덴동산 천년왕국 광활한 땅을

차지하고 새 하늘과 새 땅을 영원한 천국을 차지하리니 그들은 하나님의 심은 가지요

하나님 나의 손으로 만든 것으로서 하나님의 영광을 나타낼 것인즉

그 작은 자가 천을 이루겠고 그 약한 자가 강국을 이룰 것이라 때가 되면 나 여호와가 속히 이루리라

열방의 재물과 아들들과 딸들이 알곡 백성들이 열방에서 원방에서 서방에서 동방에서 두 증인의

권세자 십사만 사천이 네게 몰려오는 것은 하나님께서 알곡 백성들을 후삼년반 42달과 대접재앙

30일 1290일과 아마겟돈 핵전쟁 45일 1335일 동안 하나님이 예비하신 보호처와 밀실에서

먹을 양식 입니다 하나님께서 하시는 일을 아무도 막을자가 없습니다

단 12:11-12 매일 드리는 제사를 폐하며 교회에서 매일 드리는 새벽 예배를 폐하며 멸망케 할 미운

물건을 용의 권세를 받은 붉은 짐승과 거짓 음녀가 미운 물건 말하는 우상을 세울 때부터

일천이백구십 일을 지낼 것이요   1290일

기다려서 열천삼백삼십오 일까지 이르는 그 사람은 살아있는 그 사람들은 복이 있으리라 1335일

하나님께서 예비하신 보호처와 밀실에 있는 알곡 백성들은 각 나라와 족속과 백성과 방언에서

나오는데 어린양 예수님 보혈로 그 옷을 씻어 구원받은 셀수 없는 큰 무리들이 후삼년반 42달 1260일과

하나님의 진노의 대접재앙 30일 1290일을 지나 아마겟돈 핵전쟁 45일 1335일 동안 알곡

백성들이 먹을 양식을 열방에서 원방에서 서방에서 동방에서 바다의 풍부한 재물이 몰려와서

먹을 양식을 예비하여 사랑의 예수님께서 통치하시고 다스리시는 강한나라 신정통치 거룩한

천년 왕국에 들어갈 하나님의 아들들과 딸들이 지구촌에 재앙을 피하여 1335일 동안

하나님께서 예비하신 보호처와 밀실에서 먹을 양식 입니다

하나님의 은혜의 문이 전삼년반 1260일이 지나가고 은혜의 문이 닫혔지면 후삼년반 42달

1260일과 하나님의 진노의 대접재앙 30일 1290일을 지나 아마겟돈 핵전쟁 45일 1335일 동안

지구촌에는 먹을수 있는 물과 양식이 부족합니다 한 데나리온에 밀 한 되요 한 데나리온에

보리 석 되로다 돈이 있었도 돈을 주고도 물과 양식을 살수 없는 날이 그 세기 75억 명의

사람들이 찬시대를 살아가는 지구촌 온 땅에 다가오며

모든 사람들이 두 눈으로 보게 될 것입니다

-74-

계 7:1-3 하나님께서 네천사에게 지구촌 온땅 네 모퉁이 동과 서와 남과 북 바람을 붙잡아 전쟁하지

못하게 붙잡아 바람으로 하여금 땅이나 바다나 각종 나무에 불지 못하게 하더라

또 요한이가 보매 다른 천사가 살아 계신 하나님의 인을 가지고 해돋는 데로부터 올라와서

땅과 바다를 해롭게 할 권세를 얻은 네 천사 유엔총회 이사국 미국 영국 프랑스 소련

중국도 유엔총회 이사국인데 용의 권세를 받고 나와서 소련과 중국은 칼막스 주체 사상이 질어 같아서

두나라지만 하나로 말씀하고 있습니다 네 천사를 향하여 큰소리로 외쳐 가로되 우리가 우리

하나님의 종들의 이마에 인치기까지 두 증인의 사명자 십사만 사천 이마에 인치기까지

땅이나 바다나 나무나 해하지 전쟁하지 말라 하더라 (지금은 은혜의 해)

계 13:1-10 요한이가 보니 바다에서 혼란한 세상에서 한 짐승이 나오는데 뿔이 열이요 머리가 일곱이라

열뿔은 네째 짐승 소련 공산당 안에서 열뿔이 나와 임금처럼 한 때와 두때와 반때

후삼년반 1260일 동안 일을 맞치면 네째 짐승과 열뿔은 권세를 빼앗기고 끝까지 멸망할 것이요

일곱 머리는 하나님의 백성들을 시대 시대마다 박해한 일곱 나라들

첫째머리 애급나라 둘째머리 앗수르나라 세째머리 바벨론나라 네째머리 메대와 바사나라

다섯째머리 헬라나라 여섯째머리 로마나라 일곱째머리가 소련 연방국 (지금 러시아)

요한이가 본 네째 짐승은 표범과 비슷하고 그 발은 곰의 발 같고 그 입은 사자의 입 같은데

용이 자기의 능력과 보좌와 큰 권세를 네째 짐승 일곱째머리 소련 공산당에게 주었더라

단 7:7 다니엘이 밤 이상 가운데 그 다음에 본 네째 짐승은 무섭고 놀라우며 또 극히 강하며

또 큰 철 이가 있어서 먹고 부숴뜨리고 그 나머지를 발로 밟았으며 이 짐승은

전의 모든 짐승과 다르고 또 열 뿔이 있으므로

유엔총회 이사국이 다섯 나라인데 미국 영국 프랑스 소련 중국

하나님께서 네나라 네 천사라고 하는 것은 소련과 중국은 용의 권세를 받고 나와서 칼막스

주체 사상이 법이요 똑같이 일하고 똑같이 나누고 똑같이 잘먹고 부자와 가난한자 없이

같이 살자 생각과 사상과 소위가 같기에 두 나라지만 하나님께서 하나로 말씀하시고

하나님이 자기 뜻대로 할 마음을 일곱째머리 공산당에게 주사 한 뜻을 이루게 하시고 저희

나라를 네째 짐승에게 주게 하사 하나님 말씀이 응하기까지 후삼년반 42달 일할 권세를

-75-

받아 각 족속과 백성과 방언과 나라를 다스리는 권세를 받으니 하나님 말씀이 응하기까지 하심이라

죽임을 당한 어린양 예수의 생명책에 창세 이후로 녹명되지 못하고 지구촌 온 땅에 거하는 자들은 다 네째 짐승에게 경배하리라 누구든지 귀가 있거든 들을찌어다

사로잡는 자는 사로잡힐것이요 칼로 죽이는 자는 자기도 마땅히 칼에 죽으리니 성도들의 인내와 믿음이 여기 있느니라

계 7:4-8 요한 내가 인 맞은 자의 수를 들으니 영적 이스라엘 안에서 왕권 받을자 십사만 사천이 부르심을 입고 b배버심을 얻고 진실한 자들을 동방에서부터 서방에서부터 택하시고 인도하여다가

예루살렘 성안 천년왕국 가운데 거하게 하리니 그들은 하나님의 백성이 되고

하나님은 성실과 정의로 그들의 하나님이 되리라

십사만 사천은 하나님 보좌와 네 생물과 이십사 장로들 앞에서 새노래를 부르니 지구촌 동방에서 서방에서 구속함을 얻은 십사만 사천 인밖에는 능히 이노래를 배울 자가 없더라

이 사람들은 여자로 세상 음녀와 거짓과 우상과 타협하지 아니하고 신앙의 정절이 있는자라

심판주 예수님이 어디로 인도하든지 따라가는 자며 사람 가운데서 구속을 받아 변화 성도의 처음 익은 열매로 순교자의 동무 하나님과 예수님에게 속한 자들이니 그 입에 거짓말이 없고 흠이 없는 자들이더라

십사만 사천은 동방에서 서방에서 나오고 알곡 백성들은 예수 그리스도의 보혈로 죄를 씻어 구원받은 셀수 없는 큰 무리가 지구촌 온땅 인종과 언어를 초월하여 동서남북 전 세계에서 나옵니다

계 7:9-17 이일 후에 요한이가 보니 각 나라와 족속과 백성과 방언에서 영적 이스라엘 온땅 전세계에서 아무라도 능히 셀수 없는 큰 무리가 흰옷을 입고 손에 종려가지를 들고 보좌 앞과 어린양 예수님 앞에 서서

큰 소리로 외쳐 가로되 구원하심이 보좌에 앉으신 우리 하나님과 어린양 예수님에게 있도다 하니

모든 천사가 보좌와 장로들과 네 생물의 주위에 섰다가 보좌 앞에 엎드려

얼굴을 대고 하나님께 경배하여

가로되 아멘 찬송과 영광과 지혜와 감사와 존귀와 능력과 힘이

우리 하나님께 세세토록 있을 찌로다 아멘 하더라

장로중에 하나가 응답하여 내게 일르되 이 흰옷 입은 자들이 누구며 또 어디서 왔느뇨

요한이가 가로되 내주여 당신이 알리다 하니 그가 나더러 이르되 이는 큰 환난에서 나오는 자들인데 어린양 예수의 피에 그 옷을 씻어 희게 하였느니라

전삼년반 1260일 동안 지구촌 전세계 금세기 75억 명의 사람들이 한시대를 살아가는 사람들이

예수 그리스도의 보혈로 그 옷을 씻어 죄를 뉘우치고 회개 한 자들은 육신의 때에 잘못 살아온
지난날을 뒤돌아보며 하나님 말씀 생명의 법에서 떠나 세상을 좋아하고 방탕한 생활에
빠져서 살아온 더럽고 추하고 더러운 욕심으로 살아온 잘못을 울며 하나님 앞에 회개하고
하나님의 은혜로 옛 사람을 벗어버리고 성령 하나님 안에서 다시 태어나서 거듭난 사람들
셀수 없는 큰 무리가 각 나라와 인종과 언어를 초월하여 알곡 백성들이 하나님 보좌 앞에 섰고 또
그의 성전에서 밤낮 하나님을 섬기매 보좌에 앉으신 하나님이 그들 알곡 백성들 위에 장막을 치시리니
저희가 다시 주리지도 아니하며 목마르지도 아니하고 해나 아무 뜨거운 기운에 상하지 아니할지니
이는 보좌 가운데 계신 어린양 예수님이 저희의 목자가 되사 생명수 샘으로 인도하시고 예수님이 통치하시는
에덴동산에서 천년동안 살다가 천년의 시간이 끝나면 생명수 샘으로 영원한 천국으로 인도하시고
하나님께서 저희 알곡 백성들 눈에서 모든 눈물을 씻어 주실 거임이니라

유엔총회 이사국 나라가 미국 영국 프랑스 소련 중국 다섯 나라인데 네 천사라고 하는 것은
중국은 1950년에 소련 공산당 국가와 방위조약 동맹을 맺은 국가로 가입하므로 용의 권세를 받고
나와서 칼막스 주체 사상을 세워 부자와 가난한자 없이 똑같이 일하고 똑같이 나누고 똑같이
잘먹고 살자 말과 행동이 다른 공산당 지도부의 힘으로 선량한 자기 백성들을 속이고 하나님 백성들을
학대하고 하나님 앞에 예배를 못드리게 훼방하고 자유를 박탈하고 교회를 부수고 불을 지르고
공산당 지도부의 말을 듣지 아니하면 죽이고 감옥에 가두고 굶기고 죽이는 공산국가 공산당 지도부
하나님께서 불꽃같은 눈으로 중국 공산당 지도부가 악을 행하는 것을 분마다 초마다 세상 끝날까지
다 보고 계시고 책들에 기록된 대로 심판하시는 하나님은 없다고 거짓말 하는것도 생각이 같고 뜻과
목적이 같고 사상과 소위가 같기에 두 나라지만 길이 같아서 하나님께서 하나요
네 천사요 네째 짐승이요 일곱째 머리로 소련 공산당 국가와 방위조약 동맹을 맺은
지구촌에 있는 공산국가 나라들도 같은 칼막스 주체 사상을 앞세워서 길이 같기에
하나님께서 하나로 말씀하시고 자유민주주의 나라와 공산주의 나라는 철과 진흙이라고
하나님께서 말씀하시고 세상 끝날 까지 남과 북의 싸움은 계속됩니다

용이 네째 짐승 소련 공산당에게 권세를 주므로 용에게 경배하며 짐승에게 경배하며
가로되 누가 이 짐승과 같으뇨 누가 능히 이로 더불어 싸우리요 하더라
또 짐승이 큰 말과 참람된 말하는 입을 받고 또 마흔두 달 일할 권세를 받으니라

짐승이 공산국가 공산당 지도부가 입을 벌려 하나님을 향하여 훼방하되 그의 이름과 그의 장막 곧 하늘에 거하는 자들을 훼방하더라

우주 만물을 창조하신 하나님 창세로부터 60과년 지금까지 지구촌 전세계 각 나라와 인종과 언어를 초월하여 모든 사람들의 마음과 생각과 폐부까지 불꽃같은 눈으로 다 보고 계시고 하나님의 대적 공산국가 나라 공산당 지도부를 낮에나 밤에나 세상 끝날까지 지켜보시는 하나님을 향하여 하나님은 없다고 훼방하며 후삼년반에 떨어진 성도들과 싸워 이기고 각 족속과 백성과 방언과 나라를 다스리는 권세를 받아 죽임을 당한 어린양 예수의 생명책에 창세 이후로 녹명 되지 못하고 이땅에 사는 자들은 다 짐승에게 경배하리라 누구든지 귀가 있거든 들을찌어다 짐승과 열뿔과 궤휼에 능한 거짓 음녀에게 주어진 시간은 후삼년반 42달 시간이 끝나면 백마를 탄 예수님과 하늘의 군대 백마를 탄 십사만 사천에게 산채로 잡혀서 유황 불붙은 못에 던지우고

하나님께서 창세전에 만사를 계획하시고 선지자들을 통하여 시대 시대마다 말씀하시고 유엔총회 이사국 네나라 네 천사를 향하여 큰소리로 외쳐 가로되 우리가 우리 하나님의 종들의 이마에 인치기까지 지구촌 온 땅이나 바다나 나무나 해하지 말라 하더라 전쟁하지 말라 많은 주의 종들과 신학박사 들이 십사만 사천은 상징수다 육적 이스라엘 이삭줍기다 하지만 성경 하나님 말씀은 21 세기 75억 명의 사람들이 한시대를 살아가는 영적 이스라엘 교회 안에서 마지막 때에 신원의 날이 시작되기전에 동방에서 서방에서 십사만 사천을 구원하여 내어 심판하는 영과 죄를 소멸하는 영으로 피까지 청결케 하고 일곱영을 부어주어 하늘에 능력을 부어주어 전삼년반 1260일 동안 21 세기 75억 명의 사람들이 한시대를 살아가는 지구촌 전 세계에서 알곡 백성을 다 찾아서 하나님께서 예비하신 보호처와 밀실로 인도하면 하나님께서 아마겟돈 핵전쟁이 끝나기까지 1335일 동안 주리지도 아니하며 목마르지도 아니하고 해나 뜨거운 기운에 상하지 아니하게 보호하십니다 육적 이스라엘은 그림자요 영적 이스라엘은 진짜 입니다 창조주 하나님 예수 그리스도께서는 세계적인 사랑의 하나님 구원의 하나님 공의 하나님 심판주하나님 십사만 사천이 육적 이스라엘 지파 안에서 나온다면 열두지파 야곱의 아들들의 이름은 열두문 기초석에 있어야 하고 예수님 제자 열두 사도들의 이름은 문들 위에 있어야 하는데

계21:12-14 거룩한 성 예루살렘에 크고 높은 성곽이 있고 열두 문이 있는데 문에 열두 천사가 있고 그 문들 위에 이름을 썼으니 이스라엘 자손 열두 지파의 이름들이라

동편에 세문 북편에 세문 남편에 세문 서편에 세문이니

그 예루살렘 성에 성곽은 열두 기초석이 있고 그 위에 어린양 예수님의 제자 십이 사도의 열두 이름이 있더라

집을 지으면 기초석을 세우고 기초석 위에 문들을 세웁니다 육적 이스라엘 이라면 순서대로 기초석에

열두 지파의 이름들이 있어야 하고 예수님 제자 열두 사도들의 이름은 문들 위에 있어야 합니다

창조주 하나님의 모략적인 비밀이 여기서 하나님은 온 세계의 영적 이스라엘의 하나님 이십니다

하나님께서 택하신 성민 육적 이스라엘 하나님께서 영원히 함께하실 예수 그리스도 존귀하고 귀한

돌 하나님을 잘 믿고 따르던 건축자 육적 이스라엘이 버린돌 존귀하고 귀한 돌을 이방인들이

모셨다가 머리돌이 되었느니라 보라 세상 죄를 지고가는 하나님의 어린양 예수 그리스도 이시니라

요3:16-18 하나님이 세상을 이처럼 사랑하사 독생자 예수 그리스도를 주셨으니 이는 예수 그리스도를 믿는 자마다

누구든지 각 나라와 인종과 언어를 초월하여 멸망치 않고 영생을 얻게 하려 하심이니라

하나님이 그 아들 예수를 세상에 보내신 것은 세상을 심판하려 하심이 아니요

예수로 말미암아 세상이 구원을 받게 하려 하심이라

예수 그리스도를 믿는 자는 심판을 받지 아니하는 것이요 예수 그리스도를 믿지 아니하는 자는

하나님의 아들 독생자 예수의 이름을 믿지 아니하므로 벌써 심판을 받은 것이니라

육적 이스라엘 성민의 나라 백성도 하나님의 아들 독생자 예수 그리스도를 믿어야 구원을 받습니다

지금은 은혜의 시대 어떠한 죄를 지었던 하나님 앞에 회개하면 용서하시는 하나님 마귀의 자식이

하나님의 자녀로 신분이 밝기고 하나님의 생명책에 ○○ 아무게 왕자님 공주님 이름이 기록이 됩니다 할렐루야

머뭇 머뭇 거느릴 시간이 없습니다 은혜의 해가 끝나고 신원의 날이 시작되면 하나님을 믿을수도 없고

회개 할수도 없습니다 수양의 시대가 지나가고 수염소 시대 흑삼년이 시작되면

성령 하나님의 도움을 받을수가 없습니다 오직 하나님의 심판만 있습니다

계6:9-11 다섯째 인을 떼실 때에 요한이가 보니 하나님의 말씀과 저희의 가진 증거를 인하여 복음을

전하다가 죽임을 당한 영혼들이 순교를 당한 셀수 없는 많은 영혼들이 제단 아래 있어

큰 소리로 불러 가로되 거룩하고 참되신 대주재여 하나님이시여 땅에 거하는 악한 자들을

심판하여 우리 피를 신원하여 달라고 호소하는 순교자들의 소리를 하나님이 들으시고

각각 순교자들에게 흰 두루마기를 주시며 왕권을 주시며 가라사대 아직 잠시 동안 쉬되 저희 동무

종들과 형제들도 너희처럼 죽임을 받아 그 수가 십사만 사천 수가 차기까지 기다리라

계 11:3-12 하나님 내가 나의 두 증인에게 권세를 주리니 저희가 굵은 베옷을 입고 일천이백육십 일을 예언하리라

이는 이땅의 주 예수님 앞에 섰는 두 감람나무와 두 촛대니

만일 누구든지 저희를 해하고자 한즉 저희 입에서 말씀의 불이 나서 그 원수를 소멸할쩨니

누구든지 두 증인의 권세자를 해하고자 하면 반드시 이와 같이 죽임을 당하리라

저희가 권세를 가지고 하늘을 닫아 그 예언하는 1260일 전삼년 반동안 비오지 못하게 하고

또 권세를 가지고 물을 변하여 피되게 하고 아무 때든지 원하는 대로

여러가지 재앙으로 죄악된 바벨 세상 온 땅을 치리로다

두 증인의 권세자 모세와 엘리야 같은 하나님의 능력을 받은 사명자 십사만 사천이 전삼년반

1260일 동안 예수님께서 명령하신 사명을 다 완수하기 위하여 21세기 75억 명의 사람들이

한 시대를 살아가는 지구촌 온 땅 전 세계 각 나라에 흩어져서 영원한 복음을 전할 때에

큰 환난에서 나오는 셀 수 없는 큰 무리들 예수 그리스도의 십자가 보혈로 죄 씻음을 받아서

흰옷을 입은 알곡 백성들을 다 찾아서 하나님께서 예비하신 보호처와 밀실로 들어가서 1335일

동안 보호를 받도록 하나님께서 명령하신 사명을 다 완수하고 맞치면 하나님이 능력을 거두시로

백성들과 족속과 방언과 지구촌 온 땅 여러 나라에 쓰러져서 죽은 십사만 사천 시체들을

사흘 반 동안을 모도하며 무덤에 장사하지 못하게 하리로다

이 두 선지자 모세와 엘리야 같은 사명자 십사만 사천이 땅에 거하는 자들을 괴롭게 한 고로

용의 권세를 받은 짐승과 짐승에게 속한 열뿔 열 왕과 짐승의 권세를 받은 거짓 음녀를 괴롭게

한 고로 땅에 거하는 자들이 저희의 두 증인의 권세자 십사만 사천의 죽음을 즐거워하고

기뻐하여 서로 예물을 보내리라 하더라

삼일 반 후에 하나님께로 부터 생기가 십사만 사천 속에 들어가매 저희가

십사만 사천이 발로 일어서니 구경하는 자들이 크게 두려워하더라

하늘로부터 큰 음성이 있어 이리로 올라오라 함을 저희가 십사만 사천이 듣고

구름을 타고 하늘로 올라가니 저희 원수들도 구경하더라

두 증인의 권세자 십사만 사천이 전삼년반 1260일 동안 21세기 75억 명의 사람들이 환시대를
살아가는 지구촌 전세계 온 땅을 다녀며 영원한 복음 재림주 예수 신랑을 만나 안죽고
예수 그리스도의 나라 천년왕국에 들어가는 복음을 전하며 알곡 백성들을 다 찾아서
하나님께서 예비하신 보호처와 밀실에 다 보호하고 심판주 예수님께서 명령하신 사명을
다 완수한 순교자들의 동무 아벨의 피로부터 복음을 전하다가 죽음 앞에서도 신앙의 정절을
지키고 목 베임을 받은 셀수 없는 수많은 순교자들의 동무 두 증인의 권세자 모세와 엘리야 같은
사명자 십사만 사천 에게준 능력을 하나님이 거두시므로 전세계 여러 나라에 쓰러져 죽은
시체들을 삼일 반 후에 하나님께로부터 생기가 십사만 사천 속에 들어가매 살아서
구름을 타고 하늘로 올라간 십사만 사천이 변화성도 수많은 순교자들의 동무들 입니다

사 26:19 (주의 죽은 자들은 살아나고) 주의 복음을 전하다가 죽은 아벨의 피로 시작하여
셀수 없는 수많은 순교자들은 다 살아나서 공중 재림을 하고

(우리의 시체들은 일어나리이다) 두 증인의 권세자 모세와 엘리야 같은 사명자 십사만 사천은
전삼년반 1260일 동안 심판주 예수님께서 명령하신 사명을 다 완수하고 지구촌 전세계
온 땅에 쓰러져서 죽은 시체들은 죽은지 삼일반 후에 하나님께로부터 생기가 저희
십사만 사천 속에 들어가매 살아서 발로 일어서니 구경하는 자들이 크게 두려워하더라
하늘로부터 큰 음성이 있어 이리로 올라오라 함을 저희가 십사만 사천이 듣고
구름을 타고 하늘로 올라가니 이것이 공중 재림 입니다
아벨의 피로 시작하여 셀수 없는 수많은 순교자들이 다 살아나서 순교자들과
십사만 사천이 공중 재림을 합니다 (십사만 사천 변화성도 우리의 시체들은 일어나리이다)

계 20:4-6 또 요한이가 보좌들을 보니 거기 앉은 자들이 있어 심판하는 권세를 받았더라 또 요한이가 본
예수의 증거와 하나님 말씀을 인하여 목 베임을 받은 순교자의 영혼들과 창세로부터 복음을
전하다가 21세기 환시대를 살아가는 사람들 중에 목 베임을 받은 셀수 없는 순교자들과
또 짐승과 우상에게 경배하지도 아니하고 이마와 손에 짐승의 표를 받지도 아니한
십사만 사천 변화 성도가 살아서 예수 그리스도로 더불어 천년동안 왕 노릇 하니
셀수 없는 수많은 순교자들과 변화성도 십사만 사천이 천년왕국에서 천년동안 왕 노릇 하고

그 나머지 죽은 자들은 순교자가 아닌 자들은 그 천년이 차기까지 살지 못하더라 이는 첫째 부활이라

이 첫째 부활에 참예하는 자들은 복이 있고 거룩하도다 두째 사망이 백보좌 십판도 순교자들과

삼만 사천은 다스리는 권세가 없고 도리어 그들이 하나님과 예수 그리스도의 제사장이 되어

천년동안 천년왕국 에덴동산에서 예수 그리스도로 더불어 왕 노릇 하리라

예수님께서 통치하고 다스리는 천년왕국 에덴동산에서 천년의 시간이 끝나면 백보좌 심판이 시작되어

(티끌에 거하는 자들아 너희는 깨어 노래하라 주의 이슬은 빛난 이슬이나 땅이 죽은자를 내어 놓으리로다)

아담때부터 그 세계 한시대를 살아가는 사람들 지구촌 전세계 각 나라와 인종과 언어를

초월하여 지구촌에 태어나서 살다가 죽은 사람들과 천년 왕국에 들어가지 못하고 죽은 수많은

사람들 아무 흔적이 없는 티끌 먼지가 되어 있는 자라도 백보좌 심판 때에 창조주

하나님께서 티끌에 거하는 자들아 너희는 깨어 노래하라 명령 할때에 주의 이슬은 빛난

이슬이나 지구촌 온 땅이 죽은 자를 내어 놓으리라 바다가 그 가운데서 죽은 자들을 내어 주고

또 사망과 음부도 그 가운데서 죽은 자들을 내어 주매 각 사람이 자기의 행위대로 심판을 받고

하나님께서 이사야 선지자 다니엘 모든 참 선지자들과 사도들과 사도 요한에게 말씀하시고

보여주신 대로 거룩한 하나님의 말씀 이사야 선지자는 예수님이 이땅 천년왕국 에덴동산에서

천년동안 통치하시고 다스리고 천년의 시간이 끝나면 백보좌 심판때에 아담때 부터

지구촌에 태어나서 하나님을 믿고 죽었던 하나님을 믿지않고 죽었던 죽은자를 티끌에 거하는자들이

창조주 하나님의 음성을 듣고 다 살아서 각 사람이 육신의 때에 자가가 행한대로 선하게 살았나

악하게 살았나 행한 행위대로 심판을 받아서 생명의 부활과 심판의 부활로 갈라 집니다

영원한 새 하늘과 새 땅 영원한 천국과 영원한 지옥으로 갈라지는데 둘중의 하나를 육신의 때에

선택을 해야 합니다 영원히 안죽고 건강하게 살수 있는 길이 있다면 영원토록 살수 있는 길을

돈을주고 사겠지만 지구를 통재로 주어도 천하보다 귀한 생명을 살수가 없습니다

오직 영원히 안죽고 사는 길과 죽어도 다시 살아서 영원토록 살수 있는 길이 단 하나 있습니다

요 11:25-26 예수께서 가라사대 나는 부활이요 생명이니 나를 믿는 자는 죽어도 살겠고

무릇 살아서 예수를 믿는 자는 예수님이 하늘을 가르고 지구촌 온 땅에 재림하시는 날까지

주 예수를 믿는자는 영원히 죽지 아니하리니 이것을 네가 믿느냐 아멘

누구든지 각 나라와 인종과 언어를 초월하여 주예수를 믿으면 구원을 얻으리라

창조주 하나님 주 예수 그리스도를 믿고 죽은 자들은 백보좌 심판때에 다시 살아나서
하나님의 생명책에 이름이 기록된 자들은 영원한 새 하늘과 새 땅에서 영원한
거룩한 성 예루살렘에서 천국의 삶이 영원토록 이루어집니다

아담때부터 각 나라와 인종과 언어를 초월하여 지구촌에 태어나서 인류의 구원자
예수 그리스도가 이땅에 오시기전 태어나서 죽어떤 한평생 살고 죽어던
육신의 때에 자기가 행한대로 (양심의 심판이 있습니다)
또 주 예수 그리스도가 이땅에 오신후 주 예수를 믿어야 구원을 받습니다 이말씀을 듣지
못하고 죽은 이방인 불신자들도 각 나라와 인종과 언어를 초월하여 인간이 지켜야 할
(양심의 심판이 있습니다) 육의 때에 선하게 살았느냐 악하게 살았느냐 오직 창조주
하나님만 아십니다 하나님의 불꽃같은 눈을 아무도 속일수도 없고 속지도 않습니다

무릇 살아서 예수 그리스도를 믿는자는 심판주 예수님께서 하늘을 가르고 땅과 바다와 육지를
진동 시키고 지상재림 하시는 것을 보는 자들은 전세계 각 나라와 인종과 언어를 초월하여
살아서 예수님을 영접 함으로 예수님께서 통치하시는 천년왕국으로 들어가 영원히 죽지
아니하고 천년의 세월이 끝나면 처음 하늘과 처음땅 하늘과 땅 바다 지구가 없어지고
새 하늘과 새 땅을 하나님께서 다시 만드신 영원한 천국 거룩한 성 새 예루살렘으로
들어가니 영원히 죽지 아니하리니 이것을 네가 믿느냐

21세기 75억 명의 사람들이 한시대를 살아가는 지구촌 전세계 각 나라와 인종과 언어를 초월하여
주 예수 그리스도를 나의 구세주로 믿는 자들중에 예수님께서 지상 재림 하시는것을 눈으로
보는 자들은 지상 최대의 거북요거룩한 천년왕국 에덴동산에서 천년동안 축복을 누리며
나이가 80이든 100살이든 몸이 다시 조성되어 젊은 시절로 탄생하여 행복한 가정을 이루며
예쁜 자녀들을 낳으면서 천년동안 축복을 누리면서 살아가는 자들입니다
그러나 영원히 안죽고 영원한 삶을 누리고 싶다고 해서 사는것이 아니라
창조주 하나님 공의 하나님께서 누구를 택하느냐 어느나라 어느민족 어느가정 어느 누구를
지명하여 선택하느냐 청함을 받은 자는 많되 택함을 입은 자는 적으니라

-83-

하나님께서 땅도 다시 조성하시고 산과 강과 바다도 다시 조성하시고 만물을 다시 조성하시고
공의 하나님께서 택하신 자들만 하나님의 자녀로 세우사 다시 건강한 몸으로 조성하시고
보증인과 권세의 인을 치시고 모든 소유물을 자녀들에게 주시고 아름다운 광활한 땅을
바라보고 그 거룩한 길을 지나 갈수가 있습니다 깨끗지 못한 자는 그 거룩한   길을
지나가지 못하겠고 오직 구속함을 얻은 자들을 위하여 있게 된 것이라

계 14:1 또 요한아가 보니 보라 어린양 예수 심판주가 시온 산에 섰고 예수님과 십사만 사천이 섰는데
십사만 사천 이마에 어린양 예수님의 이름과 그 하나님 아버지의 이름을 쓴 것이 있도다

계 11장에서 구름을 타고 하늘로 올라간 변화성도 십사만 사천이 심판주 예수님과 하나님께서 지휘하시는
시온산 본부에 지상 강림하여 심판주 예수님 명령을 받들어 마귀 나라를 진멸하고
바벨 세상을 심판하고 지구촌 전세계 세상 유행을 따라가는 바벨 교회를 심판하고
옛 뱀이요 용이요 마귀와 사단과 붉은 짐승과 짐승에게 속한 열뿔 열왕과
궤휼에 능한 거짓 음녀를 잡아서 산채로 유황 불붙은 못에 던지우고
그 세기 75억 명의 사람들이 한시대를 살아가는 각 나라와 인종과 언어를 초월하여 죄악된
지구촌 바벨세상 각종 더러운 사귀 영들 음행과 사치하고 속이고 거짓말 하고 술취하고 방탕하며
교만하며 거만하고 사나우며 패역하고 완악하며 살인자들과 우상 숭배자와 세상 향락에
취한자와 더러운 악의 세상을 심판하며 불법을 행하는 땅에 속한 교회들 지구촌
전세계 바벨교회를 심판하여 하나님의 진노의 포도주들에 던지며 성밖에서 그 틀이 밟히니
틀에서 피가 나서 말 굴레까지 닿았고 일천육백 스다디온에 퍼졌더라

저희가 일곱째 머리 용의 권세를 받은 붉은 짐승과 거짓 음녀와 짐승에게 속한 열뿔 열왕 저희가
어린양 예수 심판주로 더불어 싸우려와 심판주 예수님은 만주의 주시요 만왕의 왕이시므로
저희를 용과 마귀와 붉은 짐승과 거짓 음녀와 열뿔 열왕을 이기실 터이요
또 심판주 예수님과 함께 있는 자들 곧 부르심을 입고 빼내심을 얻고 진실한 자들은 이기리로다
하늘에 있는 군대들 혁고 깨끗한 세마포를 입고 백마를 탄 십사만 사천은
옛 뱀이요 용이요 마귀와 붉은 짐승과 거짓 음녀와 열뿔 땅의 임금들과
미혹하는 가종 더러운 악의 영들을 이기리로다

마 24:29-31 심판주 예수님께서 오시는 그날 환난 후에 즉시 해가 어두워지며 달이 빛을 내지 아니하며
별들이 하늘에서 떨어지며 하늘의 권능이 흔들리리라

그때에 심판주 예수의 징조가 하늘에서 보이겠고 심판주 예수님께서 하늘을 가르고
지구촌 온땅과 바다와 육지를 진동 시키고 재림 하실때에 21 세기 75억 명의 사람들이
한시대를 살아가는 땅의 모든 족속들이 눈으로 보고 통곡하며 울며 그들이
심판주 예수가 구름을 타고 능력과 큰 영광으로 오는 것을 보리라

심판주 예수가 큰 나팔 소리와 함께 천사들을 보내리니 저희가 그 택하신 자들을
하늘 이 끝에서 저 끝까지 사방에서 다 모으리라

지구촌 전세계 각 나라와 인종과 언어를 초월하여 하나님께서 택하시고 인을친 알곡
백성들을 다 찾아서 하나님께서 예비하신 보호처와 밀실에 들어가면 저희가 알곡 백성이
1335일 동안 주리지도 아니하며 목마르지도 아니하고 해나 아무 뜨거운 기운에 상하지 아니할찌니
심판주 예수님께서 하늘과 땅과 바다와 육지와 만국을 심판 하리라

계 12:6 그 여자가 철장 권세자 아들을 낳은 촛대교회 흰옷을 입은 알곡 백성들이 하나님께서 예비하신
광야로 도망하매 거기서 일천이백육십 일 동안 후삼년반 42달 동안 저를 알곡 백성들을
양육하기 위하여 하나님 예비하신 곳이 있더라

어린양 예수 그리스도의 보혈로 그 옷을 씻어 죄에서 자유를 얻은 구원받은 하나님의 자녀들이
지구촌 전세계 각 나라와 인종과 언어를 초월하여 셀수 없는 많은 큰 무리들 입다

사 26:20-21 하나님께서 내 백성들아 갈찌어다 네 밀실에 들어가서 네 문을 닫고 하나님의 분노가 지나가기까지
잠간 숨을찌어다 후삼년반 42달 1260일 심판주 하나님의 진노의 대접재앙 30일 1290일을 지나
아마겟돈 남과 북 핵전쟁 45일 1335일 동안 보호처와 밀실에 숨을찌어다
보라 여호와께서 그 처소에서 나오사 21세기 75억 명의 사람들이 한시대를 살아가는 지구촌
온 땅의 거민의 죄악을 벌하실 것이라 온 땅이 그 위에 잣앟던 피를 드러내고 그 살해당한 자를
다시는 가리우지 아니하리라

하나님께서 예비하신 보호처가 아닌 곳에서는 하늘이나 땅에나 굴에나 강이나 바다 밑에
숨어도 하나님의 불꽃같은 눈을 아무도 피하여 숨을곳이 없습니다

-85-

옵 1:3-4 바위틈에 거하며 높은 곳에 사는 자여 네가 네 마음 중심에 이르기를 누가 능히 나를 땅에

끌어내리겠느냐 하나 너희 중심의 교만이 너를 속였도다

네가 독수리처럼 높이 오르며 별사이에 깃들일찌라도 심판주 하나님 내가 거기서 너를

끌어내리리라 나 여호와가 말하였느니라

21세기 오늘날 미국 영국 프랑스 러시아 인도독일 중국 이스라엘 대한민국 일본 선진 국가들이

우주정거장을 만드러서 하늘 꼭대기 달나라 별사이에 숨어있다 하여도 심판주 하나님께서

다 끌어내리리라 2700년전 선지자들에게 보여주시고 말씀하신 대로 기록화시고

이온땅 지구촌에는 철과 진흙 남과 북의 무역전쟁 사이버 전쟁으로 서로 싸우다가

미국과 방위조약 동맹을 맺은 자유민주주의 나라 남방 왕들이 북쪽 공산국가 나라 북방을

찌르리니 삼차 전쟁이 지구촌에서 일어나면 돈이 있고 힘이 있고 땅의 권력 있는 자들이

우주정거장을 타고 하늘로 올라가서 달나라 별 사이에 숨어 있을 것을 하나님께서 다 아시고

하나님께서 말씀 하신대로 21세기 75억 명의 사람들이 지구촌에서 한시대를 살아가는 오늘날

피조물인 인간들이 하나님께서 말씀 하신대로 움직이고 행하며 살아갑니다

선진국 나라 나라마다 권력이 있고 힘이 있고 돈 있는 자들이 우주정거장을 타고 하늘로 올라가서 달나라

별 사이에 숨어서 이땅 지구촌에 3차 전쟁으로 아마겟돈 핵전쟁으로 사람들이 다 죽으면

자기들만 살아있다고 누가 능히 우리를 땅에 끌어내리겠느냐 기뻐하고 즐거워 하지만 여호와

하나님께서 하늘은 나의 보좌요 땅은 나의 발등상이니 더 잘 보이는 심판주 하나님 바로 앞에

별사이에 숨어 있으니 피조물인 인간이 얼마나 무지하고 어리석은 티끌 같은 인생일 뿐입니다

암 9:2-4 저희가 21세기 오늘날 한시대를 살아가는 선진국 사람들 중에 돈이있고 권력과 힘이 있는 자들이

땅을 깊이 파고 굴과 음부로 들어가서 숨을찌라도 하나님의 손이 거기서도 취하여 낼 것이요

우주정거장을 타고 하늘로 올라가서 달나라 별사이에 숨을찌라도 하나님 내가 거기서도 취하여

내리을 것이며 갈멜산 꼭대기에 숨을찌라도 하나님 내가 거기서도 찾아낼 것이요

하나님 눈을 피하여 바다 밑에 숨을찌라도 하나님 내가 거기서 뱀을 명하여 물게 할 것이요

그 원수 앞에 포로로 사로잡혀 갈찌라도 하나님 내가 거기서 칼을 명하여 살륙하게 할 것이라

하나님 내가 저희에게 주목하고 화를 내리고 복을 내리지 아니하리라 하시니라

하나님께서 예비하신 보호처가 아닌 곳에서는 심판주 하나님의 불꽃같은 눈을 피하여 하늘이나

달나라 별나라 땅이나 굴속이나 산에나 바다밑에 숨을 곳은 지구상에서 없습니다

계6:15-17 땅의 임금들과 왕족들과 장군들과 부자들과 강한 자들과 각 종과

자주자가 굴과 산 바위 틈에 숨어

산과 바위에게 이르되 우리 위에 떨어져 보좌에 앉으신 하나님의 낯에서와

어린양 예수의 진노에서 우리를 가리우라

땅에속한 그들의 진노의 큰 날이 이르렀으니 누가 능히 서리로 하더라

하나님께서 예비하신 보호처가 아닌곳 사람들이 우주정거장을 타고 하늘 꼭대기 달나라 별사이에

숨어 있어도 하나님이 끌어버리고 산 꼭대기에 숨어 있어도 굴과 땅속과 산 바위 틈에 숨어

있어도 깊은 바다 밑에 숨어 있어도 심판주 하나님의 불꽃같은 눈을 아무도 피할수가 없습니다

심판주 하나님을 속일수도 없고 공의 하나님 예수님은 속지도 않습니다

만물보다 거짓되고 심히 부패한 것은 사람의 마음이라 누가 능히 이를 알리요마는

나 여호와 하나님의 불꽃같은 눈은 어디서든지 창세로 아담 때 부터 지금가지 세기 지구촌 전세계

각 나라와 인종과 언어를 초월하여 75억 명의 모든 사람의 심장과 폐부를 보시고

살피며 감찰하시고 각각 그 행위와 그 행한 행실대로 보응 하리니

하나님께서 창조하신 지구상의 모든 만물들은 질서가 있고 순종이 있고 사계절 365일

하나님께서 말씀 하신대로 육천년 넘게 운행하며 하나님께서 명령하신 법을 지키며

말을 하지 못하는 동물들은 하나님께서 세우신 법을 따르며 수많은동물과 수많은 식물과

나무와 꽃들이 생육하고 번성하여 많은 열매를 맺어 아무 값없이 필요한 동식물들이

서로 돕고 맛있게 먹으면서 질서있게 생활하며 살아가고 있습니다

오직 하나님의 형상 대로 만든 사람 피조물들이 지구촌 전세계 각 나라와 인종과 언어를 초월하여

사람들의 생각이 항상 악을 도모하며 마음이 부패하여 변질이 되어서 쉬어터져서 더러운 냄새를

풍겨 사람이 사람을 싫어하고 속이고 거짓말하고 사기치고 미워하고 싸우고 이혼하고 죽이고

21 세기 75억 명의 사람들이 한시대를 살아가는 지구촌 온 땅의 사람들은 질서도 없고 순종도 없고 사랑도 없고 행하는 모든것이 노아때 보다 소돔과 고모라 때보다 더욱 패괴하고 사람들의 마음과 생각이 모든 계획이 항상 악한길로 죽음의 길로 행하니 하나님이 사람을 뵈기에 악하러라 21 세기 75억 명의 사람들이 한시대를 살아가는 지구촌 전세계 선진국 나라마다 공산국가 나라이든 자유민주의 나라이든 많은 학 박사들이 어떻게하면 사람들을 많이 죽일수 있나 이것을 연구하기 위하여 천문학적 많은 물질과 시간을 투자하며 사람들을 많이 죽이는 무기를 만들어 내어 75억 명의 사람들이 살아가는 지구촌 전세계 사람들이 얼마나 보존 하겠는가 21 세기 한시대를 살아가는 사람들 각 나라와 민족과 언어를 초월하여 어느나라 어느 민족이 선진국이요 강국이냐

하나님께서 아브라함의 하나님 이삭의 하나님 야곱의 하나님 이스라엘의 하나님 하나님께서 야곱을 창조 하시고 조성 하셨서 너는 이스라엘이라 너는 두려워말라 하나님이 너를 구속하였고 하나님이 육적 이스라엘을 지명하여 불렀서 이스라엘아 너는 하나님의 성민이라 육적 이스라엘 백성들을 인도하시고 모세와 함께하신 하나님 이스라엘 백성들을 430년 동안 애굽에서 애굽 사람들에게 종사리 하고 학대당하고 430년 마치는 그날에 이스라엘 백성들이 애굽땅에서 나와 홍해바다를 건너 뒤를 쫓는 애굽 군대와 그 말과 병거를 홍해 바다에 다 수장시키고 다죽이고 이스라엘 백성들을 낮에는 구름기둥 밤에는 불기둥으로 함께하신 하나님 40년 동안 만나를 주시고 반석에서 생수가 흐르게 하시고 육적 이스라엘 백성을 괴롭핀 모든 나라들을 왕과 족속들을 하나님께서 앞서 가셨서 다 죽이고 남은자와 이스라엘 군대를 피하여 숨은 자들은 왕벌을 보버어 다 멸하고 육적 이스라엘 백성들은 영도자 모세를 따라 하나님께서 하시는 일을 보면서 따라 갔습니다

21 세기 오늘날 75억 명의 사람들이 한시대를 살아가면서 지구촌 전세계 어느 나라가 어느 국가가 어느 민족이 선진국이며 강국이냐 금은보화가 많다고 선진국이 아니요 사람을 많이 죽이는 특수 무기를 많이 만들었다고 선진국이 아니요 화학무기 각종 마사엘과 핵이 있다고 선진국이 아니요 우주정거장을 만드러서 달나라 별나라 간다고 선진국이 아니요 인구가 많다고 선진국은 더욱 아니요 강국이 아닙니다 지상 최대의 선진국은 하나님을 믿고 신뢰하고 하나님을 경배하며 찬양하며 하나님께 부르짖어 기도하는 백성들이 있고 하나님께서 명령하신

법을 지키고 순종하고 하나님이시대 시대마다 세우신 임금들과 대통령과 높은 지도자들을 신뢰하고 따르고 하나님이 세우신 교회 지도자들을 믿고 신뢰하고 형제와 형제가 서로 신뢰하고 사랑하고 이웃과 이웃이 서로 믿고 신뢰하고 사랑하고 사람과 사람 인종과 언어를 초월하여 사랑하고 서로 믿고 신뢰하고 서로 나누고 서로 존중하며 연약한 자들을 돌보며 지구촌 가난한 나라들에게 필요한 것과 식량을 아무 조건 없이 나누어주며 하나님께서 하신 말씀을 행함으로 따르는 그 나라가 그 국가가 그 민족이 총칼이 없어도 미사일이 없어도 핵이 없어도 지구상에서 선진국이요 세계를 지배하는 강국이요 제일 축복받은 나라요 어떠한 무기도 인간의 힘으로 굴복 시키지 못하는 제2의 영적 이스라엘 입니다

창조주 하나님 예수 그리스도와 함께하는 나라나 국가나 어느 민족이나 교회나 하나님의 백성들을 해롭게 할 수가 없습니다 하나님께서 함께하시는 백성들 제2의 영적 이스라엘을 무시하고 속이고 거짓말하고 괴롭히면 그것은 하나님의 눈동자를 건드리는 것이요 하나님께서 먼저 하나님 백성들을 괴롭게 하는 무리를 지구상에서 어느 국가나 어느 나라나 어느 민족이나 하나님의 대적의 나라 지도부 몇 사람 때문에 대적의 나라 백성들이 먼저 많은 재앙과 피해와 환난을 당하고도 깨닫지 못하고 계속 물고 뜯고 미워하고 괴롭히면 하나님의 백성을 대적하는 나라 지도부 악한 자들을 먼저 진멸하시는 하나님 하나님과 세상 끝날까지 함께하시는 국가나 나라나 민족이 지상 최대의 선진국이요 강국입니다 우상을 많이 섬기는 나라가 후진국이요 살아 있는 사람이나 죽은 사람을 신격화 하는 나라는 후진국이요 결국은 그 나라 지도부도 백성도 망합니다
제2의 영적 이스라엘 국가와 백성들이 세계를 지배하는 지상 최대의 강국입니다

하나님께서 아브라함을 부르시고 너로 큰 민족을 이루고 아브라함 에게 복을 주어 네 이름을 창대케 하리니 너는 복의 근원이 될지라 아브라함 너를 축복하는 자에게는 하나님 내가 복을 내리고 아브라함 너를 저주하는 자에게는 하나님 내가 저주하리니 땅의 모든 족속이 아브라함 너를 인하여 복을 얻을 것이라
마지막 때에도 하나님은 많은 사람으로 일을하지 않으시고 제2의 영적 이스라엘 안에서 하나님께서 마음에 드는 사람 모세같이 엘리야같이 다윗같은 사람을 찾아서 하나님의 능력을 부어주어 일을 하게 하십니다
제2의 영적 이스라엘 국가 백성을 축복하는 국가나 민족 에게는 하나님 내가 복을 내리고

제2의 영적 이스라엘 국가를 저주하는 국가나 민족에게는 하나님 내가 저주하리니

21세기 지구촌 온 땅의 모든 족속이 모든 나라가 제2의 영적 이스라엘 너를 인하여 복을 얻을 것이라

제2의 영적 이스라엘은 노아 셈 아르박삿 에벨 욕단 지구 땅끝의나라 지구 땅모퉁이 동방의나라

해가 가장 먼저 뜨는 나라 노아의 오대손 욕단의 자손들 하나님이 세우신 천손의 나라

대한민국 하나님께서 세상 끝날까지 함께하시는 제2의 영적 이스라엘 대한민국 입니다

렘 23:23-24 나 여호와가 말하노라 나는 가까운데 하나님이요 먼데 하나님은 아니냐

나 여호와가 말하노라 사람이 내게 보이지 아니하려고 누가 자기를 은밀한 곳에 숨길 수

있겠느냐 나 여호와가 말하노라 하나님은 온 천지에 충만하지 아니하냐

하늘은 하나님의 보좌요 온 땅은 하나님의 발등상이니 피조물인 너희가 하늘 달과 별사이와

땅과 굴과 바다 밑에 숨어도 불꽃같은 하나님의 눈을 아무도 피할수도 없고 숨을곳도 없느니라

죄를 범하고 회개가 없는 자들은 각각 그 행한 행위대로 하나님의 심판을 피할수가 없습니다

단 12:11-12 매일 드리는 제사를 폐하며 멸망케 할 미운물건을 세울 때부터 일천이백구십 일을 지낼 것이요

기다려서 일천삼백 삼십오 일까지 이르는 살아 있는 그 사람은 복이 있으리라

하나님께서 지으신 피조물과 약속하신 명령하신 법은 율례와 법도 하라 하지말라 먹으라 먹지 말라

법을 지키고 666 옛 뱀이요 용이요 마귀와 붉은 짐승과 거짓 음녀와 거짓 선지자들을 믿음으로 싸워 이기고

세상 유혹과 미혹하는 더러운 악의 영들과 세상 음녀로 더럽히지 아니하고 짐승의 우상에게 경배하지

아니하고 하나님 말씀에 순종한 구원받은 셀수 없는 알곡 백성들 지구촌 온 땅에서 인종과 언어를

초월하여 전세계에서 다 찾아서 하나님께서 예비하신 보호처와 밀실에 들어가면

후삼년반 1260일과 하나님의 진노의 대접재앙 30일 1290일을 지나 아마겟돈 핵전쟁 45일

1335일 까지 하나님 보호안에 있는 어린양 예수님 보혈의 피로 그 옷을 씨어 회개 환자들 셀수 없는

알곡 백성들이 복이 있는 종들입니다 두 증인의 권세자 모세와 엘리야 같은 사명자 십사만 사천이

전삼년반 1260일 동안 알곡 백성들을 지구촌 온땅 이끝에서 저끝까지 모두 찾아서

하나님께서 예비하신 보호처와 밀실에 다 들어가면 예수님께서 저들을 1335일 동안

먹이시고 해나 뜨거운 기운에 상하지 아니하게 보호하십니다

계13:1-2 요한이가 보니 바다에서 혼란한 세상에서 한 짐승이 나오는데 뿔이 열이요 머리가 일곱이라

그 뿔에는 열 면류관이 있고 그 머리들에는 참람된 이름들이 있더라

요한이가 본 짐승은 표범과 비슷하고 그 발은 곰의 발 같고 그 입은 사자의 입 같은데 용이 자기의 능력과 보좌와 큰 권세를 그에게 일곱째 머리 소련 공산당 지도부에게 주었더라

그 열뿔은 일곱째 머리 소련연방국 나라에서 일어날 열 왕이요 뿔의 권세로 열 면류관을 받고 후삼년반 42달 동안 일할 권세를 받아 각 나라와 족속과 방언과 지구촌 전 세계나라 땅 1/4 권세를 받아 땅에 속한 거민들을 다스리는 권세를 받으니라

21 세기 75억 명의 사람들이 한 시대를 살아가는 지구촌 온 땅 각 나라와 인종과 언어를 초월하여 자유민주주의 나라 사람들과 공산주의 나라 사람들이 섞어져서 각 나라와 나라마다 민족과 민족이 서로 땅을 많이 차지하려고 싸우고 죽이고 먹고 마시는 물과 싸우고 양식과 싸우고 물질을 더 많이 차지하려고 나라마다 인간의 지혜를 다동원하여 힘과 육신의 지혜와 수단과 모든 방법을 다동원하여 편법과 꼼수를 쓰며 거짓말을 하니 나라와 나라가 서로 미워하고 싸우고 죽이고 민족과 민족이 서로 미워하고 싸우고 죽이고 무역전쟁 사이버전쟁 남과 북쪽 나라 사람들이 서로 해킹을 하면서 서로 속이고 살아가고 있지만 그 사상은 자유민주주의 나라 사람들의 사상과 공산주의 나라 사람들의 칼막스 주체사상이 섞일수가 없는 것이 철과 진흙이라고

하나님께서 2700년 전에 여러 선지자에게 말씀 하셨습니다

단2:1-49 바벨론 느부갓네살이 위에 있는지 이년에 꿈을 꾸고 그로 인하여 마음이 번민하여 잠을 이루지 못한지라

왕이 그 꿈을 자기에게 고하게 하려고 명하여 박수와 술객과 점장이와 갈대아 술사를 부르매 그들이 들어와서 왕의 앞에 선지라

왕이 그들에게 이르되 내가 꿈을 꾸고 그 꿈을 알고자 하여 마음이 번민하도다

왕이여 그 꿈을 종들에게 이르시면 우리가 해석하여 드리겠나이다

왕이 갈대아 술사에게 대답하여 가로되 내가 명령을 내렸나니 너희가 만일 꿈과 그 해석을 나로 알게 하지 아니하면 너희 몸을 쪼갤 것이며 너희 집으로 거름터를 삼을 것이요

너희가 만일 꿈과 그 해석을 보이면 너희가 선물과 상과 큰 영광을 내게서 얻으리라

그런즉 꿈과 그 해석을 내게 보이라 그들이 다시 대답하여 가로되 청컨대 왕은 꿈을

종들에게 이르소서 그리하면 우리가 그 꿈을 해석하여 드리겠나이다

왕이 대답하여 가로되 내가 분명히 아노라 너희가 나의 명령을 내렸음을 보았으므로

시간을 천연하려 함이로다

이제 그 꿈을 내게 알게하라 그리하면 너희가 그 해석도 보일줄을 내가 알리라

갈대아 술사들이 왕 앞에 대답하여 가로되 세상에는 왕의 꿈을 보일자가 하나도 없으므로

크고 권력 있는 왕이 이런 것으로 박수에게나 술객에게나 갈대아 술사에게 물은자가

절대로 있지 아니하였나이다

왕이 물으신 것은 희한한 일이라 육체와 함께 거하지 아니하는 신들 외에는

왕 앞에 그 꿈을 보일자가 없나이다 한지라

왕이 이로 인하여 진노하고 통분하여 바벨론 모든 박사를 다 죽이라 명하니라

왕의 명령이 내리매 박사들은 죽게 되었고 다니엘과 동무 세친구도 죽이려고 찾았더라

왕의 시위대 장관 아리옥이 바벨론 박사들을 죽이러 나가매 다니엘이 명절하고 슬기로운 말로

왕의 장관 아리옥에게 가로되 왕의 명령이 어찌 그리 급하뇨 아리옥이 그 일을 다니엘에게 고하매

다니엘이 들어가서 왕께 구하기를 기한하여 주시면 왕에게 그 해석을 보여 드리겠다 하니라

목숨을건 다니엘과 세친구 이에 다니엘이 집으로 돌아가서 그 동무 하나냐와 미사엘과 아사랴에게

그 일을 고하고 하늘에 계신 하나님이 이 은밀한 일에 대하여 긍휼이 여기사 자기 다니엘과

세친구 동무들이 바벨론의 다른 박사와 함께 죽임을 당치 않게 하시기를 세친구에게

구하게 하고 하늘에 계신 하나님을 신뢰하고 믿고 간구 할때에 이에 이 은밀한 것이

밤에 이상으로 다니엘에게 나타나 보이매 다니엘이 하늘에 계신 하나님을 찬송하니라

다니엘이 말하여 가로되 영원 무궁히 하나님의 이름을 찬송할 것은 지혜와 권능이 하나님께 있음이로다

하나님은 때와 기한을 변하시며 왕들을 폐하시고 왕들을 세우시며 지혜자에게

지혜를 주시고 지식자에게 총명을 주시는도다

하나님은 깊고 은밀한 일을 나타내시고 어두운 데 있는 것을 아시며 또 빛이 하나님과 함께 있도다

나의 열조의 하나님이여 주께서 이제 내게 지혜와 능력을 주시고 나와 세친구 우리가 주께

구한바 그 꿈을 내게 알게 하셨사오니 내가 주께 감사하고 주를 찬양하나이다

곧 주께서 왕의 그 꿈을 내게 보이셨나이다 하니라

이에 다니엘이 왕이 바벨론 박사들을 멸하라 명한 아리옥에게로 가서 바벨론 박사들을 죽이지

말고 나를 왕의 앞으로 인도하라 그리하면 내가 그 꿈의 해석을 왕께 보여 드리리라

이에 아리옥이 다니엘을 데리고 급히 왕의 앞에 들어가서 가로되 내가 사로잡혀온 유다 자손 중에서 한 사람을 얻었나이다 다니엘이 그 꿈과 해석을 왕에게 아시게 하리이다

왕이 대답하여 다니엘에게 이르되 내가 얻은 꿈과 그 해석을 네가 능히 내게 알게 하겠느냐

다니엘이 왕 앞에 대답하여 가로되 왕의 물으신 바 은밀한 것은 박수나 술객이나 박수나 점장이가 능히 왕께 보일수 없으되

오직 은밀한 것을 나타내실 자는 하늘에 계신 하나님이시라 하나님이 왕에게 후일에 될일을 알게 하셨나이다 왕의 꿈곧 왕이 침상에서 뇌 속으로 받은 이상은 이러하나이다

왕이여 왕이 침상에서 나아가서 장래 일을 생각하실 때에 은밀한 것을 나타내시는 하나님이 장래 일을 왕에게 알게 하셨사오며

내게 이 은밀한 것을 나타내심은 다니엘의 지혜가 다른 인생보다 나은 것이 아니라 오직 그 해석을 왕에게 알려서 왕의 마음으로 생각하던 것을 왕으로 알게 하려 하심이니이다

왕이여 왕이 한큰 신상을 보셨나이다 그 신상이 왕의 앞에 섰는데 크고 광채가 특심하며 그 모양이 심히 두려우니 그 우상의 머리는 정금이요 가슴과 팔들은 은이요 배와 넓적 다리는 놋이요

그 종아리는 철이요 그 발은 얼마는 철이요 얼마는 진흙이었나이다

또 왕이 보신즉 사람의 손으로 하지 아니하고 뜨인 돌이 신상의 철과 진흙의 발을 쳐서 부숴 뜨리매 때에 철과 진흙과 은과 금이 다 부숴져 여름 타작 마당의 겨같이 되어 바람에 불려 간 곳이 없었고 우상을 친돌은 태산을 이루어 온 세계에 가득하였었나이다

이 꿈이 이러한즉 다니엘이 이제 그 해석을 왕 앞에 진술하리이다

왕이여 왕은 열왕의 왕이시라 하늘의 하나님이 나라와 권세와 능력과 영광을 왕에게 주셨고 인생들과 들짐승과 공중의 새들 어느 곳에 있는 것을 무론하고 그것들을 왕의 손에 붙이사 70년 동안 다스리게 하셨으니 왕은 곧 금머리니이다

왕의 후에 왕만 못한 다른 나라 메대와 바사 나라가 일어날 것이요

세째로 또 놋같은 나라 헬라 나라가 일어나서 온 세계를 다스릴 것이며

네째 나라는 강하기가 철같으니 철은 모든 물건을 부숴뜨리고 이기는 것이라 철이 모든 것을 부수는 것같이 로마 나라가 뭇나라 헬라 나라를 부숴뜨리고 빻을 것이며

왕께서 그 발과 발가락이 얼마는 토기장이의 진흙이요 얼마는 철인 것을 보셨은즉 그 나라가 나누일 것이며 왕께서 철과 진흙이 섞인 것을 보셨은즉 그 나라가 철의 든든함이 있을 것이나

1 발가락 얼마는 철이요 얼마는 진흙인즉 그 나라가 얼마는 든든하고 얼마는 부숴질만할 것이며

왕께서 철과 진흙이 섞인 것을 보셨은즉 그들이 다른 인종과 서로 섞일 것이나

피차에 합하지 아니함이 철과 진흙이 합하지 않음과 같으니이다

2600년이 지난 21 세기 오늘날 75억 명의 사람들이 한시대를 살아가는 지구촌 각 나라와 인종과 언어를 초월하여

자유민주의 나라 사람들과 공산주의 나라 사람들이 이 온땅 지구촌 각 나라 안에서

서로 생활하며 섞일 것이나 피차에 합하지 아니함이 자유민주의 나라 사람들의 사상과

공산주의 나라 사람들의 칼막스 주체사상이 합하지 아니함이 철과 진흙이 합 하지 않음과 같으니이다

이 열왕의 때에 하늘의 하나님이 한 나라를 예수 그리스도의 나라 천년왕국을 세우리니 이것은

영원히 망하지도 아니할 것이요 그 국권이 다른 백성에게로 돌아가지도 아니할 것이요 도리어

이 모든 나라를 쳐서 멸하고 영원히 설 것이라

21 세기 75억 명의 사람들이 한시대를 살아가는 바벨세상 나라를 쳐서 멸하고 예수

그리스도께서 통치하시는 천년왕국 나라와 새하늘과 새땅 영원한 천국은 영원히 설 것이라

왕이 사람의 손으로 아니하고 산에서 뜨인 돌이 철과 놋과 진흙과 은과 금을 부숴뜨린것을 보신 것은

크신 하나님이 장래일을 왕에게 알게하신 것이라 이 꿈이 참되고 이 해석이 확실하나이다

산에서 뜨인 돌이 심판주 하나님이 신상의 철과 진흙과 놋과 은과 금을 부숴뜨리는 크신 하나님이

21 세미 75억 명의 사람들이 한시대를 살아가는 각 나라와 인종과 언어를 초월하여 바벨세상을

여름 타작 마당의 겨같이 되어 바람에 불려 간곳이 없고 우상을 진 돌은 태산을 이루어 예수 그리스도의

나라가 태산을 이루어 지구촌 온세상에 가득하였나이다 이 꿈이 참되고 이 해석이 확실하나이다

이에 느부갓네살 왕이 엎드려 다니엘에게 절하고 명하여 예물과 향품을 다니엘에게 드리게 하니라

왕이 대답하여 다니엘에게 이르되 너희 하나님은 참으로 모든 신의 신이요 모든 왕의 주재시로다

네가 능히 이 은밀한 것을 나타 내었으니 네 하나님은 또 은밀한 것을 나타내시는 자시로다

왕이 이에 다니엘을 높여 귀한 선물을 많이 주며 다니엘을 세워 바벨론 온 도를 다스리게

하며 또 바벨론 모든 박사의 어른을 삼았으며

왕이 또 다니엘의 청구대로 사드락과 메삭과 아벳느고를 세워 바벨론 도의 일을 다스리게

하였고 다니엘은 왕궁에 있었더라

21 세기 이 온 땅 지구촌에는 인종과 언어를 초월하여 75억 명의 사람들이 섞어져서 발가락

시대에 살아가고 있습니다 철과 진흙이 섞인 것은 다른 인종과 서로 섞일 것이나

피차에 합하지 아니함이 철과 진흙이 합하지 않음과 같이

지구촌 전세계 자유민주의 나라 사람들과 공산주의 나라 사람들이 지구촌 온 땅에서 서로 섞어져서

살아가고 있지만 그 사상은 자유민주의 나라 사람들 사상과 공산주의 나라 사람들 칼막스

주체사상이 서로 섞일수가 없는 것을 21 세기 사람들이 한시대를 살아가는 오늘날 지구촌 온 땅의

형편과 시대를 철과 진흙으로 하나님께서 말씀하고 있습니다

세상 끝날까지 자유민주의 나라 사람들의 사상과 공산주의 나라 사람들 칼막스 주체 사상이

섞일수가 없습니다 21세기 지구촌 전세계 각국 나라마다 자유무역 협정 에프티 세계무역 시장을

개방하여 미국 나라와 안보방위조약 동맹을 맺은 자유민주의 우방국가 나라들의 물건과

소련 공산당 나라와 동맹을 맺은 공산국가 나라들의 물건과 금과 은과 각종 보석 먹고 마시는것

모든 물품이 서로 섞어져서 바벨세상에서 모든 물건을 사고 팔고 살아가고 있지만

자유민주의 나라 사람들 마음속에 있는 생각과 사상과 공산주의 나라 사람들 마음속에 있는

칼막스 주체 사상이 섞일수가 합하지 아니함이 철과 진흙이요 기름과 물입니다

애굽 앗수르 바벨론 메대와 바사 헬라 로마 여섯 머리 여섯 나라는 지나갔고

일곱째 머리 소련 연방국 나라와 동맹을 맺은 공산국가 나라들 지금 러시아

21 세기 지구촌 온 땅에서 75억 명의 사람들이 한시대를 살아가며 철과 진흙 발가락 시대에

사람들이 살아가며 하룻에 동과 서를 왕래하며 분주하게 살아가는 마지막 어느날

뜨인돌 심판주 예수님께서 철과 진흙 발을 쳐서 부숴 뜨리며

때에 철과 진흙과 놋과 은과금이 다부숴져 여름 타작 마당의 겨같이 되어 바람에불려 간 곳이

없어지고 21 세기 75억 명의 사람들이 한시대를 살아가는 어느날 지구촌 바벨세상은 간 곳이

없고 우상을 친돌은 태산을 이루어 온 세계에 가득하였나이다

뜨인돌 예수 그리스도의 나라 하나님이 한나라를 세우시리니 즉 예수 그리스도의 나라는

영원히 망하지도 아니할 것이요 마지막 때에 바벨세상 온 땅을 쳐서 멸하고

예수님이 통치하시고 다스리는 천년왕국 에덴동산 거룩하고 강한 나라가 건설되며

새 하늘과 새땅 영원한 천국 거룩한 성 새 예루살렘 하나님의 영광이 넘치는 나라

어린양 예수 갈보리 언덕 십자가의 피로 그 죄를 씻어 흰옷을 입은 알곡 백성들 셀 수 없는 많은 무리가 화사가 되어 화록에 한나라가 생기고 한민족이 탄생하는 자민들이 모여사는 천년왕국 지상 최대의 거부들이고 거룩하고 강한 민족 자민들 입니다

첫째 아담이 뱀에게 미혹을 받아서 하나님이 먹지 말라고 명령한 선악과를 따먹고 에덴동산에서 쫓겨나고 하나님이 주신 지구를 통재로 옛뱀 용 마귀에게 빼앗긴 에덴동산 지구를

둘째 아담 심판주 예수님께서 옛 뱀이요 용이요 마귀의 나라를 다 쳐서 진멸하고 다시 에덴동산을 찾아서 지구를 다시 명품으로 만드러서 하나님의 자녀들에게 아무 값없이 주는 것이 에덴동산 회복입니다

예수님께서 통치하시고 다스리시는 천년왕국은 영원히 망하지 아니할 것이요 그 국권이 다른 백성에게로 돌아가지도 아니할 것이요 도리어 이 모든 나라를 쳐서 멸하고 21세기 75억 명의 사람들이 한시대를 살아가는 바벨세상을 쳐서 진멸하고 주 예수 그리도의 나라는 영원히 설 것이라 아멘 할렐루야

일곱 머리는 하나님 백성들을 학대한 나라들 입니다

첫째머리 애굽나라 육적 이스라엘 백성들이 430년 동안 애굽 나라에서 종살이함

둘째머리 앗수르 나라가 북이스라엘과 남쪽 유다 백성들을 학대하고 죽이고 괴롭게함

셋째머리 바벨론 나라 남쪽 유다 백성들이 70년 동안 바벨론 갈대아인에게 포로가 되어 종살이함

넷째머리 메대와 바사 나라 바벨론 고레스 왕 시대부터 다리오 왕때까지 네 왕을 섬기며 종살이한 유다민족

다섯째머리 헬라 나라 남북 전쟁으로 육적 이스라엘 백성들 434년 동안 시련기

여섯째머리 로마 나라 이스라엘 백성들이 천년 넘게 로마 나라 속국이 되어 육적 이스라엘의 시련기

일곱째머리 소련 연방국 지금 러시아 나라 혹삼년반 42달 일칠 권세를 받아 보호처와 밀실에 들어가지 못하고 땅에 거하는 자들을 죽이고 거짓 음녀를 이용하여 짐승의 수 666 짐승의 표를 받게하여 음부로 보냄

계17:9-10 지혜 있는 뜻이 여기 있으니 그 일곱 머리는 여자가 앉은 일곱 산이요 또 일곱 왕이라 다섯은 망하였고 애굽나라 앗수르나라 바벨론나라 메대와 바사나라 헬라나라 까지 다섯은 망하였고 지나갔고 하나는 있고 로마 제국은 현재 있고 사도 요한은 요한 계시록 책을 로마제국 시대에 밧모 섬으로 귀향을 가서 요한계시록 책을 기록함

다른 이는 일곱째머리 소련연방국 러시아 나라는 아직 이르지 아니하였으나 이르면 반드시

잠 깐동안 후삼년반 42달 동안 날짜는 1260일 동안 계속하리라

계13:4-10 용이 짐승에게 일곱째머리 소련연방국 공산당 지도부에게 권세를 주므로 용에게 경배하며

짐승에게 경배하여 가로되 누가 이 짐승과 같으뇨 누가 능히 이로 더불어 싸우리오 하더라

또 짐승이 큰 말과 참람된 말하는 입을 받고 또 마흔두달 일할 권세를 받으니라

짐승이 입을 벌려 하나님을 향하여 훼방하되 그의 이름과 그의 장막

곧 하늘에 거하는 자들을 훼방하러라

또 42달 일할 권세를 받아 성도들과 싸워이기게 되고 각 족속과 백성과 방언과

지구촌 온 땅에 거하는 자들을 다스리는 권세를 받으니

죽임을 당한 어린양 예수의 생명책에 창세 이후로 아담 때부터 6024년 지금까지

녹명 이름이 기록되지 못하고 이땅 지구촌에서 한시대를 살아가며 은혜의 문이 닫혀

후삼년반에 살아가는 자들은 다 짐승에게 경배하리라

누구든지 귀가 있거든 들을찌어다 결국은 다함께 망하리라

사로잡는 자는 사로잡힐 것이요 칼로 죽이는 자는 자기도 마땅히 칼에 죽으리니

성도들의 인내와 믿음이 여기 있느니라

붉은 용의 권세를 받은 일곱째 머리 짐승의 지혜가 60수

하나님의 형상대로 만든 사람의 최고의 지혜는 40수

주 예수 그리스도를 나의 구세주로 믿고 성령 하나님과 함께하는 자녀들의 지혜는 70수요

하나님의 신이 성령 하나님과 함께하는 자녀들은 용의 권세를 받은 짐승과 궤휼에 능한

거짓 음녀와 거짓 선지자와 발람과 세상 유혹과 미혹과 귀신을 이길수 있습니다 다른길은 없습니다

단7:7-8 다니엘 내가 밤 이상 가운데 그 다음에 본 네째 짐승은 무섭고 놀라우며 극히 강하며 또 큰 철 이가

있어서 먹고 부숴뜨리고 그 나머지는 발로 밟았으며 이 짐승은 전의 모든 짐승과 다르고

또 열 뿔이 있으므로 (구약에서 전에 네째 짐승은)

첫째 바벨론 나라 둘째 메대와 바사 나라 세째 헬라 나라 네째 로마 나라

로마 제국 네째 짐승은 전의 모든 짐승과 다르고

신약에서 네 짐승은 미국 영국 프랑스 소련 유엔총회 이사국 네나라

소련 연방국 넷째 짐승은 전의 모든 짐승과 다르고 또 열 뿔이 있으며

다니엘이 그 뿔을 유심이 보는중 다른 작은 뿔이 그 사이에서 나더니 작은뿔은 적 그리스도요

음녀요 거짓 목자요 새끼 양같이 두뿔이 있고 용처럼 말을 잘하는 자요 청황색 말이요

어룽진 말이요 이리가 양가죽을 쓴 늑대요 발람이요 이세벨이요 니골라요

궤휼자 속이는데 능한자요 여러가지로 표현하고 있습니다

먼저 뿔 중에 셋이 그 앞에서 네째 짐승 앞에서 뿌리까지 뽑혔으며 이 작은 뿔에는

사람의 눈 같은 눈이 있고 또 입이 있어 큰 말을 하였느니라

작은 뿔 거짓 음녀가 넷째 짐승 용의 권세를 받은 소련 공산당 지금 러시아 지도부의 권세를

받아서 일을하니 세뿔이 그 앞에서 뿌리까지 뽑혔으며 미국 영국 프랑스 세 나라가

마지막 때에 전삼년반 끝나는 시기에 유엔총회 이사국에서 탈퇴를 하여

용의 권세를 받은 붉은짐승 소련 공산당 러시아 지도부가 거짓 선지자에게 권세를 주어

거짓 음녀를 이용하여 후삼년반 42달 1260일 동안 일할 권세를 받으니라

용이 자기의 능력과 보좌와 큰 권세를 그에게 네째짐승 소련나라 공산당 지도부에게 주었더라

소련 공산국가 나라와 동맹을 맺은 칼맑스 주체 사상을 행하는 지구촌 공산국가 나라들

중국 나라도 온 도시가 용그림으로 도배를 하고 자랑을 하지만 용은 하나님의 대적

용이 하나님의 대적인줄도 모르고 용그림 용우상을 만들어 세워놓고 그 앞에서 경배하니

하나님께서 세상 끝날까지 중국 정부와 지구촌 전세계 각국 모든나라 정부를 지켜보고 있는데

사랑의 하나님 마음이 얼마나 아프시겠는가 빨리 망하는 길을 따라가니 동맹국인 소련 나라를

따르며 후삼년반 42달 동안 같이 일을하며 짐승이 입을 벌려 하나님을 향하여 하나님은

없다고 훼방하며 또 42달 일할 권세를 받아 땅에 속한 자들과 싸워 이기고 각 족속과

백성과 방언과 나라를 다스리는 권세를 받아 죽임을 당한 어린양 예수의 생명책에 창세 이후로

녹명되지 못하고 이름이 없는자 이땅 지구촌에 사는 자들은 다 짐승에게 경배하리라

계 12:7-9 하늘에 전쟁이 있어 미가엘과 미가엘 천사에게 속한 사자들이 용으로 더불어 싸울새

용에게 속한 사자들도 싸우나 하늘의 천사장 미가엘과 그에게 속한 사자들을 이기지

못하여 다시 하늘에서 용이 있을 곳을 얻지 못한지라 600수 큰 용이 지구촌 온 땅으로 내어쫓기

옛 뱀 아담과 하와를 꾀인 옛뱀 곧 마귀라고도 하고 사단이라고도 하는 온 천하를
꾀는 자라 지구촌 온 땅으로 내어 쫓기니 그의 사자들도 용과 함께 내어 쫓기니라

용과 그의 사자들이 졸개들이 지구촌 온 땅으로 쫓겨 내려와서 지구촌 전세계 나라마다 황충의 떼가
일어나서 노조 떼들이 합심 단결하여 데모하고 지구촌 전세계 각 나라마다 정부와 싸우고 공공
기업들과 노조가 싸우고 공무원 노조가 싸우고 약탈하고 파괴하고 불을 지르고 21 세기 75억 명의
사람들이 환시대를 살아가는 지구촌 온 땅에는 혼란한 바다와 같이 매일 테러와의 전쟁 무역전쟁 사이버
전쟁 미사일 전쟁 태풍과 홍수와 폭설과 지진과 가뭄과 기근과의 전쟁 질병과 재앙과 크고 작은 사고가
끊어질 날이 없습니다 지구촌 전세계 곳곳에서 매일 재앙과 질병과 사고와 죽음이 일어나고 있습니다

계 13:11-18 사도 요한이가 보매 또 다른 짐승이 땅에서 혼란한 세상에서 올라오니
  새끼 양같이 두 뿔이 있고 용처럼 말하더라
  땅에 속한 거짓 음녀가 지구촌 전세계 땅女의 권세를 얻어 땅에 거하는
  땅에 속한 자들을 미혹하더라
  큰 이적을 행하되 심지어 사람들 앞에서 불이 하늘로부터 땅에 내려오게 하고
  용의 권세를 받은 네째 짐승 일곱째 머리 소련 공산당 러시아 지도부의 권세를 42달 동안 받아
  이적을 행함으로 땅에 거하는 자들을 미혹하여 땅에 속한 자들이 따르고 저가 거짓 음녀가 권세를
  받아 그 네째 짐승 소련나라 공산당 러시아 지도부가 만든 우상에게 생기를 주어 그 짐승의 우상으로
  말하게 하고 짐승의 우상에게 경배하지 아니하는 자는 몇이든지 다 죽이게 하더라
  저가 거짓 음녀가 모든자 곧 작은 자나 큰자나 부자나 빈궁한 자나 자유한 자나
  종으로 그 오른손에나 이마에 짐승의 표를 받게 하고
  누구든지 이표를 가진 자 외에는 매매를 못하게 하니 이표는 곧 짐승의 이름이나 그 이름의 수라
  지혜가 여기 있어 총명 있는 자는 그 짐승의 수를 세어보라 그 수는 사람의 수니 육백육십육이니라
    666 수
  아기는 은혜의 문이 닫혀지고 천삼년반 1260일 동안 하나님께서 택한 알곡 백성들을 보호처와
  밀실에 다 들어가면 혹삼년반 42달 동안 먹을 양식을 사기위하여 오른손에나 이마에
  짐승의 표가 있어야 물건을 사고 팔고 매매를 하는데
  짐승의 표를 받는 자는 누구든지 밤 낮 쉼을 얻지 못하리라 하더라

단8:23-25 이 네 나라 마지막 때에 유엔총회 이사국 미국 영국 프랑스 러시아 네나라 마지막 때에

패역자들이 가득할 즈음에 21세기 75억 명의 사람들이 한시대를 살아가는 선진국 각 나라마다

자기 나라의 국방의 힘과 경제적인 능력이 있다고 자랑하며 연약한 나라들의 말을 무시하고

국제법을 지키지 않는 나라 지도부 패역한 자들이 가득할 즈음에 한 왕이 적 그리스도가

일어나리니 그 얼굴은 엄장하며 궤휼에 속이는데 능하며

거짓 음녀가 네째 짐승 러시아 공산당 지도부의 권세를 받고 나와서 자기의 힘으로말미암은

것이 아니며 음녀가 비상하게 파괴를 행하고 자의로 자기 생각대로 행하여 형통하며

강한 자들과 거룩한 백성을 멸하리라

그가 거짓 음녀가 꾀를 베풀어 제 손으로 궤휼을 이루고 마음에 스스로 큰체하며 또 평화한

때에 많은 무리를 멸하며 다 학살하며 또 스스로 서서 만왕의 왕 하나님을 대적할 것이나

그가 궤휼에 능한 거짓 음녀가 사람의 손을 말미암지 않고 깨어지리라

거짓 음녀가 후삼년반 42달 동안 용의 권세를 받은 네째 붉은짐승 러시아 공산당 지도부가

거짓 음녀에게 준 권세와 궤휼로 속이며 각 나라와 인종과 언어를 초월하여

하나님의 생명책에 이름이 기록 되지 못하고 땅에 거하는 많은 사람들을 유혹하고

속이고 거짓말하며 자기 마음대로 파괴하고 많은 사람들을 죽이고 스스로 큰체하며

이 거짓 음녀가 붉은빛 짐승을 타고 자주빛과 붉은빛 옷을 입고 금과 보석과 진주로 꾸미고

손에 금잔을 가졌고 러시아 공산당 지도부의 경제권을 가졌는데 가증한 물건과

그의 음행의 더러운 것들이 가득하더라

그 거짓 음녀의 이마에 이름이 기록되었으니 비밀이라 큰 바벨론이라 지구촌 온땅의

음녀들과 가증한 것들의 어미라 하더라

교만하고 거만하고 자고하고 용처럼 말을 잘하며 궤휼에 속이는데 능한 음녀지만 음녀에게 주어진

후삼년반 42달 임무가 끝나면 거짓 음녀는 열뿔 열왕과 짐승에게 죽임을 당하리라

계17:15-17 또 천사가 요한에게 말하되 네가 본바 음녀의 앉은 물은 백성과 무리와 열국과 방언들이라

지구촌 전세계 각 나라와 인종과 언어를 초월하여 세계를 다스리던 거짓 음녀를

요한이 네가 본바 이 열뿔과 짐승이 음녀를 다 이용하고 미워하여 망하게 하고

벌거벗게 하고 그 음녀의 살을 먹고 불로 아주 사르리라

하나님이 자기 뜻대로 할 마음을 열왕과 짐승에게 주사 한 뜻을 이루게 하시고

저희 나라를 용이 자기의 능력과 보좌와 큰 권세를 그 네째 짐승에게 주게 하시되

하나님 말씀이 응하기까지 하심이니라

계 12:10~16 요한이가 또 들으니 하늘에서 큰 음성이 있어 가로되 이제 우리 하나님의 구원과 능력과

나라와 또 그의 그리스도의 권세가 이루었으니 우리 형제들을 참소하던 자 곧 우리 하나님

앞에서 밤낮 참소하던 자가 쫓겨났고

또 여러 형제가 어린양 예수의 피와 자기의 증거하는 말을 인하여 저를 이기었으니

옛 뱀이요 용이요 마귀 사단과 붉은 짐승과 거짓 음녀와 우상과 세상 유혹과 미혹을 이기었으니

그들은 철장으로 만국을 다스릴 남자 아이 두 증인의 권세자 모세와 엘리야 같은 십사만 사천을

낳은 촛대교회 알곡 백성들 죽기까지 자기 생명을 아끼지 아니하고 신앙의 정절을

지킨자들 지구촌 전세계 각 나라에서 나오는 셀수 없는 큰 무리들

그러므로 하늘과 그 가운데 거하는 자들은 즐거워하라 그러나 땅과 바다는 화 있을찐저 이는

마귀가 자기의 때가 얼마 안남은줄 알므로 크게 분내어 너희에게 내려갔음이라 하더라

용이 자기가 땅으로 내어 쫓긴 것을 보고 철장으로 만국을 다스릴 남자를 낳은

촛대교회 알곡 백성들을 핍박하는지라

그 여자가 촛대교회 알곡 백성들이 큰 독수리의 두 날개를 받아 성령을 받아 광야 자기

곳으로 날아가 그 뱀의 낯을 피하여 한 때와 두 때와 반 때를 양육 받으매

후삼년반 42달 동안 하나님께서 예비하신 보호처와 밀실에서 양육받으매

촛대교회 여자의 뒤에서 아담과 하와를 꾀인 옛 뱀이 그 입으로 붉은짐승 공산당 사상의

물을 강같이 토하여 여자를 촛대교회 알곡 백성들을 물에 떠버려가게 하려 하되

땅이 여자를 촛대교회 알곡 백성들을 도와 땅이 그 입을 벌려 용의 입에서 토한 강물을

삼키어 어린양 예수 그리스도의 피로산 촛대교회 알곡 백성들을 후삼년반 42달 동안 1260일과

하나님의 진노의 대접재앙 첫째 대접에서 여섯째 대접재앙 30일 1290일을 지나 일곱째 아마겟돈

핵전쟁 45일을 더한 1335일 까지 하나님께서 흰옷을 입은 큰 무리를 보호처와 밀실에서 주리게도

아니하고 목마르지도 아니하고 해나 아무 뜨거운 기운에 상하지도 아니하게 보호하시고 양육

받으매 각 나라와 인종과 언어를 초월하여 하나님의 자녀들 알곡 백성들 한 알갱이도 땅에

떨어지지 아니하고 다 찾아서 보호하시고 큰성 바벨 세상을 심판하시는 공의의 하나님

계 12:17 용이 여자에게 분노하여 돌아가서 그 여자의 남은 자손 하나님의 계명을 지키며
예수의 증거를 가진 자들로 더불어 싸우려고 바다 모래 위에 섯더라

하나님의 계명을 지키며 예수의 증거를 가진 자들 21 세기 75억명의 사람들이 한시대를
살아가는 지구촌 전세계 각 나라와 인종과 언어를 초월하여 하나님을 믿는 많은 교인들이 기름과
등불이 없는 교인들 기도의 향도 없고 하나님 말씀 다림줄도 없고 하나님도 좋고 세상도 좋고 신앙의
정절이 없는 자들 바다 모래 위에 출판한 세상 위에 서 있는 자들은 구원이 없습니다 빨리
회개하고 신앙의 정절을 목숨보다 귀하게 지키고 기름과 등불을 준비해야 하늘과 땅과 우주
만물을 통치하시고 다스리시는 지상 최대의 거부의 신랑 사랑의 예수님을 만날수 있습니다

계 11:2 성전 밖 마당은 척량하지 말고 그냥 두라 이것을 이방인에게 주었은즉 저희가 짐승과 거짓
음녀가 거룩한 성을 바벨교회와 땅에 거하는자들을 마흔두달 동안 후삼년 반동안 짓밟으리라

교회 밖 마당만 밟고 다니는 교인들 교회는 다니는데 신랑 예수님 맞이할 기름과 등불이 없는
교인들 지구촌 전세계 각 나라와 인종과 언어를 초월하여 세상 오락과 향락에 취하여 세상도 좋고
하나님도 좋고 신앙의 정절이 없는자들 빨리 회개하고 미혹하고 유혹하는 각종 더러운 악의 영들을
믿음과 말씀과 기도로 싸워 이기고 세상줄 끊어야 거부의 신랑 예수님을 만날수 있습니다

계 17:9-12 지혜 있는 뜻이 여기 있으니 그 일곱 머리는 여자가 앉은 일곱 산이요
또 일곱 왕이라 다섯은 망하였고 애굽 앗수르 바벨론 메대와 바사 헬라 나라까지
다섯 나라는 망하였고 지나 갔으며 하나는 있고 로마 나라는 현재 있고
다른 이는 아직 이르지 아니하였으나 이르면 반드시 잠간 동안 계속하리라
전에 있었다가 시방 없어진 짐승은 여덟째 왕이니 일곱 중에 속한 자라 저가 멸망으로 들어가리라
로마 나라 네로 황제의 폭군 정치와 도미시안 왕은 궤휼정치 하드시
소련 나라 스탈린은 폭군정치 후르바초프는 궤휼정치 여덟째 왕이지만
일곱 중에 속한 자라 저가 멸망으로 들어가리라

사도 요한이 밧모라 하는섬으로 귀향을 가서 요한계시록 책을 기록한 시기는 로마제국 시대

다섯 나라는 망하였고 지나갔으며 하나는 로마 나라는 있고 다른 이는 소련 나라는 아직

이르지 아니하였으나 이르면 반드시 잠깐 동안 후삼년반 42달 동안 계속하리라

일곱째 머리가 용의 권세를 받고 나온 칼막스 주체 사상으로 세운 소련 연방국 나라

요한 네가 보던 열뿔은 열 왕이나 아직 나라를 얻지 못하였으나 다만 일곱째머리 소련공산당

짐승으로 더불어 임금처럼 권세를 앉이 동안 한때 두때 반때 후삼년반 42달 동안 받으리라

소련 혁명이 1917년 10월 스탈린과 레닌 두 사람이 혁명을 이르켜서 1급 관직에 있던 장관급

사람들로 시작하여 시장 군수 통장 반장 까지 낫과 곡괭이로 이천만명의 사람들을 대학살 하고

부활절날 하나님께서 세우신 교회를 사천개나 불태우고 하나님은 없다고 거짓말하고

하나님을 믿는 백성들의 자유를 박탈하고 물건을 약탈하고 죽이고 칼막스 주체사상을 세워서

똑같이 일하고 똑같이 나누고 부자와 가난한자 없이 똑같이 잘먹고 같이 잘살자

스탈린과 레닌 두 혁명가가 칼막스 주체 사상을 내어 놓으니 지구촌 전세계 여러 나라가

소련 공산당 나라에 가입하고 동맹을 맺어서 소련 연방국 나라가 되었습니다

중국 나라도 1950년에 소련나라 공산당에 가입하고 동맹을 맺어서 지구촌 온땅 늘이

공산화 되었습니다 지구촌 전세계 땅늘 수목의 늘 바다의 늘 사람 늘이 공산화 되었습니다

중국 나라도 유엔총회 이사국 나라지만 칼막스 주체 사상으로 질이 하나요

용의 권세를 받은 소련나라 공산당과 사상과 소위와 생각과 꿈과 목적과 행위가 질이 같으므로

두 나라지만 하나님께서 공산당 나라들을 하나로 말씀하고 있습니다

지구촌 온 땅에 소련나라 공산당과 동맹을 맺은 공산국가 나라들은

생명의 하나님 공의 하나님 질서의 하나님 사랑의 하나님께서 말씀하신 법을 지키지 아니하고

공산국가 나라의 법은 공산국가 공산당 지도부가 세운 칼막스 주체사상을 따르는 것이 법이요

공산당 지도부의 법을 따르지 아니하면 다 죽이는게 공산당 칼막스 주체 사상입니다

붉은 용이 짐승에게 권세를 주므로 진리가 그속에 없으므로 말을 할때마다 거짓말하고

속이고 자기 나라보다 연약한 국가나 민족을 무시하고 꼼수를 써서 불법을 행하며

그런 행위를 공산국가 공산당 지도부의 힘으로 행하고 있습니다

소련나라 공산당에 가입하고 동맹을 맺은 공산국가 나라들은 세계 각국에 여러 공산국가 날아들이

있지만 창조주 하나님은 용의 권세를 받은 공산국가 공산당 지도부의 질이 생각과 사상과 소위와

목적과 하는행위가 같아서 하나로 말씀하고 있습니다 공산국가 나라들은 공산당을 탈퇴를 줬고

자유민주주의 나라 사랑의 공동체를 선언해야 하나님의 사랑과 축복을 받습니다

단 7:23-26 모신 자가 이처럼 이르시되 네째 짐승은 곧 땅의 네째 나라인데 용의 권세를 받은
소련 나라인데 이는 모든 나라보다 달라서 천하를 삼키고 밟아 부숴뜨릴 것이며
그 열뿔은 이 나라에서 네째 소련 나라에서 일어날 열 왕이요 그후에 또 하나가 거짓
음녀가 일어나리니 그 얼굴은 엄장하며 궤휼에 능하며 그는 먼저 있던 자들과 다르고
또 세 왕을 복종시킬 것이며 유엔총회 이사국 미국 영국 프랑스 세 왕을 복종시킬 것이며

궤휼에 능한 거짓 음녀가 붉은 짐승 네째나라 일곱째머리 소련 공산당 러시아 지도부 권세를
받고 일을하니 세 왕을 복종 시킨것은 미국 영국 프랑스 세나라가 유엔총회 이사국에서 탈퇴를
하니 그가 거짓 음녀가 장차 말로 지극히 높으신 하나님을 대적하며 또 지극히 높으신
하나님의 백성 성도를 괴롭게 할 것이며 거짓 음녀가 또 때와 법을 변개코자 법을 자기
마음대로 고쳐가며 후삼년반에 떨어진 성도는 거짓 음녀의 손에 붙이바 되어
한 때와 두 때와 반 때를 42달 동안 지내리라
그러나 심판이 시작된즉 그는 음녀는 권세를 빼앗기고 끝까지 멸망할 것이요

거짓 음녀는 많은 사람들로 존경을 받던 하나님을 믿는 천주교 교황청에서 나올지 하나님을 믿는
기독교 교회에서 나올지 거짓 지도자가 타락을 하여 붉은빛 짐승을 타고 자주빛과 붉은빛 옷을
입고 금과 보석과 진주로 꾸미고 손에 금잔을 가졌는데 많은 경제권을 가지고 가증한 물건과
그의 음행의 더러운 것들이 가득하고 용의 권세를 받은 소련 공산당 러시아 지도부와 손잡고
공산당 지도부가 시키는 대로 후삼년반 42달 동안 일을 마치면 결국은 열뿔과 짐승에게
벌거벗게 하고 음녀의 살을 먹고 불로 아주 살으리라

슥 6:1-8 내가 스가랴가 또 눈을 들어 본즉 네 병거가 두 산 사이에서 나왔는데 그 산은 놋산이더라
두 놋산은 미합중국 소련연방국 두 나라가 두 놋산 입니다
놋쇠는 잡동산이 쇠 놋밥그릇 깨어진것 놋대접 깨어진것 놋숟가락 부러진것 놋대야 깨어진것
놋쟁반 깨진것 놋주자 부러진것 놋주걱 부러진것 놋비녀 부러진것 놋촛대 부러진것
잡동산이 쇠들이 섞어져서 불속에서 놋쇠를 만들어 내듯이

-104-

소련나라 공산당 지도부가 1917년 혁명 이후 칼막스 주체사상을 세워 똑같이 일하고 똑같이
나누고 부자와 가난한자 없이 똑같이 먹고 같이 잘 살자하니 지구촌 전세계 각국 여러 나라가
소련 나라와 동맹을 참으로 이나라 저나라 여러 나라가 섞어져서 소련연방국 나라가 됐고

미국 나라는 여러 무리들이 흰둥이 검둥이 황둥이 붉은둥이 여러 무리들이 모여서
자유민주의 세워진 나라가 미합중국 나라가 되었습니다 2600년전 하나님께서 아시고
소련연방국 나라 미합중국 나라 잡동산이가 모여서 섞어져서 두 놋산 이라고 합니다

두 놋산 사이에서 사대 병마가 나왔는데 홍마 흑마 백마 어룽진 말들이 있는데
스가랴가 내게 말하는 천사에게 물어 가로되 내주여 이것들이 무엇이나이까
천사가 대답하여 가로되 이는 하늘의 네 바람인데 세상의 주 앞에 모셨다가 나가는것이라하더라

하늘의 네 바람은 21세기 지구촌 세계인구 75억 명의 사람들이 한시대를 살아가는 온땅
큰강 유브라데에 결박한 네 천사를 놓아 주라 하매 네 천사가 놓였으니 그들은 그년 월일 시에
이르러 지구촌 전세계 인구 75억명 사람들중 중 25억 명의 사람들을 죽이기로 예비한 네 천사
유엔총회 이사국 미국 영국 프랑스 러시아 네나라 들인데 흑마는 저울을 가진 장사꾼 나라들
미국 나라와 안보 방위 조약 동맹을 함께한 대한민국을 비롯하여 자유민주의 나라들 손에
저울을 가진 장사꾼 나라들 백마와 흰말은 복음운동 마가 다락 방에서 시작하여 전북복음으로
오늘까지 이기고 또 이기려고 하더라 7년 대환난중 은혜의 문이 닫혔지면 영원한 복음은
죽지 아니하고 심판주 예수님께서 하늘을 가르고 땅과 바다와 육지를 진동시키고 오는것을
21세기 지구촌 온 땅에서 한시대를 살아가면서 심판주 예수님을 눈으로 보는 사람들은
각 나라와 인종과 언어를 초월하여 하나님의 알곡 백성들이 살아서 예수신랑을 맞이하여
예수 그리스도께서 통치하시는 천년왕국으로 들어가 영원한 복음으로 또 이기고
흑마와 검은 말은 손에 저울을 가진 자유민주의 나라들 지구촌 전세계 각국 장사꾼 나라들
백마와 흰말은 복음운동 지구촌 전세계 자유민주의 나라 사람들이 하나님께서 명령하신
복음 사역을 각 나라와 인종과 언어를 초월하여 많은 나라 사람들에게 천국복음과
영원한복음 사역을 땅끝까지 많은 남종과 여종들이 복음운동을 하고 있습니다
검은말과 흰말은 하나님께서 기뻐하시고 세상 끝날까지 함께하시는 환편입니다

첫째 병거는 홍마들이 스가랴 선지자가 구약 시대에 앗수르 나라를 말씀하는 것이고

신약에 와서 사도요한은 붉은말 공산주의 나라를 하나님이 보여준 것을 말씀하고 있습니다

앗수르 나라 공산주의 나라들은 하나님께서 미워하는 대적의 나라들입니다

계6:3-4 둘째 인을 떼실 때에 요한이가 들으니 둘째 생물이 말하되 오라 하더니

이에 붉은 다른 말이 나오더라 용의 권세를 받은 소련 공산주의 나라와 동맹을 맺은

공산국가 나라들이 육삼년반 42달 동안 일할 허락을 받아 지구촌 온 땅에서 화평을

제하여 버리며 서로 죽이게 하고 또 큰 칼을 받았더라

계6:7-8 네째 인을 떼실 때에 요한이가 네째 생물의 음성을 들으니 가로되 오라 하기로

요한이가 보매 청황색 말이 나오는데 그 탄자의 이름은 사망이니 음부가 그 뒤를 따르더라

저희가 거짓 음녀가 땅 ¼ 권세를 얻어 검과 흉년과 사망과 땅의 짐승으로써 죽이더라

청황색 말 거짓 음녀가 짐승과 같이 땅에 속한 자들을 죽이더라

홍마와 붉은 말은 하나님의 대적 공산국가 나라들은 하나님의 진노의 막대기요

하나님의 백성들이 하나님 앞에 죄를 범하면 하나님께서 앗수르나 공산당을 잠깐 들어쓰는

몽둥이요 불때는 부지깽이에 불가하나 하나님께서 필요할 때만 잠깐 들어쓰고

버리느니라 홍마와 붉은말 어룽진말 청황색말 공산주의 나라와 거짓 음녀는 한편입니다

홍마나 흑마나 백마나 어룽진말 흰말 붉은말 검은말 청황색말

스가랴 선지자가 보고 기록한 것이나 사도 요한이 보고 기록한 것은 년때만

다르지 같은 내용입니다 스가랴 선지자가 본 구약 시대는 앗수르 나라가

하나님 백성들을 학대하고 괴롭히고 죽이는 시기라 홍마가 먼저 기록이 되었고

신약 시대에 사도 요한이가 본것은 흰말 복음 운동이 지구촌 전세계로

퍼져나가는 시기라 흰말이 먼저 기록이 되었습니다

사7:18 그날에 마지막 그날에는 여호와께서 애굽 하수에서 먼 지경의 파리와

앗수르 땅의 벌을 부르시리니 (구약시대에 파리는 애굽 나라)

신약시대의 파리는 자유민주의 나라 미국 나라는 파리 미국 문화가 지구촌 온 땅에

들어가는 세계 여러나라 곳곳마다 유행이 전염병처럼 퍼져나가서 (파리)

미국 젊은 남자나 처녀들이 빨간 구두와 뾰족구두와 미니스커트를 입고 온몸을 흔들어가며

빙글 빙글 돌아가며 춤을추며 찌어지고 구멍난 청바지에 노랑머리 파랑 머리 흰머리

빨간머리 염색을 하고 스포스 머리와 째즈 댄스 춤을 추는 것을 보고

미국 문화가 들어가는 지구촌 전세계 나라마다 따라하니 전염병처럼 퍼져나가서 (파리)

미국나라 세워지기 2400년 전에 하나님께서 아시고 파리라고 하시고

앗수르 땅의 (벌을) 부르시려니 구약 시대에 벌은 앗수르 나라

신약에 와서는 소련연방국 공산당 벌을 쏘이면 사람이 죽기도하고 세균이 온몸에 퍼져서

부어오르는 것처럼 공산당 칼막스 주체 사상을 투입 시켜서 자기것으로 만드는 공산당

소련연방국 나라가 세워지기 2600년 전에 하나님께서 아시고 (벌이라고) 별명을 주시고

21세기 오늘날 자유민주의 미합중국은 하나님께서 (파리라고) 별명을 주시고

소련연방국은 하나님께서 (벌이라고) 별명을 주시고

하나님께서 자유민주의 나라 사람들이나 공산주의 나라 사람들이나 21세기 75억 명의

사람들이 한시대를 살아가고 있지만 하나님께서 관심을 갖고 계신것은 인종과 언어를

초월하여 하나님의 피조물이고 하나님의 형상대로 하나 하나 소중하게 만드신 천하보다

귀중하고 소중한 피조물이기 때문에 밤이나 낮에나 세상 끝날까지 늘 지켜보고

계시고 인류의 모든 사람들이 다 구원받기를 원하시는 하나님

사 10:14 나의 손으로 열국의 재물을 얻은 것은 새의 보금자리를 얻음 같고 온 세계를 얻은 것은 내어버린

알을 주움 같아으나 날개를 치거나 입을 벌리거나 지저귀는 것이 하나도 없었다 하는도다

소련 혁명이 일어나기 2600년전 하나님께서 말씀 하신대로 이사야 선지자가 예언 한대로

1917년 스탈린과 레닌이 혁명을 이르켜서 1급 공무원 부터 통장 반장까지 이천만명의 사람들을

대학살하고 부활절날 교회를 4000개나 불태우고 칼막스 주체 사상을 세워 똑같이 일하고

똑같이 나누고 부자와 가난한자 없이 똑같이 먹고 같이 잘살자 하니

지구촌 전세계 여러 나라들이 소련 공산당 지도부와 동맹을 맺어도 내어버린 알을 주움

같이 공산당 칼막스 주체 사상에 가입하면 안된다고 입을 벌리거나 지저귀는 것이

반대하는 사람이나 반대하는 나라가 하나도 없었다 하는도다

1950년 중국 나라가 소련 공산당에 가입하므로 지구 늘 수목의 늘 바다 늘이 공산화 되었습니다

계 8:7-11 | 첫째 천사가 나팔을 부니 피섞인 우박과 불이 나서 땅에 쏟아지매

1917년 소련 나라 스탈린과 레닌 혁명으로 불이나서 땅에 쏟아지매 땅의 늘이

타서 사위고 수목의 늘이 타서 사위고 각종 푸른 풀도 타서 사위더라

둘째 천사가 나팔을 부니 불붙은 큰 산과 같은 것이 바다에 던지우매 지구촌 혼란한 세상에

던지우매 칼막스 주체 사상이 산에 불붙듯시 중국 북한 월맹 쿠바 헝가리 미얀마

베트남 라오스 에디오피아 루마니아 서독 여러 나라로 가랑잎에 불붙은 산과 같이

번져 나가고 바다에 던지우매 바다의 늘이 피가 되고

바다 혼란한 세상 가운데 지구촌 안에 생명을 가진 하나님께서 만드신 피조물들이 늘이 죽고

공산국가 공산당 안에서 하나님의 백성들이 하나님 앞에 예배도 못드리게 자유를 박탈당하고

지구촌 인구 늘이 죽고 배들이 늘이 깨어지더라 교통이 차단 되어서 자유민주주의 나라 사람들이

공산국가 나라들을 마음대로 갈수가 없고 공산국가 나라 사람들이 자유민주주의 나라들을 마음대로

갈수가 없어지만 1988년 대한민국 서울88 올림픽이 끝나고 지구촌 전세계 공산국가 나라들과

수교를 맺어서 소련 중국 헝가리 미얀마 베트남 라오스 에디오피아 루마니아 어느나라이든

대로의 길이 열려서 공산국가 나라들을 마음대로 갈수가 있습니다

사 19:23 | 그날에 마지막 때에 애굽에서 앗수르로 통하는 대로가 있어 앗수르 공산주의 나라 사람은 애굽

자본주의 자유민주주역 나라로 가겠고 애굽 자본주의 자유민주주의 나라 사람들은 공산주의 나라로

갈 것이며 애굽 자본주의 나라 사람들이 앗수르 공산주의 나라 사람들과 함께 여호와 하나님께 경배하리라

자본주의 나라 대한민국 시민이 1988년 이전에는 공산국가 나라들과 교통이 차단되어서 마음대로 갈수가

없어지만 1988년 서울 88 올림픽이 끝나고 공산국가 나라들과 수교를 맺은 이후로는 소련나라

중국나라 공산국가 나라들과 대로가 열여있어 지구촌 전세계 공산국가 어느나라든지 갈수가 있습니다

36년이 지난 21 세기 지금은 에프디 세계무역 시장이 개방하여 내것 네것 같이 주고 받고

공산국가 나라 물건이나 자유민주주의 나라 물건을 서로 통용하며 지구촌 전세계 무역 시장의 대로가 활짝 열려 있습니다 지구촌 전세계 어느나라 어느국가 물건이 세계를 점령하고 지배하느냐 하늘나라 달나라 별나라 어느나라 어느국가 어느 민족이 점령하느냐 선진국들이 서로 싸우고 있지만 이것이 21세기 지구촌 바벨 세상이요 마지막 무역전쟁 사이버 전쟁 입니다 무역전쟁 사이버 전쟁이 오래 가지는 않습니다 21세기 75억 명의 사람들이 각 나라와 인종과 언어를 초월하여 한시대를 살아가는 사람들이 눈으로 보게 될것이고 그 뒤에는 철과 진흙이 힘과 힘으로 싸우겠지요

셋째 천사가 나팔을 부니 횃불같이 타는 큰 별이 하늘에서 떨어져 강들의 늘과
여러 물샘에 떨어지니
이별 이름은 쑥 이라 거짓 적 그리스도가 가짜 예수가 지구촌 출판한 바벨세상에
나타나서 쑥물을 먹여 늘이 쑥이 되매 그 물들이 쓰게 됨을 인하여 많은 사람이 죽더라
네째 천사가 나팔을 부니 해 늘과 달 늘과 별들의 늘이 침을 받아 공격을 받아
지구촌 인구 늘이 어두어지니 낮에도 늘은 비췸이 없고 밤도 그리하더라

해는 하나님의 말씀 달은 교회 성도들 별은 교회지도자들 지구촌 전세계 공산국가 나라 안에서 우주만물을 만드시고 주관하시는 창조주 하나님 우리 인간을 하나님의 형상대로 만드신 하나님의 백성들이 하나님을 믿고 신뢰하고 경배하며 찬양하는 것을 침을 받아 공산당 지도부의 공격을 받아 하나님 앞에 예배드리는것을 방해하고 하나님을 믿고 신뢰하고 경외하며 목숨보다 귀한 믿음을 지키는 하나님의 자녀들을 공산국가 공산당 지도부의 힘으로 권력으로 총칼로 억압하고 학대하고 믿음의 자유를 박탈하고 감옥에 가두고 감시하고 굶기고 죽이는 악한 공산당 지도부 하나님의 말씀과 성도들과 교회 지도자들이 침을 받아 어두어지고 21세기 75억 명의 사람들이 한시대를 살아가는 지구촌 공산국가 공산당 안에는 낮 늘은 비췸이 없고 밤도 그러하더라 하나님 앞에 드리는예배와 찬송을 자유롭게 드리지 못하니 낮에나 밤에나 어둡고 캄캄하며 지구촌 공산국가 나라와 땅에 거하는자들에게 화 화 화가 있으리로다 하나님의 백성들이 믿음과 자유를 박탈당하고 학대당하고 억압하고 감옥에 가두고 굶기고 죽이는 공산국가 공산당 지도부의 죄악으로 공산국가 공산당 안에 선량한 백성들까지 고통을 받으며 지구촌 전세계 공산국가 공산당 나라 마다 하나님의 은혜가 임하지 아니하여 온 땅과 바다와 산과 강과 들역과 농수산물과 곡까지 저주하시는 공의 하나님 공산국가 지도부의 힘과 권력으로 하나님의 백성들을 미워하고 욕하고 학대하고 억압하고 감옥에 가두고 굶기고 죽이는 선량한 백성들과

하나님을 경외하며 찬양하는 하나님의 자녀들 화목한 가정들이 자유와 사랑을 박탈당하고
예수 그리스도 피론산 교회를 부수고 불을 지르고 파괴한 자들에게 마지막 그날 심판의 날에

슥14:12 예루살렘을 하나님의 아들 독생자 예수 그리스도의 피론산 교회를 핍박하고 하나님의 백성들을
학대하고 친 모든 백성에게 심판주 여호와 하나님께서 내리실 재앙이 이러하니
곧 섰을 때에 그 살이 썩으며 그 눈이 구멍 속에서 썩으며 그 혀가 입 속에서 썩을 것이요
하나님께서 내리는 재앙은 약도없고 죄를 진자는 피할곳이 없습니다

계9:1-12 다섯째 천사가 나팔을 불매 다섯째 나팔은 지구촌 전 세계적인 나팔입니다
첫째 나팔에서 네째 나팔까지 소련 공산당 혁명과 공산당 사상이 산에 불붙듯이 세계로
번져나가고 지구땅 흙 사람 흙 수목의 흙 바다의 흙이 공산화되고 21세기 75억 명의 사람들이
한시대를 살아가는 지구촌에는 다섯째 나팔을 부른지가 100년 이상 지나가고 있습니다
하나님의 은혜의 문이 닫혔고 있으며 신원의 날이 오는것을 21세기 75억 명의 사람들이 한세대를
살아가는 지구촌 각 나라와 인종과 언어를 초월하여 많은 사람들이 두 눈으로 보게 됩니다
하늘에서 땅에 떨어진 별하나가 있는데 저가 거짓 음녀가 무저갱의 열쇠를 받았더라
지구촌 전세계 온 땅에는 전세계 각 나라마다 적 그리스도와 가짜 예수와 거짓 선지자와
거짓 음녀들과 더러운 각종 사귀 영들이 일어나서 전쟁과 살인과 납치와 대학살과 21세기
75억 명의 사람들이 한시대를 살아가는 지구촌 전세계는 지금 서로 속이고 속이며 거짓말하고
각 나라마다 무역전쟁 사이버 전쟁 마사일전쟁 물전쟁 남의돈을 약탈좍고 황충의 떼들이
일어나서 지구촌 전세계 각 나라마다 각가지 노조가 생기고 데모대가 일어나서 여자의 긴 머리털
같은 연기 전술로 단결심이 강하여 사자의 이같이 사나우며 부수고 파괴 하고 약탈하고
도적질하고 죽이고 황충의 떼들이 예수 그리스도의 피론산 교회까지 들어와서 데모하고 목사파
장로파 권사파 서로 미워하고 싸우고 얼마나 많은 사람들을 죽이고 있는가 이것이 21세기
오늘날 75억 명의 사람들이 한시대를 살아가는 전세계 여러 나라들의 현실입니다
사랑의 하나님께서 온 인류가 멸망하지 않고 모두다 구원 받기를 원하시는 사랑의 하나님
무궁한 사랑과 구원의 문이 낮에나 밤에나 항상 열여 있지만 온 인류의 사람들은 하나님의
참된 사랑과 말씀을 청종하지 아니하고 노아 때와 같이 먹고 마시고 장가들고 시집가고
세상과 짝하고 세상 오락과 세상 향락과 쾌락을 좋아하며 낮과 밤을 구분하지 못하고

제멋대로 살다가 은혜의 해가 끝나고 구원의문이 닫혔지면 통곡하고 울어도 소용없습니다

첫째 화는 지나가고 신원의 날이 시작 되면 둘째 화가 이르리로다

21 세기 75억 명의 사람들이 한시대를 살아가는 지구촌에는 각 나라마다 무역전쟁 사이버전쟁과 해킹으로 나라와 나라가 서로 속이고 거짓말하고 싸우고 있습니다 좀더 많이 차지 하려고 특히 공산주의 나라와 자유민주의 나라와 싸우지만 무역전쟁 사이버 전쟁은 오래 가지는 않습니다 땅을 많이 차지하려고 돈을 많이 모을라고 나라마다 힘있는 국가들이 연약한 나라들을 무시하고 속이고 거짓말하고 억압하고 서로 나라가 나라를 미워하고 민족과 민족이 서로 미워하고 형제가 형제를 신뢰하지 못하고 서로미워하고 속이고 싸우고 네파 너파 편 가르고 싸우고 지구촌 전세계 각 나라와 인종과 언어를 초월하여 지구촌 전 세계의 현실입니다

21 세기 75억 명의 사람들이 한시대를 살아가는 지구촌 바벨세상은 혼란한 바다와 같이 무역전쟁 사이버 전쟁 미사일 전쟁 우주정거장 타고 달나라 별나라 가는 전쟁 나라와 나라와의 전쟁 테러와의 전쟁 재앙과 질병과의 전쟁 지구촌 곳곳에서 극심한 가뭄에 물과의 전쟁 가난과 양식과의 전쟁 지구촌 전세계는 하늘에서 땅에서 바다에서 크고 작은 재앙과 사고가 끊어질날이 없습니다 하나님의 피조물인 너희가 어느 국가나 어느 민족이나 단체나 개인이나 하나님께서 허락 하신 것 외에는 너희가 욕심을 내어도 얻지 못하고 살인하며 시기 하여도 능히 취하지 못하나니 너희가 서로 다투고 싸우는도다 형제와 형제가 싸우고 민족과 민족이 싸우고 나라와 나라가 싸우고 검은말 붉은말이 싸우고 철과 진흙이 싸우고 남과 북이 서로 싸우면 같이 망한다

욕심이 잉태 한즉 죄를 낳고 죄가 장성하면 사망을 낳느니라

계 9:13-21 여섯째 천사가 나팔을 불매 요한이가 들으니 하나님 앞 금단 네뿔에서 한 음성이 나서 나팔 가진 여섯째 천사에게 말하기를 큰강 유브라데에 결박한 네 천사를 놓아 주라 하매 유엔총회 이사국 미국 영국 프랑스 러시아 네 천사가 놓였으니 유엔총회 이사국 그들은 21년 월일 시에 이르러 21 세기 75억 명의 사람들이 한시대를 살아가는 전세계 사람 늘을 죽이기로 예비한 자들이더라 지구촌 전세계 인구 약 75억 명중 지구촌 남북 삼차 마지막 전쟁으로늘 25억 명의 사람들을 죽이기로 예비한 자들이더라 마병대의 수는 이만 만이어 2억명의 군인들이 미국 영국 프랑스 나라들과 군사 방위조약 동맹을 맺은 우방국가 자유민주의 나라들과 소련공산당 나라와 방위조약 동맹을 맺은 공산국가 나라들이 철과 진흙의 남과 북의 마지막 싸움 하늘에서 땅에서 바다에서 남과 북 군인들이 최고의 재래식 최첨단 무기와 각종 미사일로

불과 연기와 유황이 나오는 최첨단 각종 미사일로 총과 칼로 2억 명의 군인들이 남북으로 갈라져서
낮에나 밤에나 전쟁을 하여 지구촌 전세계 인구 약 75억 명의 사람중에 25억 명의 사람들이
죽임을 당하니라 이 재앙에 죽지 않고 남은 사람들은 그 손으로 사람들을 죽인 행한 일을
회개치 아니하고 오히려 여러 귀신과 또는 보거나 듣거나 말도 못하고 다니지도 못하는
금은 동과 목석의 우상에게 절하고 또 그 살인과 복술과 음행과 도적질을 회개치 아니하더라
이 마지막 전쟁이 전삼년반 1260일이 끝나고 이루어집니다
 후삼년반 동안은 은혜의 문이 닫혀져서 회개를 할수가 없습니다

구약시대 홍마는 앗수르나라 신약시대 붉은말은 용의 권세를 받고 나온 소련연방국 나라
소련 나라와 동맹을 맺은 공산국가 나라들 열뿔은 열왕이나 아직 나라를 얻지 못하였으나
다만 짐승으로 더불어 임금처럼 권세를 일시 동안 후삼년반 42달 동안 받으리라

구약시대 흑마는 애굽나라 신약시대 검은 말은 자본주의 나라들 미국 영국 프랑스 나라들과
안보 방위조약 동맹을 맺은 우방국가 자유민주의 나라들 손에 저울을 가진 장사꾼 나라들

계 6:6 요한이가 네 생물 사이로서 나는 듯하는 음성을 들으니 한 데나리온에 밀 한 되요
 한 데나리온에 보리 석되로다 또 감람유와 포도주는 해치 말라 하더라

21세기 75억 명의 사람들이 한 시대를 살아가는 지구촌 각 나라와 인종과 언어를 초월하여
지구촌 온 땅에 경제 환난이 올때에 감람유와 포도주는 해하지 말라
기름과 등불이 있는 영적 이스라엘 교회와 성도들 예언의 말씀을 읽고 듣는   자들과
하나님께서 시대 시대 마다 많은 선지자를 세워서 명령하신 법을 지키는 자들과
항상 하나님을 경외하며 은혜 안에서 기뻐하며 찬양하며 기도의 향이 하나님의 금향로에
채워진 감람유와 포도주가 있는 영적 이스라엘 교회와 성도들에게는 지구촌에 경제환난이
와도 주리지 아니하며 목마르지도 아니하고 해나 아무 뜨거운 기운에 상하지 아니할쩨니
이는 보좌 가운데 계신 어린양 예수님 께서 목자가 되사 생명수 샘으로 인도하시고
하나님께서 저희 눈에서 모든 눈물을 씻어 주실 것임이니라
 세상 끝날까지 예수 내가 너희와 항상 함께 있으리라 하시더라

계 6:2　요한이가 보니 흰말이 있는데 그 탄 자가 활을 가졌고 면류관을 받고 나가서

　　　　이기고 또 이기려고 하더라

　　　　오순절날 홀연히 하늘로부터 급하고 강한 바람 같은 소리와 불같은 성령이 강림하여 마가의 다락방에서
　　　　기도하는 120명의 무리가 성령 충만함을 받고 다른 방언을 말하며 사도들로 초대교회가
　　　　탄생하여 성령의 불길이 지구촌 전세계 각 나라와 인종과 언어를 초월하여 전세계로
　　　　퍼져나가서 영적 이스라엘이 탄생하여 오늘 21세기 지금까지 하나님을 믿고 죽어서
　　　　티끌에 거하는 자들도 백보좌 심판때에 하나님께서 너희는 죽은 자들은 깨어 노래하라
　　　　심판주 하나님께서 명령할 때에 하나님의 음성을 듣고 다 살아나서 생명책에 이름이 기록되어
　　　　있는 자들은 새 하늘과 새땅 영원한 천국으로 들어가니 천국 복음으로 이기고
　　　　또 천국복음과 영원한 복음을 가지고 21세기 지구촌 전세계 각 나라와 인종과 언어를 초월하여
　　　　한 시대를 살아가는 동안에 살아서 육신의 때에 재림주 예수 신랑을 만나는 사람들은
　　　　예수님이 통치하시고 다스리시는 예수 그리스도의 나라 에덴동산 천년 왕국에 들어가는
　　　　성도들은 영원한 복음으로 또 이기려고 하더라

슥 6:6-8　흑마가 북편 땅으로 나가매 백마가 흑마 뒤를 따르고 그가 외쳐 내게 일러 가로되
　　　　북방으로 나간 자들이 북방에서 내 마음을 하나님 마음을 시원케 하였느니라 하더라

　　　　1988 서울 올림픽 이후 공산국가 나라들과 수교를 맺고 자본주의 나라 미국 나라와 안보 방위조약
　　　　동맹을 함께한 대한민국을 비롯하여 우방국가 자유민주주의 나라들 검은말 손에 저울을
　　　　가진 장사꾼들이 북편땅 하나님이 없다고 거짓말하는 공산국가 나라들과 에프티 무역
　　　　개방을 하니 백마 복음운동이 흑마 뒤를 따르며 북편땅 하나님이 없다고 거짓말하는
　　　　공산주의 나라까지 들어가서 살아계신 창조주 하나님 예수 그리스도 생명의 근원이 되시고
　　　　생명의 떡이신 사랑의 예수님을 전하니 하나님 마음을 시원하게 하였느니라 하더라

슥 4:7　큰 산아 네가 무엇이냐 하나님이 없다고 거짓말고 하나님 믿는 백성들을 학대하고 하나님을 못믿게
　　　　억압하고 감옥에 가두고 교회 불을 지르고 파괴하는 교만한 산 북방아 공산국가 공산당 지도부야
　　　　네가 무엇이냐 네가 스룹바벨 앞에서 백마를 탄 복음주의자 앞에서 평지가 되리라

그가 북방으로 나간 백마가 생명의 떡 생수의 근원되신 예수 그리스도 구원의 하나님 은혜의 하나님

치료의 하나님 지혜의 하나님 축복의 하나님 나는 부활이요 생명의 하나님 사랑의 하나님과 공의 하나님

초림주와 재림주 하나님 조금 있으면 하늘과 땅과 바다와 지구촌 온 땅을 진동 시키고 만국을

진동 시키고 십판주로 오실 예수 그리스도 뜨인돌 흰돌 머리돌을 내어놓을 때에 지구촌 전세계

공산국가 공산당 칼막스 주체사상 안에서 많은 무리들이 외치기를 은총 은총이 하나님께 있도다

많은 무리가 하나님 백성들이 몰려오며 북방으로 나간 자들이 흑마와 백마가 북방에서

하나님 마음을 시원하게 하였느니라 하더라 할렐루야

1988년 서울 올림픽 이후로 그 세기 35년 동안 흑마와 백마가 미국과 대한민국 자유민주의

여러나라 하나님을 믿는 예수 그리스도 복음 사역자들이 복음 사역을 전세계에 널리 퍼져서

감당하고 있으며 하나님 마음을 시원하게 하고 있습니다

사19:23-24 그날에 마지막 때에 애굽 자본주의 나라 사람들이 앗수르 공산국가 나라로 통하는 대로가

있어 앗수르 공산국가 사람들은 애굽 자본주의 나라로 가겠고 애굽 자본주의 나라

사람들은 앗수르 공산국가 나라로 갈것이며 자유민주의 나라 사람들이

공산국가 나라 사람들과 함께 하나님 앞에 경배하리라

그날에 영적 이스라엘 애굽 자본주의 나라 사람들이 에프티 무역 개방을 하여 앗수르

공산주의 나라 사람들과 서로 가고 오고 할 그때에 더불어 셋이 세계 중에 복이 되리니

이는 만군의 여호와께서 복을 주어 가라사대 하나님의 백성 애굽이여

하나님의 손으로 지은 앗수르여 지구촌 전세계 공산국가 나라 안에있는 하나님의 백성들이여

하나님의 산업 지구촌 전세계 자유민주의 나라 하나님의 백성들 영적 이스라엘이여

복이 있을찌어다 하실 것임이니라

예수께서 가라사대 나는 부활이요 생명이니 주 예수를 믿는 자는 죽어도 살겠고

무릇 살아서 주 예수를 믿는 자는 영원히 죽지 아니하리니 이것을 네가 믿느냐

천국 복음은 예수 그리스도를 나의 구세주로 믿고 마음으로 모시고 성령 하나님과 함께 한 사람들 각 나라와

인종과 언어를 초월하여 구원받은 셀수 없는 많은 무리들이 성령 하나님과 한평생 살다가 땅에서

바다에서 산에서 강에서 죽어서 편히 쉬고 있지만 마지막 백보좌 심판때에 죽었던 사람들이

심판주 하나님께서 티끌에 거하는 자들아 너희는 깨어 노래하라 명령 할때에 다 살아나서

생명의 부활과 심판의 부활로 갈라지는데 육신의 때에 각자 행한 행위를 따라 갈라지는데 생명책에 이름이 기록된 자들은 생명의 부활을 받아서 새 하늘과 새 땅 영원한 천국으로 들어가는 하나님의 백성들이 있고 심판의 부활을 받은 자들은 유황 불못에 던져질자도 있고

영원한 복음은 영원히 죽지 아니하고 지구촌 전세계 각 나라와 인종과 언어를 초월하여 21 세기 성부 성자 성령 하나님을 믿는 영적 이스라엘 백성들이 한시대를 살아가다가 살아서 재림주 예수님을 맞이하는 성도들은 예수님이 다스리시고 통치하시는 천년왕국으로 들어가서 신랑 예수님과 영원히 사는것을 네가 믿느냐 여러 나라와 족속과 방언과 백성에게 지구촌 전세계 사람들에게 전할 영원한 복음 심판주 예수님께서 하늘과 땅과 바다와 육지를 진동 시키고 이 온 땅 지구촌에 심판주로 오셔서 죄악이 무르익은 바벨세상과 세상을 따라가는 바벨교회 들을 심판하고 큰 지진으로 지구가 세 갈래로 갈라지고 만국의 섬들도 지구촌 도시의 빌딩들도 다 무너지고 각 섬도 없어지고 산악도 없어진 지구를 하나님께서 다시 명품으로 만드러서 예수 그리스도의 나라 거룩하고 강한나라 하 륵에 한나라 한민족 자민이 탄생하여 영원하고 영원한 나라 예수님께서 통치하시는 에덴동산 천년왕국에는 슬픔도 가난도 재앙도 질병도 눈물도 미움도 원망도 불평도 다툼도 시기와 거짓도 죽음도 없는나라

첫째 아담이 뱀이 꾀므로 미혹을 받아 하나님께서 명령하신 에덴동산에 각종 과일은 네가 임의로 먹되 선악과를 먹는 날에는 정녕 죽으리라 하신 법을 거역하고 아내 하와가 준 선악과를 먹고 에덴동산에서 쫓겨나고 에덴동산 온 땅을 지구를 통째로 마귀에게 빼앗긴 것을 둘째 아담 심판주 예수님께서 옛 뱀이요 용이요 마귀 나라를 다 진멸하고 그 아름다운 에덴동산을 다시 회복 시켜서 지구촌 전세계 각 나라와 인종과 언어를 초월하여 하나님의 백성 영적 이스라엘 자녀들에게 아무 값없이 열고을 다섯고을 각각 기업을 주시는 하나님께서 태초에 계획하시고 약속하신 영적 이스라엘 백성들에게 주시는 선물입니다

영적 이스라엘 하나님의 백성들이 천년동안 생활하는 천년 왕국에는 이리와 어린 양과 표범과 송아지와 어린 사자와 암소와 곰이 함께 먹으며 사자가 소처럼 풀을 먹으며 뱀은 흙으로 식물을 삼으며 어린 아이가 독사의 구멍에서 장난하며 소경의 눈이 밝을 것이며 귀머거리의 귀가 열릴 것이며 저는 자는 사슴같이 뛸것이며 벙어리의 혀는 노래하리니 이는 광야에서 물이 솟겠고 사막에서 시내가 흐를것임이라 뜨거운 사막이 변하여 못이 될것이며 메마른 땅이 변하여 원천이 될 것이며

시랑이 눕던 곳에 풀과 갈대와 부들이 날것이며

거기는 대로가 있어 그 길은 거룩한 길이라 일컬는바 되리너 깨끗지 못한 자는 지나가지
못하겠고 오직 구속함을 입은 자들을 위하여 있게 된 것이라

예수님께서 통치하시는 천년왕국은 해함도 없겠고 상함도 없으리라

예수님께서 통치하시고 다스리시는 천년왕국에서 천년동안 생활하며 살다가 천년의 시간이 끝나면

새 하늘과 새땅 영원한 천국으로 들어갑니다 하나님께서 천지 만물을 육일동안 말씀으로 창조하시고
아담과 하와에게 준 처음 하늘과 처음 땅이 없어지고

예수님께서 천년동안 통치하시던 천년왕국도 하늘과 땅 자국가 없어지고

창조주 하나님께서 영원한 새 하늘과 새 땅을 다시 명품으로 천지창조 하여 모든 만물을 새롭게
하시며 거룩한 성 새 예루살렘이 하나님께로부터 새 하늘에서 내려오니 그 예비한 것이
신부가 남편을 위하여 단장한것 같더라

하나님께로부터 하늘에서 내려오는 거룩한 성 새 예루살렘을 보이니

거룩한 성 새 예루살렘은 하나님의 영광의 빛이 지극히 귀한 보석 같고 벽옥과 수정같이 맑더라

거룩한 새 예루살렘 열두문은 열두 진주와 열두 보석으로 다 되어있고

새 예루살렘 성의 길은 맑은 유리 같은 정금이요

새 예루살렘 성은 해와 달의 비침이 쓸데없으니 이는 하나님의 영광이 비취고

어린양 예수님이 1 등이 되심이라

새 예루살렘 성문들은 낮에 도무지 닫지 아니하너 거기는 밤이 없음이라

거룩한 성 새 예루살렘 성에 수정같은 맑은 생명수의 강이 흐르고 하나님과 어린양 예수님의
보좌로부터 나서 맑은 유리같은 정금길 가운데로 생명수가 흐르고 강 좌우에 생명나무가 있어
열두가지 실과를 맺히되 달마다 1 실과를 맺히고 그 생명나무 잎사귀들은 만국을 소성하기 위하여 있더라
영원한 천국 새 하늘과 새땅 거룩한 성 새 예루살렘에서 예수님을 섬기며 예수님 얼굴을 볼 타이요
전세계 각 나라 사람들이 인종과 언어를 초월하여 육신의 때에 열한 대로 상급을 받는데
왕노릇 할자도 있고 생명책에 이름이 기록된 자들은 영원한 천국 새 하늘과 새땅 어서도
사랑의 예수님 얼굴을 보며 예수님과 함께 영원토록 살아갑니다

영원한 복음을 가진 자들은 부르심을 입고 빼버심을 얻고 진실한 자들 처음 익은 열매로 하나님과

어린양 예수님에게 속한 자들이나 그 입에 거짓말이 없고 흠이 없는 자들이더라

하늘의 군대 희고 깨끗한 세마포를 입고 백마를 타고 백마를 타신 심판주 예수님을 따르는

십사만 사천과 어린양 예수님 보혈로 그 옷을 씻어 구원받은 셀수 없는 많은 무리들이 죽기까지

자기 생명을 아끼지 아니하고 믿음을 지키고 하늘과 땅에있는 각종 더러운 악의 영들과

믿음으로 싸워 이긴 자들이 영원한 복음으로 또 이긴자들 입니다

계6:3-8 둘째 인을 떼실 때에 요한이가 들으니 둘째 생물이 말하되 오라 하더니

이에 붉은 다른 말이 나오더라 그 탄자가 허락을 받아 땅에서 화평을 제하여 버리며 서로

죽이게 하고 또 큰 칼을 받았더라

그 세기 75억 명의 사람들이 한시대를 살아가는 지구촌 온 땅에서 용의 권세를 받은

붉은말 네째짐승 일곱째머리 소련나라 공산당 에게 하나님이 자기 뜻대로 할 마음을

짐승에게 주사 한 뜻을 이루게 하시고 저희 짐승의 나라를 후삼년반 42달 동안

그 짐승 러시아 에게 주게 하시되 하나님 말씀이 응하기 까지 하심이니라

세째 인을 떼실 때에 요한이가 들으니 세재 생물이 말하되 오라 하기로 요한이가 보니

검은 말이 나오는데 그 말탄자가 손에 저울을 가졌더라

요한이가 네 생물 사이로서 나는 듯하는 음성을 들으니 가로되 한 데나리온에 밀 한되요

한 데나리온에 보리 석 되로다 또 감람유와 포도주는 해치 말라 하더라

그 세기 75억 명의 사람들이 한시대를 살아가는 지구촌 전세계 사람들이 마실수 있는 물과

양식이 부족하여 경제 환난이 올것을 말씀하시고 지구촌 온 땅에 기근이 와도 경제 환난이 와도

감람유와 포도주는 해하지 말라 하더라

지구촌 전세계 영적 이스라엘 교회 성도들이 기름과 등불이 있고 바벨세상의 죄악과 각종 더럽고 가증한

죄악을 보고 탄식하며 우는 종들과 겸손하고 정직하고 예언의 말씀을 읽고 듣고 마음판에 새기고

하나님께서 명령하신 법과 율례을 지키는 종들은 지구촌 전세계 온땅에 경제 환난이 와도 기근이

와도 재앙이 와도 질병이 와도 주리지도 아니하며 목마르지도 아니하고 해나 아무 뜨거운 기운에 상하지

않게 하나님께서 보호하시고 세상 끝날까지 성령 하나님께서 함께 하십니다

네째인을 떼실 때에 요한이가 네째 생물의 음성을 들으니 가로되 오라 하기로

요한이가 보매 청황색 말이 나오는데 그 말탄자의 이름은 사망이니 음부가 그뒤를 따르더라

저희가 음녀가 유엔총회 이사국 네 천사의 땅 $\frac{1}{4}$ 의 권세를 얻어 검과 흉년과

사망과 땅의 짐승으로써 죽이더라

전삼년반이 끝나고 후삼년반에 떨어진 사람들은 짐승의 표를 받게하여 음부 지옥으로 보내는 일을 합니다

용의권세를 받은 붉은 말과 청황색 말이 한편이 되어서 후삼년반 42달 동안 일을 합니다

창9:26-27 또 가로되 셈의 하나님 여호와를 찬송하리로다 대한민국은 셈의 장막

창10:21-32 대한민국 조상은 노아의 5대손 욕단이며 하나님의 사람 욕단이 열세 아들을 낳은 후예들이

거하는 곳은 메사에서부터 스발로 가는 길의 동편 산이었더라

지구 땅끝의 동방의나라 지구 땅 모퉁이 해가 제일먼저 뜨는 곳에 욕단의 후예들이

천손의 나라를 세운것이 대한민국 조상은 욕단의 후손입니다

대한민국 조상은 노아 셈 아르박삿 에벨 에벨은 두 아들을 낳고 하나의 이름은 벨렉이라

하였으니 그때에 세상이 나뉘었음이요 벨렉의 아우의 이름은 욕단이며 욕단은 열세 아들을

낳은 후예들이 메사에서부터 스발로 가는 길의 동편 산이었더라 지금 과 세기 러시아 중국

몽골 일부 지역에 거하였고 욕단의 형 벨렉은 중국 대륙을 택하였고

대한민국 조상은 노아 셈 아르박삿 에벨 노아의 오대손(욕단이며) 욕단이 대한민국

조상이며 지구 땅끝의 동방의나라 지구 땅 모퉁이 해가 제일먼저 뜨는곳에

욕단의 후예들이 세운 나라가 동방의나라 단일민족 천손의 나라 대한민국 나라입니다

오천년 역사가 말을하고 우주 만물을 창조하신 하나님께서 말씀하고 계십니다

함의 아들 가나안은 셈의 종이되고 하나님이 야벳을 창대케 하사 셈의 장막에

거하게 하시고 가나안은 그의 종이 되게 하시기를 원하노라 하였더라

야벳은 검은말 손에 저울을 가진 미국은 대한민국과 한미상호방위조약 동맹을 함께한

형제 한국과 미국은 세상 끝날까지 같이 합력하여 손을 잡고 같이 가는것이

창조주 하나님 말씀안에서 계획 하셨습니다 대한민국 일천만 성도들이 미국 나라와

미국 나라에 속한 우방국가 나라들이 성령하나님 안에서 하나되게 하시고 모든것이

합력하여 선을 이루게 하소서 하나님 앞에 매일 기도를 하고 있습니다

하나님이 야벳을 미국을 창대케 하사 셈에 장막에 대한민국에 거하게 하시고 한국교회
백성들과 미국교회 백성들과 미국에 거주하는 한인교회 백성들이 여호와 하나님을 경배하며
찬송하고 서로 기도하며 서로 오고 가게 하시고 백마 복음운동 한국교회 많은 선교사들과 미국교회 한인교회
많은 선교사들이 지구촌 전세계 인종과 언어를 초월하여 선교사들을 파송하여 복음을 전할때에
죽어떤 영혼들이 하나님을 찬양할 때에 하나님 마음을 기쁘시게 하며 하나님 마음을
시원하게 하였느니라 가나안은 그의 종이 되게 하시기를 원하노라 하였더라

21세기 75억 명의 사람들이 한시대를 살아가는 지구촌 온 땅에는 큰 재앙과 지진과
대풍과 가뭄과 기근으로 질병으로 경제적인 대 환난이 닥아오고 있습니다
검은말 미국 나라에 속한 우방국가 자본주의 나라들은 무역하는 장사꾼 나라들
손에 저울을 가지고 한 데나리온에 밀한되요 한 데나리온에 보리 석 되로다 남자 장정 하루
품삯이 밀한되 보리석되 이 양식을 가지고 넷 다섯 식구가 하루먹고 생활하는 기근이
21세기 75억 명의 사람들이 한시대를 살아가면서 지구촌 전세계 사람들이 눈으로 보기
될때에 금은보화가 아무소용 없습니다 돈을주고 달러를 주고 금은보화가를 주어도 마실수
있는 물과 먹을 양식을 살수 없는 날이 지구촌 온 땅에 닥아 오고 있습니다

이런날이 지구촌 전세계에 임할때에 감람유와 포도주는 해하지 말라 기름과 등불이 있는
지구촌 온땅 영적 이스라엘 교회와 성도들 기도의 향이 있고 예언의 말씀을 읽고 듣고
하나님께서 명령하신 법을 지키는 알곡 백성들을 하늘 이끝에서 저끝까지 사방에서
다 찾아서 지구촌 온땅에 환난이 와도 재앙이 와도 기근이 와도 질병이 와도 하나님께서
인종과 언어를 초월하여 택하신 영적 이스라엘 백성들을 낮에나 밤에나 보호하시고
먹이시고 마시우고 입히시고 세상 끝날까지 너희와 항상 함께 있으리라 하시니라

왕상 17:12-16 여인이 가로되 엘리야 당신의 하나님 여호와의 사심을 가리켜 맹세하오나 나는 떡이 없고
다만 통에 가루 한 움큼과 병에 기름 조금 뿐이라 내가 나무 가지 두엇을 주워다가
나와 내 아들을 위하여 음식을 만들어 먹고 그후에는 죽으리라
엘리야가 여인에게 이르되 두려워말고 가서 네 말대로 하려니와 먼저 그것으로 나를 위하여
작은 떡 하나를 만드러 내게로 가져오고 그후에 너와 네 아들을 위하여 만들라

이스라엘 하나님 여호와의 말씀이 나 여호와가 비를 지면에 내리는 날까지 그 통의 가루는

다하지 아니하고 그 병의 기름은 없어지지 아니하리라 하셨느니라

여인이 가서 엘리야의 말대로 하였더니 저와 엘리야와 식구가 여러날 먹었으나

여호와께서 엘리야로 하신 말씀같이 3년 6개월 동안 먹었으나 통의 가루가 다하지

아니하고 병의 기름이 없어지지 아니하니라

3년 6개월 동안 하늘에서 비가 오지 않아 농사를 짓지 못하여 먹을 양식이 없어

한번 음식을 만드러 먹고 아들과 죽을 사람을 살리시는 하나님

하나님은 어제나 오늘이나 영원토록 동일하신 하나님 세상 끝날까지 동일하신 하나님

사33:15-19 오직 의롭게 행하는자 정직히 말하는자 토색한 재물을 가증히 여기는자 손을 흔들어 뇌물을 받지

아니하는 자 귀를 막아 피 흘리려는 꾀를 듣지 아니하는자 눈을 감아 악을 보지 아니하는 자

그는 의인들은 높은 곳에 거하리니 거룩한 성 새 예루살렘에 거하며 견고한 바위가

예수님께서 그 보장이 되시며 예수님께서 낮에나 밤에나 환난 날에도 그 양식은 공급되고

그 생수의 물은 끊치지 아니하리라 하셨느니라

너의 의인들의 눈은 그 영광 중의 평화의 왕이신 예수님을 보며 광활한 땅을 목도하겠고

예수 그리스도께서 다스리고 통치하시는 천년왕국 광활한 땅을 눈으로 볼것이며

영원한 새 하늘과 새 땅을 보고 거룩한 성 새 예루살렘을 보고 의인들이 기뻐하리라

너희 의인들은 마음에 두려워하던 것을 생각하여 버리라 계산하던 자가 어디 있느냐

공세를 칭량하던 자가 어디 있느냐 세금을 받는 국세청에서 세무소에서 돈을 관리하는자

은행에서 채급하는 자 채용하는 자 계산하던 자가 어디 있느냐

공세를 칭량하던 자가 어디 있느냐 망대를 계수 하던 자가 어디 있느냐

네가 의인들이 강포한 백성을 다시 보지 아니하리라 그 백성들은 방언이 말이 어려워서

의인들이 알아듣지 못하며 말이 이상하여 네가 의인들이 깨닫지 못하는 자라

은행에서 빌린돈 이자만 밀리면 독촉장이 날아오고 차압 딱지가 집안 곳곳에 부쳐지고

두려워던 마음 세금을 내려 이자돈을 내려 세무소 은행에 갚는데 공세를 칭량 하던자

돈을 빌려주고 이자돈을 받고 세금을 받던 계수 하던자

세무소에서 은행에서 국세청에서 계산하던 사람들이 어디 있느냐 사람들이 없다

방언 말이 다른 방언 나라에서 나라와 나라마다 많은 달러 차관을 주기도 하고 빌렸는데

방언 말이 어려워서 의인들이 알아듣지 못하고 깨닫지 못하는 날이 21세기 75억 명의

사람들이 한시대를 살아가는 지구촌 전세계 사람들에게 다가오고 있습니다

전세계 각 나라에서 의인들이 영적 이스라엘 하나님의 자녀들이 두 눈으로 보게 될 것입니다

사 24:1-23 여호와께서 지구촌 온 땅을 공허하게 하시며 황무하게 하시며 땅을 뒤집어

엎으시고 그 거민을 땅에 사람들을 흩으시리라

백성과 제사장이 일반일 것이며 종과 상전이 일반일 것이며 가정에서 일하는 비자

계집종과 가정을 다스리는 가모 주부가 일반일 것이며 사는 자와 파는 자가 일반일 것이며

채급하는 자와 채용하는 자가 돈을 빌려준 자와 돈을 빌린 자가 일반일 것이며

이자를 받는 자와 이자를 주는 자가 일반일 것이며

지구촌 온 땅이 온전히 공허하게 되고 온전히 황무하게 되리라 사람들이 지구촌 온 땅에서

살아갈 수 없는 황무한 땅을 여호와께서 이 말씀을 하셨느니라

지구촌 전세계 온 땅이 슬퍼하고 쇠잔하며 온 세계가 쇠약하고 쇠잔하며 세상 백성 중에

높은 자가 왕이나 각 나라 대통령 지도자들이 쇠잔하며

지구촌 온 땅이 또한 그 거민이 땅 아래서 더럽게 되었으니 이는 사람들이 율법을 범하며

율례를 어기며 하나님께서 세우신 영원한 언약을 파하였음이라

그러므로 저주가 지구촌 온 땅을 삼켰고 그 중에 땅에 거하는 자들은 정죄함을 당하였고

지구촌 온 땅의 거민이 불타서 남은 자가 적으며

온 세계 거민이 마음과 생각이 변질이 되고 다 오염이 되어 지구촌 전세계 각 나라와 인종과

언어를 초월하여 마음과 생각과 심장과 폐부까지 부패하여 양심이 화인 맞아서 버린 바 된 것처럼

21세기 75억 명의 사람들이 한시대를 살아가고 있는 바벨세상 각 나라와 인종과 언어를

초월하여 사람들의 마음이 양심이 변질이 되어서 부패되어서 쉬어터져서 더러운 냄새를

풍기니 사람이 사람을 싫어하고 양심이 화인 맞아서 지구촌 바벨세상이 무너졌도다 무너졌도다

큰 성 지구촌 바벨론이여 귀신의 처소와 각종 더러운 영들이 모이는 곳과 각종 더럽고

가증한 마귀 떼들이 모이는 곳이 되었도다 밤이면 각 나라마다 호화 찬란한 룸바에서

빨간 파랑 노랑 각색 네온싸인 불빛 아래서 땅에 거하는 자들 귀찬자나 천찬자나

남자와 여자가 세상 사치와 향락에 취하여 먹고 마시고 미혹하고 유혹되어 장가들고

-121-

시집가고 음행하며 사치하고 치부하여 만국이 큰성 지구촌이 무너지고 있으며 그죄가 하늘에 사무쳤으며 하나님은 그의 불의한 일을 기억하시고 그들이 행한대로 갑절의 진노의 잔으로 갚아 주리라 이는 하나님께서 세우신 율법을 범하며 율례를 어기며 하나님의 형상대로 만든 사람들이 영원한 언약을 파하였음이니라

하나님께서 믿음의 조상 아브라함과 세우신 언약의 약속을 거역하고 그 세기 75억명의 사람들이 한시대를 살아가는 바벨 세상에서 힘이있는 선진국 나라들이 힘이 없는 연약한 나라들을 억압하고 무시하고 속이고 거짓말하고 꼼수를 써서 이득을 취하고 양심이 화인맞은 자칭 선진국이라고 하는 자도부가 있습니다 가난한 자들을 학대하며 연약한 자들을 억압하고 고아와 과부와 나그네와 이방인을 멸시하고 형제와 이웃을 속이고 선을 미워하고 악을 좋아하며 하나님과 세우신 법과 율례와 약속한 것을 거역한 자들은 영원한 언약을 파하였음이니라 그러므로 저주가 지구촌 온 땅을 삼켰고 그 중에 거하는 자들은 정죄함을 당하였고 땅의 거민이 불타서 남은 자가 적으며

지구촌 세계 민족 중에 이러한 일이 있으리니 곧 감람나무를 흔듦 같고 포도를 거둔 후에 그 남은 것을 주움 같을 것이니라 그러므로 너희가 재앙에서 남은 자들이 동방에서 지구 땅끝의나라 지구 땅 모퉁이 셈의장막 욕단의 자손 하나님이 세우신 천손의 나라 대한민국 제2의 영적 이스라엘 백성들이 여호와 하나님의 이름을 영화롭게 하며 바다 모든 섬에서 영적 이스라엘 하나님 여호와의 이름을 영화롭게 할 것이라 땅끝에서부터 노래하는 소리가 우리에게 들리기를 의로우신 하나님께 영광을 돌리세 하도다 그러나 땅의 거민은 이르기를 나는 쇠잔하였고 나는 쇠잔하였으니 땅의 거민 내게 화가 있도다 땅의 거민 너희는 궤휼자가 궤휼을 행하도다 땅의 거민 궤휼자가 심히 궤휼을 행하도다 하였도다 하나님께서 땅의 거민 너희와 세우신 율법과 율례를 세우신 법을 지키지 아니하여 두려움과 함정과 올무가 땅의 거민 네게 임하였나니 여호와 하나님께서 지구촌 바벨세상 온 땅을 공허하게 하시며 황무하게 하시며 지구촌 온 땅을 뒤집어 엎으시고 그 땅에 거민을 흩으시리니 땅의 거민아 지구촌 바벨세상 온 땅의 사람들아 두려움과 함정과 올무가 네게 임하였나니 두려운 소리로 인하여 도망하는 자는 함정에 빠지겠고 함정 속에서 올라오는 자는 올무에 걸리리니 이는 하늘위에 있는 문이 열리고 그 세기 75억명의 사람들이 한시대를 살아가는 온땅의 기초가 진동함이라

-122-

지구촌 온 땅이 깨어지고 깨어지며 지구촌 온 땅이 지구가 세 갈래로 갈라지고

만국의 성들도 아름답고 견고한 도시의 빌딩들도 다 무너지고 지구촌 각 섬나라도 없어지고

지구촌 전세계 큰 산악도 흔들리고 흔들이며 간데없고

지구촌 온 땅이 술취한자 같이 비틀비틀하며 침망같이 흔들이며 그 위에 죄악이

중함으로 떨어지고 다시 일어나지 못하리라

그날에 심판의 날에 여호와께서 높은 데서 높은 군대를 벌하시며

우주정거장을 타고 하늘로 올라가 하늘 별사 이에 숨어있는 군대들 높은 데서 끌어내려

벌하시며 지구촌 온 땅에서 땅에 속한 왕들을 벌하시리니

그들이 죄수가 깊은 옥에 모임같이 모음을 입고 옥에 갇혀다가 죽은 자들이 여러날 후에

백보좌 심판날에 육신의 때에 행한 행위대로 심판의 형벌을 받을 것이라

그때에 달이 무색하고 해가 부끄러워하리니 이는 만군의 여호와께서

시온 산과 예루살렘에서 왕이 되시고 장로들 앞에서

열두 지파와 열두 사도들 앞에서 하나님의 영광을 나타 내실 것임이니라

사 13:9-16 여호와의 심판의 날 곧 잔혹히 분냄과 맹렬히 노하는 날이 임하여 죄악된 바벨세상

지구촌 온 땅을 황무케 하며 그 중에서 죄인을 멸하리니

하늘의 별들과 별떨기가 그 빛을 내지 아니하며 해가 돋아도 어두우며

달이 그 빛을 비취지 아니할 것이로다

심판주 하나님 내가 바벨세상의 죄악과 악인의 죄를 벌하며 교만한 자의

오만을 끊으며 강포한 자의 거만을 낮출 것이며

심판주 하나님 내가 고 세기 175억 명의 사람들이 한시대를 살아가는 지구촌 바벨 세상에서

사람 보기를 정금보다 희소케 하며 오빌의 순금보다 사람 보기를 희귀케 하리로다

나 만군의 여호와가 분하여 맹렬히 노하는 날에 하늘을 진동시키며 지구촌 온 땅을 흔들어

교만한 자와 거만한 자와 오만한 자와 악한 자와 완악한 자와 패역한 자와 강포한 자와

음행하는 자와 우상 숭배자들과 궤휼자 속이고 거짓말 하는자와 사나운 자와 쾌락을

사랑하는 자 전쟁으로 재앙으로 질병으로 기근으로 죽이리니 지구촌 바벨 세상에서

각 나라와 인종과 언어를 초월하여 많은 악인들이 죽어서 지구촌에 살아 있는 자들이

오빌의 정금보다 희소하다 사람의 사람 보기가 어렵다

하늘을 진동시키며 지구촌 바벨세상 온 땅을 흔들어 그 자리에서 떠나게 하리니

만나는 자는 창에 찔리겠고 잡히는 자는 칼에 엎드러지겠고

그들의 죄인들의 어린아이들은 그 목전에서 메어침을 입겠고 그 집은 노략을 당하겠고

그 아내들은 욕을 당하리라

이러한 재앙이 21세기 75억 명의 사람들이 한시대를 살아가는 지구촌 온 땅에 임할 때에

감람유와 포도주는 해하지 말라 기름과 등불을 가지고 예언의 말씀 잣대 다림줄 안에 있고

하나님 백성들을 맡아 때를 따라 양식을 나눠주며 생명의 빛이 되시고 생명의 떡과

생수의 근원되신 예수 그리스도를 나눠주며 사랑의 하나님 구원의 하나님 공의 하나님

심판주 하나님을 전하는 영적 이스라엘 교회와 성도들 매일 기도의 향이 천사의 금대접에 채워서

성도들의 기도의 향이 하나님 보좌에 올려드리고 믿음을 목숨보다도 더욱 굳게 지키고

세상과 타협하지 아니하며 세상 거짓 음녀로 더럽히지 아니하고 믿음의 정절이 있는자들

예수님께서 어디로 인도하든지 시간과 환경을 초월하여 따라가며 그 입에 거짓말이 없고

흠이 없는 자들 좌우로 치우치지 아니하고 하나님께서 명령하신 법을 지키고

하나님 말씀에 순종하는 종들은 지구촌 전세계 각 나라와 인종과 언어를 초월하여

하나님 말씀안에 바로 서 있는 영적 이스라엘 교회와 성도들은 지구촌 온 땅에 재앙이 와도

기근이 와도 환난이 와도 하나님께서 흑삼년반 42달 1260일과 하나님 진노의 대접재앙

첫째 대접에서 여섯째 대접 재앙까지 30일 1290일을 지나

일곱째 마지막 대접재앙 아마겟돈 핵전쟁 45일 동안 지구촌에 생물들이 다 죽어도

1335일 동안 하나님께서 예비하신 보호처와 밀실에서 먹이시고 주리지도 아니하며

목마르지도 아니하고 해나 뜨거운 기운에 상하지 아니할찌니

하나님 보좌 가운데 계신 어린양 예수님이 셀수 없는 큰 무리 알곡 백성들의 목자가 되사

생명수 샘으로 인도하시는 하나님 금은 보화가 많이 있었도 먹을것이 없는데 다 무용지물

21세기 75억 명의 사람들이 한시대를 살아가는 지구촌 전세계 온땅에서 이런일이

닥아오는 것을 사람들이 두 눈으로 보게 됩니다 하나님 분노가 지나가기까지

보호처와 밀실에 있던 각 나라와 인종과 언어를 초월하여 셀수 없는 이 사람들이 하룻에

환나라 한민족이 탄생하는 거룩하고 강한 민족이요 예수님께서 통치하시는 천년왕국으로

들어가는 창세 이후로 최고의 축복을 받은 거북의 사람들 입니다

계18:1-24 이 일 후에 다른 천사가 하늘에서 내려오는 것을 보니 큰 권세를 가졌는데

그의 영광으로 땅이 환하여지더라

힘센 음성으로 외쳐 가로되 무너졌도다 무너졌도다 큰성 지구촌 바빌론이여 귀신의 처소와 각종 더러운 영의 모이는 곳과 각종 더럽고 가증한 새의 마귀가 모이는 곳이 되었도다

그 음행의 진노의 포도주로 인하여 만국이 전세계 지구촌이 무너졌으며 또 땅의 왕들이 그로 더불어 음행하였으며 땅의 상고들 무역하는 상인들이 그 사치의 세력을 인하여 치부하였도다 지구촌 바빌 세상에서 부자가 되었는데 일시간에 망하였도다

또 요한이가 들으니 하나님께서 내 백성아 하나님의 자녀들아 바벨 세상을 따라가지 말고 바빌 세상에서 나와 그의 죄에 참예하지 말고 땅에 속한자의 받을 재앙을 받지 말라

21세기 75억 명의 사람들이 지구촌 온 땅에서 한시대를 살아가고 있는 지구촌 온땅 바빌 세상의 죄악이 하늘에 사무쳤으며 하나님은 그들의 불의한 일을 기억하신지라

그가 준 그대로 그에게 주고 그들의 행위대로 갑절을 갚아주고 그의 섞인 잔에도 갑절이나 섞어 그에게 주라

지구촌 온땅 전세계 영적 이스라엘 교회들이여 하나님의 자녀들아 세상과 벗된것이 하나님과 원수가 되게 하는 것이니라

큰성 견고한 성 지구촌 바빌 세상이 일시간에 망하리라

그러므로 하루 동안에 그 재앙들이 이르리니 곧 사망과 애통과 흉년이라 그가 또한 불에 살아지리니 그를 심판하신 주 하나님은 강하신 자이심이니라

그와 함께 음행하고 사치하던 땅의 왕들이 지구촌 전세계 바빌 세상이 그 불붙은 연기를 보고 위하여 울고 가슴을 치며

그 고난을 무서워하여 멀리 서서 가로되 화 있도다 화 있도다 큰성 견고한 성 바벨론이여

21세기 75억 명의 사람들이 큰성 견고한 성 지구촌 안에서 한시대를 살아가고 있는 지구촌 바빌 세상이 일시간에 네 심판이 이르렀다 하리로다

바벨론 땅의 상고들이 상인들이 그 사치와 치부하여 부자가 되어 쌓아둔 그 상품을 위하여 울고 애통하는 것은 다시 그 상품을 사는 자가 없음이라

그 귀한 상품을 만드는 장인도 없음이라

21세기 75억 명의 사람들이 한시대를 살아가는 온땅 지구촌 무역 시장 에는 금과 은과 보석과 세마포와 자주 옷감과 비단과 붉은 옷감이요 각종 향목과 각종 상아 기명이요

값진 나무와 진유와 철과 옥석으로 만든 각종 기명이요

계피와 향료와 향과 향유와 유황과 포도주와 감람유와 고운 밀가루와 밀과 소와 양과

말과 수레와 종들과 사람의 영혼들이라

지구촌 온땅 바벨론아 네 영혼이 탐하던 과실이 네게서 떠났으며 맛있는 것들과 빛난 것들이

다 없어졌으니 긔 세기 75억 명의 사람들이 한시대를 살아가는 사람들이 지구촌 전세계

무역 시장에서 결코 이귀한 상품들을 다시 보지 못하리로다

바벨론을 인하여 치부한 이 상품의 상고들이 고급 상품들을 무역하는 상인들이

그 고난을 무서워하여 멀리 서서 울고 애통하여

가로되 화 있도다 화 있도다 긔 세기 75억 명의 사람들이 한시대를 살아가는 지구촌 온땅

큰성 지구촌이여 세마포와 자주와 붉은옷을 입고 금과 보석과 진주로 꾸민 것인데

이러한 부가 일시간에 망하였도다 각 선장과 각처를 다니는 지구촌 전세계 항구를 다니는

선객들과 선인들과 바다에서 일하는 자들이 멀리 서서 지구촌 온 땅이 불타는 연기를 보고

외쳐 가로되 긔 세기 75억 명의 사람들이 지구촌에서 한시대를 살아가는 각 나라와

인종과 언어를 초월하여 사람들이 이큰 성과 같은 성이 어디 있느뇨 하며

티끌을 자기 머리에 뿌리고 울고 애통하여 외쳐 가로되 화 있도다 화 있도다 긔 세기 75억 명의

사람들이 한시대를 살아가는 이큰 성이여 지구촌이여 바다에서 배부리는 모든 자들이 너의

보배로운 상품을 인하여 치부화였더니 큰 부자가 더었는데 일시간에 망하였도다

또 거문고 타는 자와 풍류하는 자와 퉁소 부는 자와 나팔부는 자들의 소리가 결코 다시 네 가운데서

들리지 아니하고 물론 어떠한 세공업자든지 결코 다시 네 가운데서 보이지 아니하고 또 맷돌 소리가

사람들이 무엇을 먹는 소리가 지구촌 온 땅에서 결코 다시 네 가운데서 들리지 아니하고

등불 빛이 지구촌 온 땅에서 비취지 아니하고 신랑과 신부의 음성이 결코 다시 지구촌

온 땅에서 들리지 아니하리로다 너의 상고들은 무역하는 상인들은 땅의 왕족들이라

네 복술을 인하여 만국이 지구촌 전세계가 미혹되었도다

선지자들과 성도들과 및 지구촌 땅 위에서 하늘나라 복음을 전하다가

지구촌 전세계 각 나라와 인종과 언어를 초월하여 죽임을 당한 셀수 없은

많은 성도들의 순교를 당한 의인들의 피가 지구촌 전세계 온땅 이 성중에서

보였느니라 하더라

계18:20-21 하늘과 성도들과 사도들과 선지자들아 그를 인하여 지구촌 온땅 바벨세상이 불타는것을

인하여 즐거워하라 하나님이 너희를 신원하시는 심판을 너희들의 원한을

세상에 속한 자들에게 심판을 하셨음이라 하더라

이에 한 힘센 천사가 큰 맷돌 같은 돌을 들어 지구를 들어 바다에 던져 가로되

큰 성 지구촌 바벨론이 이같이 몹시 떨어져 결코 다시 보이지 아니하리로다

예수 그리스도께서 통치하시는 천년왕국 인종과 언어를 초월하여 셀수 없는

알곡 백성들이 천년 왕국에서 천년동안 생활하며 살다가 천년의 시간이 끝나면

처음 하늘과 처음 땅이 없어지고 바다도 없어지고 하늘과 땅 지구가 없어지고

하나님께서 새 하늘과 새 땅을 다시 만드셔서 영원한 천국의 세계가 펼쳐집니다

계 16:17-21 일곱째 마지막 천사가 그 대접을 공기 가운데 쏟으매 큰 음성이 성전에서 보좌로부터 나서

가로되 되었다 하니 번개와 음성들과 뇌성이 있고 또 큰 지진이 있어 어찌 큰지

사람이 지구촌 온 땅에 있어 옴으로 이같이 큰 지진이 없었더라

큰 성이 세 갈래로 갈라지고 그 세기 75억 명의 사람들이 지구촌에서 한시대를 살아가는

지구가 큰 지진으로 세 갈래로 갈라지녀 만국의 성들도 무너지녀 지구촌 전세계 아름다운

도시들의 견고한 고층 빌딩들도 무너지고 큰성 바벨론이 하나님 앞에 기억하신 바 되어 하나님의

맹렬한 진노의 잔을 받으매 지구촌에 각 섬도 섬나라도 없어지고 지구촌에 산악도 간데 없더라

이 큰 대지진으로 지구가 세 갈래로 갈라질 때에 지구촌에 각 섬도 없어지고

일본 섬나라가 없어 집니다 일본제국 선조들이 자기들의 힘으로 1592년 임진왜란 전쟁을 일으켜서

셈의 장막 욕단의 후손 하나님이 세우신 천손의 나라 대한민국 나라 선량한 백성들을 대학살하고

죽이고 일본 제국의 힘으로 또 정유재란 전쟁을 1597년 8월에 이르켜서 대한민국 선조들을

대학살하고 죽이고 또 일제시대 대한민국 조선을 쳐들어와서 35년동안 일제 식민통치 하며 대한민국

백성들을 억압하고 자유를 박탈하고 학대하고 다 셀수 없는 수많은 사람들을 죽이고 물건을

차취하고 힘없는 여인들을 희롱하고 조선의 문화제 유물과 금은보화를 약탈하고 먹는 식품과

짐승까지 약탈하고 세계 각국 많은 나라들을 일본 제국의 힘으로 쳐들어가서 일본 제국

지도부의 힘으로 많은 나라 사람들을 대학살 하고 죽이고 학대하고 자유를 박탈하고

억압하고 여인들을 희롱하고 귀한 유물과 금은보화를 약탈하고

총과 칼로 다 셀수 없는 많은 나라 사람들을 죽인 일본 제국 지도부

1941년 12월 7일 일요일 아침 일본 제국 지도부의 전투기들이 미국 함대가 모여있는

진주만을 폭파하여 다 셀수 없는 수많은 사람들을 하나님 허락 없이 죽인댓가가

창조주 공의 하나님의 (보응) 입니다

일본 열왕과 선조들이 흉악한 범죄를 수백년 동안 걸쳐서 대한민국과 여러나라를 쳐들어가서

선량한 많은 사람들을 대학살하고 여인들을 희롱하고 기물을 파괴하고 귀중한 물건을

약탈하고 잘못한 것을 일본나라 후손들이 열왕과 선조들이 범죄 한것을 하나님 앞에 회개

할때에 심판주 하나님은 회개 기도를 들으시고 일본 열왕들이 지은 죄를 사하여 주시지만

일본제국 열왕과 열조들이 많은 나라 사람들을 잔인하게 살해한 죄의 대가의 (보응)

심판주 하나님의 (보응은) 피할수가 없습니다 일본제국 열왕과 열조들의 죄의 (보응은)

큰 지진으로 큰 섬 지구가 세 갈래로 갈라 질때에 각 섬이 일본 섬나라가 없어 지는것이

오늘 본문 창조주 하나님의 말씀안에 기록이 되어 있습니다

마 5:18 심판주 예수님께서 진실로 너희에게 이르노니 천지가 하늘과 땅이 없어지기 전에는

율법의 일점 일획이라도 반드시 없어지지 아니하고 다 이루리라

창조주 하나님께서 말씀하신 대로 다 이루어집니다

심판주 하나님 불꽃같은 눈을 피할곳도 숨을곳도 없습니다

출 32:32-34 창조주 여호와 하나님 아버지 그러나 합의 하시면 이제 백성들의 죄를 사하시옵소서

이백성들이 하나님을 믿고 하나님을 신뢰하지 아니하고 보지도 못하고 들지도 못하고 말도 못하고

알지도못하고 깨닫지도 못하고 복도 주지 못하고 화도 주지못하는 금송아지 신상을 만들어

세워놓고 이스라엘아 이는 너희를 애굽 땅에서 인도하여 번 너희 신이로다 공포하고

번제를 드리며 화목제를 드려 하나님 앞에 큰 죄를 범하였나이다

이제 사랑의 하나님 이 백성들의 죄를 사하여 주시옵소서 그렇치 않사오면

원컨대 주의 기록한 생명 책에서 모세 이름을 지워버려 주옵소서

여호와 하나님께서 모세에게 이르시되 누구든지 하나님 앞에 범죄한 나라나 국가나

어느 민족이나 단체나 가정이나 개인이나 죄를 범하고 회개가 없으면

그는 하나님 내가 내 생명책에서 이름을 지워버리리라

그러나 하나님 내가 보응할 날에는 그들의 죄를 (보응하리라)

애굽에서 장정만 육십만 어린아이와 부녀자와 노인들까지 대군이 나와 여호수아 가정과
갈렙의 가정과 광야에서 태어난 20세 이하 사람을 제외한 수백만명의 사람들이
하나님께서 아브라함 이삭 야곱 이스라엘에게 약속하신 젖과 꿀이 흐르는 가나안 땅에
들어지지 못하고 광야에서 40년 동안 방황하다가 다 죽은것이 하나님 앞에 범죄하고
부정적인 말로 악평하여 하나님 앞에 범죄한 (보응입니다)
하나님의 백성 육적 이스라엘 참 감람나무도 하나님 앞에 범죄하면 죄의 대가를 지불하시는
하나님 돌 감람나무인 이방인 사람들도 각 나라와 인종과 언어를 초월하여 누구든지
지위를 막논하고 죄를 범하면 죄의 대가를 피할수가 없습니다 사람은 속일수 있으나
심판주 하나님의 불꽃같은 눈을 어느 누구도 속일수도 없고 피할수도없고 숨을수도 없습니다
회개가 없으면 육신의 때에 행한 행위대로 보응과 심판을 받습니다

중국나라 산악도 없어집니다 중국 나라도 열왕과 선조들이 자기들의 힘으로 전쟁을 이르켜서
대한민국을 수없이 쳐들어오고 이나라 저나라 많은 나라들을 쳐들어가서 많은 사람들을
대 학살하고 죽이고 학대하고 억압하고 여인들을 희롱하고 물건을 약탈하고 재산에
불을 지르고 총과 칼로 선량한 사람들을 다 셀수 없이 수백만 수천만 명의 사람들을 죽인 댓가가
큰 지진으로 큰성 지구가 세 갈래로 갈라 질때에 이온땅 지구촌에 산악이 간데없이
없어질 때에 중국 나라 산악도 없어지는 것이 하나님의 (보응입니다)
오늘 본문 창조주 하나님의 말씀입니다

창세로부터 21세기 지금까지 지구촌 온땅 전세계 어느나라 어느국가 어느 민족이든
하나님의 허락 없이 남의 나라 땅을 쳐들어가서 자기들의 힘으로 셀수 없는 많은 선량한
사람들을 죽이고 물건을 약탈하고 범죄한 그물건을 그나라 후손들에게 되돌려주고
열왕과 선조들이 남의 나라 쳐들어가서 범죄한 선조들이 잘못한 죄를 후손들이 죄를
뉘우치고 회개하면 그죄는 하나님께서 사하여 주시지만
하나님의 (보응은) 반드시 이루어 집니다 피할곳도 숨을곳도 없습니다

-129-

일본나라 백성들과 중국나라 백성들이 오직 살수 있는 길은 하나 있습니다

노아 셈 욕단의 장막 하나님께서 세우신 천손의 나라 지구 땅끝의나라 지구 땅 모퉁이

동방의나라 대한민국 제2의 영적 이스라엘 대한민국 거룩한 땅에 몸을 굽히고

들어와야 살수 있습니다 숨을곳도 피할곳도 다른 길은 없습니다

지구 땅끝의나라 지구 땅 모퉁이 가련하고 빈핍한 나라 사나운 오랑캐와 이나라 저나라

사나운 짐승들에게 지렁이 같이 수백번 짓밟히고 짓밟힌 지구 땅끝의나라 지구 땅 모퉁이

대한민국 삼국시대 조선시대 열왕들과 방백과 우리의 열조 한민족 고구려 백제 신라

한 형제끼리 천년동안 서로 미워하고 싸우고 죽이고 하나님께서 미워하는 오만 가지

우상을 만들어 삼국시대 조선시대 귀환자나 천한자나 온 백성들이 우상을 섬기고 절하고

복을 구하여 만군의 여호와 하나님 내가 노하여 삼국시대 조선시대 열왕들과 방백들과

열조와 조선시대 국민들을 오랑캐와 사나운 짐승들을 보내어 삼국시대 조선시대

국민들을 몽둥이로 막대기로 부지깽이로 하나님이 노하여 때려으냐

사60:10-22 이제는 하나님의 은혜로 노아 셈 욕단의 장막 하나님이 세우신 천손의 나라 지구 땅끝의나라

지구 땅 모퉁이 대한민국 제2의 영적 이스라엘 백성들을 긍휼이 여겼은즉 이방인들이 네 성벽을

쌓을 것이요 이방인 왕들이 욕단의 장막 천손의 나라 제2의 영적 이스라엘 대한민국 시온 너를

봉사할 것이며 네성문이 항상 열려 주야로 닫히지 아니하리니 이는 사람들이 제2의 영적

이스라엘 네게로 열방의 재물을 가져오며 그 이방의 왕들을 포로로 이끌어 옴이라

영적 이스라엘 시온 너를 섬기지 아니하는 백성과 나라는 파멸하리니 그 백성들은 반드시 진멸되리라

레바논의 영광 곧 잣나무와 소나무와 황양목이 함께 제2의 영적 이스라엘 네게로

이르러 내 거룩한 하나님의 성전을 아름답게 할것이며

하나님 내가 나의 발둘 곳을 영화롭게 할 것이라

노아 셈 욕단의 장막 하나님이 세우신 천손의 나라 제2의 영적 이스라엘 대한민국을 괴롭게

하던 자의 자손이 몸을 굽혀 네게 나아오며 영적 이스라엘 대한민국 너를 멸시하던 모든 나라

자손들이 시온 네발 아래 엎드리어 너를 일컬어 여호와의 성읍이라 영적 이스라엘의 거룩한자의

시온이라 하리라 전에는 네가 버림을 입으며 미움을 당하였으므로 네게로 지나는 자가 없었으나

삼국시대 고구려 백제 신라 조선시대 열왕들과 방백들과 열조들이 하나님께서 미워하는

오만가지 우상을 만들어 섬기고 삼국시대 열왕들과 방백들과 선조들이 서로 미워하고 거짓말하고 싸우고 귀중하고 선량한 사람들을 많이 죽여서 하나님 앞에 버림을 입으며 미움을 당하였으므로 사나운 오랑캐들과 이나라 저나라 사나운 짐승들이 삼국시대 조선시대 수백번 쳐들어와서 짓밟히고 짓밟힌 열왕들과 방백들과 열조들이 괴롭힘을 당하여 네게로 지나는 자가 없었으나 이제는 하나님 내가 제2의 영적 이스라엘 대한민국 거룩한 자의 시온 너로 영영한 아름다움과 대대의 기쁨이 너와 네 후손과 후손의 후손에게 기쁨이 되게 하리니

노아 셈 욕단의 장막 하나님이 세우신 천손의 나라 단일민족 지구 땅끝의나라 지구 땅 모퉁이 동방의나라 제2의 영적 이스라엘 대한민국 시온 네가 열방의 젖을 빨며 열왕의 유방을 빨고 열방에서 원방에서 서방에서 동방에서 제일좋은 식품들이 바다의 풍부가 노아 셈 욕단의 장막 하나님이 세우신 천손의 나라 대한민국 단일민족 제2의 영적 이스라엘 시온 네게로 몰려와 열방의 젖을 먹고 열왕의 젖을 빨고 나 여호와 하나님은 제2의 영적 이스라엘 네 구원자 네구속자 야곱의 전능자 하나님이신 줄 알리라

하나님 내가 금을 가져 놋을 대신하며 은을 가져 철을 대신하며 놋으로 나무를 대신하며 철로 돌을 대신하며 화평을 세워 관원을 삼으며 의를 세워 감독을 삼으리니 다시는 강포한 일이 제2의 영적 이스라엘 대한민국 땅에 오랑캐와 사나운 짐승들이 들어오지 않을 것이요 황폐와 파멸이 제2의 영적 이스라엘 네 경내에 다시 없을 것이며 시온 네가 네 성벽을 구원이라 네 예루살렘 성문을 찬송이라 칭할 것이라 다시는 낮에 해가 네 빛이 되지 아니하며 달도 네게 빛을 비추지 않을 것이요 오직 여호와 하나님이 제2의 영적 이스라엘 시온 네게 영영한 빛이 되며 네 하나님이 네 영광이 되리라 다시는 네 해가 지지 아니하며 네 달이 물러가지 아니할 것은 여호와 하나님이 제2의 영적 이스라엘 대한민국 시온 네게 영영한 빛이 되고 네 슬픔의 날이 마칠 것임이니라 네 백성 시온이 다 의롭게 되어 영영히 땅을 차지하리니 광활한 땅 천년왕국을 차지하며 새 하늘과 새 땅을 차지하리니 그들은 하나님이 심은 가지요 하나님의 손으로 만든 것으로서 하나님의 영광을 나타낼것인즉 그 작은 자가 천을 이루겠고 그 약한 자가 강국을 이룰 것이라 마지막 때가 되면 나 여호와 하나님이 속히 이루리라 아멘

사 60:1-9 일어나라 빛을 발하라 이는 네 빛이 이르렀고 여호와의 영광이

제2의 영적 이스라엘 대한민국 시온 네 위에 임하였음이라

해를 입은 한 여자가 촛대교회 성도들이 열두 별의 면류관을 쓰고

열두 사도들의 신앙관을 가지고 애써 부르짖어 기도하니 하나님의 능력을 힘입어

하나님 말씀의 빛을 발하니 예언의 말씀을 해같이 발할때에

보라 어두움이 지구촌 온 땅을 덮을 것이며 캄캄함이 만민을 가리우려니와

오직 여호와 하나님께서 제2의 영적 이스라엘 대한민국 시온 네 위에 임하실

것이며 그 하나님의 영광이 시온 네 위에 나타나리니

열방은 시온 네 빛으로 열왕은 비취는 시온 네 광명으로 나아오리라

제2의 영적 이스라엘 대한민국 시온아 네 눈을 들어 사면을 보라 무리가 하나님께서 택한

알곡 백성들이 열방에서 원방에서 서방에서 동방에서 지구촌 전 세계에서 다 모여

노아 셈 욕단의 장막 하나님이 세우신 천손의 나라 대한민국 영적 이스라엘 시온 네게로

오느니라 네 아들들은 원방에서 열방에서 오겠고 네 딸들은 안기워 올 것이라

그때에 제2의 영적 이스라엘 대한민국 시온 네가 보고 희색을 발하며 네 마음이 놀라고

또 화창하리니 이는 바다의 풍부가 시온 네게로 돌아오며 열방의 재물이

제2의 영적 이스라엘 대한민국 시온 네게로 옴이라

허다한 약대 미디안과 에바의 젊은 약대가 시온 네 가운데 편만할 것이며 스바의 사람들은

다 금과 유향을 가지고 와서 여호와 하나님의 찬송을 전파할 것이며

게달의 양 무리는 다 시온 네게로 모여지고 느바욧의 수양은 시온 네게 공급되고 하나님 제단에

올라 기꺼이 받음이 되리니 하나님 내가 내 영광의 집을 영화롭게 하리라

저 구름같이 비둘기가 그 보금자리로 날아오는 것같이 날아오는 자들이 누구뇨

곧 섬들이 하나님을 앙망하고 다시스의 배들이 먼저 이르되 원방에서 네 자손과 열방에서

서방에서 동방에서 아들들과 딸들이 몰려오고 금은 보화가 식품이 바다의 풍부가 몰려오는 것은

영적 이스라엘 하나님 여호와의 이름에 드리려 하며 영적 이스라엘 거룩한 하나님께

드리려 하는 자들이라 이는 하나님 내가 노아 셈 욕단의 장막 하나님이 세우신 천손의 나라

지구 땅끝의 나라 지구 땅 모퉁이 동방의 나라 단일민족 대한민국 제2의 영적 이스라엘

하나님께서 어린양 예수 그리스도의 피로 세우신 대한민국 영적 이스라엘 온 교회를 하나님이

영화롭게 하였음이니라

많은 재물과 바다의 풍부가 열방에서 원방에서 서방에서 동방에서 몰려오는 것은

하나님의 아들과 딸들이 셀수 없는 흰옷을 입은 택한 알곡 백성들이 후삼년반 42달과

대접재앙 30일 1290일을 지나 아마겟돈 핵전쟁 45일을 더한 1335일까지 하나님께서 예비하신

보호처와 밀실에서 알곡 백성들이 전세계 각 나라와 인종과 언어를 초월하여 셀수 없는 많은

큰 무리들 하나님의 아들들과 딸들이 1335일 동안 밀실에서 보호처에서 먹을 양식입니다

창조주 하나님이 노아 셈 아르박삿 에벨 에벨은 두 아들을 낳고 하나의 이름은 벨렉이라

하였으니 그때에 세상이 나뉘었음이요 벨렉의 아우의 이름은 욕단이며

벨렉과 욕단은 한형제 벨렉의 자손과 욕단의 자손 후예들이 거하는 곳은

메사에서부터 스발로 가는 길의 동편 산이었더라

벨렉의 자손 후예들은 메사에서부터 스발로 가는 길의 중국 대륙의 넓은 땅과 산과

강과 바다와 넓은 들판을 차지하여 오늘날 중국 나라가 형성이 되었고

욕단의 아들 열세명의 후예들은 메사에서부터 가는 동편 산이었더라

21 세기 지금 러시아 일부 지역에도 욕단의 자손들이 있고 중국 일부 지역에도 욕단의 자손들이

있고 몽골 일부 지역에도 욕단의 자손들이 머물러고 스발로 가는 길의 동편산 지구 땅끝의 나라

지구 땅 모퉁이 해가 제일 먼저 뜨는 동방의나라 대한민국 시조가 노아의 오대손 욕단이며

하나님이 세우신 천손의 나라 단일민족 창조주 하나님께서 부르시고 택하시고 함께 하시는

제2의 영적 이스라엘 여호와 하나님께서 영원히 함께하시는 지구 땅끝의나라 땅 모퉁이

동방의나라 대한민국 입니다 욕단의 아들 후예들은 대한민국 땅에 머물러고 그 후손들이

일본 섬나라까지 들어가서 일본 나라가 형성이 되었습니다

일본 나라도 욕단의 자손들 입니다 한국과 일본은 한 형제입니다

많은 신학자들은 소련 나라가 메사와 스발로의 동편 이라고 하는 분도 있습니다

그러나 소련은 지구 땅끝의나라 지구 땅 모퉁이도 아니고 사나운 짐승과 오랑캐들에게

수백번 짓밟히고 짓밟힌 나라도 아니고 시간도 대한민국이 앞서가고 있으며

소련은 아브라함의 셋째부인 그두라가 여섯 아들과 손자들을 낳아 아브라함이 서자들에게도

재물을 주어 자기 생전에 그들로 자기 본처의 아들 이삭 에게서 떠나라

창 25:1-6 사라가 90세에 낳은 아들 이삭에게서 떠나 가라고 아브라함이 서자들에게도 재물을 주어

-133-

자기 생전에 그들로 아브라함의 장자 이삭을 떠난 그 후예들이 동방과 동국으로 갈라진 민족이

21 세기 오늘날 독일 게르만족과 동유럽 여러 국가들과 소련 스라브족들이 북유럽 서유럽

여러 국가들의 대표가 독일 게르만족과 소련 스라부족이 대표의 나라들 입니다

찬형제입니다 하나님께서 사랑하십니다 미국 나라는 노아 셋째 아들 야벳의 장막

하나님께서 미국을 창대케 하사 동유럽 많은 국가들이 있습니다 하나님께서 함께하십니다

지구 땅끝의나라 지구 땅 모퉁이 동방의나라 지렁이 같이 수백번 오랑캐와 이나라 저나라

사나운짐승들에게 짓밟히고 짓밟힌 나라가 지구상에서 오직 대한민국 나라 하나 뿐입니다

사41:8-9 그러나 나의종 너 영적 이스라엘아 나의 택한 야곱아 나의 벗 아부라함의 자손아

하나님께서 만세전에 택하신 제2의 영적 이스라엘 대한민국 자손아

하나님 내가 지구 땅끝에서부터 대한민국 영적 이스라엘 너를 붙들며 지구 땅 모퉁이에서부터

대한민국 영적 이스라엘 시온 너를 부르고 네게 이르기를 너는 나의 종이라 하나님 내가

제2의 영적 이스라엘 대한민국 시온 너를 택하고 싫어 버리지 아니하였다 하였노라

노아 셈 욕단의 장막 하나님이 세우신 천손의 나라 단일민족 지구 땅끝의나라 지구 땅 모퉁이

해가 제일먼저 뜨는나라 동방의 나라 대한민국 전에는 삼국시대 고구려 백제 신라 열왕들과

방백들과 선조들이 찬형제가 서로 미워하고 속이고 칼로 창으로 싸우고 많은 형제들을 죽이고

하나님께서 미워하는 오만가지 우상을 만들어 세워놓고 귀환자나 천환자나 우상 앞에 절하고 복을 구하여

삼국시대 열왕들과 방백들과 선조들이 하나님 앞에서 버림을 입으며 미움을 당하였으므로 오랑캐와

이나라 저나라 사나운 짐승들에게 지렁이 같이 수백번 짓밟히고 짓밟힌 나라가 오천년 역사에

지구 땅끝의나라 지구 땅 모퉁이 지구상에서 오직 대한민국 나라 하나뿐이 없습니다

대한민국 제2의 영적 이스라엘 조선시대 믿음의 선조들과 일천만 믿음의 성도들이 14년이 넘도록

대한민국 열왕들과 방백들과 선조들이 오만가지 우상을 섬겨서 하나님 앞에 범죄하여 하나님 앞에

버림을 입으며 미움을 당하여 오랑캐와 사나운 짐승들에게 수백번 지렁이 같이 짓밟히고

짓밟힌 대한민국 열조의 죄를 용서하시고 대한민국 백성들을 살려달라고 하나님 앞에

금식하며 울며 기도하고 밤을 지새우며 산에서 기도하고 교회에서 부르짖어 울부짖는 주의 종들과

일천만 성도들의 기도 소리를 하나님이 들으시고 삼국시대 열조들이 우상을 섬긴 죄를 사하여 주시고

하나님께서 제 2의 영적 이스라엘 대한민국 교회 시온을 하나님께서 은혜와 긍휼과 자비와

영영찬 아름다움과 대대에 기쁨이 되게 하라며 지구 땅끝의나라 지구 땅 모퉁이 지렁이 같이

가련하고 빈핍한 대한민국을 하나님이 함께하사 존세게 하시고 삼국시대 조선시대 열왕들과

선조들이 하나님 앞에 우상을 섬겨서 하나님께서 노하여 사나운 짐승들을 보내어 삼국시대

지렁이 같이 수백번 짓밟히고 짓밟힌 열조들의 고통과 아픔과 눈물을 하나님께서 보시고 용서하시고

지구 땅끝의나라 지구 땅 모퉁이 노아 셈 옥단의 장막 하나님이 세우신 천손의 나라 대한민국

제 그의 영적 이스라엘 하나님 이제 한국교회 시온 너를 택하고 너를 영화롭게 하리라

네 구원자 네 구속자는 제그의 영적 이스라엘의 하나님 전능자 인줄 알리라

일본 나라도 중국 나라도 땅끝의 동방의 나라라고 자칭 말하지만 일본 나라 중국 나라는 지구

땅끝의나라 땅 모퉁이 나라도아니고 지렁이 같이 수백번 짓밟히고 짓밟힌 나라들도 아니고

창조주 하나님의 숨어 있는 모략적인 비밀과 섭리를 모르고 하늘 말입니다

사 41:1 섬들아 섬나라들아 여호와 하나님 앞에서 잠잠하라 창조주 하나님께서 하시는 일에 지구촌 섬나라들아

끼어들지 말고 잠잠하라 하나님께서 하시는 일에 눈으로 보고 두려워하며 떨라

중국 나라도 땅끝 동방의 나라라고 자칭 말하지만

중국 공산당 지도부는 창조주 여호와 하나님의 대적 입니다

계 13:4-9 용이 짐승에게 권세를 주므로 용에게 경배하며 짐승에게 경배하여 가로되

누가 이 짐승과 같으뇨 누가 능히 이로 더불어 싸우리로 하더라

또 짐승이 큰 말과 참람된 말하는 입을 받고 또 마흔두 달 일할 권세를 받으니라

짐승이 입을 벌려 하나님을 향하여 훼방하되 그의 이름과 하나님의 이름과

하나님의 장막 곧 하늘에 거하는 자들을 훼방하더라

또 짐승이 용의 권세를 받아 성도들과 싸워 이기고 각 족속과 백성과 방언과

나라를 다스리는 권세를 후삼년반 42달 동안 받으니

죽임을 당한 어린양 예수의 생명책에 창세 이후로 이름이 녹명되지 못하고 끝 세기

이땅에 지구촌 전세계에서 한시대를 살아가는 사람들은 다 짐승에게 경배하리라

누구든지 성령의 귀가 있거든 들을 찌어다

중국 나라와 동맹을 맺은 공산국가 나라들은 용의 권세를 받았서 자기 백성들을 속이고

지구촌 전세계 각 나라 사람들을 속이고 거짓말하고 탈로가 나면 다른 거짓말로 변명을 하고
속이고 있지만 눈 가리고 속임수가 얼마나 오래 가겠는가

21 세기 75억 명의 사람들이 한시대를 살아가고 있는 이 시대는 문명의 시대요 세계 시장이
에프티 무역 개방으로 모든 물건을 서로 공유하며 눈으로 보고 귀로 듣고 손으로 만지고 먹어보고
살아가는 이 시대에 남의 나라 물건 브랜드를 자기네거라고 속이고 거짓말한다고 속겠는가
어느 국가나 어느 민족이나 각 나라와 인종과 언어를 초월하여 이제는 속지도 않고
중국 공산당 지도부 사람들이 하는 말을 믿지도 않고 듣지도 아니하고 이제그만 연약한
국가라고 연약한 민족이라고 연약한 나라라고 연약한 백성이라고 무시하고 속이고
거짓말하지 말고 지구촌 각 나라 백성들이 등을 돌릴 때 땅을 치고 가슴을 치며 후회하지
말고 공의와 정직과 사랑하며 베풀고 나눠주고 살아갈 때에 하나님께서 보시고 기뻐 하십니다
공평과 정의와 사랑에서 떠나 남을 속이고 이웃과 형제를 속이고 거짓말하고 자기 이만
도모하는 불법을 행하는 자들은 어느 국가나 어느 민족이나 어느 단체나 개인이나 결국은 망하리라

중국 나라는 1950년 소련 공산당에 가입하므로 용의 권세를 받고 나온 중국 나라는
중국 시내 온 천지가 용우상 용그림 용 우상이 복을 주는줄 알고 있지만
중국 공산당 지도부는 창조주 여호와 하나님의 대적입니다 중국 공산당 지도부를 지지하고
따라가는 어느 국가나 어느 민족이나 단체나 개인이나 모두 하나님의 대적입니다

1988년 서울 올림픽 이후 백마 복음 운동이 검은말 장사꾼들을 따라 중국 나라에 복음이
들어가서 하나님을 믿고 따르는 중국 사람들 중에도 중국 공산당이 싫다고 반대하며
하나님을 신뢰하고 하나님을 경외하며 찬양하며 주 예수 그리스도를 나의 구세주로 믿는
셀수 없는 수많은 하나님의 백성들이 낮에나 밤에나 부르짖어 기도하여 하나님께서
1 기도소리를 들으시고 20세기 오늘날 세계 경제 강국으로 만든것은 하나님께 부르짖어
기도하는 남종과 여종들을 중국 정부가 억압하고 착대하고 하나님 앞에 예배드리는
교회를 훼방하여도 두려워하지 아니하고 죽음도 두려워하지 아니하고 낮에나 밤에나
교회와 복음사역을 위하여 기도하고 중국나라 산업기간 발전을 위하여 부르짖어 기도하는
하나님의 백성들 기도소리를 하나님이 들으시고 세계 경제 강국으로 만드셨습니다
중국 공산당 안에도 하나님을 믿고 예수 그리스도의 보혈로 죄를 씻고 성령 하나님을 만나 구원받은

셀수 없는 수많은 하나님의 자녀들이 있지요 그 사람들은 하나님 보호안에 있는 거룩한 백성들 압니다
중국 공산당 지도부가 힘과 총과 칼로 하나님의 백성들을 학대하고 하나님 앞에 찬양하며
예배드리고 기도하는 남녀종들과 어린양 예수 그리스도의 피묻산 교회와 하나님 백성들을
억압하고 학대하고 옥에가두고, 교회를 부수고 파괴한다면 중국나라 공산당 지도부는 조만간에
스스로 무너집니다 중국정부 지도자가 정치를 잘해서 부강한 나라가 된것은 절대로 아닙니다
중국 공산국가 안에 기도하는 하나님의 교회와 성도들이 없다면 중국나라 공산당 지도부는 망합니다
창조주 하나님과 싸워 이긴자는 하늘과 땅 지구촌안에 아무도 없습니다
보라 창조주 여호와 하나님 에게는 긴 세기 75억 명의 사람들이 살아가는 지구가 한 방울 물과 같고
섬들은 떠오르는 먼지 같으며 여호와 하나님은 죽이기도 하시고 살리기도 하시며 가난하게도 하시고
부하게도하시며 그런즉 피조물인 너희가 하나님을 누구와 같다 하겠느냐 무슨 형상에 비기겠느냐
보라 상급이 하나님 앞에 있고 (보응이) 하나님 앞에 있어 피조물인 너희가
공산주의냐 자유민주주의냐 신본주의냐 인류의 모든 사람들에게 (선택은 누구나 자유)

공산당은 왜 하나님의 대적인가 용의 권세를 받은 중국 정부가 창조주 하나님 노아 셈 아르박삿
에벨 벨렉의 자손 후예들이 메사에서부터 스발로가는 가는 동편산 오늘날 중국 대륙에
넓은 땅과 산과 강과 바다와 넓은 들판을 주신 열조들의 하나님을 믿지 아니하고 하나님은
중국나라 공산당 지도부가 공산당을 버리고 열조들의 신앙을 따라 하나님 앞으로 돌아오기를
기다리시는 하나님의 사랑도 모르고 하나님은 중국나라 정부를 다 보고 계시고 분마다 초마다
세상 끝날까지 불꽃같은 눈으로 지켜보고 계신 하나님은 없다고 거짓말하고
하나님의 어린양 예수님 보혈로 핏값으로 주고산 교회를 파괴하고 부수고 불태우고 하나님
백성들의 자유를 박탈하고 억압하고 학대하고 감시하고 거짓말하고 셀수 없는 수많은 선량한
하나님의 백성들을 중국 공산당 지도부의 힘과 총과 칼로 권력의 힘으로 감옥에 가두고
하나님을 믿는 사랑하는 가정들의 사랑과 시간과 자유를 파괴하고 공산당 지도부의 말에 거역하면
죽이고 공산당에 힘이 되지 못하는 자들은 다 버리고 하나님과의 사랑을 끊어버리고 공산당
칼막스 주체 사상을 투입시키기 때문에 하나님의 대적 입니다 힘이 없고 가난하고 선량한
백성들은 먹을 양식이 없어서 굶주리고 헐벗고 있는데 중국 공산당 지도부 지도자들은 제일좋은
붉은 비단옷을 입고 호화 찬란한 궁궐같은 집에서 상아 침상에 누우며 고급 자동차를 몇대씩
세워놓고 골라 가면서 타고 다니고 아름다운 산속이나 바다가 숲속에 고급 별장에서 양과 송아지를

취하여 먹고 마시고 세금도 한푼도 안내고 호화 생활 하면서 힘이 없고 연약하고 가난한 자기 백성들에게 무거운 세금과 무거운 짐을 지게하고 착하고 선량한 백성들의 눈과 귀를 속이고 있지만 하루에 동서를 왕래하며 우주정거장을 타고 달나라 별나라 가는 세상에서 언제까지 백성들이 속고만 있겠는가 심판주 하나님의 불꽃같은 눈을 피할수도 없고 숨을곳도 없고 속일수도 없고 숙지도 않습니다 지구촌 온 땅에 용의 권세를 받은 공산국가 나라들은 오직 손으로 행한대로 하나님의 불같은 심판을 피할수가 없습니다 （오직 살길이 하나 있습니다）

21 세기 75억 명의 사람들이 한시대를 살아가는 각 나라와 인종과 언어를 초월하여 지금은 은혜의 해 은혜의 문이 닫히기 전에 지금이라도 머뭇 거리지 말고 용의 권세를 받은 공산당을 탈퇴를 하고 공산당 지도부에서 사업을 하고 지난날의 잘못을 공산국가 공산당 지도부가 회개를 하고 지금은 은혜의 시대 사랑의 하나님은 지구촌 전세계 어느 국가나 어느 민족이나 단체나 가정이나 개인이나 죄를 범하면 바로 심판을 하지 않으시고 회개할 기회를 주시고 심판하시는 사랑의 하나님과 공의 하나님 이십니다 회개를 하고 자유민주주의 신정통치 하나님 편에 서있으면 하나님의 무서운 불심판을 피할수가 있습니다 신분이 바뀌는 겁니다 마귀의 자식들이 하나님의 자녀로 하나님은 만왕의 왕 왕자님 공주님으로 신분이 바뀐 사람들은 하나님의 생명책에 이름이 기록이 되어있고 하나님의 자녀가 된 축복을 말로 형용할 수가 없습니다 지상최대의 거북요 하나님께서 세상 끝 날까지 지키시매 악한자가 하나님 자녀들을 만지지도 못하느니라 어느 누구도 하나님의 손에서 빼앗아 갈자가 없습니다 하나님의 자녀들은 세상 끝날까지 너희와 항상 함께 있으리라 하셨느라 창조주 하나님 예수 그리스도께서 천년동안 통치하시는 광활한 땅 천년왕국에도 들어가서 천년동안 의인들과 생활하고 천년의 시간이 끝나면 영원한 새 하늘과 새 땅에서 영원한 천국에서 만왕의 왕 예수님과 믿음의 선진들과 많은 의인들과 영원히 같이 살아갑니다 바로지금 나에게 회개의 기회가 왔을때에 놓치지 마시고 은혜의 문이 닫혀지고 （신원의 그날이 시작이 되면） 회개할 기회를 놓쳐서 땅을쳐고 통곡하고 울어도 소용 없습니다 머뭇 머뭇거릴 시간이 없습니다 21 세기 75억 명의 사람들이 한시대를 살아가는 사람들이 지구촌 온 땅에서 심판주가 하늘을 가리고 땅을 진동시키고 오시는 것을 사람들이 두 눈으로보고 통곡하고 울것입니다

노아 셈 아르박삿 에벨 노아의 오대손 욕단의 장막 지구 땅끝의나라 지구 땅 모퉁이

동방의 나라 하나님이 세우신 천손의 나라 동방 예의지국 단일민족 해가 제일 먼저 뜨는

대한민국 오천년 역사일에 한번도 남의 나라를 먼저 침범하지 아니하고 아무 침도 없는 지렁이

같이 수백번 짓밟히고 짓밟힌 가련하고 빈핍한 삼국시대 이나라 저나라 사나운 짐승과

오랑캐 들에게 셀수 없이 수백번 지렁이 같이 짓밟히고 짓밟힌 나라는 지구 상에서

지구 땅끝의나라 지구 땅 모퉁이 오직 대한민국 나라 하나뿐이 없습니다

슬프다 아리엘이여 아리엘이여 이고통과 아픔과 슬픔을 주여 눈을 떠보시고 지렁이 같이 수백번

오랑캐와 이나라 저나라 사나운 짐승들에게 짓밟히고 짓밟펴도 아무말도 못하고 가련하고

빈핍한 대한민국 삼국시대 고구려 백제 신라 조선시대 열왕들과 방백들과 열조들이 울면서

가슴을 치며 천자신명 이시여 이나라를 지켜 달라고 살려달라고 먹을 것이 없어서 굶주린 배를

물로 채우고 허리끈을 조이며 몸부림을 치면서 피눈물을 흘리면서 하늘과 땅을 만드신 천지신명

이시여 우리 조선을 살려달라고 천자신명 이시여 하나님께 호소하고 호소하며 죽어가던 가엾은

대한민국 선조들 삼국시대 고구려 백제 신라 조선시대 열왕들과 방백들과 선조들이 목매어

울부짖는 눈물의 기도를 하나님께서 보시고 지구 땅끝의나라 지구 땅 모퉁이 노아 셈 욕단의

장막 하나님께서 세우신 천손의 나라 그 세기 제2의 영적 이스라엘 대한민국 아리엘을

괴롭게하고 학대하던 오랑캐와 사나운 짐승들 모든 대적들을 심판주 하나님께서 회리

바람과 폭풍과 맹렬한 지진과 불꽃으로 아리엘을 괴롭게한 대적들을 징벌하리라

사 29:1-8   슬프다 아리엘이여 아리엘이여 삼국시대 고구려 백제 신라 열왕들과 방백들과 열조와

조선시대 대한민국 선조들이 하나님께서 미워하는 오만가지 우상을 만들어 세워놓고 절하고

우상을 섬겨서 하나님 앞에 범죄하여 하나님이 노하여 버림을 입으며 미움을 받아서

고구려 백제 신라 조선시대 열왕들과 방백들과 선조들이 하나님 앞에 죄를 범하여

사나운 짐승들과 오랑캐를 보내어 삼국시대 조선시대 수백번 짓밟히고 짓밟펴며 괴롭게 하고 노하여 졌으나

기독교 복음의 씨앗이 대한민국 땅에 들어온지 140년이 지난 21 세기 오늘날까지

대한민국 한국교회 일천만 성도들이 하나님을 믿고 신뢰하고 하나님을 경외하며 찬양하며

대한민국 삼국시대 고구려 백제 신라 열왕들과 방백들과 선조들과 조선시대 열왕들과 방백들과 열조들이

오만가지 우상을 섬겨서 하나님 앞에 범죄 한것을 용서 해달라고 하나님 앞에

영적 이스라엘 대한민국 전교회 주의 종들과 일천만 성도들이 금식하며 부르짖어 기도하고 밤을

지새우며 부르짖어 죄를 자복하고 회개하며 통곡하는 기도소리를 하나님께서 들으시고 동의하시고,

이제는 하나님의 은혜로 제2의 영적 이스라엘 대한민국을 불쌍히 여기사 모든 시련과 환난과

열조들의 죄의 (보응이 끝나고) 영영한 아름다움과 대대에 기쁨이 되게 하리니

노아 셈 욕단의 장막 하나님이 세우신 천손의 나라 지구 땅끝의나라 지구 땅 모퉁이 동방의나라

동방예의지국 단일민족 대한민국 제2의 영적 이스라엘을 학대하고 괴롭게한 오랑캐들과

사나운 짐승들 대적의 무리는 세미한 티끌 같겠고 강포한 자의 무리는 불려 가는

겨 같으리니 그 일이 경각간에 갑자기 이룰 것이라

만군의 여호와 하나님께서 벽력과 지진과 큰 소리와 회리 바람과 폭풍과 맹렬한 불꽃으로

대한민국 시온을 예수님과 약혼한 거룩한 신부들 아리엘을 학대하고 괴롭히던 대적들을 징벌 하실 것이측

아리엘을 치는 열방의 무리들은 곧 아리엘과 그 보장을 쳐서 곤고케 하는 모든 자는

꿈같이 밤의 환상같이 되리니

주린 자가 꿈에 먹었을지라도 잠에서 깨면 그 속은 여전히 비고 목마른 자가 꿈에 마셨을지라도

잠에서 깨면 곤비하며 그 속에 갈증이 있는 것같이 긔 세기 제2의 영적 이스라엘

대한민국 시온 산을 치는 열방의 무리가 그와 같으리라

사 41:10-17 두려워 말라 하나님 내가 대한민국 영적 이스라엘 너와 함께함이니라 놀라지 말라 나는 영적

이스라엘 네 하나님이 됨이니라 하나님 내가 대한민국 영적 이스라엘 너를 굳세게 하리라

참으로 노아 셈 욕단의 장막 하나님이 세우신 천손의 나라 대한민국 너를 도와주리라

참의로 하나님의 의로운 오른손으로 대한민국 제2의 영적 이스라엘 너를 붙들리라

지구 땅끝의 나라 지구 땅 모퉁이 해가 제일 먼저 뜨는 동방의 나라 지렁이 같이 수백번

짓밟히고 짓밟힌 가련하고 빈핍한 대한민국을 하나님이 마지막 때에 함께하시는

제2의 영적 이스라엘 동방의 나라 대한민국 입니다

보라 네게 노하던 자들이 수치와 욕을 당할 것이요 노아 셈 욕단의 장막 하나님이 세우신 천손의

나라 대한민국 제2의 영적 이스라엘 너와 다투던 자들이 아무것도 아닌 것같이 될 것이며 멸망할 것이라

대한민국 영적 이스라엘 네가 찾아도 너와 싸우던 자들을 만나지 못할 것이요

대한민국 너를 치는 나라들은 아무것도 아닌 것같이 허무한 것같이 되리라

이는 나 여호와 너의 하나님이 대한민국 제2의 영적 이스라엘 네 오른손을 붙들고 네게

이르기를 두려워 말라 하나님 내가 대한민국 시온 너를 도우리라 할 것임이니라

지렁이 같은 대한민국 야곱아 제2의 영적 이스라엘 사람들아 꿈이 있고 끈기가 있고 인내심이

있고 예의가 바르고 친절하며 승부욕이 강한 민족 제2의 영적 이스라엘 대한민국 사람들아

지렁이 같이 수백번 사나운 짐승과 오랑캐들에게 짓밟히고 짓밟힌 대한민국 사람들아 두려워

말라 여호와가 말하노니 하나님 내가 대한민국을 도울 것이라 네 구속자는 영적 이스라엘 하나님

거룩한 자니라 지구 땅끝의나라 땅 모퉁이 하나님이 세우신 천손의 나라 제2의 영적 이스라엘이요

하나님께서 낮에나 밤에나 세상 끝 날까지 도우시고 함께하시는 대한민국 입니다

대통령이 계신 청와대 안에도 하나님의 백성들이 모여서 기도하는 신유회가 있어

하나님께 찬양하며 예배드리고 대통령과 삼부 요인과 대한민국 입법부 사법부 행정부와

국방부 육해공군 각 산업 발전을 위하여 하나님께 부르짖어 기도하는 신유회와

대한민국 대기업 회사 안에 중소 기업들 안에도 하나님의 백성들이 모여서 기도하는

신유회가 있습니다 하나님께 찬양하며 예배드리고 대한민국 각 기관을 위하여 기도하고

회사를 위한 기도와 해외로 파견을 나가서 일하는 회사와 기능공들과 각 기관을 위하여

부르짖어 기도하는 하나님의 백성들 신유회와

대한민국 전국 시청 도청 군청 곳곳에서 하나님의 백성들이 하나님 앞에 찬양하며

예배드리고 하나님께 부르짖어 기도하는 신유회와

대기업 중소기업 하나님의 백성들이 모여서 기도하는 신유회 성도들이 ○○회사 회장님과

사장님과 각 기관과 사무직원과 각 기능공 들에게 지혜와 총명과 명철과 창의력이 뛰어난

아이디어를 부어주십시요 우리회사 제품 명품 브랜드가 지구촌 전세계 시장에서 제일

앞서가고 전세계 시장을 점령하고 지배하며 다스리고 사랑을 받는 명품 브랜드가 되게

하시고 지구촌 전세계 사람들로 모든 제품들이 사랑을 받는 물건이되게 해달라고 하나님께

부르짖어 기도하는 대한민국 각 회사를 위하여 기도하는 신유회와 청와대 시청 도청 군청

국방부 국방산업 발전을 위하여 기도하는 신유회가 모여서 하나님께 부르짖어 기도하며

대한민국 전국 교회 목사님과 장로님 권사님 일천만 성도들이 대한민국 나라를 위하여 부르짖어 기도하고

대한민국과 북한이 하나님 안에서 삼팔선이 무너지고 남과 북 한 형제가 화합되게 하나님께 부르짖어

기도하고 대한민국 열왕과 방백들과 선조들이 다스리던 고구려 옛땅 영토를 다시 찾게 기도하고

한국교회 부흥과 발전을 위하여 부르짖어 기도하고 전세계 나라와 나라가 평화를 위하여

기도하고 대한민국과 방위조약 동맹을 맺은 세계 동맹 국가들을 위하여 기도하고

대한민국 청와대와 삼부요인 입법부 사법부 행정부를 위하여 기도하고 국방부 육해공군

국방 산업을 위하여 부르짖어 기도하고 대한민국 각 기업들의 산업 발전을 위하여 부르짖어 기도하고

대한민국 문화와 예술과 학술과 교육과 보건과 체육과 환경을 위하여 부르짖어 기도하고

대한민국 제2의 영적 이스라엘 한국교회와 성도들이 천문학적 물질을 드려서 지구촌 전세계

선교 사업에 수만 명의 선교사들이 지구촌 전세계 나가서 예수님께서 명령하신 사명 예루살렘과

온 유대와 사마리아와 땅끝까지 복음을 외치는 주의 종들을 위하여 부르짖어 기도하고

대한민국 크고 작은 기업들이 각각 회사를 대표하여 대한민국을 대표하여 지구촌 전세계

이억만리 세계 각국에 나가서 일을 하는 기업 회사 직원들과 기능공들이 날씨가 더움고 뜨거운 중동국가

사막 현장에서 지중해와 태평양 해양 에서도 맡겨진 사명을 다 완수하게 기도하고

지구촌 전 세계에서 제일추운 알래스카 북극과 남극과 시베리야 추운 날씨에도 맡겨진 사명을

다 완수하게 기도하고 대한 만국 사람들이 지구촌 전세계 사람들로 사랑을 받는 것은 국가간의

약속한 것을 거짓없이 지키는 믿음입니다 대한민국 사람들이 더움던 춥던 잘 이겨내는 것은

지구 땅끝의나라 지구 땅 모퉁이 대한민국은 봄 여름 가을 겨울 사계절이 뚜렷하게

있는 나라는 지구촌 전 세계에서 대한민국 동방의 나라 하나 뿐입니다

하나님께서 노아 셈 욕단의 장막 하나님이 세우신 천손의 나라 대한민국 사람들에게 뛰어난

지혜와 재능과 총명과 지식과 손발력과 창의적인 기술과 아이디어와 재치와 승부역과 인내와

힘을주사 귀로듣고 눈으로 보기 만 하면 다 만들어내고 더좋게 더 견고하게 만드는 창의력과

지혜와 오만가지 재주를 하나님께서 대한민국 남 녀 백성들에게 후하게 주셨습니다

금으로 은으로 동으로 쇠로 구리로 알미늄으로 납으로 돌로 흙으로 나무로 가죽으로 비닐로 실로 물로

기름으로 만들어내는 수만 가지 명품 브랜드 제품들을 지구촌 전세계 어느나라 장인들이 모방은

할수 있으나 대한민국 기업들이 만든 명품 브랜드 상품과 품질과 길은 따라 올수가 없습니다

대한민국 농수산물 식품과 모든 과실과 채소와 바다의 각종 어종 산에서 나오는 수만가지 약초와

먹는 식품과 깨끗한 물과 마시는 음료 입는 옷 봄 여름 가을 겨울 사계절을 걸쳐서 나오기 때문에 지구촌 전세계 시장에서 사랑을 받는 일등 브랜드 입니다 수만가지 공산품과 얼굴을 예쁘게 하는 화장품 세트 의류패션 다양한 옷들 문구류 각종 페인트 각종 종이와 한지 최첨단 전자제품 최첨단 자동차산업 최첨단 항공산업 최첨단 해양방위산업 최첨단 국방 방위산업 최첨단 모든 기계산업 가스 휘발유 석유등유 가솔린 윤활유 모든 산업 분야에서 지구촌 전세계 시장에서 사랑을 받는 1등 명품 브랜드 입니다

대한민국 제2의 영적 이스라엘 한국교회 목사님과 일천만 성도들이 하나님 앞에 매일 부르짖어 기도하는 소리를 하나님께서 들으시고 동의하시고 축복하시고 노아 섬 욕단의 장막 하나님이 세우신 천손의 나라 지구 땅끝의 나라 땅 모퉁이 동방의 나라 대한민국 단일민족 오천년 역사 동방의 조그만한 나라가 제2의 영적 이스라엘이요 하나님이 대한민국을 선진국 반열에 세워주시고 한국교회 일천만 성도들이 하나님을 영원토록 찬양하며 경배하며 경외하며 사랑합니다

보라 하나님이 전세계 영적 이스라엘 교회 두 증인의 사명자 모세와 엘리야 같은 너로 이가 날카로운 새 타작 기계를 삼으리니 네가 교만하고 거만하고 믿음이 변질이 되어 땅에속한 바벨교회 교만한 산들을 쳐서 부스러기를 만들 것이며 작은 산들로겨 같게 할것이라 주 예수 그리스도 심판주 하나님을 믿는 전세계 영적 이스라엘 교회안에 두 증인의 권세자 모세와 엘리야 같은 사명자 십사만 사천 네가 교만하고 거만한 산들을 까부른즉 지구촌 온 땅에 땅에속한 바벨교회를 성령의 바람으로 날리겠고 회리 바람으로 그것을 교만하고 거만한 땅에속한 자들을 흩어버릴 것이로되 두 증인의 권세자 모세와 엘리야 같은 사명자 십사만 사천 너는 여호와로 인하여 즐거워하겠고 영적 이스라엘의 하나님 거룩한 자로 인하여 자랑하리라

저는 이말씀을 1982년 4월 10일 이라크 바크르 현대 건설회사 건축 기능공으로 일할때 새벽기도 시간에 예수님께서 주신 말씀입니다

사41:15-17 예수님께서 보라 내가 너로 이가 날카로운 새타작 기계를 삼으리니 네가 산들을 쳐서 부스러기를 만들 것이며 작은 산들로 겨 같게 할것이라 네가 그들을 까부른즉 바람이 그것을 날리겠고 회리 바람이 그것을 흩어버릴 것이로되 너는 여호와로 인하여 즐거워하겠고 이스라엘의 하나님 거룩한 자로 인하여 자랑하리라

가련하고 빈핍한 자가 물을 구하되 물이 없어서 갈증으로 그들의 혀가 마를 때에

나 여호와가 그들에게 응답하겠고 나 이스라엘의 하나님이 그들을 버리지 아니할 것이라

예수님께서 너를 이가 날카로운 새 타작 기계를 삼으리라 말씀 하셨지만 이말씀의 내용을

제가 알지도 못하고 새 타작 기계가 되려면 갈증으로 내혀가 마를 때에 예수님이 응답

하시는구나 생각하고 예수님 만나고 싶어서 부르짖는 기도를 매일 밤마다

이라크 바크르 현대건설 회사 숙소 안에있는 바크르 교회에서 매일밤 10시부터

찬송가 186장 내죄의 보혈은 정하고 정하다 내죄를 정케 하신주 날 오라 하신다 내가 주께로

지금 가오니 골고다의 보혈로 날 씻어 주소서 1절에서 5절 까지 계속 반복으로 2시간동안

찬양으로 하나님 앞에 올려드리고 주여 주여 주여 부르짖어 기도하면서 사랑의 예수님

내 마음속에 생각속에 육체속에 세포속에 근육속에 혈관속에 뼈마디 마디 관절과 골수속에

더러운 피와 세상적인 더러운 악의영들을 예수님과 반대되는 더러운 영들을

다 뽑아 주세요 소멸시켜 주세요 부르짖어 기도하며

예수님 어좌인 우측뇌 좌측뇌 소뇌 대뇌 중뇌 눈으로 귀로 혀로 입술로 손으로 발로 심장과 폐부로

생각으로 하나님 앞에 사람들 앞에 범죄한 모든 죄악들을 더러운 영들을 다 제거하여

주시고 내안에 흉악의 결박을 풀어주세요 사랑의 예수님 나를 깨끗한 금그릇으로 만들어주세요

사랑의 예수님 제가 이세상에 알몸으로 다시 태어나서 예수님이 보시기에 합당한 사람

사랑과 겸손과 온유와 인내와 어떠한 환경에서도 정직하고 제입에 거짓말이 없고 세상과

거짓과 타협하지 아니하고 예수님 마음을 닮기를 원합니다 사랑의 예수님 저를 다시 조성하여

마광한 화살처럼 빛나게 해주세요 예수님 하늘나라 비밀과 주님께서 만세전에 감추어진

하늘의 비밀과 전세계 돌아가는 시대를 보고 듣고 전하게 하시고 사랑의 예수님 감추어진 하늘나라

비밀을 저에게 보여주시고 알게 하시고 성령의 귀를 열어주사 듣게 하시고 성령 하나님께서 어디로

인도하든지 순종하고 따라가게 하시고 예수님 제가 주님보다 앞서가지 않게 해주세요

예수님 또한 연약한 자들을 돌보고 사랑하고 악한자를 용서할수 있도록 예수님의 사랑의

불길이 제마음속 깊은 곳에서 낮에나 밤에나 24시간 365일 세상 끝날까지

성령의 사랑의 불길이 활 활 타오르게 다시 저를 조성하여 존귀하게 만들어 주세요

예수님 나의 육신의 근성과 조상들로 물려받은 우상의 영과 교만의 영과 세상에서 묻은 각종 더러운

악의영들을 뿌리채 뽑아 주시고 성령의 불로 태워주시고 예수님 보혈의 피로 씻어 주세요

어떠한 환경에서도 게으르고 나태하고 핑게대지 않게 하시고 예수님 세상 유혹과 미혹을
이길수 없는 믿음을 주세요 어떠한 여건과 환경에서도 불법을 행하지 않게 하시고 나의 자랑이나
나의 의가 나타나지 않게 하시고 더러운 말이나 부정적인 말을 입밖으로 나오지 않도록
성령 하나님 제입을 봉해주세요 이웃과 형제를 비방하고 판단하는 말을 하여 죄를 짓지
않도록 성령 하나님 항상 함께 하시고 오직 성령 하나님만이 하실수 있습니다
성령 하나님 제게 매사에 가르쳐 주시고 알려주시고 세상 끝날까지 항상 함께 하시고 믿음의
선조들이 수많은 의인들이 지구촌 온 땅에서 외국인과 나그네로 살아가면서 땅에것 가짜를
다 버리고 전자 하늘나라 본향을 바라보고 걸어가신 좁은길 좁은문 저도 그길을 걸어가기를 원합니다
매사에 믿음이 변절되지 않도록 믿음을 굳게 잡고 험악한 세상을 이길수 없도록 예수님 저를 도와
주세요 예수님 의로운 오른손으로 저를 붙들어 주십시요 예수님의 장엄하시고 위대하신 하늘의 지혜와
총명과 이상과 모략과 사랑과 재능과 겸손과 온유와 지식과 권능과 공의로우신 사랑의 예수님
닮기를 원합니다 목이 터져라 부르짖어 기도하면 헛구역질이 나와 창자가 끊어지는 고통을
수도없이 몇십년동안 토설하고 회개하고 부르짖어 기도하다 보니 목이 터져서 피가 나오길 여러번
10일동안 작정기도 밤낮으로 부르짖는 기도 주여 주여 주여 내 마음속에 생각속에 육체속에 더러운
죄악을 다 뽑아달라고 오전 9시부터 새벽 1시까지 하루 넷타임 3시간식 부르짖는 기도를 새벽
1시까지 부르짖어 기도하니 온몸은 시간 시간마다 땀으로 젖어버리고 더러운 영들이 시간 시간마다
헛구역질로 빠져나가고 10일 동안 부르짖는 기도가 끝나는 마지막 저녁시간 제성대가
갈증으로 혀가 말라서 주여 주여 주여 기도소리가 크게 나오지 않아도 내 마음은 너무나도
기뻐습니다 오 주님 감사합니다 사랑합니다 말소리가 나오지않아 묵상으로 기도하기를
40일 사십일 지나니 예수님께서 아름다운 성대로 바꾸어 주셨습니다
나혼자 기도하다가 악한영이 내 몸에서 나갈때는 나를 완전이 죽이고 나가는데 주여 주여
주여 소리가 제입에서 나오지가 안아요 저는 기도하다 고꾸라져서 완전히 죽은 상태 한 5분
지나면 내 발에서 부터 한꺼풀질이 벗겨지는데 뱀장어 꼬리에서 껍질을 벗기듯이
찌 찌 찌 하며 발에서 부터 한 껍질이 내몸에서 머리까지 찌 찌 찌 하고 한껍질이
벗겨지고 나면 멈추어떤 호흡이 돌아오고 숨을 내쉬며 이제는 살아구나
예수님 감사합니다 성령 하나님 저와 함께 하셔서 감사합니다
장기 금식을 할때마다 끝나는 새벽 시간에 열세번 정도 제몸에서 악한영이 빠져나갈때
마다 제가 한 5분정도 죽어다가 살아나는 체험을 하였습니다

사58:6 나의 기뻐하는 금식은 흉악의 결박을 풀어 주며 멍에의 줄을 끌러 주며
압제당하는 자를 자유케 하며 모든 멍에를 꺾는 것이 아니겠느냐

우리 인간의 힘으로 할수 없는것 첨악한 세상을 살아가면서 마음으로 생각으로 혀로 눈으로
귀로 손과 발로 심장과 폐부로 죄를 짓고 마음에 상처를 받았서 견고한 진이되고
쓴 뿌리가 되어 묶이고 묶기고 묶여져서 인간의 노력과 힘으로 의학으로 돈으로 권력으로
인간의 수단과 방법으로 풀수가 없는것을 하나님의 기뻐하는 금식을 하므로 흉악의 결박을
풀어주며 멍에의 목줄을 끌어주며 압제를 당하는 세상 각종 더러운 영으로부터 자유의
몸이되고 모든 세상적 무거운 짐의 멍에를 꺾어주시는 사랑의 예수님을 영원토록 경배하며
신뢰하며 경외하며 찬양하며 사랑합니다 추운 겨울날 서울 관악산에서 부르짖어 기도하다
오른쪽귀 고막이 나가는 일도 있었습니다 부르짖어 회개기도 하면 더러운 영들이 구토로
헛구역질로 화품으로 재채기로 가스로 빠져나가고 내 마음은 붕붕 날아갈 것 같이 기뻤습니다
성령 하나님께서 주시는 이 기쁨을 말로 표현을 할수가 없습니다 세상 모든 것을
다가진 지상 최대의 거부가 된 기쁨입니다 저는 이억만리 해외에서 초라한 건축
기능공으로 일을 하고 있지만 세상 모든 것을 다가진 것처럼 마음이 부자요 찬송하고
기도하는 시간이 하루 24시간 365일 낮에나 밤에나 밥을 먹으면서도 기도와 찬양
일을 하면서도 기도와 찬양 잠을 자면서도 기도와 찬양이 끊어지지 않고 13년 동안
나의 영은 기도하다 밤마다 하늘을 날아다니고 매일 행복한 삶이었습니다

1983년 1월 1일 이라크 바크로 현대건설회사 숙소안에 바크로 교회에서 송구영신 예배를 영상에
하나님 앞에 올려드리고 믿음의 형제들과 친교를 나누고 새벽 3시에 헤어지고 저는 광야로
기도하러 혼자 나가서 모래 사막 조고만한 모래 웅덩이 안에서 낮에 몇번 기도하던 곳에서
주여 주여 주여 부르짖어 기도하는데 송아지만한 들개들이 몰려와서 제가 기도하는 웅덩이
가외를 빙빙 돌면서 들개들이 눈에서 파란불을 키고 으르렁 대는데 한 40여마리 들개들이
으르렁 거리고 나를 노려보고 있고 제손에는 철근토막 2미터 정도 되는것 하나 가지고 저도 눈을
크게뜨고 하나님 다니엘 선지자를 사자굴에서 살리신 하나님 나를 굶주린 들개들의 소굴에서
살려주세요 두눈을 크게뜨고 철근토막을 손에들고 있는 힘을 다하여 주여 주여 주여 부르짖으면
들개들도 더크게 으르렁 거리고 짖어대고 앞발 뒷발로 모래땅을 긁그며 빙빙 돌면서 눈에서

-146-

파란불을 키고 공격할 자세요 저 굶주린 사막의 들개들이 나를 공격하면 나는 뼈도 없이
다 먹어버릴 것이다 무서운 생각에 더 큰소리로 있는 힘을 다하여 주여 주여 주여만 외치는데
그 고요한 새벽 시간에 40여마리 들개들이 짖어대며 으르렁 대는 소리와 제가 허리띠를
한번 졸라매고 하나님께 주여 주여 주여 부르짖는 기도 소리가 광야 모래사막을 뒤흔들
때에 하늘에서 뜨거운 불이 내려와서 나를 사방으로 불성곽으로 싸을때에
나를 잡아 먹으려고 두 눈에서 파란불을 키고 짖어대며 으르렁 대던 사막의 들개들이
낑 낑 거리며 꼬리를 내리고 다 도망가고 제가 더 큰소리로 들개들이 도망가는 쪽을
향하여 주여 주여 주여 있는 힘을 다하여 외치니 제 온몸은 흘러버리는 땀으로 범벅이
되어 있었습니다 제가 헛구역질이 나와 창자가 끊어질듯이 헛구역질을 하며 눈물과
땀이 얼굴에서 온몸을 타고 흘러버릴 때 하나님 감사합니다 예수님 감사합니다 고맙습니다
성령 하나님 사막의 들개들과 싸워 이기게 힘을 주셔서 감사합니다 사랑합니다
제 두눈에서 뜨거운 감사의 눈물이 흐르는데 그때 그 눈물이 얼마나 뜨거웠던지
예수님 사랑합니다 하나님 사랑합니다 성령 하나님 사랑합니다 감사의 눈물하고 땀하고
흘러내리는 뜨거운 눈물과 땀이 내온몸을 적시고 지금도 그날을 잊을수가 없습니다 제가 하늘을
향하여 하나님께 부르짖는 기도가 광야 사막을 다 흔들어 기도하다 보니 제 온몸은 뜨거운
눈물과 땀이 온몸에 젖어 흘러버리고 나의 온몸은 절제할수 없는 강한 진동과 불같은
성령이 임하여 온몸은 뜨거움과 기도의 힘이 솟아나 광야 사막을 뒤흔들고 부르짖어
기도하니 목이 말라서 물을 먹고 싶어서 내몸의 수분과 진액이 다 빠져나가고 가련하고
빈핍한 심령 주여 주여 주여 기도소리가 제목에서 나오지가 않아 목이말라 갈증으로
고갈되어 혀가 마를 때에 동쪽 하늘에서 빠빨간 아침해가 떠오르는데 아침해가 얼마나
빛나고 맑고 예쁘고 아름다운지 해가 너무나 예뻐서 울고 또 감사해서 울고 나를
굶주린 들개들의 소굴에서 미약하고 허물 많은 나같은 죄인 나의 생명을 건져주신 하나님의
은혜가 감사해서 울고 예수님의 은혜가 감사하여 뜨거운 눈물이 흘러나와서 울고 나 혼자가
아니고 하나님께서 불꽃같은 눈으로 이 죄인을 보시고 들개들 소굴에서 지켜주시고 살려주신
하나님의 은혜가 감사해서 울고 성령 하나님이 나와 함께하시고 사막의 40여마리
들개들과 싸워 이기게하신 예수님의 은혜가 너무나 감사하여 울고 온 세상이 너무나 아름답고
예뻐서 울고 아침 해가 제 얼굴을 비치는데 너무나 예쁘고 아름다워서 울고 모래알을
보아도 예쁘고 조그만한 돌을 보아도 예쁘고 조그만한 풀잎들이 얼마나 예쁜지 감사하여

울고 내마음 깊은 곳에서 예수님 사랑합니다 감사합니다 하나님 사랑합니다

성령 하나님 사랑합니다 감사합니다　　　너무나 예수님의 은혜가 감사하여 나의

두눈에서 두빰을타고 흐르는 뜨거운 눈물과 아침 햇쌀이 너무나 아름다웠습니다

아침 8시 30분 숙소로 돌아오는 나의 발거름은 붕붕 날으는 기쁨으로 숙소에 와서 물을 마시고

사람들을 보아도 매일 보던 사람들인데 모두가 예쁘고 온 세상이 아름답게 보였습니다

그리고 한달이 지난 저녁 기도하는 시간에 예수님이 저를 찾아오셨습니다

마태복음 10장1절 | 말씀을 큰 섭판에다 금글씨로 예수님이 손수 쓰셔서 저에게 주실때에 저는 이라크

바크르 교회있고 제집사람 임애빈 집사람은 서울 난곡동에 있는데 저희 부부가

예수님 앞에 무릎을 꿇고 여수님 손에서 마태복음 10장1절 금글씨로 쓰신 섭판을

집사람과 같이 받을때에 꿈도아니고 비몽사몽도 아니고

현실 같았습니다 예수님의 그때 그 모습이

계1:13-16 | 촛대 사이에 인자 같은 이가 발에 끌리는 옷을 입고 가슴에 금띠를 띠고

그 머리와 털이 희기가 흰 양털같고 눈 같으며 그의 눈은 불꽃같고

그의 발은 풀무에 단련한 빛난 주석 같고 그의 음성은 많은 물소리와 같으며

예수님 얼굴은 해가 힘있게 비취는 것 같더라

예수님께서 비취는 빛이 제온몸 뼈속깊이 관절과 골수까지 스며들어 옵니다

그일이 있은후 서울 현대건설 본사 사무실 신우회에서 매달 보내주는 주일설교 테이프

서울 영락교회 박조준 목사님 서울 소망교회 곽선희 목사님 서울 여의도 순복음교회

조용기 목사님 세분 목사님 주일설교 1시간용 설교 테이프 하나님 말씀을 듣고 나면

세분의 목사님 설교가 제마음속에 머리에 입력이 되어 아무도 없는 저녁 10시 바크르교회

안에서 보혈찬양을 2시간 동안 하나님 앞에 올려드리고 밤 12시부터 강대상에서 설교

테이프 하나님 말씀을 들은 세분의 목사님 성대까지 묘사하며 열정으로 토화연서

설교를 할때에 들어주는 사람이 없어도 너무나 행복 했습니다

그리고 몇칠뒤 저녁기도 시작하기 전에 찬송가 186장 내주의 보혈은 정하고 정하다 내죄를

정케 하신주 날오라 하신다 내가 주께로 지금 가오니 골고다의 보혈로 날씻어 주소서

-148-

보혈찬양을 2시간 동안 하나님 앞에 올려드리고 밤 12시 기도하는 시간에 예수님 얼굴이

해같이 빛나는 얼굴로 오셔서 사랑하는 종아 회개하라 하시며 예수님어 제입을 벌리라고 하셔서

제가 입을 아벌리니 예수님이 입안에서 하얀테이프 같은 것을 꺼내시고 저보고 그끈을

잡아당겨 빼라 하시기에 제가 하얀색 끈을 잡아당기니 하얀색 끈이 필림같이 제 입안에서

나오는데 어려서부터 죄를지은 제목들이 다 적혀있는데 셀수 없는 수만가지 죄가 쌓였는데

밤새 새벽까지 제 입안에서 뽑아낸 내죄가 대한민국 서울에 있는 관악산 보다도 더

많았으며 제가 어려서부터 지은죄가 싸이는데 서울에 있는 관악산 보다도 높았습니다

제가 너무나 놀라서 예수님 서울에 있는 관악산 보다도 많은 죄가 제가 다 지은 죄입니까

예수님 저는 이해가 안갑니다 예수님 저는 이렇게 많은 죄를 짓지 아니하였습니다

예수님께 반문하니 예수님께서 네가 다 지은 죄란다 예수님 구체적으로 말씀을 해주세요

네가 생각으로 마음으로 눈으로 입으로 더러운 말과 막말을 한것이 다 죄를 범한 것이다

일본 사람들이 대한민국을 무시하고 일본 지도부가 왜정시대 조선시대 대한민국 땅을 수없이

총칼들고 쳐들어와서 대한민국 열왕들과 선조들을 학대하고 억압하고 물건을 약탈하고

연약한 여인들을 희롱하고 많은 건물과 재산에 불을 지르고 대한민국 선조들의 이름까지

일본 이름으로 밖꾸고 35년 동안 학대하고 선량한 많은 백성들을 죽이고 대한민국 선조들 중에서

명장들을 강제로 일본 땅으로 끌고가서 종처럼 부려먹고 일한 품삯도 주지 아니하고

학대하고 죽이고 일본나라 선조들이 많은 나라를 쳐들어가서 총과 칼로 많은나라

사람들을 대학살하고 만행한 죄를 일본 지도부 후손들이 일본 열왕과 선조들이

잘못한 죄를 반성도 하지 아니하고 일본 정부가 일본 선조들 같이

대한민국을 무시할때에 제 입에서 더러운 말과 막말이 나가고

대한민국 독도와 대마도가 대한민국 땅 지구 땅끝의나라 지구 땅 모퉁이 나라라고 하늘과 땅

우주만물을 창조하신 여호와 하나님께서 노아 셈 욕단의 장막 하나님이 세우신 천손의 나라

대한민국 제2의 영적 이스라엘 대한민국 땅이라고 하나님께서 말씀하시고 하나님께서

불꽃같은 눈으로 보고 계신 하나님 내가 택한 제2의 영적 이스라엘 대한민국을 괴롭히면

심판주 하나님의 눈동자를 건드리고 일본 나라가 무사 하겠는가

제2의 영적 이스라엘 대한민국 나라 미워만 해도 하나님의 진노의 잔을 피할수가 없습니다

일본나라를 다스리는 지도자들 중에서 자기네 일본 땅도 모르고 독도가 일본 땅이라고
말하면서 꼼수를 쓸때에 제 입에서 더러운 말과 막말이 나가고
일본 지도부의 힘과 능력으로 지구촌 전세계 연약한 나라들을 무시하고 괴롭히고 큰 상처를주고
일본 지도부가 힘과 물건을 이용하여 지구촌 전세계 연약한 국가들을 이용하고 속이고 있지만
심판주 하나님께서 불꽃같은 눈으로 일본나라 지도부를 세상 끝날까지 다보고 계신데
일본 열왕과 선조들이 망한 근성을 버리지 못하고 그세기 오늘날 일본 지도부가 옛날 열왕과
선조들의 짐승같은 짓을 하며 유럽의 강한 나라들 앞에서는 머리를 숙이고 연약한 나라들은
무시하고 괴롭히고 속이고 그 세계 75억 명의 사람들이 한시대를 살아가는 최첨단 과학
문명시대에 하루에 지구 동서를 왕래하고 하늘 달나라 별나라를 왔다갔다 하며
지구촌 전세계에서 일어나는 일들을 안방과 거실에서 스마트폰에서 다 보고 듣고 말하는
시대에 일본 지도부가 연약하고 가난한 나라들에게 일본 지도부의 힘으로 꼼수를 쓰며
언제까지 두 얼굴을 가지고 열왕과 선조들의 못된 그것을 계속 하겠는가
하나님께서 낮에나 밤에나 세상 끝날까지 사랑하시는 대한민국 제2의 영적 이스라엘을
무시하고 괴롭히면 심판주 하나님께서 보고만 있겠는가 일본 지도부가 독도가 일본 땅이라고
거짓말을 할때에 제 입에서 더러운 말과 막말이 나가고

독도와 대마도는 조선땅 대한민국 땅이라고 하늘과 땅을 창조하신 하나님께서 말씀하시고
계신데 일본나라 열왕과 선조들이 불법으로 대마도 섬을 점령하여 그 세기 지금까지 일본
사람들이 대한민국 땅 대마도 섬에서 생활을 하면서 뻔뻔하게 살아가고 있습니다
대한민국이 일본 나라보다 연약한 국가라고 일본 지도부의 힘으로 버티고 있지만 언제까지
버틸수 있겠는가 지금이라도 일본나라 지도부가 독도와 대마도는 대한민국 땅이라고
시인하고 선포할 때에 전세계 많은 국가 사람들이 일본나라 정부를 다시보겠지요

영국 나라는 해가지지 않는 나라 세계 28개 나라를 점령하여 영국 나라의 속국이 되었지만
아무 조건없이 28개 나라를 자유 해방을 하였습니다 홍콩은 1842년 중국 청나라와
영국간에 벌어진 아편 전쟁에서 청나라가 패하면서 영국 나라가 지배하며 생활하다가
1972년 중국과 영국간에 국교가 수립되고 1997년 7월 1일 영식를 시작하여 156년간에 걸쳐서
영국 시민의 지배를 청산하고 아무조건없이 수많은 금은 보화 수많은 빌딩을 아무조건없이

중국 나라에 다 반안하고 홍콩이 중국 나라에 속하였습니다

영국 나라가 섬나라지만 전세계 각국에서 사람들로 사랑을 받고 인정을 받는 영국 나라요
노아 야벳 고멜 야완의 자손이요 이들로부터 여러 나라 백성으로 나뉘어서 각기 방언과 종족과
나라대로 바다가의 땅에 머물렀더라 하나님의 사랑을 특별히 받는 영국 나라요
21세기 일등가는 선진국가요 동유럽 바닷가의 땅에 거하는 영국을 비롯하여
프랑스 독일 30개국 여러 국가들로 형성되어 있습니다

일본 나라도 열왕과 선조들의 잘못을 일본 정부와 후손들이 시인하고 일본나라 선조들이 여러나라
들을 쳐들어가서 피해를준 세계 각국가 나라들에게 머리숙여 사죄하고 일본나라 열왕과 선조들이
전쟁을 이르켜서 대한민국 조선 사람들을 수십만명 죽이고 물건을 약탈하고 여인들을 희롱하고
35년 동안 일본나라 신민지 생활을 하며 피해를 제일 많이준 대한민국 정부와 백성들에게
일본 정부가 진심으로 보상과 사죄를 하고 독도와 대마도가 대한민국 영토 인것을 일본 정부가
시인할때에 전세계 여러국가 사람들도 환영하며 대한민국 정부와 백성들도 일본 선조들의
죄를 용서하고 한국 미국 일본 방위조약 동맹 국가로서 무엇이든지 서로 공유하며 손잡고
나갈때에 사랑이 공동체가 이루어져서 한미일 세나라가 힘을 모으고 동맹국인 여러
나라가 마지막때 공산국가 나라들을 견제하며 세계 강국으로 우뚝 서게 됩니다

중국 정부가 중국에 나가있는 대한민국 착한 기업들을 괴롭히고 한국 기업들의 기술과 일하는
공장과 물질과 일자리를 빼앗고 대한민국 크고 작은 착한 기업들을 억압하고 추방 시키고
중국나라 어선들이 대한민국 바다 경계선을 넘어와서 불법으로 서해안 바다에 조고만한
고기까지 싹스리 한다고 보도가 나오면 제 입에서 더러운 말과 막말이 나가고

북한 정부가 한국정부를 욕하고 무시할때에 힘도 없고 먹을것이 없어서 북한 백성들이 굶주리고
있는데 입만 살아서 힘있는 척 진짜 힘이있고 능력이 있는 대한민국은 힘이 있다고 말을 안해요
북한 지도자 힘이 있는척 거짓말하고 꼼수를 쓸때는 제 입에서 더러운 말과 막말이 나가고

대한민국과 북한은 한민족 한 형제인데 빨리 삼팔선이 열리고 개방이 되어 부모와 자녀와
형제와 형제가 만나고 남과 북이 하나님 안에서 하나되어 세계 민족중에 강국이 되고
대한민국 고구려 열왕들과 방백들과 열조들이 중국 수나라와 전쟁하여 승리하고 얻은 산과 강과

-151-

바다 넓은 고구려 땅을 고구려 열왕들과 방백들과 선조들이 소중하게 간직했던 땅을

남과 북이 하나가 되어서 반드시 고구려 영토를 다시 되찾아야 합니다

제입으로 더러운 말과 막말을 한것이 하나님이 다듣고 계셔서 제가 입으로 막말 한것이 다죄로

기록이 되어있어서 관악산 보다 더많은 죄를 회개한 후에는 일본나라 지도부 중국나라 지도부

북한 정부 지도자들이 대한민국을 무시하고 욕하고 어떠한 말을 하여도 제마음과 입의 말로

죄를 짓지 않습니다 입법자와 재판장이신 예수님께서 공의로운 심판을 하십니다

서울에 있는 관악산보다 더크고 많은 죄악을 뽑아버고 회개 하고나니 제몸이 붕붕 날아가는 기분

이였고 제배에서 기쁨과 생수의 강이 흘러넘쳐서 회사가 쉬는 날에는 이라크 바스라 시내

나가서 전도지를 외국인 들에게 전하기도 했습니다 전도지는 서울 영락교회 전도지 한쪽은

한국말 한쪽은 영어로 되어있는 전도지 주 예수를 믿으라 그리하면 너와 네집이 구원을 얻으리라

현대건설 이라크에서 22개월 동안 건축 기능공으로 근무하면서 같이 일하는 기능공 친구들 68명을

전도하여 같이 하나님 앞에 예배드리며 찬양하고 기도하며 믿음 생활을 하였습니다

그중에 경상도 사나이 김00 형제를 전도하는데 김00 형제의 별명은 전차 구렛나루 털이 많이 나서

앞뒤를 분간하기가 어려워서 같이 일하는 형제들이 전차라고 불러습니다 1983년 6월 23일

유브라데 강가 현장에서 일을하다 오후 4시반 휴식시간에 간식으로 빵을 먹으면서 전차

형제에게 전도를 하는데 그날 경비초소 앞 온도개가 60도 더이상 올라갈 곳이 없어서 60도에

멈추어 있는 상태에서 제가 전차 김씨 형제에게 하나님은 이렇게 더운 날에도 비도오게

하실수 있고 눈도 펑펑 오게 하실수 있는 하나님을 믿자고 하니 전차 김씨가 벌떡 일어서서

강씨 눈은 그만두고 내일 비를 오게하면 강씨따라 바크르 교회를 나가지

제가 너무나 기뻐서 전차 김씨와 새끼손가락을 걸고 약속 하는것을 같이 일하는

복수 열한명의 친구들이 다 보았습니다

이라크 바크르 유브라데강 하수 지중에 지방은 6월에서 10월달 까지는 하늘에 구름한점

없는 한낮 기운이 60도가 넘는 무더운 날씨요 제가 전차 김씨와 약속을 하고나니

마 4:7　성령 하나님께서 주 너희 하나님을 시험치 말라 말씀을 하셨서

오주님 저는 이렇게 더운 날씨에도 하나님은 비도오게 하실수 있고 눈도 펑펑 오게 하실수 있는

-152-

하나님의 능력을 믿고 전차 김씨와 내일 비오기로 하나님만 믿고 써끼손 가락을 걸고 약속을
하였습니다 하나님 제가 하나님 앞에 시험함을 용서하고 예수님 내일 6월24일 하늘에서
비가와야 전차 김씨 친구가 하나님 자녀가 됩니다 하나님 약속을 취소 할수가 없었요 일을 하면서
하나님 앞에 마음속으로 기도하면서 오후 7시 하루일을 마치고 숙소로와서 샤워를 하고
저녁밥을 평소보다 많이 먹었습니다 저녁에 하나님께 부르짖는 기도를 하기 위하여 바크르
교회에서 보혈 찬양을 2시간 동안 하나님 앞에 올려드리고 하나님 내일 하늘에서 비를 내려주세요
부르짖어 기도를 하는데 1시 2시가 지나도 하나님의 응답이 없었서 하나님 제가 하나님을
시험 하였다면 이죄인을 용서하시고 저는 살아계신 하나님의 능력을 믿습니다
하나님께서 이 무더운 날씨에도 비도 눈도 우박도 오게 하실수 있습니다
오늘 6월24일 하늘에서 소낙비가 와야 합니다 하나님 비가 오지 아니하면 저는 거짓말을
한사람이 됩니다 전차 김씨뿐 아니라 같이 일하는 목수 열한명의 사람들이 다 들었습니다
주여 주여 주여 외치는데 강력한 성령 하나님의 임재와 기도의 응답을 주시는 하나님 감사합니다
숙소로 와서 잠을 푹자고 6월24일 그날은 더 더운것 같아요 오전일이 끝나고 점심 식사를
하고 오후에 일을 하다가 오후 4시반 휴식시간에 빵을 먹으면서 전차 김씨가 저를
바라보고 강씨 비가 잘온다 하늘에 구름 한점 없는데 비가 온다고 제가 벌떡 일어나서
전차 김씨를 손으로 가리키며 오늘 아직 시간이 남아있어 비가 오는것을 보라고
제가 크게 소리를 지르니 강씨 고집을 누가 말려 청청 하늘에서 비가 온다고
비가 잘온다 오늘 날씨가 더 뜨겁다고 소리를 지르며 투덜 대습니다
나의 하나님 아버지 비가 와야 합니다 마음속으로 기도하면서 일을 하는데 한시간이 지나
유브라데 강가에서 찬바람이 일하는 저희쪽으로 불어오는 것을 제가 느끼고 오 하나님
감사합니다 조금 지나니까 구름 한점 없던 청청 하늘에 먹구름이 생기고 일곱시 일이 끝나는
시간에 하늘이 먹구름 속에서 번개와 천둥이 땅이 깨질듯이 내리치며 하늘에서 번개와
태풍과 소낙비가 내리는데 전차 김씨가 강씨가 믿는 하나님 있다고 숙소로 돌아와서
담요를 뒤집어 쓰고 번개와 천둥소리에 무서워서 벌벌 떨고 있던 전차 김씨와
같이 일하던 목수 친구들도 다들 놀라고 오 하나님 감사합니다 하나님을 영원히 찬양합니다
예수님 사랑합니다 성령 하나님께서 하셨습니다 저는 감사 의 뜨거운 눈물을 흘리며
하나님의 은혜를 체험하고 전차 김씨는 바크르 교회나와 하나님 앞에 찬양하며 예배드리며
하나님의 자녀가 되었습니다 저도 나의 생에 그렇 큰 천둥소리와 땅이 한참동안 환환 번개를

처음 보았습니다 하늘에서 굵은 소낙비와 세찬 바람까지 불어 습니다

이 모든 것이 주님의 은혜 성령 하나님께서 하셨습니다

이라크 바크르 현대건설회사 숙소 안에는 체육시설 오락시설이 다 있었습니다 축구장 배구장 테니스장 족구장 당구장 탁구장 바둑 장기두는 휴개실 영화간 텔레비전 보는 휴개실 제가 예수님 만나기 전에는 다 좋아 했는데 특히 운동을 좋아 했는데 사랑의 예수님 만나고 나서는 운동도 오락도 영화 텔레비전 보는것 다 싫어지고 그 시간들이 너무나 아까워 습다 하루 일과가 끝나면 샤워하고 식당에서 저녁밥을 맛있게 먹고 매일 밤마다 보혈 찬양을 부르고 혼자 기도를 시작 하는데 대한민국 대통령과 의정자들과 국회와 국방과 육해공군과 대한민국 경제발전과 대한민국 기업들이 모든 분야에서 모든 물건들이 전세계 시장을 점령하고 지배하고 세계 사람들로 사랑을 받게 해달라고 기도하고 대한민국 한국교회와 주의 종들과 성도들을 위하여 기도하고 지구촌 전세계 나가서 복음을 전하는 선교사들을 위하여 기도하고 중동에 나와있는 대한민국 모든 건설회사와 현대회사와 건설현장과 사무직과 기능공을 위하여 기도하고 대한민국 최첨단 방위산업 자동차산업 항공산업 해양산업 기계산업 전자제품 산업이 지구촌 전세계 시장에서 사랑을 받는 1등 명품 브랜드가 되게 기도하고 서울 모교회 목사님과 부교육자와 성도들을 위하여 기도하고 저희 가정과 형제들과 전도할 형제들을 위하여 기도하고 대한민국과 함께하는 우방국가 미국 영국 프랑스 이스라엘 여러 나라를 위하여 기도하고 한국과 북한이 하나님 안에서 통일 되게 해달라고 매일 밤마다 부르짖어 기도 하는데 어느날 새벽까지 기도하는 시간에

예수님 얼굴은 해처럼 빛나고 빛난 옷을 입고 제게 오셔서 사랑하는 종아 두 손을 들고 기도하라 말씀하셔서 무릎을 꿇고 양손을 들고 기도를 하는데 성령의 바람이 얼마나 강한지 지금 저는 이라크 바크르 교회 안에서 기도를 하고 있는데 제 앞에 서울 도봉구에 있는 도봉산이 보여서 도봉산 쪽으로 두 손을 들고 기도를 하는데 강력한 성령의 바람이 제 손에서 나와서 순식간에 그 큰 도봉산이 큰 바위돌과 흙이 날아가는데 먼지가 날아가듯이 흔적도 없이 청와대 뒷산에서 평창동산 정능뒷산 북한산 도봉산 경기도 의정부 산까지 연결된 그 큰 도봉산이 큰 바위돌과 흙이 다 날아가 버리고 북한으로 연결된 산들까지 다 날아가 버리고 도봉산이 날아간 자리에 큰 광야가 펼쳐지는데 북한과 몽골 중국 대륙까지 끝이 보이지않는 수평선이 펼쳐졌어요 또 서울에 있는 관악산이 보여서 관악산 쪽으로 두손을 들고 기도

하는데 강력한 성령의 바람이 제운에서 나와서 관악산이 순식간에 흙과 큰 바위들이 다
날아가는데 서울에 있는 도봉산 관악산이 순식간에 큰 바위들과 흙이 다 날아가는데 먼지처럼
흔적도 없이 다 날아가 버리고 너무나 현실같은 생생한 꿈이지만 제가 봐도 너무나도 신기하였습니다
성령 하나님 이현실같은 이꿈이 무엇입니까 하나님 앞에 기도하는 가운데 대한민국과 북한이
통일이 되어 삼팔선 담장이 무너저 날아가 버리고 한국과 북한이 하나되어 끝이 보이지 않는
몽골 중국 대륙까지 고구려 열왕들과 방백들과 선조들이 생활하던 고구려 옛땅을
찾아서 대한민국 정부가 들어가는 것을 생각해 보았습니다

그리고 하나님께서 3일 3일 3일 3일 3일 간격으로 매일 밤마다 기도하다가 다섯번에 걸쳐서
15일 동안 하나님께서 또 꿈으로 보여주시는데 현실 같은 생생한 꿈이여 습니다
붉은용 세마리가 서울 노량진 한강 부지에 나타 났는데 서울 여의도에 있는 63 빌딩보다 더큰
세마리 용들을 보고 많은 사람들이 여의도 한강 공원에서 놀다가 세마리 붉은 용을보고 고함을
치며 뿔뿔이 다 흩어져 버리고 저도 그 광경을 보고 하나님 저붉은 용을 잡아죽일 힘을 달라고
울면서 기도를 하는데 서울 관악산 보다 더큰 포크레인이 제앞으로 오는 것을보고 포크레인에
올라가서 앞에 있는 붉은용 한마리를 포크레인 삽으로 두번 팍팍 쩍어 세토막이 되어 잡아죽이고

붉은용 두마리는 날아서 도망을 갔는데 또 삼일후에 붉은용 한마리가 서울 여의도 한강
물위에 떠있는데 원효 대교에서 노량진 제일한강 대교 물에 떠있는데 용의 꼬리는 원효대교에
다았고 용의 머리는 노량진 한강대교 밖으로 나왔는데 한강은 용으로 다 채워지고 대한민국
육군 군인들이 완전 무장을 하고 용을 잡으려고 서울 용산쪽 한강 뚝에서 여의도쪽 한강
뚝에서 완전 무장한 수천명의 군인들이 붉은용을 향하여 총을쏘는데 총알이 붉은용 몸에
맞아도 아무 상처도 없고 총알이 무용지물 붉은용이 꼬리를 한번씩 회두르면 용산쪽에 있는
무장한 군인들과 여의도 한강 뚝에서 총을 쏘는 무장한 군인들이 용이 휘두리는 꼬리에
맞아 수백명의 군인들이 피를 흘리고 죽어가는 것을 제가 그 광경을 보고 하나님 한강물에
떠있는 붉은 용을 잡아죽일 힘을 달라고 하나님께 손을들고 기도하니 성령의 바람이 얼마나
강한지 붉은 용 몸에 맞자 벌집처럼 구멍이 뻥뻥뻥뻥 뚫어져서 죽고
용의 껍질만 한강 물위에 둥둥 떠있는 것을 보았습니다

또 3일후에 여의도 한강 공원에서 도망간 세번째 붉은용이 강원도 강능 경포 해수 목장에

나타 났다는 소식을 듣고 가보니 붉은용이 해변 모래밑에 등이 살짝 나온 상태에서

숨어 있는것이 제눈에 보였습니다 하나님 모래밑에 숨어있는 용을 잡아죽일 힘을 주세요

두손을 들고 하나님 앞에 기도하니 강한 성령의 바람이 손에서 나와 모래는 다 날아가고

숨어있던 붉은용 몸에 맞자 벌집처럼 구멍이 뻥뻥뻥뻥 뚫어져서 세번째 붉은 용을 죽이고

또 3일후에 붉은용 한마리가 나타 나서 대한민국 태극기를 높이들고 태극기를 흔들고

있는데 조금 있으니까 또 용이 나타 났는데 붉은용 몸에 용머리가 두개달린 용이 나타나서

대한민국 태극기를 흔들고 있는 용을 쳐죽이는 것을보고 너무나 무섭고 소름이 끼쳐습니다

일방 적으로 너무나도 잔인하게 쳐죽이는 것을 제가 보고

성령 하나님 이사건이 무엇입니가 제게 알게 하소서 하나님께 기도하는데

대한민국 태극기를 높이 들고 흔들고 있던 붉은 용은 북한 김일성 이고

머리가 두개달린 붉은 용은 김일성 수아에 있는 오른팔 왼팔 인것을 알게 되었습니다

김일성이를 쳐주인 용머리가 두개달린 붉은 용은 아들 김정일과 딸 김경희 남매가

자기 아버지 김일성을 쳐죽인 것을 성령 하나님께서 알게 하셨습니다

이관경을 성령 하나님께서 세밀하게 보여주시고

1994년 7월 8일 북한 김일성이 사망 한것을 보도 했습니다

북한 김일성은 북한 경제 위기와 북한 백성들이 먹을 양식이 없어서 굶주리고 헐벗고 먹을

양식이 부족하여 큰 고통중에 많은 북한 백성들이 굶주림과 죽어가는 것을 보고 피부로 느끼고

북한 최고 지도자로서 진정한 마음이 괴로워서 밤잠을 이루지 못하고 최후의 결단이

대한민국과 북한 남과 북이 하나 되기를 원하여 아들 김정일과 딸 김경희 남매에게

대한민국 남한하고 북한이 손을 잡아 야해 그러면 굶주려 죽어가는 북한 백성들을

살일수있다 몸이 불편한 상태에서 진심으로 자기의 속마음을 두 자녀에게 말을 했지만

진정한 마음을 설토했지만 오른팔 왼팔 김정일 김경희 남매는 아버지의 마음을

헤아리지 못하고 남과 북이 하나 되는 것을 원하지 아니하고

자기 아버지 김일성을 쳐죽인 페륜을 범한 자들 입니다

북한 김정일이 2이11년 12월 17일에 죽어서 장례를 치른후 3일 후에 인민군 복장을 하고

새벽 3시경 저를 찾아와서 우리북한이 잘살수 있는 길을 목사님한데 조언을 받으러 왔습니다

말을하여 아비를 죽인 놈이 뻔뻔하게 어디를 왔어 목사님이 그일을 다 알기 때문에

목사님에게 북한이 잘살수 있는 길을 조언을 받으러 왔습니다

당신이 북한에 잘살수 있는 길을 다 알면서 왜 나한데 물어봐

당신 아버지 김일성께서 당신과 당신 여동생 김경희 에게 공산당을 탈 퇴를 하고

대한민국 남한하고 손을 잡아야 북한이 잘살수 있다고 당신과 당신 여동생에게 간곡한

마음으로 말을 했지만 당신과 당신 여동생은 아버지가 애원하는 말을 듣지 아니하고

거역하여 오늘날까지 경제적인 어려움으로 백성들이 굶주리고 있잖아 이제

중국 공산당하고 단호하게 결별하고 따라가지 말고 중국은 용의 권세를 받고 나와서

하나님의 대적이고 중국 정부 지도부가 양가죽을 뒤집어 쓰고 낮에나 밤에나 거짓말하고

속이고 자기 편으로 만드는 중국 지도부를 지지하고 동의하고 따라가면 사랑과 자유를

박탈당하고 중국 지도부는 멀지 않아 망하는데 북한이 중국 지도부를 따라가면 같이

망하고 북한이 잘살수 있는 길은 자꾸 멀어지고 어려움을 당할수 밖에 없었요

대한민국과 북한이 이제는 손을 잡아야 해요 대한민국 남한의 크고 작은 기업들이 북한땅에

들어가서 지하철과 고속도로와 자동차 전용도로와 일반도로를 내고 공장을 짓고 남한 사람과

북한 사람들 한민족 한 형제가 같이 일을하면 다같이 잘살고 하나님께서 주신 지구

땅끝의나라 지구 땅 모퉁이 하나님이 세우신 천손의 나라 전세계에서 하나밖에 없는

제일 아름다운 금수강산 백두산 관광 개발을 하여 지구촌 전세계에서 제일 아름답고

제일좋은 관광지를 만드러서 세계에서 제일 아름다운 자연 환경과 백두산 금강산 자연

온천물을 끌어 내려서 아름다운 자연 온천과 해수탕을 아름답게 최고급으로 만들고

최고급 숙박 시설과 대한민국 땅에서 북한 땅에서 사계절에 걸쳐서 나오는 지상 최고의

농수산물 산에서 바다에서 강에서 땅에서 나오는 명품 브렌드 식품을 만들고 전 세계에서

몰려오는 모든 관광객 손님들을 환영하며 친구처럼 형제처럼 부모님처럼 스승님처럼

임금처럼 모실때에 그 입소문은 지구촌 전세계로 퍼져나가고 전세계 사람들은 열방에서

원방에서 동방에서 서방에서 구름떼같이 비둘기떼같이 몰려오고 대한민국 남한에 먹을

양식을 3년식 곡식창고에 쌓아둔 양식과 먹을것을 갔다 먹고

그당서 제주도 감귤이 나올때라 대한민국 남한에 과일이 많이 있어요

제주도 감귤도 갔다 먹고 대구사과 청주사과 당진 예산사과 나주배도 갔다먹고 맛있는 쌀과

바다의 생선도 갔다 먹으면 남과 북이 세계민족 중에서 잘사는 한민족이 될수 있지요

그리고 남과 북이 하나되고 팔천만 백성들이 하나되고 남과 북 국방이 합쳐지면 중국 몽골

러시아 대륙으로 뻗어나가고 고구려 옛땅을 다시 찾고 하나님께서 하나되게 하신

노아 셈 욕단의 장막 하나님이 세우신 천손의 나라 제2의 영적 이스라엘 하나님께서

주신 지혜와 총명과 여러가지 재능과 능력과 힘을 가지고 지구촌 전세계 어느 나라가 따라오겠는가

제가 김정일에게 이렇게 말하니 김정일이 고개를 끄덕 끄덕 하면서 살아질때 꿈이지만 너무나도

생생한 현실같은 꿈이라 성령하나님 이것이 무엇 입니까 꿈이지만 너무나도 생생한 현실 같습니다

남과 북이 하나님 안에서 하나되기 위하여 매일 아침 저녁으로 대한민국과 북한을 하나님

능력의 손에 올려드리고 한국교회 일천만 성도들이 하나님 앞에 부르짖어 기도해야 합니다

북한 김정일이 살아 생전에 자기아들 후계자 김정은 아들에게 아들아 너는 공산당을 탈퇴를 하고

대한민국 남한하고 손을 잡아야 북한이 잘살수 있다고 수차례 강조를 했지만 김정은 오른팔

왼팔이 말을 듣지 않고 있는지 김정은 이가 고집을 부리는지 시간이 없습니다

귀중하고 소중한 시간이 지나가고 있습니다

대한민국과 북한이 하나님 안에서 하나가 된다면 하나님께서 기뻐하시고 지구촌 전세계

강대국 나라가 되며 세계 모든 나라들이 대한민국을 부러워하는 나라가 될수 있는데

남과 북이 하나되지 못하게 가로막고 거짓말하고 싸우게 하는 악의 영들을 다 물러가라

하나님 앞에 기도하며 대한민국 백성들과 북한 백성들을 하나님 의로운 오른손에 올려드립니다

남과 북이 하나 되게 하실수 있는분은 오직 사랑의 하나님 한분 뿐입니다

하나님 대한민국 고구려 백제 신라 가야 열왕들과 방백들과 선조들이 창조주 하나님을 잘 몰라서

오만가지 우상을 만드러 섬기며 절하고 천년넘게 한민족 한 형제가 서로 미워하고 싸우고

죽이고 육이오 전쟁으로 남과 북과 세계 여러국가 많은 젊은 사람들이 싸우다가 죽었습니다

하나님 대한민국 열왕들과 방백들과 선조들의 모든 죄와 허물을 용서하시고 대한민국과

북한 땅에 있는 각종 우상과 모든 죄악을 사랑의 하나님 용서하시고 열왕들과 방백들과

선조들이 하나님 앞에 죄를 법칙 (보응이) 빨리 끝나게 하소서 대한민국 백성들과

북한 백성들이 거룩한 하나님의 자녀로 거듭나게 하시고 하나님 안에서 모든것이 합력하여

성령으로 하나되게 하소서 한국교회 일천만 성도가 하나님 앞에 부르짖어 기도해야 합니다

김정은 지도자는 하나밖에 없는 자기 고모부 장성택을 2013년 12월 1일 공개
처형하고 자기 이복형 김정남을 사람을 시켜서 독살하고 죽인 장본인 사람이 악하면
수명이 짧습니다 악을 행하는 자의 후손은 영영히 이름이 나지 못하리로다

그리고 3일후에 지구촌 전세계에서 수십만명의 거짓 목자들과 짐승과 열뿔의 우두머리와
지구촌 전세계 각나라 수십만명의 불교 지도자들과 지구촌 전세계 각나라 수십만명의 힌두교
지도자들과 지구촌 전세계 각나라 수십만명의 이슬람 지도자들과 지구촌 전세계 각나라
사이비종교 지도자들과 지구촌 전세계 각나라 각종 무당 점쟁이 수십만명의 지도자들과 믿음의
정절이 없는 다원주의 종교 집단에 소속된 지구촌 전세계 각나라 수십만의 지도자들이
대한민국 강원도 설악산 밑에서 수백만 명의 사람들이 모여서 온몸에 붉은옷을 똑같이 입고
집회를 하는데 하늘에서 불이 내려오는 거짓 이적과 기사를 행하며
사람들 앞에서 하늘에서 불이 땅에 내려오개 하고 이광경을 수많은 사람들이 보고
하나님을 믿는 많은 사람들이 저것이 진짜라고 따라 갈때에 제가 저것은 진짜가 아니고
가짜 입니다 제가 사람들 앞에서 길을 막고 저것은 가짜라고 소리 소리를 쳐도 수백만 명의
사람들이 따라갈 때에 하나님 하나님을 믿는 저많은 사람들이 가짜를 따라갑니다
울면서 하나님 앞에 기도하는데 제손에서 강한 성령의 바람이 나와서 저 거짓것들을
다 날려버리려고 제몸을 도리킬 때에 심판주 예수님께서 나타나셨습니다

계 1:13-16 촛대 사이에 인자 같은 이가 발에 끌리는 옷을 입고 가슴에 금띠를 띠고
예수님 얼굴은 해가 힘있게 비취는 햇빛 같고
예수님 머리와 머리털의 희기가 흰 양털같고 눈같으며 예수님의 눈은 불꽃같고
예수님의 발은 풀무에 단련한 빛난 주석같이 빛나고
재림주 예수님의 음성은 많은 물소리와 같으며
예수님 입에서 좌우에 날선 검이 나오고 햇빛보다 더밝은 재림주 예수님의 얼굴과 찬란한
빛과 예수님의 음성이 제몸에 전율이 흐르며 사랑하는 종아 조금만 기다리라 지금도
예수님이 햇빛보다 더밝은 얼굴 예수님의 불꽃같은 눈과 밝은 빛과 예수님의 음성이
사랑하는 종아 조금만 기다리라 두번 말씀하신 예수님의 찬란한 밝은 빛과
예수님의 그 부드러운 음성이 지금도 저를 사로잡고 있습니다

저는 1978년 11월에 신원 개발회사 건축목공으로 처음으로 중동 리비아 트리폴리 신원개발

회사안에 기능공 숙소를 짓는 일을 하였는데 몇개월이 지나서 삼성건설 회사가 신원개발

회사를 인수하여 삼성건설 회사 건축목공으로 열심히 일을 하였습니다

이억만리 떨어져있는 사랑하는 아내와 예쁜 두공주님 지연 현수 아내가 임신중인 셋째

아이를 위하여 한가정의 가장으로서 일을 하는것이 너무나 즐겁고 행복했습니다

리비아 정부 군인숙소 건물을 매일 건축하며 일을 하는 것이 재미가 있었습니다

그러던 어느날 서울에 있는 사랑하는 아내가 당신을 닮은 아들을 낳았다고 편지가 왔습니다

너무나 기뻤습니다 그리고 아이들과 서울 난곡에있는 신일교회 다닌다고 저보고 교회나가서

하나님 믿으라고 하였습니다 내무반에서 같이 생활하는 친구가 교회 나가자고 나에게 전도

했지만 그당시 삼성건설회사 숙소안에 조그만한 콘테나박스 안에서 주일날 예배를 드리는데

기능공 세분이 모여서 주일날 예배를 드리고 했는데 저는 주일날 한번 가고는 가지를

안았습니다 그리고 주일날 아침에 혼자 공을 차다가 헛발질을 하여 무릎이 시큰하고

아파서 같이 일하는 조장님 한테 말을하니 조장님께서 일을 하다 다쳤다고 보고를 해야

공상처리가 되야 봉급이 나온다고 하여 월요일 아침에 현장에 나가서 아침 조회때

이름만 대답하고 일하는 현장으로 와서 일을 하다가 다리를 다쳤다고

거짓말 아닌 거짓말을 하고 의무실에 왔는데 무릎이 부은상태 그당시 한방의사

한분이 침을 놓는데 침을 맞았도 아무 효가가 없었습니다 그다음 날도 침을 맞았도

효과가 없어요 3일이 지났는데 한달 이상 일을 못하면 조기 귀국으로 비행기 삯을 본인이

부담 한다고 하여 제가 기능공으로 해외 나온것도 사업한다고 있는돈 다 솔해보고

빛까지 있었서 완전히 거지상태 에서 서울 난곡동 사흘세 방에서

사랑하는 아내와 세자녀들 앞에 조기 귀국을 할수가 없었습니다

우리 내무반 사람들은 다 현장으로 일하러 나가고 저혼자 내무반 숙소에 있으면서 제가

하나님 앞에 기도를 하면 하나님께서 치료해 주시지 않을까 생각을 하고 샤워장에 가서

온몸을 깨끗이 씻고 와서 아픈 무릎을 붙잡고 하나님 살아 계시다면 제무릎을 치료 해주세요

하나님 저는 지금 조기귀국 할수가 없습니다 하나님 제가 비행기 삯 을 물을 돈이 없습니다

하나님 제 무릎을 안아프게 치료 해주시면 하나님 잘 믿겠습니다 눈물을 흘리면서

하나님 저를 치료해 주세요 간절한 마음으로 일방적인 나의 소원을 하나님께 올리고

내무반 숙소에서 자고 있는데 오전일이 끝나고 내무반 식구들이 들어와서 강형 점심 먹으러 가요

하는 말에 벌떡 일어나서 식당으로 가는데 아 그렇게 시큰 시큰 거리고 아픈 무릎이

아프지가 않는 거예요 오 하나님 정말 살아 계시군요

하나님 감사합니다 예수님 감사합니다 그런데도 교회는 나가지 아니하고

회사 1년 계약이 끝나고 재계약 신청을 회사에서 받는데 사랑하는 아내와 두 공주님과

셋째 왕자님 보고 싶어서 재계약을 하지 못하고 귀국을 했는데 반가운 것도 잠시

돈이 다 떨어지고 아내가 교회 가자고 하는 말에 돈도 마음대로 주지도 못하고

사랑하는 아내 임애빈 집사람 얼굴 보기도 미안하고 1980년 1월 둘째 주일날

서울 난곡 신일교회 등록을 하고 교회는 나가지만 가정 형편이 너무나 어려워서

하나님을 믿으면 부자가 된다는데 어떻게 하나님을 믿어야 빨리 부자가 되나

신일교회 주일학교를 맡아서 담당하시는 최성일 전도사님을 만나서 전도사님 어떻게

하면 하나님을 빨리 만날 수 있습니까

하나님을 만나면 부자로 잘 살 수 있다고 하는데 전도사님 그게 참말입니까

전도사님께서 하나님을 만나면 물질은 걱정이 없었요 어떻게 해야

하나님을 빨리 만날 수 있는지 어떤 기도를 했야 합니까

최성일 전도사님께서 금식 기도를 해야 하나님을 빨리 만날 수 있습니다

금식 기도를 몇칠동안 해야 합니까 3일 금식 10일 금식 21일 금식 40일 금식이 있습니다

그러면 제가 몇칠동안 금식 기도를 해야 합니까

전도사님께서 다니엘 금식 기도가 좋은 것 같습니다

다니엘 금식 기도는 몇칠동안 해야 합니까 21일을 말씀하셨는데

제가 듣기는 40일 금식기도 반이면 20일로 알고 아내 임애빈 집사람에게

나 다니엘 금식 기도하러 삼각산 감람원 기도원으로 갈거야 교회 등록한지 3개월 만에

금식을 한다고 하니까 집사람이 여보 3일만 하세요 당신이 다니엘 금식 기도를

할 수 없었요 제가 금식 한다고 작정을 하니 집사람이 겁이 났던지

당회장 최상려 목사님을 찾아뵙고 말씀하니까 당회장 목사님께서 전화로

강선생 3일동안 간절한 마음으로 하나님 앞에 부르짖어 기도하면 하나님 만나요

제가 다니엘 금식 기도를 한다고 하나님 앞에 기도했으니 1980년 3월 3일

서울 삼각산 감람원 기도원에서 금식을 시작 하는데 낮에나 밤에나 하나님 나 좀

만나주세요 부르짖어 기도하는데 3일째 지나는날 새벽에 꿈에서

초등학교 6학년 여자 학생 10명과 백미터 출발선에 서서 달리기 경주를 하는데 제가 달리기 육상 선수인데 제가 꼴찌를 했어요

또 3일후에 새벽에 꿈에서 중학교 3학년 여자학생 10명과 백미터 출발선에 서서 달리기 경주를 하는데 또 꼴찌를 하고나서 내가 지금 초등학교 중학교 학생 수준박에 안되는데 하나님 만나서 축복을 받겠다고 하는 나 자신이 너무나도 부끄러웠습니다 더 열심히 예배에 참석하고 부르짖어 기도하며 하나님 말씀 성경을 읽고 15일이 데는날 아침에 일어섰는데 머리가 핑 돌면서 제가 방바닥에 쓰러졌습니다 하나님 저 죽으면 안되요 자녀들은 누가 키워요 엉금 엉금 네발로 기어서 밖으로 나와 삼각산에 올라가서 매일 낮에나 밤에 기도하던 곳에서 죽어도 기도하다 죽자 주여주여 주여 하나님 나좀 살려주세요 부르짖어 외치는데 허리 힘이 없어서 허리끈을 조여매고 부르짖어 외치는데 어떤 강한 힘이 저에게 임하는데 제가 부르짖어 기도하는 소리가 고요한 아침 삼각산 계곡을 뒤흔들고 기도를 마치고 하산 할때는 힘이 팔팔나서 뛰어 내려와서 지하숙소 사람 한명 들어가는 방으로 가는데 기도원 원장 목사님을 만났는데 지하실 방이 너무나도 좁지요 지금부터 그층방 햇빛이 잘들어오는방 목사님 들꺼게서 기도원에 오시면 목사님만 사용하는 방을 사용 하라고 하실때에 하나님 감사합니다 예수님 감사합니다 목사님 감사합니다 그층방 안에는 조그만한 책상과 거울이 있어서 너무나도 기뻐서 하나님의 은혜가 너무나 감사하여 성전 안에서 감사의 기도를 하며 엉엉 울고 나니 세상이 아름답고 더 환하게 보이고 그층 옥상에 널울어진 푸른 소나무 가지와 산에 나무들이 나를보고 웃는것 같았어요 다니엘 금식 기도가 21일 언데 저는 40일 반이면 20일 인줄 알고 20일 동안 성경66 권 내용도 모르고 완독하고 20일 끝나는 아침 새벽예배를 마치고 기도하는 시간에 제입에서

사 43:1-5 하나님 말씀이 제입에서 톡 터져나와 이사야 43장 1절에서 5절 말씀을 찾아서 읽는데 말씀의 내용이 무슨 말씀인지 몰라도 내 마음은 너무나 기뻤습니다 제 몸무게가 82키로에서 23키로가 빠져지만 하나님께서 잘 회복시켜 주셔서 건강한 몸이 되었고 그해 8월 여름 방학때 청평에 있는 한 얼산 기도원에 처음 갔는데 대한민국 각처에서 몰려온 수천명의 사람들이 무더운 날씨에 땀을 흘리며 기도하는 사람들

난곡 신일교회 우리 구역장님과 제 집사람 임애빈 모두다 방언을 하는데 저는 방언 은사를

받지 못하고 3일만에 집에 왔는데 저녁밥이 안넘어가요 그많은 사람들이 방언 은사를 받고

알아듣지도 못하는 말을 하면서 기뻐하는데 하나님께서 나에게는 방언 은사를

왜 안주실까 저녁밥을 먹다가 아버에게 나 지금 한얼산 기도원 올라가서

방언 은사를 받으러 갔다 올게요 방언은사 받을 때까지 집에 안올거야

청량리에서 막차를 타고 청평 한얼산 기도원 앞 하차 기도원에서 숙소를 정해놓고

그당시 기도원에서 그많은 사람들을 하루세끼 밥을 공짜로 주었습니다

저녁에 잔나무 숲앞에서 밤새 부르짖어 기도하고 아침 한끼라도 금식하자 마음으로 정하고

오전 예배가 끝나고 점심 식사를 하려고 식당으로 가는데 밥을 타는 줄이

끝이 보이질 안아요 어제 저녁도 밥먹다 말고 아침 한끼 금식했다고 얼마나 배가

곱은지 제눈이 튀어나오는 것같이 빙빙돌고 땅이 노라게 보이고 몸이 어지러워서

쓰러질것 같았어요 아 그런데 머리가 하얀 백발 어르신이 밥을 타가지고

지나가시다가 제 얼굴을 보고 먼저 밥을 먹으라고 밥그릇을 주실때 사양하지 아니하고

어르신 고맙습니다 감사합니다 인사를 하고 허겁 지겁 밥을 먹고나니

살것 같았어요 하나님께서 제가 배가 곱은 사정을 아시고 알지도 못하는 머리가 하얀

어르신을 통하여 아니면 천사 인지도 몰라요 하나님 감사합니다

그뒤로 어르신을 찾아뵙고 감사의 인사를 해야지 어르신을 찾아도 찾지 못했습니다

점심 식사를 하고 오후 시간에 준비 찬양을 사회자를 따라 한시간 동안 뜨겁게 찬양을

부르고 통성기도를 하고 이천석 목사님 설교가 끝나고 통성기도를 하는데 하나님 저에게도

방언은사 주세요 주여 주여 주여 외치는데 강대상 앞에서 새파란 불기둥 두개가

2층에 있는 제게로 날아와서 양쪽발 엄지 발가락 뼈속으로 쏙 들어와서 내혼과

영과 뼈 관절과 골수를 찔러 쪼개고 내몸 뼈속 마디 마디 마다 머리 뇌속까지

전체를 다 지지고 저는 뜨거워서 소리를 지르고 2층 성전 바닥에서 뒹구는데 제옆에

있던 분들이 다 피하고 2시간 동안 소리를 지르고 뒹굴면서 제입에서 알지 못하는 말이

나올때에 이것이 하나님이 주시는 선물 방언 은사구나 생각하고 하나님 감사합니다

내 온몸은 땀으로 범벅이 되어있고 너무나도 마음이 기뻐서 날아갈 듯이

기뻐습니다 산계곡에 올라가서 온몸을 물에 잠고 누어서 하늘을 바라보고

하나님 감사합니다 예수님 감사합니다 성령 하나님 감사합니다 하염없이 울었습니다

그 일이 있고 난 뒤부터 기도만 하면 온몸이 뜨거워지고 온몸이 진동이 오고 절제를 할수가 없는
진동과 제 입에서 기도소리와 방언이 따발총을 쏘는 것처럼 나오고 믿음생활
하는것이 하루 하루가 너무나도 기쁘고 즐겁고 온 세상이 너무나도 아름답고
사람을 보아도 다 예쁘고 만나는 사람마다 하나님 믿으세요
사랑의 예수님 믿고 축복 받으세요 전도하는 것이 너무나도 기뻤습니다

그리고 해외 기능공으로 1980년 11월부터 사우디 아라비아 주베일 코롱건설 회사에서
1년 일하고 귀국하고 또 이라크 바그다드 현대건설 현장에서 5개월 동안 일하고 바스라
바크로 현대건설 현장으로 티에스가서 83년 10월 까지 일하고 귀국하여 사우디 아라비아
리아드 현대건설 회사에서 1986년 까지 기능공으로 일하면서 제가 하루 기도하는
시간은 24시간 비가오나 모래바람이 부나 일을 하면서 제 입에서는 찬양과 기도
식당에서 밥을 먹으면서도 제 입에서는 찬양과 기도 잠을 자면서도 제 입에서는 찬양과
기도가 계속 된것이 귀국하여서도 24시간 기도가 13년 동안 이어져 습니다
매일 밤마다 회사 안에 있는 교회에서 밤 10시부터 보혈 찬양을 하나님 앞에 올려드리고
부르짖어 기도하다가 내 육신은 교회 바닥에 쓰러져 있고 내영이 쑥 빠져나와
성령에 이끌여서 하늘로 올라가는데 그 속도가 얼마나 빠르른지 하늘로 올라가서 예수님
만나 뵙고 사랑의 예수님께서 천국과 지옥도 보여주고 지옥을 본것은 화산이 폭발한
높은산에 뜨거운 열기와 연기가 자욱한산 한 발짝을 걸으면 뜨거운 화산재에 푹
빠져서 허리까지 차오르는 폭발한 뜨거운 화산을 이땅에서 육신의 때에 살아가면
죄를짓고 우상을 숭배하고 거짓말하고 행음 한 자들과 살인자들과 불법을 행한 남자와
여자들이 남자들은 무거운 짐보다리를 등에지고 여자들은 짐보따리를 머리에 이고
한 발자국 걸으면 푹푹 빠지는 폭발한 산을 열기가 있는 뜨거운 화산을 오르락 내리락
하는데 남자나 여자나 입술이 다 터져서 사람의 모양 같이도 않은 사람들이 이구동성으로
하는 말이 물물물 물좀 주세요 하면서 남녀 모두가 물을 먹고 싶어서
괴로워 하는것을 제 눈으로 참아 볼수가 없었습니다

아름다운 천국에서는 모세 영도자 엘리야 선지자 사무엘 어머니 한나 사도 베드로
사도 요한 믿음의 거장들을 만나서 인사하고 악수하고 너가 모세다 나는 엘리야다

나는 찬나 라오 찬나 여종은 큰 옹기 항아리에 만나가 가득히 담긴 항아리를 보관하고
있는데 만나의 모양은 세가지 줄기에서 다 연결이 되었는데 첫번째것은 쌀 뻥튀기 과자만하고
두번째것은 첫번째것 반만하고 세번째것은 두번째것 반만하고 산삼 줄기같이 삼단계로
다 연결이 되어 있는데 간격은 7센치 정도의 간격으로 되어있고 추운 겨울날 산 계곡에 찐한
흰서리발 같이 삼단계가 다 연결이 되어 있어서 하나의 꽃이 피어있는 것처럼 빤짝 빤짝
빛나고 있었습니다 제가 찬나 여종에게 만나를 항아리에 왜 보관하고 계십니까 말을하니
믿음의 후손들이 찾아와서 볼수 있게 보관하고 있습니다 하셨습니다
나는 베드로다 나는 요한 이야 믿음의 거장들을 만나서 아름다운 금잔디 초원에서
뛰어놀기도 하고 둥글게 모여 앉아서 찬양도 부르고 믿음의 거장들의 인격과 아름다운
성품이 저를 사로잡았습니다 24시간 365일 13년 동안 부르짖어 기도 할때에
성령 하나님이 강권적으로 저를 붙들고 있는것을 알고 있었습니다

현대건설회사 사우디 아리비아 리야드 건설현장에 건축 기능공으로 1984년도 네번째
나가서 첫날 저녁에 하나님 앞에 찬양하고 기도하며 하나님 말씀 성경을 많이 읽고 햇빛이
없는 그늘에서 일을 하고 싶습니다 하나님 앞에 기도를 하고 제 생각에 현장 경비
초소에서 일을 하면 하나님 말씀 성경을 많이 읽을수 있다고 생각하며 다음날
사무실을 찾아가서 노무 과장님을 만나 뵙고 과장님 제가 현장 경비를 하고 싶습니다
말씀을 드리니 과장님께서 현장 경비는 노임이싼 외국인 근로자들을 쓰고 있습니다
3일째 되는날 현장에서 일을 하고 오전 10시 간식 시간에 식당 주방장이 현장에
찾아와서 냉면을 맛있게 잘만드는 사람 있으면 손드세요 주방장이 말을 하는 순간
식당은 그늘이고 사람의 입맛은 똑같다 달면 달고 쓰면 쓰고 매우면 매웁고
짜면 짜다 맛이 있으면 맛이 있고 맛이 없으면 맛이 없다 사람의 입맛은 다 똑같다
주방장님 내가 냉면을 맛있게 잘만듭니다 손을 번쩍 들어더니 차를 타라고 하여
주방에 와보니 밥에서 나오는 하얀 김하고 가마 솥에서 국물이 펄펄 끓는 김하고
주방 안에 안개가 낀것처럼 흐릿하게 보였습니다

주방장이 고운 고춧가루와 샘표 냉면 간장을 주면서 직원들이 먹을 냉면 70인분 다데기를
만들라고 하니 제 가슴은 콩닥 콩닥 뛰고 서울에 있을 때에 냉면을 만들어 맛있게 먹은것을

생각하고 한그릇 두그릇 만드는 거나 70인분 만드는 거나 양념은 똑같이 들어간다

마음속으로 사랑의 예수님 저를 햇빛이 없는 그늘로 보내주셔서 감사합니다

예수님 냉면을 맛있게 만들수 있게 예수님 저와같이 70인분 냉면 만드시지요 마음속으로

기도하면서 스텐 다라다가 고운 고추가루와 냉면간장 넣고 생마늘 믹사기에 갈아넣고

생강을 찌어넣고 부추 송송 썰어넣고 쪽파 송송 썰어넣고 고소한 챙기름 넣고 볶음참깨

듬뿍 넣고 설탕 조금 넣고 식초 조금 넣고 버무려서 제가 먹어보니 새콤 매콤 달콤 아주

맛이 있어요 예수님 감사합니다 호주산 소고기 등심과 안심살과 양파 반으로 갈라서

14쪽 넣고 푹 끓여서 양파는 건져내고 시원한 육수물에다 소금으로 간을 연하게 맞추고

삼양냉면1등품 펄펄 끓는물에 잘삶아서 빨리 시원한 찬물에 빨아서 냉면 그릇에

담아 냉면위에 다데기 두순갈 설탕 한순갈 겨자조금 냉면 무김치 조금 식초 한순갈

삶은 소고기 다섯점 배썰어넣고 삶은계란 하나 반갈라서 두쪽 시원한 소고기 육수물

한대접 부어서 새콤 달콤 매콤 하게 시원한 물냉면을 만드러서 사무직 직원들에게

배식을 했는데 그 무더운 날 직원들이 물냉면을 먹고 맛이 있다고 날리가 났습니다

두 그릇을 먹는 분도 계시고 하나님 감사합니다 주님께서 하셨습니다

성령 하나님 너무나 맛있게 하셔서 감사합니다

그후로 점심 식사는 밥보다 냉면이 많이 나갔습니다 주방장님 께서도 냉면 맛있다고 친찬 하였습니다

기도하며 전도하며 주방에서 한달이 지났는데 주방 열쇠가 두개 있는데

주방장님이 하나 가지고 있고 사무직 총무과 식품 담당 대리님께서 가지고 있던 주방 열쇠를

대리님이 저에게 주라고 했다고 주방장님이 제게 주는 거요 주방 안에는 요리사

자격증을 따서 정식 주방 요원으로 오신분이 양식 요리사 한식 요리사 다섯명이 있었습니다

외국인 식당 보조원도 여러명 있었고

그분들이 주방일을 돕는 보조원 저를보고 부러워했었요 주방안에는 식품창고 과일 야쳐 창고

고기 냉동창고 그릇창고 먹는 식품 종유화 주방 안에서 쓰는 물품의 종류가

천가지가 넘어요 주방 안에서 쓰는 모든 용품은 다 있었요

제가 요셉의 축복을 받았습니다 하나님 앞에 너무나 감사하며 나같은 부족한 종에게

요셉의 축복을 주시니 예수님 감사합니다 성령 하나님 맛있는 음식을 만들수 있게

저에게 지혜를 주시고 성령 하나님 하나 하나 가르쳐 주세요

뜨거운 햇빛을 쬐며 현장에서 일하는 것보다 시간적 여유가 더 많았습니다

주방 요원들은 칼질을 잘해요 제가 칼질을 따라 갈수가 없어서

하나님 앞에 20일 작정기도를 하며 주방안에서 칼질을 제일 잘하게 해주세요

칼질 잘하는 주방 요원들이 칼질하는 것을 보면서 하루 하루가 달라 졌어요

작정기도20일 마치는날 점심식사 설렁탕을 하려고 삶은 소고기를 다섯명이 써는데

제가 제일 많이 썰었습니다 오 주님 감사합니다

목수인 내가 숫돌에 칼을 가는것은 나를 따라 올사람이 없었고 삶은 소고기 썰기

무채썰기 양파썰기 양배추썰기 당근썰기 감자썰기 저를 당할자가 없었습니다

리아드 현대건설 회사안에 있는 교회는 콘테나 박스 하나 놓고 그 안에서 예배를 드렸는데

성도들이 많아져서 조금 크게 교회를 짓기 위하여 교우 몇분하고 사무실로 가서

소장님을 찾아뵙고 교회를 조금 넓히게 해달라고 말씀드리니 소장님께서 나무 목재가

한국에서 오는데 단가가 많이 높아서 교회 건물을 다시 세우는 것은 어렵다고 말씀하셔서

일을 맞치고 하나님 앞에 보혈 찬양을 올려드리고 교회를 위하여 부르짖어 기도하는데

성령 하나님께서 제게 콘테나 박스 두개를 맞대 놓는것을 보여주셔서 주님 감사합니다

소장님을 또 찾아뵙고 소장님 콘테나 박스를 하나더 부치게 해주세요

소장님께서 콘테나 박스는 마음대로 쓰세요 소장님 감사합니다

콘테나 박스 두개를 한쪽씩 벽을 산소 용접기로 선반하는 교우들이 잘라버리고 두개를

맞대놓고 쇠비장을 가운데 지르고 용접을 하고 지붕을 함석으로 다시   입히고

방수를 하고 페인트를 바르고나니 아름답고 예쁜 교회가 세워졌습니다

교회안에도 아름답게 꾸미고 예쁜 카페트를 바닥에 깔고 십자가도 세워 놓고

사우디 아라비아 리아드 땅에 하나님의 교회가 아름답고 예쁘게 세워졌습니다

예쁜 교회를 보면서 하나님의 은혜가 감사하고 성령하나님께서 하셨습니다

식당 보조원으로 1년 10개월 동안 식당에서 근무하면서 시간만나면 전도와 기도

어느날 부르짖어 기도 하는데 성령 하나님께서 몇동 몇호 아픈 환자를 보여주시고

가서 기도 해주라 하시면 그곳을 찾아가면 몸이 아파서 일도 못나가고 있는

기능공 형제의 손을잡고 하나님 ㅇㅇ 형제가 몸이 아파서 고통중에 있습니다

예수님 능력의 손으로 ○○형제를 치료해주세요 예수 그리스도의 이름으로 명하노니

더러운 질병은 지금 즉시 떠나갈찌어다 예수 그리스도 이름으로 명하노니

깨끗함을 받을지어다 예수 그리스도의 이름으로 기도드립니다 아멘

하나님께 기도하고 나면 아파서 고통스러워 하던 형제가 아픈 고통이 사라지고 소변볼때

담석이 땅콩 만한것 나왔다고 종이에 싸가지고 와서 보여주고 지금은 안아프다고

감사하며 기뻐하고 어떤 형제는 땅콩만한 담석이 두개가 나왔다고 보여주고

지금은 안아프다고 감사하며 기뻐하고 성령 하나님께서 치료하시는 것을 보여주시고

그 형제들이 예수님을 나의 구세주로 믿고 기뻐하며 하나님의 자녀가 되었습니다

식당에서 같이 일하는 형제를 전도하여 교회 나와서 기도하다가 예수님 만나고

성경을 읽는데 성경 말씀이 살아서 꿈틀 꿈틀 움직여서 이게 꿈인가 싶어서 볼을 꼬집어

봐도 아프고 꿈은 아닌데 하고 이상하여 밖에 나와서 한바퀴 돌고 들어가서 성경을

보아도 하나님 말씀이 살아서 꿈틀 꿈틀 움직여서 그날부터 숙소를 교회로 삼고

귀국 할때까지 현대건설 회사내 리야드 교회에서 기도하고 찬양하며 생활하는

형제도 있었고 어떤 형제는 교회에서 기도하다 성령에 이끌려서 하늘에 올라가

예수님 만나고 성령의 불을 받고 방언 은사도 받고 완전이 개조되어 보배롭고 존귀찬 자로

변화되어 매일 기도하며 기뻐하고 성령이 충만한 형제도 있었어요

어떤 집사님은 믿음 생활을 20년 넘게 하였는데 담배를 끊고 싶은데 끊을수가 없다고

하소연 하여 하나님 앞에 기도합시다 집사님과 같이 손으로 담배각을 잡고

하나님 ○○집사님이 담배 끊기를 원합니다 그러나 집사님 의지로는 담배를 끊을수

없기에 하나님 담배를 끊을수 있는 강하고 강한 믿음을 주십시요

담배를 피고싶은 마음이 올때에 그 더러운 담배의 유혹을 이길수 있는 믿음을

강하게 부어주십시요 오직 성령 하나님만이 하실수 있습니다

예수 그리스도의 이름으로 명하노니 ○○집사님을 괴롭히는 세상 미혹과

담배의 유혹을 싸워서 이길찌어다 승리할 찌어다

예수 그리스도 이름으로 기도드립니다 아멘

손에 들고있는 담배와 내무반 숙소에 남아 있는 담배를 다른 사람에게 주지말고

다 쓰레기통에 버리라고 했습니다 그런데 담배 두보루 二0각을 집사님이 아까워서

버리지 못하고 귀국할때 가지고 올라고 짐가방에 넣어 두었는데 그날밤 하얀옷을 입은

천사가 나타나서 담배 한갑 20 개피에 불을 붙여서 집사님 입에다 대면서

피라고 할때에 담배 안핀다고 뿌리치면서 몸부림 치면서 싸우다가

잠에서 깨어 났는데 너무나도 무섭고 입술이 이상하여 만져보니 입술이

아래입술 위입술 다 부르터서 남은 담배를 쓰래기통에 다 버리고

담배 쳐다보기도 싫다고 저에게 부르튼 입술을 보여주면서

담배 냄새도 싫고 쳐다보기도 싫어졌 서요 할렐루야 하나님께 영광

밤마다 찬양하고 부르짖어 기도하면서 하나님 서울 영락교회 가서 예배를 드리고

싶습니다 하면 내육신은 사우디 리아드 교회 안에서 기도하다 쓰러져있고

나의 영은 성령에 이끌리어 서울 영락교회 한경진 박조준 목사님께서 하나님 말씀을

설교하시는 영락교회 안에서 많은 성도들과 같이 하나님 앞에 예배를 드리고 있고

또 밤에 찬양하고 부르짖어 기도하다 하나님 서울 여의도 순복음교회 가서 예배를 드리고

싶습니다 하면 제육신은 사우디 리아드 교회 안에서 기도하다 내육신은 쓰러져있는

나를 보면서 나의 영은 성령에 이끌리어 서울 여의도 순복음교회 성전안에서

많은 성도들과 같이 하나님 앞에 예배를 드리고

어떤날은 사도 베드로가 여의도 순복음교회 강단에서 설교를 하는것을 보고

너무나 기뻐습니다 매일밤 10시에 보혈 찬양을 하나님 앞에 올려드리고

12시부터 기도가 시작되면 1시 2시 3시 경에 임하면 매일 밤마다 내육신은 쓰러져서

사우디 리아드 현대건설 회사버 바크르교회 바닥에 쓰러져있고 내영은 성령에 이끌어서

하늘로 올라가는데 그 속도가 얼마나 빠른지 눈 깜빡할 사이에 천국에 왔있고

어느날 기도를 마치고 나니 새벽 4시 5시 30분이면 일어나서 식당으로 가서

아침식사 준비를 시작하는데 하나님 지금 1시간 30분 밖에 잠을 잘시간이 없었요

사랑의 예수님 1시간 30분이 3년동안 잠을 푹 잔것같이 해주세요 기도를 하고

잠을 자는데 아 진짜 계절이 일년에 네번씩 열두번이 바뀌는 거예요

봄이 와서 예쁜 새싹들이 쑥쑥 나오는데 산과 들에 수만가지 예쁜 꽃들이 만발하고

벌들이 예쁜 꽃들위에 날고 각색 나비들이 춤을추며 꽃위에 날아다니고

조금 있으니까 여름이 와서 산천초목이 무성하고 아름답게 녹음방초가 되어

각가지 매미들이 노래를 부르며 울어대고

조금 있으니까 가을이 되고 높고 맑은 파란 하늘과 울긋불긋 어여쁜 단풍들이

온 강산에 아름답게 변하고 낙엽이 되어 우수수 떨어지고

추운 겨울이 와서 눈보라가 치고 앙상한 나무가지는 하얀 서리발이 내려 찬란한

아침햇살에 빤짝 빤짝 빛나고 산 계곡에는 얼음이 얼고 차가운 눈보라가 지나가고

조금 있으니까 또 봄이와서 아지랑이가 온 땅에서 올라오고 예쁘고 아름다운 파란

새싹들이 쑥쑥 나오고 산과 들에는 각가지 예쁜 꽃들이 진달래꽃 철쭉꽃 라일락꽃

개나리꽃 목련꽃 벗꽃 살구꽃 산수유꽃 찔레꽃 제비꽃 예쁜 꽃들이 만발하고

그윽한 꽃향기와 벌과 나비가 꽃위에서 춤을 추면서 날아서 놀고

또 여름이 되어 산천초목이 무성하게 우거져서 예쁜 새들이 쌍쌍히 노래를 부르고

각가지 매미들이 노래를 부르며 울어대고

조금 있으니까 가을이 되어 오곡 백과가 무르익고 과일나무 열매가 주렁 주렁 붉게

변하여 서로 자랑하고 산과 들역의 나무가 어여쁜 오색 단풍들이 추풍낙엽이 되어

우수수 떨어지고 앙상한 나무가지는 하얀 서리발이 내리고

또 겨울이 되어 눈보라가 치고 얼음이 얼고 고드름이 얼고 온 세상은 하얀 눈으로 덮혀있고

또 봄이오고 무더운 여름이 가고 시원한 가을을 지나 추운 겨울이 가고

철이 열두번 바꾸어어 3년동안 잠을 푹자고 일어 났는데 제몸이 붕붕 날아

갈듯이 힘이 솟아 났습니다 1시간 30분 잠을 잤지만

꿈속에서 3년동안 잠을 푹자게 하신 하나님 감사합니다

예수님 사랑합니다 성령 하나님 늘 함께 하시니 감사합니다

요15:7 너희가 예수 그리스도 안에 거하고 예수 그리스의 말씀이 너희 안에 거하면

무엇이든지 원하는 대로 구하리라 그리하면 이루리라   아멘

사 41:15 보라 하나님 내가 너로 이가 날카로운 새 타작 기계를 삼으리니 네가 산들을 쳐서
부스러기를 만들 것이며 작은 산들로 겨 같게 할것이라

단 10:5-6 그때에 다니엘 내가 눈을 들어 바라본즉 한 사람이 세마포 옷을 입었고
허리에는 우바스 정금 띠를 띠었고
심판주 예수님의 몸은 황옥 같고 예수님 얼굴은 번개빛 같고 심판주 예수님의
눈은 햇불 같고 심판주 예수님의 그 팔과 발은 빛난 놋과 주석 같고 심판주
예수님의 말소리는 많은 무리의 소리와 맑은 물소리와 같은 예수님

제가 기도하는 시간에 예수님께서 오셔서 너는 이가 날카로운 새타작 기계고
너는 철장 권세의 종이라고 하시면서   예수님 얼굴이 하와 번개빛 같은 예수님께서
그 미터 정도되는 철장을 저에게 주시며 마귀떼를 멸하라 철장을 예수님 손에서 제가
받고 제가 받은 철장이 쇠도 아니고 나무도 아니고 아주 가벼우며 얼마나 강한힘이 임하는지
제 앞에 마귀떼들이 수십만 수백만의 마귀떼가 머리를 빡빡 깎고 붉은빛 옷을
똑같이 입고 붉은 마귀떼들이 나를 향하여 소리를 지르고 몰여 올때에 제가 휘두르는
철장이 강력한 힘이 임하여 50미터 100미터 쭉쭉 빠지면서 제가 휘두르는 철장에
마귀떼들이 머리에 맞자 골이 더져 나와서 다 죽는것을 보고나서 성령 하나님 꿈같은
이환상이 너무나도 신기합니다 꿈같은 이환상이 무엇입니까 기도 하는중에

계 12:9 큰 용이 지구촌 땅으로 내어 쫓기니 옛뱀 아담과 하와를 꾀인 옛뱀 곳 마귀라고도 하고
사단이라고도 하는 온 천하를 꾀는 자라 지구촌 온 땅으로 내어 쫓기니 그의 사자들도
졸개들도 저와 함께 지구촌 온 땅으로 내어 쫓기니라

옛 뱀이요 용이요 마귀가 붉은 짐승에게 공산당 지도부에게 권세를 주므로 붉은 짐승 공산당
지도부는 형제를 속이고 사람들을 속이고 세계 여러나라들을 속이고 거짓말하고 궤휼에
능한 하나님의 대적 열발 열왕과 거짓 음녀의 더러운 영들이 긔 세기 75억 명의 사람들이
한시대를 살아가는 지구촌 바벨세상에 각종 더럽고 가증한 악의 영들과 세상을 유혹하고
미혹하는 더러운 악의 영들이 지구촌 전세계에 퍼져서 전쟁하고 죽이고 나라마다 데모하고

-171-

싸우고 파괴하고 불을 지르고 사람이 사람들을 죽이는 지구촌 바벨 세상이 무너졌도다

무너졌도다 큰성 지구촌 바벨세상이 귀신의 처소와 각종 더러운 영들이 모이는 곳과 각종 더럽고
가증한 마귀들이 모이는 곳이 되었도다 예수 그리스도의 보혈로 피로산 지구촌 전세계 영적
이스라엘 교회들아 영적 이스라엘 하나님의 백성들아 너희는 세상의 더러운 영들을 따라가지
말라 너희는 하나님의 말씀과 기도와 믿음으로 옛 뱀이요 용이요 마귀와 붉은 짐승과 거짓 옹녀와
바벨 세상에서 각종 더러운 영들과 싸워 이기는자가 승리자요 영적 이스라엘이요 하나님의 자녀다

사 8: 5-8 | 여호와께서 다시 이사야 선지자에게 일러 가라사대

하나님의 백성이 영적 이스라엘이 천천이 흐르는 실로아 물을 버리고

하나님을 버리고 르신과 르말리야의 아들을 기뻐하나니

그러므로 주 하나님 내가 흉용하고 창일한 큰 하수 곧 앗수르 왕과 그의 모든 위력으로

그들 위에 유다 위에 영적 이스라엘 위에 덮을 것이라

용의 권세를 받은 붉은 짐승 공산당 사상의 물결이 노아 셈 욕단의 장막 하나님이 세우신
천손의 나라 지구 땅끝의나라 지구 땅 모퉁이 대한민국 땅에 덮어져서 그모든 곬에
차고 모든 언덕에 넘쳐 흘러 유다에 들어와서 창일하고 목에까지 미치리라
하나님을 경외하며 신뢰하고 경배하며 섬기며 찬양하며 주일 예배와 매일 매일
새벽예배와 수요예배와 금요예배와 기도회를 대한민국 전교회가 하나님 앞에 드리며
목숨보다 믿음을 지키는 조그만한 동방의나라 단일민족 제2의 영적 이스라엘 대한민국
한국 교회까지 붉은 공산당 사상의 물이 들어와서 대한민국 한국교회를 대표하는
한기총이 싸우고 한국교회 각 교단 총회가 모이면 싸우고 각 교단 노회들이 모이면
싸우고 한국 교회들이 싸우고 네파 내파 목사파 장로파 권사파 편가르고 싸우고
용의 권세를 받은 공산당 사상의 물결이 한국교회 목에까지 차올라서 예수 그리스도 피로산
하나님의 거룩한 교회 안에서 황충의 떼가 일어서서 데모하고 싸우고 거짓말하고
사자같이 사나우며 하나님께서 세우신 주의종을 자기들의 생각과 뜻이 다르다고
강대상에서 설교하시는 주의종을 끌어 내리고 창조주 하나님 예수그리스도 피로산
교회에서 예배를 못드리게 파괴하고 하나님의 교회와 하나님의 양들을 돈을주고
팔고 사고 있는데도 주의 종이라고 하는 일부 교회 지도자들이 신앙관도 없고 국가관도 없고

용의 권세를 받은 붉은 짐승 공산당 지도부 하나님의 대적 하나님을 미워하고

하나님은 없다고 거짓말하고 하나님의 백성을 학대하고 억압하고 하나님 앞에

예배를 못드리게 방해하고 자유를 박탈하고 감시하고 교회를 부수고 파괴하고 불을지르는

하나님의 대적 중국을 좋아하고 북한을 좋아하는 신앙관도 없고 국가관도 없는

대한민국을 대표하는 역대 대통령도 국회의원도 시장도 도지사도 군수도 공산당 지도부가

하나님의 대적인줄 모르고 따라가고 타협하고 한국교회 일부 지도자들과 성도가 아닌

교회 교인들이 역대 대통령을 지지하고 동의하고 따라가는 교인들이 있습니다

하나님의 대적 공산당 사상을 좋아하고 따라가면 하나님과는 대적이 되는 겁니다

공산당 지도부는 칼막스 주체 사상을 세워놓고 가난한자 부자없이 똑같이 일하고 똑같이

나누고 똑같이 잘먹고 잘살자 공산국가 공산당 지도부의 말과 행동이 다르고

전부 거짓말을 하여 자기 백성을 속이고 있지만 선량한 백성들이 언제까지 속겠는가

조금 있으면 하늘과 지구촌 온 땅을 진동 시키고 오실 심판주 하나님의 불꽃같은 눈을 아무도

피할수가 없습니다 하나님의 대적 공산당 사상을 좋아하고 따라가면 하나님과는 대적이 됩니다

자기생각 자기 중심으로 믿음 생활을 하는 자들은 10년 평생동안 하나님을 믿어도

하나님과 아무런 상관이 없습니다 하나님께서 미워하면 나도 미워하고 하나님께서

기뻐하시면 나도 기뻐하고 따라가야 하나님의 편에 서있는 것이지

신앙관도 없고 국가관도 없는 교회 지도자 밑에있는 성도들이 어디로 가겠는가

한국교회 파수군이요 대한민국을 파수하는 지도자들 이라고 자칭하는 자들이

눈이 있어도 보지 못하는 소경이요 귀가 있어도 듣지 못하는 귀먹거리요

입이 있어도 짖지 못하는 벙어리 개라 세상 헛된 일에 꿈을 꾸는자요

세상 탐욕이 심하여 많은 것을 가져었도 감사가 없고 만족 할줄을 알지못하는 자요

몰각한 목자들이라 자기 자랑 자기의를 나타내고 환경을 초월하여 불법을 행하며

자기 이만 도모하며 자기가 하는것은 다 의롭고 남을 비방하며 형제를 판단하며

이웃과 형제를 속이고 하나님 자리에 앉자서 남을 심판하며 낮에나 밤에나 불법을

행하며 회개가 없는 자들은 양심이 화인 맞아서 하나님과 아무런 상관이 없습니다

금은 보화가를 아무리 많이 가져도 하나님 앞에 가지고 갈수 없는데

육신의때에 하나님 앞에 충성하고 드린것만 몇백배로 우리가 소유할수 있습니다

창조주 하나님 예수님께서 보시기에는 전부다 냄새나는 쓰레기 인데

사도바울이 배설물로 다 버린것을 21세기 75억 명의 사람들이 한시대를 살아가는

오늘날 각 나라와 인종과 언어를 초월하여 눈이멀고 귀머거리 땅에 속한 자들이

발람과 이세벧 같이 땅에것을 더많이 가지려고 형제와 이웃을 속이는 자들

땅에것은 다 가짜인데 땅에것 가짜를 너무나 사랑하면 하늘에것 진짜를 다 놓친다

땅에것 가짜를 사랑하면 하나님과 아무런 상관이 없습니다

하나님께서 지구 땅끝의나라 지구 땅 모퉁이 동방의 나라 노아 셈 욕단의 장막

하나님께서 세우신 천손의 나라 대한민국 나라가 어디로 가겠는가

대한민국 나라가 바로서야 한국교회가 있고 온 백성들이 사랑과 자유안에서 행복한 삶을

누리고 살아가는데 하나님께서 미워하는 하나님의 대적 용의 권세를 받은 붉은 짐승

공산국가 공산당 지도부를 같이 미워해야 하나님 편에 서있는 것이지

심판주 예수님께서 오늘이나 내일이나 영원토록 살아계셔서 불꽃같은 눈으로 선인이나

악인이나 사람을 창조한 아담 때부터 온 지구상에 인종과 언어를 초월하여

지구촌에 태어나서 죽은 자들과 한평생 살다가 죽은 영혼들과 21 세기 75억 명의

사람들이 한시대를 살아가는 지구촌 전세계 각 나라와 인종과 언어를 초월하여

매일 낮에나 밤에나 24시간 세상 끝날까지 분마다 초마다 모든 심령을 감찰하시고

다 보고 계시고 육신의때에 자기가 행한대로 하나님 책들에 기록이 된대로 심판을

하시는 창조주 하나님 공산국가 공산당 지도부가 하나님은 없다고 거짓말을 밥먹듯이 하는

공산국가 공산당 지도부가 악을 행하며 선량한 백성들의 자유를 박탈하고

하나님의 교회와 화목한 가정들의 사랑과 화목과 자유를 파괴하고

하나님 몸된 교회를 부수고 불을 지르고 하나님을 믿고 신뢰하고 찬양하고 예배드리는

백성들을 하나님을 못믿게 억압하고 착대하고 괴롭히고 감옥에 가두고 굶기고

공산국가 공산당 지도부가 하는말에 반대하면 공산국가 공산당 지도부의 권력과 칼으로

몇이든지 다 죽이는 하나님의 대적 하나님이 미워하는 공산국가 공산당 지도부를 따라가는

대한민국을 대표하는 지도자들을 돕고 동의하고 따라가면 하나님의 대적입니다

대한민국을 대표하는 역대 대통령도 국회 의원도 시장도 도지사도 교육감도 군수도 공산당이

하나님이 미워하는 대적인줄 모르고 따라가니 일반 백성들이 무엇을 알겠는가

그러나 하나님을 믿는 주의 종이나 성도들은 역대 대통령들이 공산당 지도부를 좋아하고

타협하고 따라가도 하나님을 믿고 따르는 주의 종이나 성도들은 하나님 편에 서있어서

공산국가 공산당 지도부와 싸우는 지도자 대한민국 나라와 오천만 백성들과 국가 안보를

위하는 참 지도자를 지지하고 동의하고 따라가야 하나님께서 보시고 기뻐하시고 함께하시지

하나님의 대적 거짓말을 밥먹듯이 하는 공산국가 공산당 지도부를 지지하고 동의하고 타협하고

따라가는 대통령 국회의원 시장 도지사 교육감 군수 공산국가 공산당과 타협하는 자들을

지지하고 동의하고 따라가면 하나님 과는 원수가 됩니다 유고 사상에서 벗어나고

자기 생각에서 벗어나야 합니다 하나님을 10년 평생 신뢰하고 믿었었도 잘못된 사상을

회개하고 하나님 편으로 의인들의 편으로 돌아서지 아니하고

자기생각 자기 중심으로 친구의 권유로 그분은 같은 도민이라 너가 잘아는 분이닌까

인간의 정때문에 지지하고 타협하고 동의하고 따라간다면 역대 대통령이

국회의원이 시장이 도지사가 교육감이 군수가 당신들을 구원해줄   수 있는가

하나님의 대적 공산국가 공산당 지도부 악한자를 지지하고 타협하고 동의하고 따라가고

도와주면 도움을 받는자도 도움을 준자도 엎드려져서 다 함께 멸망하리라

하나님의 대적 용의 권세를 받은 붉은 짐승 공산국가 공산당 지도부를 따라가고 타협하는

지도자들을 지지하고 동의하고 따라간 대한민국 시민이나 하나님의 백성들은 하나님 제가 공산국가

공산당 지도부가 하나님께서 미워하는 대적인줄 몰라서 대한민국을 대표하는 역대 대통령

국회의원 시장 도지사 교육감 군수를 지지하고 동의하고 따라간 것을 잘못한 것을 뉘우치고

참회가 없는 자들은 다함께 엎드려져서 다함께 멸망하리라 여호와의 말이니라

마 22 : 14 | 창조주 하나님 예수 그리스도께서 청함을 받은 자는 많되 택함을 입은 자는 적으니라

21 세기 75억 명의 사람들이 분주하게 한시대를 살아가는 전세계 각 나라와 인종과

언어를 초월하여 예수 그리스도를 믿는 청함을 받은 자는 많은되

택함을 입은자 구원받은 자는 적으니라

인자가 심판주가 이땅에 올때에 세상에서 믿음을 보겠느냐 하시니라

인자의 임함도 노아 때와 같으니라 그러므로 깨어 있으라 어느 날에 심판주가 임할는지

인자가 심판주 예수가 하늘을 가르고 지구촌 온땅과 바다와 육지를 진동시키고

백마를 타신 심판주와 하늘에 있는 군대들이 십사만 사천이 희고 깨끗한 세마포를 입고

백마를 타고 심판주 예수님을 따르며 만국을 철장으로 다스릴때에 지구촌 온 땅의

모든 족속들이 통곡하고 울때에 세상에서 믿음을 보겠느냐 하시니라

하나님 오른편에 서 있느냐 마귀편에 서 있느냐 선택은 온 인류의 모든 사람들에게 자유

영원히 살기 위하여 하나님 오른편에 서 있기를 축복합니다

민 16:31-33 이 모든 말을 마치는 동시에 고라의 족속의 밑의 땅이 갈라지니라

땅이 그 입을 열어 그들과 하나님의 대적 고라 가족과 고라에게 속한

모든 사람과 그 물건을 삼키매

하나님의 대적들과 그 모든 고라의 소속이 산 채로 음부에 빠지며 땅이 그 위에

합하니 하나님의 대적들이 총회 중에서 망하니라

하나님의 대적 세상을 따라 악을 행하는 고라의 편에 설것인가

하나님께서 세우신 모세 편에 설것인가 하나님 편에 서있는 대한민국 지도자들

편에 설것인가 용의 권세를 받은 붉은 짐승 공산국가 공산당 편에 설것인가

하나님께서 세우신 각 나라와 인종과 언어를 초월하여 남녀노소 빈부귀천 막론하고

참 자유를 주신 자유민주주의와 신본주의 편에 설것인가 선택은 지구촌 전세계

각 나라와 인종과 언어를 초월하여 모든 사람들에게 자유 영원히 살기 위하여

모세의 편에 자유민주주의 신본주의 편에 서시기를 축복합니다

용의 권세를 받고 나온 붉은짐승 공산당 사상의 물결이 대한민국 한국교회 안에까지

들어와서 창일하고 목에까지 미칠때에 임마누엘 하나님이 대한민국에 나타나셔서

하나님의 대적 악인들을 패망케 하며 노아 셈 욕단의 장막 하나님이 세우신

천손의 나라 제2의 영적 이스라엘 대한민국 땅에 임마누엘 하나님이

제2의 영적 이스라엘 교회와 대한민국 지구 땅끝의 나라 지구 땅 모퉁이

전지역에 편만하리라 하셨느니라 아멘 할렐루야

마귀떼가 지구촌 온 땅으로 쫓겨 내려와서 지구촌 전세계 각 나라와 인종과 언어를 초월하여

나라마다 시끄럽고 서로 미워하고 싸우고 속이고 거짓말하고 사자같이 사나운 황충의 떼들이

들고일어나서 전세계 나라마다 데모하고 싸우고 테러와의 전쟁 물건을 파괴하고 싸우고

죽이고 가난과 질병과 재앙이 기세기 지구촌 전세계 온 땅에 끊어질 날이 없습니다

용의 권세를 받고나온 소련 중국 북한 월맹 쿠바 헝가리 서독 미얀마 베트남 라오스 에디오피아

세리비아 루마니아 지구촌 전지역에 불붙은 산과 같이 100년 동안 번져나가고 땅 ⅓

수목의 ⅓ 바다의 ⅓ 세계인구 ⅓이 공산화되어 대한민국 온지역 까지 들어와서

공산당 사상을 강물같이 토하여 더러운 악의 영들이 우리 대한민국 땅에 들어와서

1950년 6월25일 주일날 새벽 용의 권세를 받은 북한 김일성 북한 군인들과 붉은 용의 권세를

받은 붉은 짐승 소련 공산당 탱크를 앞세우고 북한 군인과 중국 공산당 군인들이

대한민국 남한으로 쳐들어와서 1950년 6월25일 주일날 새벽 전쟁을 통하여 미국 나라를

비롯하여 자유민주주의 우방국가 여러나라 젊은 군인들과 중국 공산당 군인들과 남과 북한

한민족 한 형제가 셀수 없는 수백만 명의 군인들과 수많은 백성들이 죽음을 당하고 서로 울고

남과 북한 한 형제가 자유민주주의와 공산주의로 갈라져서 74년 동안 총과 칼로 싸우고 죽이고 울고

대한민국을 대표하는 청와대 대통령들이 여야가 서로 미워하고 싸우고 감옥에 가고

자살하고 뇌물을 받고 불법을 행하고 거짓말하는 자들은 불과 유황으로 불타는

지옥으로 들어가는데 그것도 모르고 자살하고 거짓말하고 도적질하고 경상도 전라도

충청도 특회 싸우고 시마다 도마다 싸우고 서로 미워하고 그 형제를 미워하는 자마다

사람을 죽이는 살인하는 자니 얼마나 많은 사람을 죽이는가 서로 미워하고 싸우고

대한민국 국민을 대표하는 국회의원 여야가 국회에 모이면 서로 미워하고 거짓말하고 싸우고

역대 여야 국회의원들과 오늘날까지 여야 국회의원들이 모이면 서로 미워하고 거짓말하고

싸우고 파괴하고 도적질하고 뇌물을 받고 불법을 행하고 이제 그만 국회가 여당이나 야당이나

자기당을 위하여 일을 하지만 국회의원 여야가 대한민국 각시와 각도와 각군과

전체를 놓고 대한민국 오천만 국민들의 편에서 국회의원 여 야 의원들이 머리를

맞대고 창조적인 아이디어를 발명하고 개발하여 앞으로 나가면

대한민국 오천만 백성들이 청와대와 국회를 믿고 신뢰하며 나아갈 때에 기세기 지구촌

전세계에서 제일 안전하고 평안하고 사랑과 기쁨과 웃음이 넘치는 대한민국

낮에나 밤에나 24시간 365일 세상 끝날까지 아름다운 생활과 치안이 보장되며 살기좋은
대한민국을 전세계에 알리고 지구촌 전세계 각 나라와 인종과 언어를 초월하여 생활에
어려움을 당하는 국가들을 대한민국 정부 산하기관 대표들이 어려운 나라들을 찾아가서
아무조건 없이 먹는물과 식생활에 필요한 것을 아무런 조건없이 무상으로 도와줄 때에
좋은 이웃으로 같이 나아갈 때에 먼저 사랑의 하나님께서 보시고 기뻐하시고
가난한 자를 불쌍히 여기는 것은 여호와 하나님께 꾸이는 것이니 그 선행을
하늘과 땅 우주 만물을 주관하시는 하나님께서 갚아 주시리라 아멘

우리 대한민국도 일제 35년 시련과 육이오 전쟁을 치르고 그 어려운 시대에
여러 나라들로 전쟁에 도움을 받아서 오늘날 대한민국이 있는것 입니다
특히 노아 야벳의 장막 미국 나라로 부터 많은 군인들이 공산당과 싸우다가 희생을
당하고 먹는것 마시는것 입는것 의료 지원과 교육지원 군사지원 많은 도움을 받았습니다
대한민국 정부와 백성들이 어찌 그날과 그일을 잊을수가 있겠습니까
대한민국을 도와준 모든 국가들과 그 후손들에게 하나님의 신령한 축복이 영원토록
함께 하시길를 예수님 이름으로 축복합니다

대한민국 조그만한 단일민족 지구 땅끝의나라 지구 땅 모퉁이 조그만한 나라지만
지구촌 전세계 국가들이 대한민국을 보고 부러워하며 세계 여러 나라들이 대한민국을 보고
배우며 많은 사람들이 몰려오게 사랑과 은혜가 넘치는 국회를 만들기 위하여 미워하고
싸우고 거짓말하는 삼국시대 열왕들과 방백들과 선조들의 죄의 고리를 이제는 끊어버리고
노아 셈 욕단의 장막   하나님이 세우신 천손의 나라 대한민국 하나님이 함께하시는
자랑스런 동방의 나라 부르심을 입고 빼빼버섬을 얻은 청와대와 국회의원 여야 남녀종들 모두가
고구려 백제(신라 가야 열왕들과 방백들과 선조들이 천년넘게 미워하고 싸우고 죽인 죄악의
고리를 이제 그만 끊어버리고 뽑아버리고 청와대와 국회 여야가 얽킨 죄악의 고리를 끊어야
황충의떼가 각종 데모데가 떠나가고 마귀떼들이 다 도망하고 하나님이 보시고 기뻐하시고
선조들도 하늘에서 보시고 기뻐하시고 큰 대로가 열립니다 전세계 각국 여러나라 들이
부러워하는 선진국 강한나라 거룩한 대한민국 하나님께서 함께하시는 대한민국
제2의 영적 이스라엘 대한민국 지구촌 전세계에서 강한민족 거룩한 나라가 됩니다

하나님께서 노아 야벳 고멜 야완 엘리사의 자손이요 하나님을 사랑을 받는 여러나라

야벳을 창대케하사 마지막 때에 지구 땅끝의나라 셈의 장막에 거하게 하시고

창9:27 하나님이 야벳을 창대케 하사 노아 셈 욕단 대한민국 셈의 장막에 거하게 하시고

대한민국과 미국은 노아 셈 야벳 한혈통 한 형제입니다 세상 끝날까지 셈 야벳의

후손들은 하나님 말씀을 따라 믿음으로 기도로 사랑으로 물질로 서로 돕고 모든 것을

합력하여 선을 이루며 세상 끝날까지 같이 가는 것이 하나님 말씀과 계획입니다

대한민국과 북한은 한 형제지만 철과 진흙이요 자유민주의 사상과 공산주의 사상이

합하지 아니함이 철과 진흙이요 대한민국 정부와 국방과 국회의원 여야가 북한 공산당

힘도 없는 지도부를 바라보지 말고 북한 공산당 안에 공산당 지도부의 권력과 힘으로 이천오백만

백성들을 억압하고 학대를 하고 하나님께서 주신 사랑과 자유를 박탈당하고 북한 백성들이

먹을것이 없어서 하늘을 바라보고 눈물을 흘리며 죽어가는 저 가엾은 이천오백 만 귀한 생명들을

대한민국 정부와 국방과 미국 정부의 국방이 눈을 크게떠서 보시고 빠른 시일안에 살려내야 합니다

대한민국 정부의 힘으로 불의한 법령을 만들어서 그 법안이 잘못된 것을 알면서도 올타고

따라가는 법무부와 악한 헌법 재판장이 어찌 하나님과 교제 하리이까

정부와 삼부요인 장관들과 국회의원과 각분야 지도자 여러분 위에는 항상 불꽃같은 눈으로

지켜보시는 심판주 하나님이 계십니다 공의와 공평의 하나님 사랑의 하나님은 불의를

미워하고 오직 의롭게 행하는자 불법과 편법과 불의를 보고 정직히 말하는자 탐색한 재물을

가증히 여기는자 손을 흔들어 뇌물을 받지 아니하는자 귀를 막아 피흘리려는 꾀를 듣지

아니하는자 눈을 감아 악을 보지 아니하는 자를 사랑하시고 기뻐하시는 하나님

정직한 자들은 하나님께서 영원토록 보장이 되시며 그 양석은 영원히 공급되고

그 생수의 물은 영원히 끊치지 아니하리라 하셨느니라

너의 의인들의 눈은 그 영광중의 만왕의 왕을보며 광활한 땅을 목도하겠고

법무부와 검찰과 경찰이 자기의 뜻에 따르라고 미워하고 싸우고 공평과 정의는 사라지고

뇌물을 받고 죄인을 놓아주고 의인을 죄인으로 만드러서 감옥에 보내고 불법을 행하고 거짓말하고

사람들은 속일수 있지만 심판주 하나님의 불꽃같은 눈은 아무도 숨기고 피할수가 없습니다

-179-

자기들이 행한 행위를 따라 갑절을 갚아주고 그의 섞인 잔에도 갑절이나 섞어 그에게 주라

하나님의 생명책에 이름이 기록된 대로 상급도 받고 심판도 받느니라

1급 공무원부터 9급 공무원까지 시기하고 미워하고 도적질하고 뇌물을 받고 속이고 거짓말하고

싸우고 대한민국 전국 공무원 노조가 서로 미워하고 싸우고 공공 기업들과 근로자 노조들과 서로

미워하고 거짓말하고 싸우고 육군 공군 해군 해병대 군인들이 폭력하고 미워하고 거짓말하고 싸우고

초 중 고 대학교 대학원 학교마다 학생들이 미워하고 폭력하고 거짓말하고 싸우고

학교와 학생이 싸우고 유아원 선생님이 아이들을 폭력하고 미워하고 싸우고

사랑했던 형제와 형제끼리 미워하고 싸우고 이웃과 이웃끼리 서로 미워하고 싸우고

사랑하고 행복하고 화목했던 아름답던 가정들이 서로 미워하고 싸우고 이혼하고

도로 교통사고가 세계에서 1위 자살이 세계에서 1위 낙태가 세계에서 1위

조그만한 대한민국 나라에서 남녀노소 할것없이 미워하고 싸우고 거짓말 하고 속이고 사기치고

술과 오락과 도박과 남녀노소 할것 없이 낮과 밤을 구분 하지도 못하고 세상 향락과

먹고 마시고 즐거움에 빠져서 가정들이 파괴되고 음난과 폭력으로 자녀가 부모를 미워하고

부모가 자녀를 미워하고 형제와 형제가 이웃과 이웃이 서로 미워하고 싸우고 죽이는 더러운

악의 영들 대한민국 고려 백제 신라 가야 우리 열왕들과 방백들과 열조들이 하나님 앞에

미워하는 오만가지 우상을 만드러 섬겨서 하나님께서 노하여 한민족 한 형제끼리

천년넘게 서로 미워하고 속이고 거짓말하고 싸우고 죽이고 멸망하게 하는 악하고 더러운

영들이 우리 후손들 마음속에 생각속에 육체속에 환경속에 들어와서 1950년 6월25일 남북

전쟁이 나서 셀수 없는 수백만명의 사람들이 죽고 지금까지 한민족 한 형제가 남과 북이

갈라져서 총과 칼을 맛대고 74년 동안 서로 미워하고 거짓말하고 싸우고 죽이고 서로울고

그 더러운 영들이 청와대까지 들어가서 대통령들이 서로 미워하고 싸우고 거짓말하고

감옥에 가고 자살하고 국회의원 여야가 국회에 모이면 서로 미워하고 속이고 거짓말하고

싸우고 법무부와 검찰과 경찰이 서로 미워하고 싸우고 공무원 전국 노조가 데모하고 미워하고

싸우고 공공 기업들과 근로자들이 데모하고 서로 미워하고 싸우고 각 노조들이 데모하고

서로 싸우고 군폭력 학교폭력 학원폭력 형제와 형제가 서로 미워하고 싸우고 죽이고

가정폭력 서로 미워하고 싸우고 이혼하고 부모와 자녀가 서로 미워하고 싸우고 죽이는

고구려 백제 신라 가야 선조들이 서로 미워하고 싸우고 죽이는 더러운 악의 영들이

대한민국과 북한 우리 후손들 마음속에 생각속에 육체속에 환경속에 들어와서 서로 미워하고

총칼들고 싸우고 죽이고 가정폭력과 서로 미워하고 이혼하고 데모하고 싸우고 거짓말하고 자살하고

낙태하고 살인하고 교통사고 나게하여 물질을 빼빼앗아가고 몸을 장애로 만들고 죽이는

더러운 악의 영들이 대한민국 백성 후손과 북한 백성 후손들 마음과 생각과 육체와

환경속에 들어오지 못하도록 한국교회 하나님을 믿는 주의 종들과 일천만 성도님들이

대한민국 5천만   백성들과 북한 2천오백만 백성들을 하나님 능력의 손에 올려드리고

남과 북이 성령 하나님 안에서 하나되게 하소서 기도해야 합니다

대한민국 한국교회 주의 종들과 일천만 성도들이 용의 권세를 받은 중국과 북한 오랑캐와

일본 나라에 역사하는 간사하고 속이는 악한 더러운 영과 붉은 용머리를 성령의 검으로

짜르며 하나님의 대적 붉은 짐승과 거짓 음녀와 간사 하게 사람들을 속이는 더러운 오만가지

사귀 영들과 세상 각종 더러운 영들과 사람들을 미혹하고 유혹하는 더러운 악의 영들과

각종 우상의 영들과 하나님과 반대되는 각종 더러운 사귀 영들과

대한민국 고구려 백제 신라 가야 열왕들과 방백들과 열조들이 서로 미워하고 싸우고

죽이고 더러운 각종 악의영들이 대한민국 백성들과 북한 백성들 마음속에 생각속에 육체속에

환경속에 생활 속에 들어오지 못하도록 매일 매일 나사렛 예수 그리스도의 이름으로

끊으며 나사렛 예수 그리스도의 이름으로 명령하고 쳐부수는 기도를 한국교회 주의 종들과

일천만 성도님들이 하나님 앞에 부르짖어 기도하면 하나님께서 들으시고 동의하시고 조금 있으면

하늘과 온 땅과 바다와 육지와 만국을 진동시킬 심판주 예수 그리스도의 이름으로 명령하노니

더러운 악의영들을 끊고 짜르고 쳐서 부수고 날려버리는 기도를 모든 성도님들이 해야합니다

애 5:7 우리 열조는 범죄하고 없어졌고 우리 대한민국 고구려 백제 신라 가야 열왕들과 방백들과

열조들은 오만가지 우상을 만드러 섬기어서 하나님께 범죄하고 서로 미워하고 싸우고다 죽어서

없어졌고 우리 후손들은 그 죄악을 고구려 백제 신라 가야 열왕들과 방백들과 열조들이

범죄한 그 죄악을 대한민국과 북한 백성들과 후손들이 담당하였나이다

대한민국과 북한 열왕들과 방백들과 열조들은 하나님을 몰라서 철우상 돌우상 나무우상

각가지 우상을 만들어 세워놓고 복을 달라고 귀찬자나 천찬자나 우상 앞에 경배하며

열왕들과 방백들과 열조들이 만든 오만가지 우상들은 눈이 없어 보지도 못하고

혀가 없어 말도 못하고 귀가 없어 듣지도 못하고 생기도 없는 죽은 신상을 열조들이 나무를 심어서

나무가 잘하면 그 나무 토막을 가지고 화목을 삼고 불을 피워서 몸을 더웁게도 하고

불을 피어서 떡을 굽기도하고 고기를 삶아 먹기도하고 고기를 구워먹기도 하며

그 나무토막으로 신상을 만드러 그앞에 세워놓고 절하고 또 철우상을 쇠물을 부어 만드러 도금을 하여

세워놓고 절하고 돌을 다듬어 돌우상을 만드러 세워놓고 열조들이 만든 신상앞에 복을 달라고

경배하던 고구려 백제 신라 가야 열왕들과 방백들과 열조들은 하나님을 몰라서

하나님 앞에 죄를 범하였으니 거룩하시고 자비하신 사랑의 하나님 대한민국 열왕들과

방백들과 열조들이 하나님 앞에 범죄한 모든죄를 하나님 용소 하옵소서

대한민국 열왕들과 방백들과 열조들이 천년넘게 서로 미워하고 싸우고 죽이고 오만가지

우상을 만들어 섬겨서 죄의(보응이) 대한민국과 북한 백성들에게 임하여 육이오 전쟁을

하여 많은 사람들이 죽고 울부짖음과 74년 동안 남과 북이 갈라져서 지금도 서로 미워하고

총칼들고 싸우고 죽이고 거짓말하고 속이고 술치고 방탕하며 사치하고 치부하고 우상숭배와

데모와 폭력과 가난과 질병과 재앙으로 사람들을 죽이는 공중 권세를 잡고 있는 천하를 꾀는

각종 악의 영들과 사람들을 미혹하고 유혹하고 속이고 죄를 짓게하는 더러운각종 악의영들을

한국교회 주의 종들과 일천만 성도님들이 하늘과 땅과 바다와 육지를 진동 시킬 심판주

예수 그리스도의 이름으로 명령하노라 성령의 말씀의 검으로 짜르고 끊어 버리고 쳐부수고

성령의 불로 다 태워버리고 날려버리는 기도를 부르짖어 매일 기도해야 합니다

대한민국 전교회 목사님들과 일천만 성도님들이 예수 그리스도의 이름으로 말씀을 선포할 때에

기적이 일어납니다 예수 그리스도의 이름으로 명령 할때에 붉은 짐승과 거짓 음녀와 더러운 악의

영들을 꾸짖고 명령하고 부르짖어 기도할 때에 천하를 꾀는 각종 더러운 악의영들과 미워하고

거짓말하고 속이고 싸우고 죽이는 각종 더럽고 추하고 악한 영들이 다 도망하리라

지구촌 전세계 온땅 각종 더러운 영들을 심판주 예수님께서 다 제거하시고 소멸하시고

심판의 낫을 온땅에 휘두르때 죄악을 거두어 불어던지고 태워버리고

하나님께서 계획하신 모든 일들을 노아 섬 욕단의 장막 하나님이 세우신 천손의 나라 지구 땅끝의나라

지구 땅 모퉁이 동방의 나라 대한민국 제2의 영적 이스라엘 백성들로 하나님께서 계획하신 모든 일들을

하나하나 이루워주소서 대한민국 제2의 영적 이스라엘은 오직 하나님만 믿고 경배하며 경외하며

신뢰하고 충성하며 예수님을 따르겠습니다 오직 성령 하나님께서 하나하나 말씀하소서

대한민국 제2의 영적 이스라엘 백성들이 보고 듣고 세상 끝날까지 예수님만 따르겠습니다

중국에 나가 있는 대한민국 크고 작은 기업들이 중국 공산당 정부의 힘으로 억압하고 대한민국

기업들이 큰 타격을 입어 어려움을 당하고 공장들이 철수를 한다는 보도를 듣고 나서

나사렛 예수 그리스도 이름으로 내가 명령한다 중국 공산당 지도부를 사로잡고 있는 붉은용

머리를 성령의 날선 검으로 팍 팍 짜르고 파괴한다 용의 권세를 받은 붉은 짐승과

짐승의 권세를 받은 궤휼에 능한 속이고 거짓말하는데 능한 거짓 음녀를 좌우에 날선

성령의 검으로 팍 팍 쳐서 짜르고 날리어 버리고 흩어버리는 기도를 부르짖어

하나님 앞에 하고 있습니다 하나님의 말씀 날선 검은 살았고 운동력이 있어 믿음으로

선포할 때에 하나님이 들으시고 동의하시고 하나님 나라 위하여 일할 때에

모든 일을 이루어 주시는 참 좋으신 하나님

요 15 : 7   너희가 예수님 안에 거하고 성자의 하나님 예수의 말이 너희 안에 거하면 믿으면

무엇이든지 원하는 대로 구하라 그리하면 이루리라

창조주 성자의 하나님 심판주 예수님께서 직접 하신 말씀입니다

1988년 서울 올림픽이 끝나고 나서 한국 사람들과 중국 사람들이 서로 왕래하며 수교를 맺은지

올해로 32년 대한민국 크고 작은 착한 기업 사장들이 중국 공산국가 땅으로 돈을 벌려고 들어

갔지만 32년 동안 중국 공산당 사람들에게 모든 창의적인 기술을 다 전수해주고

크고 작은 공장까지 빼앗기는 한국 기업들이 많이 늘고 있다는 보도를 할때에 참으로

대한민국 국민이 마음이 아파요 저는 서울 88 올림픽이 끝나고 한국 사람들과

중국 사람들이 서로 왕래하며 92년도 대한민국 정부와 중국 정부가 수교를 맺고

대한민국 크고 작은 착한 기업들이 돈을 벌려고 중국 공산국가 땅으로 들어 갔지만 저는

대한민국 크고 작은 착한 기업들이 중국 공산국가 땅에서 돈을 벌어 올수가 없는것을

알고 있었지만 제가 무슨 힘이 있어서 막을수 있습니까

철과 진흙과 기름과 물은 서로 화합이 될수가 없습니다

용의 권세를 받은 중국 공산당 지도부는 자기 형제를 속이고 자기 백성들을 속이고 이웃과

이웃 나라들을 속이고 거짓말하고 모든일에 정직함도 없고 공의도 없고 사랑도 없고 중국 공산당 지도부의

힘과 돈을 가지고 지구촌 아프리카 나라들과 연약한 여러 나라들을 괴롭히고 속이고 있지만

21세기 75억 명의 사람들이 한시대를 살아가는 지구촌에는 문명의 시대요 달나라

별나라를 가고 지구 동서를 하루에 왕래하며 무역 거래방으로 전세계의 물건을 서로
공유하며 보고 듣고 살아가는 시대에 어느국가가 어느 나라가 속고만 있겠는가
정직하지 못한 나라나 국가나 단체나 개인은 다 망합니다

창조주 하나님은 중국 정부가 두 얼굴을 가지고 중국 자기 백성들을 속이고 괴롭히고 연약한 국가나
나라들을 괴롭히고 속이고 있는것을 심판주 하나님은 낮에나 밤에나 중국 공산당 지도부를
다보고 계시고 중국 정부가 공평과 정의로 돌아 오기를 기다리시는 하나님 심판주 하나님은 고아와
과부와 나그네와 연약한 자의 하나님 이십니다 모두가 다 하나님이 지으신 피조물이기 때문에
아담때부터 60과년 지금까지 하나님이 지으신 피조물들을 세상 끝날까지 돌보고 계십니다
이제 그만 전세계 어느 국가 어느 나라 어느 민족이든 자기 나라보다 연약한 국가라고 연약한
민족이라고 막말하고 거짓말하고 속이고 정직하지 못하고 자기이만 위하여 불법을 행하며 신뢰가
없는 나라들은 21세기 75억 명의 사람들이 한시대를 살아가는 지구촌 온 땅에서 스스로 무너집니다

대한민국 정부와 소련 정부가 1990년 양국이 수교를 맺고 서로 공유하며 나라의 발전과 경제
문화 국방 모든것을 서로 믿고 신뢰하고 공유하며 34년이 지난 지금까지 서로 믿고 서로 신뢰하고
앞날과 매래의 발전을 위하여 한국 백성들과 러시아 백성들이 서로 왕래하고 있습니다
하나님께서 아브라함을 택하시고 러시아는 아브라함의 세째부인 그두라에게서 여섯아들을
낳아 아브라함이 자기 아들 장자 이삭에게서 떠나라고 서자들에게 재물을 주어 동방과
동국으로 보낸것이 21세기 오늘날 독일 게르만족과 소련 스라브족 21세기 오늘날 동유럽
북유럽 서유럽 여러나라 들의 대표의 나라들 입니다

하나님께서 다 아시고 다니엘 선지자를 통하여 2750년 전에 말씀 하셨습니다 그런데
한국 정부와 중국 정부가 수교를 맺은지 32년이 지난 지금 창조주 공의 하나님께서 중국 나라 14억 명의
사람들의 마음을 흥분시켜서 대한민국 땅에 땅을 사게하고 집을 사게하여 제주도와 대한민국
전 지역에 많은 땅을 사고 집과 건물을 산다고 하는데 대한민국 사랑하는 국민 여러분 제주도
사랑하는 시민 여러분 아무 걱정할 필요가 없습니다 사실은 공의 하나님께서 노아 셈 욕단의
장막 하나님께서 세우신 천손의 나라 대한민국 착하고 크고 작은 기업들이 중국 땅에서 손해본
시간과 창의적인 기술과 많은 물질 손해본것을 공의로신 하나님께서 다시 빼앗아 주시는 하나님의
선물입니다 칼자루는 대한민국 정부가 가지고 있습니다 전세계 외국인들이 대한민국 전지역에

땅을 사던 건물을 사던 집을 사던 시간과 년수와 관세를 다시 조성할 필요가 있습니다

저 세기 찬시대를 살아가는 전세계나라 사람들이 대한민국으로 몰려와서 많은 건물과 땅과 집을

살것을 한국 정부가 미리 아시고 모든 외국인에게 시간과 년수와 관세를 다시 조정을 해야 합니다

사49:24-26 용사의 빼앗은 것을 어떻게 도로 빼앗으며 승리자에게 사로잡힌 자를 어떻게 건져낼수 있으랴마는

나 여호와가 이같이 말하노라 용사의 포로도 하나님이 빼앗을 것이요 강포한 자들에게 빼앗긴

것도 건져낼 것이니 이는 하나님 내가 영적 이스라엘 대한민국 크고 작은 기업들 돈도

건져내고 도로 빼앗으리라 하나님께서 영적 이스라엘 대한민국 크고 작은 기업들의 시간과

기술과 물질을 빼앗은 대적들을 하나님이 대적하고 하나님이 제2의 영적 이스라엘

대한민국 크고 작은 기업들의 자녀들을 구원할 것임이라

공의 하나님께서 대한민국 크고 작은 기업들의 창의적인 기술과 많은 시간과 많은

물질을 빼앗긴 것을 중국 땅에서 일본 땅에서 세계 각국 어느 나라이든 공의

하나님께서 건져낼 것이며 하나님의 자녀들을 구원할 것임이라

하나님 내가 제2의 영적 이스라엘 대한민국을 학대하는 자로 자기의 고기를 먹게하며

새술에 취함같이 자기의 피에 취하게 하리니 모든 육체가 나 여호와는 공의 하나님이요

연약한 자의 하나님이요 영적 이스라엘의 구원자요 네 구속자요 야곱의 전능자인줄 알리라

제2의 영적 이스라엘 대한민국 크고 작은 착한 기업들이 낯설고 물설은 중국 땅에서

많은 물질과 시간과 창의적인 기술을 빼앗겼지만 중국에 돈잃는 사람들을 흥분 시켜서

대한민국에 땅과 건물과 집을 사게 하는 것은 공의 하나님께서 한국에 크고 작은 착한

기업들이 중국 사람들에게 빼앗긴 시간과 기술과 물질을 다시 빼앗아 주는 겁니다

중국 사람들이 대한민국 제주도와 전 지역에 건물을 사고 집을 사고 돈을 벌려고 땅에다

투자를 하지만 돈을 벌어갈 시간이 없습니다 이것이 공의로우신 하나님의 모략 입니다

노아 셈 욕단의 장막 하나님이 세우신 천손의 나라 지구 땅끝의나라 지구 땅 모퉁이 동방의나라

대한민국 단일민족 지렁이 같이 이나라 저나라 사나운 짐승과 오랑캐 들에게 수백번

짓밟히고 짓밟친 가련하고 빈핍한 지렁이 같은 대한민국 하나님께서 보시고 지렁이 같은

너 야곱아 제2의 영적 이스라엘 사람들아 두려워 말라 나 여호와가 말하노니

영적 이스라엘 너를 도울 것이라 제2의 영적 이스라엘 대한민국 사람들아 너로 영영한

아름다움과 대대에 기쁨이 되게 하리니 영적 이스라엘 일천만 하나님의 백성들이 하나님 앞에 무릎을 끓고 지렁이 같이 수백번 짓밟히고 짓밟힌 가련하고 빈핍한 대한민국을 살려주세요 부르짖어 기도하며 밥을 굶어가며 금식하면서 긴긴밤을 새워가며 교회에서 기도원에서 산속에서 골방에서 울부짖는 기도 소리를 하나님께서 들으시고 지구 땅끝의 나라 지구 땅 모퉁이 동방의 나라 제2의 영적 이스라엘 대한민국을 택하시고 축복하시고 중국 사람들과 전세계 사람들의 마음을 흥분 시켜서 대한민국 제주도와 대한민국 전국에 땅과 건물과 집을 사게 하였습니다 용의 권세를 받은 하나님의 대적 지금요 중국 땅에 있는 대한민국 크고 작은 기업들 전세계 여러나라 기업들도 빠른 시일안에 아무 미련없이 다 처분하고 중국 땅에서 나와야 합니다 용의 권세를 받고 나온 중국 공산당 지도부 중국 땅 온 지역에 용그림 용우상을 세워놓고 우리는 마귀라고 하는데도 모르는 지구촌 전세계 백성들 눈을 크게 떠보시고 하나님의 대적 매사에 거짓말하고 연약한 나라들을 물질로 유혹하고 억압하고 무시하고 자기만 도모하는 중국 공산당 지도부 지구촌 전세계 사람들을 속이는 중국 땅에서 신발 먼지까지 털고 다 나와야 합니다 용이 자기 때가 얼마 남지 아니하므로 21세기 마지막 발악을 합니다

21세기 75억 명의 사람들이 지구촌 전 세계에서 한시대를 살아가는 제일 안전하고 살기좋은 쳐소는 지구 땅끝의 나라 지구 땅 모퉁이 동방의 나라 신뢰하고 믿을수 있는 나라 대한민국 땅 입니다 하나님의 은혜가 넘치고 하나님의 사랑과 축복이 있는곳 제2의 영적 이스라엘 대한민국은 창조주 여호와 하나님의 기업이요 영영한 아름다움과 대대에 기쁨이 되게하는 노아 셈 욕단의 자손 하나님이 세우신 천손의 나라 제2의 영적 이스라엘 대한민국 입니다 지구촌 전 세계에서 사계절 봄 여름 가을 겨울 철따라 아름다운 나라 산과 강과 바다 아름다운 금수강산 이런 나라는 전 세계에서 대한민국 나라 하나뿐입니다 대한민국 국민 여러분 어느 나라로 피서가시나요 전 세계에서 제일 안전한 곳 하나님의 사랑과 은혜와 축복이 있는곳 대한민국 같은 나라는 없습니다 21세기 온땅 지구촌에는 각 나라마다 에프티 무역개방을 하여 물건을 서로 공유하고 있지만 지구촌 강대국들이 특히 미국과 중국 지구촌 나라마다 경제권을 좀더 많이 차지 하려고 힘이 없는 연약한 나라들 말을 무시하고 많은 물질과 이익을 차복하여 더큰 창고에 수많은 금은보화를 가득 가득 쌓아두려고 무역전쟁 사이버전쟁 미사일과 총과 칼로 위협하며 21세기 지구촌 전세계 각 나라마다 세계 경제 위기가 닥아오고 있습니다 너희가 싸우고 다투고 욕심을 내어도 너희가 얻지 못하고 살인하고 시기하여도 능히 취하지

못하나니 마귀는 서로 미워하게 하고 싸우게 하여 피차 망하게 합니다

21세기 75억 명의 사람들이 한 시대를 살아가는 지구촌 전세계 사람들은 하나님께서 말씀하신 대로 움직이고 살아가고 있습니다 지구촌 전세계 선진국 나라마다 문명과 과학기술이 고도로 발달 되어서 하루에 지구촌 동서를 왕래하며 전세계 주식 시장이 개방이 되어서 몇분만에 세계나라 주식을 사고 팔고 세계나라 물건을 사고 팔고 하늘 꼭대기 달나라 가고 별나라 가고 천문학적 돈을 투자하여 살길을 찾아서 우주정거장에 몸을 정착하고 집을 짓고 하늘 꼭대기 달나라 별사이에 숨어서 우리를 누가 땅으로 끌어버리겠느냐 하는 자들아 너희 마음의 교만이 너를 속였도다 우주만물을 창조하신 심판주 하나님의 불꽃같은 눈은 하늘 위에나 땅 위에나 땅 밑에나 굴속에나 깊은 바다 속까지 하나님의 형상으로 만든 사람들을 지구촌 각 나라와 인종과 언어를 초월하여 분마다 초마다 세상 끝날까지 감찰하시고 있으므로 불꽃같은 심판주 하나님의 눈을 피하여 숨을곳은 없습니다

그러나 안전한 곳이 한곳 있습니다 그곳은 주리지도 아니하며 목마르지도 아니하고 뜨거운 햇빛이나 뜨거운 불속 에도 상하지 않는 한곳이 있습니다 창조주 하나님께서 허락하신 지구촌 온 땅에 보호처와 밀실이 있습니다 그러나 그곳은 아무나 갈수가 없습니다 그 길은 거룩한 길이라 하나님께서 지구촌 전세계 인종과 언어를 초월하여 어느 누구를 택하든지 택한 사람만 들어갈수 있는데요 어린양 예수 그리스도의 보혈의 피에 자기 죄를 씻어 회개된 자들에게 하나님께서 주시는 흰옷을 입은 자만 들어갈수가 있습니다 흰옷은 값이 너무나 비싸서 금은보화나 돈으로도 권력과 힘으로도 살수가 없고 흰옷을 파는 사람도 없었요 흰옷을 주는곳이 한곳이 있는데 지구촌 전세계 각 나라 마다 하나님께서 어린양 예수 그리스도의 보혈의 핏값으로 산 교회를 가시면 흰옷이 있는데 나에게 꼭 맞는 흰옷을 만드러서 입고 기름과 등불이 있었야 거룩한 길을 지나 갈수가 있습니다

거룩한 길을 지나가면 광활한 땅이 눈앞에 펼쳐지고 그 광활한 땅에 들어가는 자들은 창세 이후로 제일 축복을 받은 자들이며 지상 최대의 거부들이며 지상 최대의 부자 신랑을 만나서 신랑 예수 그리스도께서 통치하시고 다스리시는 천년 왕국에는 눈물도 아픔도 애통도 이별도 가난도 재앙도 질병도 살인도 테러도 감옥도 죽음도 없는 거룩하고 아름다운 나라 예수님께서 통치하시고 다스리시는 천년 왕국에서 천년동안 생활을 하며 동남 동녀가 가득하여 서로 장난하고 놀다가 천년의 시간이 끝나면

이 사람들은 영원한 새 하늘과 새 땅에 들어가서   많은 의인들을 만나서 같이 기뻐하고

찬양하며 수정같은 맑은 생명수의 강이 흐르고 생명나무가 강 좌우에 있어 달마다 열두가지

실과를 달마다 맺히는 생명과일과 생명수를 먹으며 영원한 천국까지 소유하는 자녀들입니다

21세기 75억 명의 사람들이 한시대를 살아가는 지구촌 전 세계는 무역전쟁 사이버 전쟁으로

좀더 많은 물질을 차지하려고 힘이 있는 나라들이 서로 싸우고 있지만 무역전쟁이 오래 가지는 않습니다

그 뒤에는 남과 북이 힘과 힘으로 철과 진흙이 발가락 시대에 살아가는 사람들이 총과 칼과

각가지 미사일로 하늘에서 바다에서 땅에서 싸우겠지요 전쟁으로 21세기 75억 명의

사람들이 한시대를 살아가는 지구촌 전 세계가 하늘과 땅과 산과 강과 바다가 다 오염이

되어서 지구촌 각 나라마다 재앙이 임하여 많은 사람들이 죽고 지구촌 전 세계가 하늘과

온 땅과 산과 바다가 다 오염이되어 기후 변화로 지구촌 전세계 곳곳에서 가옥과 전토가

파괴되고 지구촌 각 나라마다 산과 들에 나무가 죽어가고 동식물들이 죽어가고 마지막

때는 하늘에서 비가 내리지 않아 해가 뜨거워 불로 사람들을 태워 사람들이 크게

태움에 태워진지라 이 재앙들을 행하는 권세를 가지신 하나님의 이름을 훼방하며 또

회개하여 영광을 주께 돌리지 아니하더라 지구촌 온 땅에서 살아가는 사람들은 마실수 있는 물과

식량이 부족하여 장정 하루 품삯이 한 데나리온에 밀한 되요 한 데나리온에 보리 석 되로다

21세기 75억 명의 사람들이 한시대를 살아가는 지구촌 전세계 각 나라와 인종과 언어를

초월하여 기근과 경제 환난이 올때에 그 뒤에는 총칼들고 싸우겠지만 이런 큰 재앙의

날이 올때에 감람유와 포도주는 해하지 말라 하더라 하나님 말씀 다림줄 예언의 말씀을

읽는 자와 지팡이 같은 갈대 예언의 말씀을 듣는 자들과 하나님을 경배하며 경외하며

신뢰하며 찬양하는 자들과 생명의 말씀 성경 66권 시대 시대마다 선지자들을 세워서 기록한

말씀을 믿는 자들과 전능하신 하나님께서 피조물인 사람과 세우신 계명과 율례와 법도

(하라 하지말라 먹으라 먹지말라) 하나님께서 세우신 법과 명령을 지키는 자들과

예언의 말씀을 읽는자와 듣는 자들과 기록한 말씀을 지키는 자들이 복이 있나니 때가 가까움이라

하나님께서 세우신 명령과 법을 지구촌 전세계 영적 이스라엘 백성들도 법을 지키지

아니하면 하나님과는 아무런 상관이 없습니다

계 9:13-21 여섯째 천사가 나팔을 불매 요한이가 들으니 하나님 앞 금단 네 뿔에서 한 음성이 나서

나팔 가진 여섯째 천사에게 말하기를 큰강 유브라데에 결박한 네 천사를

미국 영국 프랑스 러시아 유엔총회 이사국 네 천사를 놓아 주라 하매

네 천사가 놓였으니 미국 영국 프랑스 용의 권세를 받고나온 소련 중국도 유엔총회

이사국 나라지만 칼막스 주체 사상과 소위가 러시아와 같아서

하나님께서 하나로 말씀하고 있습니다 네 천사에게 전쟁을 하라 놓아 주매

네 천사가 놓였어 그들은 그년 월일 시에 이르러 지구촌 전세계 사람 75억 명의 사람들이

한시대를 살아가는 사람들중 ⅓ 25억 명의 사람들을 죽이기로 예비한 자들이더라

이것이 남북 전쟁이요 철과 진흙의 전쟁이요 지구촌 전세계 마지막 삼차전쟁 입니다

대병대의 수는 이만 만이나 2억명의 군인들이 미국나라와 안보조약 동맹을한 자 유민주의 우방국가

여러나라 군인들과 소련나라 지금 러시아 공산국가 나라와 동맹을한 칼막스 주체 사상을 가진

공산국가 나라 군인들과 전쟁을 하여 하늘에서 비행 전투기와 지구촌 온 땅에서

바다에서 각종 미사일 대포 자주포 총과 칼로 전쟁을 하여 지구촌 전세계 인구 75억

명의 사람중 ⅓ 25억 명의 사람 들이 죽임을 당하고 미국 영국 프랑스 세뿔이 빠지면

유엔총회 이사국에서 탈퇴를 하면 용의 권세를 받은 붉은 짐승 소련 나라와 동맹을 맺은

공산국가 나라들과 짐승에게 속한 거짓 음녀가 후삼년반 1260일 동안 지구촌 땅 ¼

권세를 얻어 검과 사망과 땅의 짐승으로써 사람을 죽이더라

후삼년반 42달 동안 하나님의 말씀이 응하기까지 하심이라

계 18:10-19 그 고난을 무서워하여 멀리 서서 가로되 화 있도다 화 있도다 21세기 75억 명의 사람들이 한시대를

살라가던 바벨세상 큰성 견고한 성 바벨론이여 일시간에 네 심판이 이르렀다 하리로다

큰성 견고한 성 지구안에 아름다운 수많은 고층 빌딩과 금과 은과 보석과 진주와

보배로운 귀한 상품들을 아무것도 건질수가 없습니다

땅의 왕들과 상고들 무역하는 상인들이 큰성 견고한 성 지구촌이 불타는 연기를 보고 애통하고

가슴을 치며 통곡하고 우는것은 보배로운 상품을 인하여 부자가 되었는데 귀한 상품을 돈을

주고 사는 사람이 없으며 귀한 상품을 만드는 사람과 맛있는 것들이 없어졌으니 사람들이

결코 이상품들을 다시 보지 못하리로다 그러한 부가 일시간에 망하였도다 각 선장과 지구촌

전세계 각나라 각처를 다니는 선객들과 선인들과 지구촌 각 나라 바다에서 일하는 자들이

멀리 서서 지구촌 온 땅이 불붙은 연기를 보고 외쳐 가로되 이큰 성과 같은 성이 어디있느뇨 하며

티끌을 자기 머리에 뿌리고 울고 애통하여 외쳐 가로되 화 있도다 화 있도다 이큰성 지구촌이여

바다에서 배 부리는 모든 장사하는 상인들이 너의 지구촌 전세계 각 나라에 보배로운 상품을

인하여 치부하였더니 재물을 모아 부자가 되었는데 일시간에 망하였도다

사 5:9   만군의 여호와께서 내 귀에 말씀하시되 정녕히 허다한 가옥이 황폐하리니 크고

아름다울찌라도 거할 자가 없을 것이며

21세기 75억 명의 사람들이 한시대를 살아가는 허다한 가옥이 고층 아파트 빌딩들 셀수없는

수많은 사람들이 살아가는데 황폐하리니 크고 아름다울찌라도 거할자가 없을 것이며

지구촌 온 땅에 각 나라와 인종과 언어를 초월하여 살아있는 사람이 없었어

허다한 가옥이 황폐하리니 크고 아름다울찌라도 거할 자가 없을 것이며

사13:9-13   여호와의 심판의 날 곧 잔혹히 분냄과 맹렬히 노하는 날이 21세기 75억 명의 사람들이

지구촌 온 땅에서 한시대를 살아가는 사람들에게 임하여 지구촌 온 땅을

황무케 하며 그 중에서 죄인들을 멸하리니

하늘의 별들과 별떨기가 그 빛을 내지 아니하며 해가 돋아도 어두우며 달이 그 빛을 비취지 아니할 것이라

심판주 하나님 내가 지구촌 바벨세상의 악과 악인의 죄를 벌하고 교만한 자의

오만을 끊으며 강포한 자의 거만을 낮출 것이며

심판주 하나님 내가 지구촌 바벨세상에서 사람을 정금보다 희소케 하며 오빌의 순금보다 희귀케 하리로다

심판주 나 만군의 여호와가 분하여 맹렬히 노하는 심판의 날에 하늘을 진동시키며

지구촌 온 땅을 흔들어 그 자리에서 떠나게 하리니

지구촌 바벨세상 온 땅에서 21세기 75억 명의 사람들이 한시대를 살아가는 각 나라와 인종과

언어를 초월하여 교만한자 거만한자 오만한자 패역한자 강포한자 우상숭배 하는자 속이고

거짓말 하는자 살인자들과 도적질 하는자 음행하는자 사치하는자 술객들과 박수와

점장이와 몸에 분신을 하는자 고운 얼굴에 칼을대어 자자한 흔적을 내는자 하나님께서

세우신 법을 지키지 아니하고 회개도 없고 사나운자 불법을 행하는자 다 끊어져서 정금보다 오빌의

순금보다 희소케 하리로다 의인들이 악인을 찾아도 만나지 못할 것이요 시온 너와 싸우던 자들을 만나지 못할

것이요

계14:14-20   요한이가 보니 흰 구름이 있고 구름 위에 사람의 아들과 같은이가 앉았는데.

그 머리에는 금면류관이 있고 그 손에는 이한 낫을 가졌더라

하나님께서 또 다른 천사에게 네 심판의 낫을 휘둘러 거두라 거둘 때가 이르러 땅에
곡식이 21세기 75억 명의 사람들이 한시대를 살아가는 지구촌 바벨 세상의 죄악이 다 익었음이로다 하여
지구촌 각 나라와 인종과 언어를 초월하여 21세기 75억 명의 사람들이 한시대를 살아가는 지구촌은
바벨 세상이요 귀신의 처소요 각종 더러운 영들이 모여 음행하는 자들과 술객들과 살인자들과 우상숭배
하는 자들과 거짓말을 하는 자들과 사치하고 치부하여 지구촌 큰성 바벨세상이 죄악이 다 익었음이로다 하여
구름 위에 앉으신 이가 심판의 낫을 지구촌 바벨세상 땅에 휘두르매 곡식이 죄악이 거두어지더라

또 다른 천사가 하늘에 있는 성전에서 나오는데 또한 이한 낫을 가졌더라
또 불을 다스리는 다른 천사가 제단으로부터 나와 이한 낫가진 자를 향하여 큰 음성으로 불러 가로되
네 이한 낫을 휘둘러 지구촌 온 땅의 포도송이를 거두라 그 포도가 익었느니라 하더라

지구촌 전세계 바벨 세상에 속한 바벨 교회들이 신앙의 정절을 지키지 아니하고 세상을
사랑하고 세상 유행을 따라가며 거짓과 타협하며 하나님의 양들을 불쌍히 여기지 아니하고 자기
양인것 처럼 돈을 받고 교회와 성도들을 팔고 사고 자기이만 도모하며 불법을 행하는 자들 지구촌
온 땅에 세상을 따라가는 바벨 교회들의 죄악이 그 포도가 들포도가 익었느니라 하더라

천사가 심판의 낫을 지구촌 온 땅에 휘둘러 지구촌 바벨세상 온 땅의 들포도를
거두어 하나님의 진노의 큰 포도주틀에 던지매
성밖에서 그들이 밟히니 틀에서 피가 나서 말 굴레까지 닿았고
일천육백 스다디온에 퍼졌더라 지구촌 전 세계에 퍼졌더라

지구촌 전세계 각 나라와 인종과 언어를 초월하여 바벨 세상에 속한 땅에 곡식이
땅에 속한 셀수 없는 죄악의 무리를 천사가 심판의 낫을 휘둘러 다 심판하고
지구촌 전세계 땅에 속한 바벨 세상을 따라가는 바벨 교회와 기름과 등불이 없는 성전
밖 마당만 밟고 다니는 자들 들포도를 거두어 하나님의 진노의 큰 포도주틀에 던지매 성밖에서
그들이 밟히니 틀에서 피가 나서 말 굴레까지 닿았고 일천육백 스다디온에
지구촌 온 세상에 퍼졌더라

욜 3:13　　주의 용사들아 너희는 인정 사정 두지말고 심판의 낫을 쓰라 곡식이 익었도다

지구촌 온 땅에 바벨 세상의 죄악이 익었도다 먹고 마시고 장가들고 시집가고 음행하며
사치하고 치부하여 지구촌 바벨세상 곡식이 죄악이 익었도다 주의 용사들아 다 와서
밟을찌어다 포도주들이 가득히 차고 포도주 독이 넘치니 세상과 짝하고 세상과 타협하고
거짓 음녀와 타협하며 신앙의 정절이 없는 지구촌 전세계 바벨 교회들의 악이 큼이로다

21세기 75억 명의 사람들이 한시대를 살아가는 지구촌 바벨세상 각 나라와 인종과 언어를
초월하여 지구촌 바벨세상의 죄악이 다 익었음이로다 주의 용사들아 심판의 낫을 휘둘러
거두라 땅에 곡식이 죄악이 다 익었도다 와서 밟을찌어다
포도주들이 가득히 차고 포도주 독이 넘치니 그들의 악이 큼이로다
세상에 속한 바벨 교회들이 악이 큼이로다 세상과 짝하고 세상을 따라가고 거짓과
타협하며 자기이만 도모하는 세상에 속한 바벨 교회들이 예수 그리스도의 몸전체를 드려
피곤산 거룩한 성전 안에서 여선교 남선교 바자회 한다고 돈을 받고 물건을 팔고 사고
돼지와 개를 잡아먹고 불법을 행하며 가증한 식물을 먹는자 다 함께 멸망하리라

창조주 성자의 하나님 예수 그리스도께서 너희가 하늘엣것 땅엣것 모든것을
거저 받았으니 지구촌 전세계 영적 이스라엘 교회 너희들도 거저 주어라
하나님의 명령을 거역하고 예수 그리스도의 이름을 빙자하여 예언해주고 돈을받고
예수 그리스도의 이름으로 병든자를 고치고 귀신을 쫓아내고 돈을 요구하고
불법을 행하는 자들 땅에속한 바벨교회 삯군 목자들 회개하지 아니하면
심판주 하나님 불꽃같은 눈을 아무도 피할수가 없습니다
성전 밖 마당만 밟고 다니는 신앙 모래위에 지은 신앙은 매일 매일 죄를 지으면서도
회개가 없고 형제와 이웃을 비방하고 판단하며 자기혼자 똑똑하고 의로 운척
자기를 자랑하며 하나님 것과 네것을 구분 하지도 못하는 자들 자기눈에 들보가 있는데
형제의 눈에 티를보고 판단하고 비방하고 하나님 자리에 앉자서 형제를 판단하며
나라의 지도자들과 국왕과 대통령을 욕하고 판단하는 자들
너희들은 도대채 누구인데 하나님 자리에 앉자서 권세자와 이웃을 판단하느냐

롬 13:1-2 각 사람은 위에 있는 권세자들에게 굴복하라 권세는 하나님께로 나지 않음이 없나니

모든 권세는 다 하나님의 정하신 바라

그러므로 권세를 거스리는 자는 하나님의 명을 거스림이니 명령과 권세를 거스리는

자들은 하나님의 심판을 자취하리라

하나님께서는 지구촌 전세계 각 나라마다 선한자나 악한자나 모든 권세자들을 세우시는데

그 나라 백성들이 하나님 앞에 죄를 범하면 악한 권세자를 세워서 더욱 불편하게 만들고

나라의 모든 살림살이가 더욱 어렵게 하여 백성들의 한숨소리가 끊어질 날이 없고

하나님을 경배하며 경외하며 신뢰하고 믿고 따르며 찬양하는 백성과 나라와 국가나

민족이나 백성들이 하나님 앞에 바로서면 선한 권세자를 세워서 그 나라 그 민족 백성들이

하는일에 하나님께서 매사에 형통하게 하심으로 철따라 좋은 날씨와 좋은 공기와 단비를

철따라 주시며 지구촌에서 앞서가는 선진국이 되고 하나님께서 지구촌 전세계 각 나라마다

모든 권세자들을 세우시며 국왕이나 대통령 선한자나 악한자나 세우기도하고 폐하기도 하시고

입법자와 재판자는 오직 하나님 한분 이시니 능히 구원하기도 하시며 멸하기도 하시느니라

너는 누구관대 하나님 자리에 앉아서 형제와 이웃과 지도자와 임금과 대통령을

매일 판단하느냐 너는 도대체 누구냐 네가 행한 행위대로 심판을 받으리라

하나님의 어린양 예수님 피값으로 산 하나님의 양들을 자기 양인것 처럼 교회와

성도들을 돈을 주고 팔고사고 양들을 불쌍히 여기지 아니하고 양들을 버린 못된 목자들은

화 있을찐저 양 떼를 버린 못된 목자여 칼이 그 팔에 우편 눈에 임하리니

그 팔이 아주 마르고 그 우편 눈이 아주 어두우리라

하나님 말씀에 순종도 없고 매사에 자기생각 자기 중심으로 살아가는 못된 목자들

지구촌 온 땅에 속한 목자들이 죄악이 가득하고 큼이니라

심판주 예수님이 하늘을 가르고 땅과 바다와 육지와 만국을 진동시키고 지구촌

온 땅에 재림 하실때에 세상에서 믿음을 보겠느냐 하시니라

지금은 은혜의 시대 어떠한 죄를 범했든지 하나님 앞에 자기의 죄를 자복하고 회개하면

왜 그런 죄를 지었느냐 묻지도 않으시고 다 용서하시는 사랑의 하나님

은혜의 문이 닫혔지고 신원의 날이 시작되면 회개할 기회를 놓쳐서 회개를 할수가

없습니다 자기 죄를 뉘우치고 회개를 하는것은 천천 만만의 금은보화 보다도 더 귀중한

것이요 신분이 바뀌요 마귀의 자식들이 거룩한 만왕의 왕이신 하나님의 자녀로 왕자님

공주님으로 신분이 바뀌고 왕자님 공주님 으로 대우를 받아요 은혜의 해가 지나가고 신원의

날이 시작되면 회개를 할수가 없어요 지구촌 전세계 각 나라와 인종과 언어를 초월하여 모든

사람들이 육신의 때에 자기가 행한 행위대로 하나님께서 공의로운 심판을 하십니다

마16:24-28 이어 예수께서 제자 들에게 이르시되 아무든지 예수 나를 따라오려거든

자기를 부인하고 자기 십자가를 지고 예수 나를 좇을 것이니라

누구든지 제 목숨을 구원코자 하면 잃을 것이요 누구든지 예수를 위하여 제 목숨을 잃으면 찾으리라

사람이 만일 온 천하를 얻고도 제 목숨을 잃으면 무엇이 유익하리요

사람이 무엇을 주고 제 목숨을 바꾸겠느냐

인자가 아버지의 영광으로 그 천사들과 함께 오리니 그때에 각 사람의 행한 대로 갚으리라

진실로 너희에게 이르노니 여기섰는 사람 중에 죽기 전에 인자가

심판주 예수가 그 왕권을 가지고 오는 것을 볼 자들도 있느니라

요5:25-29 진실로 진실로 너희에게 이르노니 죽은 자들이 아담 때부터 지구촌에 태어나서 살다가

죽은 자들이 지구촌 전세계 각 나라와 인종과 언어를 초월하여 셀수 없는 수많은

사람들이 한평생 살다가 죽어서 티끌에 거하는 자들이

하나님의 아들 심판주 예수의 음성을 들을 때가 오나니 곧 이때라

백보좌 심판때에 하나님의 음성을 듣는 자는 살아나리라

하나님 아버지께서 자기 속에 생명이 있음 같이

아들 성자의 하나님 예수 그리스도 에게도 생명을 주어 그 속에 있게 하셨고

또 인자됨을 인하여 하나님 아버지가 아들 성자의 하나님 예수에게 하늘과 땅의

모든 죄악을 심판하는 모든 권세를 주셨느니라

이를 기이히 여기지 말라 창세 이후로 지구촌에 태어나서 한평생 살다가 죽어 무덤속에 있는

자들이 다 하나님의 음성을 들을 때가 오나니

육신의 때에 하나님을 믿고 선한 일을 행한 자는 생명의 부활로
육신의 때에 악한 일을 행한 자는 심판의 부활로 나오리라

계 22:12 보라 심판주 예수가 속히 오리니 예수가 줄상이 예수에게 있어 각 사람에게
육신의 때에 그의 일한 대로 행한대로 갚아 주리라

사 28:7-10 세상과 거짓과 우상과 타협하지 않는 믿음이 좋은 이 유다 사람들도
하나님을 믿는 영적 이스라엘 교회 지도자들 안에도 포도주로 인하여 비혹 되어서
바벨 세상에 취하여 옆걸름 치며 독주로 인하여 비틀거리며 제사장과 선지자도 독주로
인하여 지구촌 전세계 영적 이스라엘 교회 지도자들 안에도 독주로 인하여
세상 오락과 향락에 취하여 옆걸음 치며 포도주에 빠지며 독주로 인하여 비틀거리며
이상을 그릇 풀며 재판할 때에 실수하나니
지구촌 전세계 하나님을 믿는 영적 이스라엘 교회 지도자들 가운데 하나님 말씀을 잘못 전하며
교회 강대상 에는 토한 것 더러운 것이 가득하고 세상 돌아가는 이야기 자기자랑
자기를 나타내고 세상것이 가득하고 깨끗한 곳이 없도다
그들이 이르기를 그가 뉘게 지식을 가르치며 누구에게 도를 전하여 하나님의 말씀을 전하여
깨닫게 하려는가 젖떨어져 어마품을 떠난 아이들에게 전하려 하는가
대저 경계에 경계를 더하며 경계에 경계를 더하고 교훈에 교훈을 더하며 교훈에
교훈을 더하되 여기서도 조금 저기서도 조금 하는구나 하는도다

2750년전 하나님께서 세우신 이사야 선지자를 통하여 하신말씀
하나님께서 지명하여 부르지도 아니한 자들이 세상에서 이것저것 하다보니 실패하고
안되니까 신학 공부하여 목사되면 밥은 먹는단다 밥먹기 위하여 신학 공부를 하고
기도는 하지 아니하고 성령 하나님께서 하시는 말씀을 듣지도 못하고 성경 66권
하나님의 생명의 말씀을 지식으로 배우고 신학 공부하고 믿음이 변질된 자들이
오늘날 남의 설교를 주석 책에서 컴퓨터에서 설교집에서 유투브 채널에서
여기서도 조금 저기서도 조금 하는구나 하는도다 남이 먹다 남은밥을 주는 자들은
하나님의 거룩한 강대상에서 토한것 더러운 것들이 가득하고 깨끗한 곳이 없도다

예수님께서 진실로 진실로 네게 이르노니 사람이 물과 성령으로 거듭나지 아니하면
하나님 나라에 들어갈 수 없느니라 하나님의 생명의 말씀 구원의 말씀 사랑의 말씀
회개의 말씀 진리의 말씀 축복의 말씀 하나님의 생명의 떡 생수의 근원되신
예수 그리스도를 사람들이 지식으로 잘못 전하여 선과 악과 공과 의를 분별하지
못하고 실수하니 그들이 누게 도를 전하여 깨닫게 하려는가
젖 떨어져 엄마 품을 떠난 자들에게 하려는가

사 29:13 주께서 가라사대 이 백성이 입으로는 하나님 나를 가까이하며 입술로는
하나님을 존경하나 그 마음은 하나님 내게서 멀리 떠났나니 그들이 하나님을
경외함은 사람의 계명으로 가르침을 받았을 뿐이라
지구촌 전세계 영적 이스라엘 교회 백성들아 너희가 하나님을 믿고 신뢰하고 사랑한다면
거짓과 위선을 버리고 진실한 네 마음을 하나님 내게 달라

마 24:45-47 충성되고 지혜 있는 종이 되어 주인에게 그집 사람들을 맡아 하나님 백성들을 맡아
때를 따라 양식을 나눠줄 자가 누구뇨 포도주와 젖을 주며 생수의 근원되신
예수 그리스도 온 인류를 구원하기 위하여 하늘에서 내려오신 성령과 물과 피와
생명의 떡 예수 그리스도의 속성 사랑의 하나님과 공의 하나님 초림주 하나님과 재림주 하나님
조금 있으면 하늘과 땅과 바다와 육지와 만국을 지구촌 전세계를 진동시킬 심판주와
하나님의 모략과 비밀을 때를 따라 양식을 나눠줄 자가 누구뇨
주인이 올 때에 우주 만물을 창조하신 성자의 하나님 예수 그리스도 심판주가 오실때에
그 종이 이렇게 하는 것을 보면 그 종이 복이 있으리로다
심판주 예수내가 진실로 너희에게 이르노니 주인이 우주 만물을 창조하신
하나님이 그 모든 소유를 충성된 종들에게 맡기리라 아멘

사 28:11 그러므로 생소한 입술과 다른 방언으로 이 백성에게 영적 이스라엘에게 말씀하시니라
생소한 입술 한번도 하나님 말씀을 전하지 아니한자를 택하여
성령 하나님께서 하시는 말씀만 전하게 하리라

계21:8 그러나 두려워하는 자들과 하나님 말씀을 믿지 아니하는 자들과 흉악한 자들과

살인자들과 행음자들과 술객들과 우상 숭배자들과 모든 거짓말 하는 자들은

불과 유황으로 타는 못에 참예하리니 이것이 둘째 사망이라

백보좌 심판을 받아서 영원한 지옥으로 들어가리라

계22:15 개들과 개같이 행하는 자들과 술객들과 행음자들과 살인자들과 우상 숭배자들과 및

거짓말을 좋아하며 지어내는 자마다 성밖에 있으리라 (성밖은 구원이 없습니다)

계21:27 무엇이든지 속된 것이나 가증한 일 또는 거짓말 하는자 결코 그리로 새 하늘과 새땅 영원한

천국으로 들어오지 못하되 오직 어린양 예수의 생명책에 이름이 기록된 자들뿐이라

겔 9:1-11 그가 또 큰 소리로 에스겔 선지자 귀에 외쳐 가라사대 이 성읍을 관할하는 자들로

각기 살륙하는 기계를 손에들고 나아오게 하라 하시더라

에스겔이 본즉 여섯 사람이 북향한 윗문 길로 좇아오는데 각 사람의 손에 사람을 죽이는

살륙하는 기계를 잡았고 그 중에 한 사람은 가는 베옷을 입고 허리에 서기관의

먹그릇을 찼더라 그들이 들어와서 놋 제단 곁에 서더라

여호와께서 그 가는 베옷을 입고 서기관의 먹그릇을 찬 사람을 불러

이르시되 너는 예루살렘 성읍중에 순행하여 그 가운데서 행하는 모든 가증한 일로

인하여 탄식하며 우는 자의 이마에 표하라 하시고

우리 열왕들의 죄와 방백들과 선조들의 죄와 21 세기 75억 명의 사람들이 한시대를 살아가는

지구촌 전세계 바벨 세상의 각종 더러운 죄악을 보고 탄식하며 우는자

21 세기 영적 이스라엘 교회들이 세상을 따라가는 바벨 교회를 보고 탄식하며 우는 자의 이마에

표하라 하나님의 인을 치라 하시고 나의 듣는데 또 그 남은 자에게 이르시되 너희는 그 뒤를

좇아 성읍 중에 순행하며 아껴 보지도 말며 긍휼을 베풀지도 말고 쳐서

늙은 자와 젊은 자와 처녀와 어린아이와 부녀를 다 죽이되 이마에 표있는 자에게는

가까이 말라 하나님 성소에서 지구촌 온땅 전세계 영적 이스라엘 교회 안에서 부터 시작하여

그들을 아껴 보지도 말며 긍휼을 베풀지도 말고 영적 이스라엘 교회안에 늙은 자들로부터

목사 장로 이마에 하나님의 인이 없는자 표없는 자부터 시작하라

하나님이 또 그들에게 이르시되 너희는 성전을 더럽혀 시체로 모든 뜰에 채우라

살륙하는 너희는 나가라 하시매 그들이 나가서 성읍 중에서 치더라

살륙하는 그들이 칠 때에 에스겔이 홀로 있는지라 에스겔이 하나님 앞에 엎드리어

부르짖어 가로되 오호라 주 여호와여 예루살렘을 향하여 하나님의 분노를 쏟으시오니

영적 이스라엘 남은 자를 모두 멸하려 하시나이까

하나님이 에스겔에게 이르시되   이스라엘과 유다 족속이 죄악이 심히 중하여 그 땅에

지구촌 영적 이스라엘 온 땅에 피가 가득하며 그 성읍에 불법이 찼나니 이는 그들이 이르기를

여호와께서 이땅을 버리셨으며 보지 아니하신다 함이라

그러므로 심판주 하나님 내가 그들을 아껴 보지 아니하며 긍휼을 베풀지 아니하시고

그 행위대로 그 머리에 갚으리라 하시더라

가는 베옷을 입고 허리에 먹그릇을 찬 사람이 복명하여 가로되 주께서 심판주

하나님께서 내게 명하신 대로 내가 준행하였나이다 하더라

계 18:20-21 하늘과 성도들과 사도들과 선지자들아 그를 인하여 즐거워하라 하나님이 너희를 신원하시는

심판을 그에게 큰성 지구촌 바벨 세상을 심판을 하셨음이라 하더라

이에 한 힘센 천사가 맷돌같은 돌을 들어 지구를 들어 바다에 던져 가로되 큰성

바벨론이 이같이 몹시 떨어져 지구 온 땅이 결코 다시 보이지 아니하리로다

21 세기 75억 명의 사람들이 지구촌 에서 한시대를 살아가는 큰성 지구촌 바벨 세상은

각 나라와 인종과 언어를 초월하여 귀신의 처소요 각종 더러운 영들이 모이는 곳과

지구촌 큰성 바벨 세상이 망하는 것은 창조주 하나님께서 말씀하신 대로

성부의 하나님 성자의 하나님 성령의 하나님께서 계획하시고

말씀하신 대로 이루어지고 있습니다

사 65:17 보라 하나님 내가 새 하늘과 새 땅을 창조하나니 이전 것은 기억되거나 마음에

생각나지 아니할 것이라   창조 이후 아담때부터 21 세기 75억 명의 사람들이

각 나라와 인종과 언어를 초월하며 지구촌 온 땅에서 한시대를 살아가고 있는

하늘과 온땅 이전것은 기억되거나 마음에 생각나지 아니할 것이라

계 21:1 또 요한이가 새 하늘과 새 땅을 보니 처음 하늘과 처음 땅이 없어졌고 바다도 다시

있지 않더라 창조 이후 아담과 하와가 살아가던 에덴동산 때부터

6024년 지금까지 21세기 75억 명의 사람들이 지구촌 온 땅에서 한시대를 살아가고

있는 처음 하늘과 처음 땅이 없어졌고 바다도 다시 있지 않더라

21세기 75억 명의 사람들이 지구촌 전세계 각 나라와 인종과 언어를 초월하여 지구촌에서

한시대를 살아가는 사람들에게 성부 성자 성령 하나님께서 계획하신 일들이 다아오고

있습니다 처음 하늘과 처음 땅이 산도 강도 바다도 지구가 없어지고

성부 성자 성령 창조주 하나님께서 새 하늘과 새 땅을 다시 제일 아름답고 제일좋은 명품

브렌드로 다시 창조하셨서 거룩한 성도들 셀수 없는 큰무리들 흰옷을 입은 알곡 백성들이

아름다운 새 하늘과 새 땅에서 거룩한 성 새 예루살렘 에서 생활하며 영원한 천국에는

밤이 없고 햇빛이나 달의 비침이 없으며 햇빛보다 더 밝은 하나님의 영광이 빛치고

어린양 예수님이 등이 되시며 수정같이 맑은 생명수 강물이 하나님과 어린양 예수님

보좌로부터 나서 맑은 유리 같은 정금길 가운데로 흐르고 강 좌우에 생명나무가 있어

열두 가지 실과를 달마다 맺히고 생명나무 잎사귀들은 만국을 소성하며 영원토록

예수님 얼굴을 보며 같이 살것도 창조주 하나님께서 계획하신대로 만세전에 말씀

하셨습니다 너무나도 아름다운 새 하늘과 새 땅에서 생활하니

이전 것은 처음 하늘과 처음 땅이 기억되거나 마음에 생각나지 아니할 것이라

새 하늘과 새땅 거룩한 성 새 예루살렘 영원한 천국에 들어가서 살기전에

심판주 예수님께서 마귀나라를 다 진멸하고 예비하신 알곡 백성들을 보호쳐와 밀실에서

하나님의 분노가 지나가기 까지 후삼년반 42달을 지나 대접재앙과 아마겟돈 핵전쟁 1335일 까지

지구촌 전세계 각 나라와 인종과 언어를 초월하여 하나님 안에서 보호를 받던 셀수 없는

큰무리가 큰지진으로 지구가 세갈래로 갈라지고 만국의 성들도 무너지고 각 섬도 없어지고 산악도

간데없던 지구를 하나님께서 다시 명품으로 만드어서 하루에 한나라 거룩하고 강한 한민족이

탄생하여 이 땅에서 천년동안 사는나라 예수 그리스도께서 통치하시고 다스리시는 천년왕국이

이 땅에서 먼저 이루어집니다 사람의 수한이 나무의 수한과 같이 사는나라 이리와 어린양이 함께

먹으며 사자가 소처럼 짚을 먹으며 뱀은 흙으로 식물을 삼을것이니 나의 성산에는 해함도 없고 상함도

-199-

없으리라 여호와의 말이니라 첫째 아담이 뱀에게 미혹을 받아서 선악과를 따먹고 지구를 통째로

마귀에게 빼앗긴 하늘과 땅 지구를 둘째 아담 예수 그리스도께서 옛 뱀이요 용이요 마귀요

사단을 산채로 잡아서 일천년 동안 큰 쇠사슬로 결박하여 무저갱에 던져 잡고

예수님께서 에덴동산을 다시 찾아서 하나님 안에서 보호받던 셀수 없는 큰 무리들 각 나라와

인종과 언어를 초월하여 알곡 백성들이 예수님께서 통치하시는 거룩하고 아름다운 땅 천년왕국에

들어가서 천년동안 생활하는 에덴동산 사랑의 예수님께서 통치하시는 천년왕국 에는

부정부패도 없고 속이고 거짓말하는 자도 없고 미워하고 싸우고 원망하는 자도 없고 아픔도 탄숨도

애통하는 자도 없고 가난도 질병도 재앙도 고통도 이별도 죽음도 없는나라 거룩하고

아름다운 땅 천년왕국 에덴동산 아름다운 초원 금잔디 위에 수만가지 예쁜꽃들이 그윽한

향기와 맑은 물소리와 수만가지 물고기들이 지느러미로 박수를 치며 하나님을 찬양하며 수만가지

아름다운 새들도 지절대며 하나님을 찬양하며 산들과 작은 산들과 과목과 백향목과 짐승과

가축과 기는 것들이 하나님을 찬양하며 산과 들의 나무들이 손바닥을 치며 하나님을 찬양하여

시148:1-14 할렐루야 하늘에서 여호와를 찬양하며 높은데서 하나님을 찬양할찌어다

하나님이 부리는 모든 천국의 사자여 하나님을 찬양하며 모든 군대여 하나님을 찬양할찌어다

해와 달아 하나님을 찬양하며 광명한 별들아 하나님을 찬양할찌어다

하늘의 하늘도 찬양하며 하늘 위에 있는 물들도 하나님을 찬양할찌어다

이것들이 여호와의 이름을 찬양할 것은 하나님이 명하시매 지음을 받았음이로다

하나님이 또 그것들을 영영히 세우시고 폐치 못할 명을 정하셨도다

너희 용들과 바다 여 땅에서 창조주 여호와 하나님을 찬양하라

불과 번개와 천둥과 우박과 눈과 안개와 그 하나님 말씀을 좇는 광풍이며

높은 산들과 모든 작은 산과 과일 나무와 모든 백향목들아 하나님을 찬양할찌어다

짐승과 모든가축과 기는 것과 공중에 나는 모든 새들아 하나님을 찬양할찌어다

세상의 왕들과 모든 백성과 방백과 땅의 모든 사사들아 하나님을 찬양할찌어다

지구촌 전세계 청년 남자와 처녀와 부녀와 노인과 아이들아

다 여호와의 이름을 찬양할찌어다 다 여호와의 이름이 홀로 높으시며 그영광이 천지에 뛰어나심이로다

저가 하나님이 그 백성의 뿔을 높이셨으니 저는 모든 성도 곧 저를 친근히 하는 영적 이스라엘

자손들아 영원토록 만군의 여호와 하나님을 찬양 할찌어다 할렐루야

사 65:17-25 보라 하나님 내가 새 하늘과 새 땅을 창조하나니 이전 것은 기억되거나

마음에 생각나지 아니할 것이라

지구촌 전세계 각 나라와 인종과 언어를 초월하여 영적 이스라엘 하나님의 백성들아 너희는

하나님께서 이 모든 것을 창조하신 것을 인하여 영원히 기뻐하며 즐거워할지니라 보라 하나님

내가 예루살렘으로 즐거움을 창조하며 그 백성으로 영적 이스라엘로 기쁨을 삼고

하나님 내가 예루살렘을 즐거워하며 영적 이스라엘 나의 백성을 기뻐하리니 우는 소리와

부르짖는 소리가 그 가운데서 다시는 들리지 아니할 것이며

거기는 날수가 많지 못하여 죽은 유아와 수한이 차지 못한 노인이 다시는 없을 것이라

곧 백세에 죽은 자가 아이겠고 백세 못되어 죽는 자는 저주받은 것이니라

그들이 영적 이스라엘 교회 의인들이 가옥을 건축하고 에덴 동산에 거하겠고

천년왕국에서 포도원을 재배하고 천년동안 생활하며 열매를 먹을 것이며

그들의 의인들이 천년왕국에서 가옥을 건축한 데 타인이 거하지 아니할 것이며 의인들이 재배한

식물을 타인이 먹지 아니하리니 이는 하나님의 백성들의 수한이 나무의 수한과 같겠고

하나님께서 택한 자가 그 손으로 일한 것을 길이 천년동안 누릴 것임이며

의인들의 수고가 헛되지 않겠고 의인들이 생산한 것이 재난에 걸리지 아니하리니 의인들은 여호와의

복된 자의 자손이요 그 소생도 의인들의 자녀들도 그들과 함께될 것임이라

의인들이 부르기 전에 하나님이 응답하겠고 의인들이 말을 마치기 전에 하나님이 들을 것이며

이리와 어린양이 함께 먹을 것이며 사자가 소처럼 짚을 먹을 것이며 뱀은 흙으로 식물을 삼을

것이며 예수 그리스도께서 통치하시고 다스리는 성산에서는 천년왕국에는

해함도 없겠고 상함도 없으리라 창조주 여호와 하나님의 말이니라

이 글을 읽는 모든분들 지구촌 전세계 각 나라와 인종과 언어를 초월하여

예수 그리스도께서 통치하시는 에덴동산 천년왕국으로 초대합니다   할렐루야

사 11: 6-9 예수 그리스도께서 통치하시고 다스리시는 천년왕국은 이리가 어린 양과 함께 거하며

표범이 어린 염소와 함께 누우며 송아지와 어린 사자와 살찐 짐승이 함께 있어

어린아이에게 끌리며 암소와 곰이 함께 먹으며 그것들의 새끼가 함께 엎드리며

사자가 소처럼 풀을 먹을 것이며 젖먹는 아이가 독사의 구멍에서 장난하며

젖뗀 어린아이가 독사의 굴에 손을 넣고 같이 장난하고 아름다운 초원 금잔디

위에서 뛰어노는 나라 예수님께서 통치하시는 거룩한 성산 천년왕국 에는 해됨도 없고

상함도 없을 것이니 이는 물이 바다를 덮음같이 여호와의 아는 지식이 세상에 충만할 것임에라

사35:1-10 광야와 메마른 땅이 기뻐하며 사막어 백합화같이 피어 즐거워하며

무성하게 피어 기쁜 노래로 즐거워하며 레바논의 영광과 갈멜과 사론의 아름다움을

얻을 것이라 그것들이 여호와의 영광 곧 우리 하나님의 아름다움을 보리로다

예수 그리스도께서 통치하시고 다스리시는 천년왕국은 해함도 상함도 없으리라

그때에 소경이 눈이 밝을 것이며 귀머거리의 귀가 열릴 것이며

그때에 저는 자는 사슴같이 뛸것이며 벙어리의 혀는 노래하리니 이는 광야에서

물이 솟겠고 사막에서 시내가 흐를 것임이라

뜨거운 사막이 변하여 못이 될것이며 메마른 땅이 변하여 원천이 될 것이며

시랑이 눕던 곳에 풀과 갈대와 부들이 날것이며

거기는 대로가 있어 그 길은 거룩한 길이라 일컫는 바 되리니 깨끗지 못한 자는 지나가지

못하겠고 오직 구속함을 입은 자들을 위하여 있게 된 것이라

우매한 행인은 그 거룩한 길을 지나갈수가 없습니다

거기는 사자가 없고 사나운 짐승이 그리로 올라가지 아니하므로 그것을 만나지 못하겠고

오직 구속함을 얻은 자만 그리로 행할 것이며

여호와의 속량함을 얻은 자들이 돌아오되 노래하며 시온에 이르러 그 머리 위에 영영한

희락을 띠고 기쁨과 즐거움을 얻으리니 슬픔과 탄식이 달아나리로다

계7:9-17 이일 후에 요한이가 보니 각 나라와 족속과 백성과 방언에서 지구촌 전세계에서 아무라도

능히 셀수 없는 큰 무리가 흰옷을 입고 손에 종려가지를 들고 보좌 앞과 어린양 예수 앞에 서서

큰 소리로 외쳐 가로되 구원하심이 보좌에 앉으신 하나님과 어린양 예수에게 있도다 하니

이는 지구촌 전세계 긔 세기 75억 명의 사람들이 한시대를 살아가는 각 나라와 인종과 언어를

초월하여 전세계나라 영적 이스라엘 교회에서 알곡 백성들이 큰 환난에서 나오는

자들인데 어린양 예수의 피어 그 옷을 씻어 회개한 셀수 없는 알곡 백성들이

흰옷을 입고 나오는데

그러므로 그들이 하나님 보좌 앞에 있고 또 그의 성전에서 밤낮 하나님을 섬기며

보좌에 앉으신 하나님이 그들 위에 장막을 치시리니 저희가 흰옷을 입은 알곡

백성들이 다시 주리지도 아니하며 목마르지도 아니하고 해나 아무 뜨거운 기운에

상하지 아니하고 하나님의 진노의 대접 재앙과 아마겟돈 핵전쟁에도 상하지

아니할찌니 이는 보좌 가운데 계신 어린양 예수님이 저희의 목자가 되사 생명수 샘으로

인도하시고 하나님께서 저희 눈에서 모든 눈물을 씻어 주실 것임이러라

사 26:20-21 내 백성아 하나님의 백성 영적 이스라엘아 갈찌어다 네 밀실에 들어가서 네 문을 닫고

심판주 하나님의 분노가 지나가기까지 잠깐 숨을 찌어다

어린양 예수의 피에 그옷을 씻어 회개 한자들 거듭 태어난자들 심판주 하나님은 택하신

자들을 하늘 이 끝에서 저 끝까지 지구촌 전세계에서 전삼년 반동안 각 나라와 인종과

언어를 초월하여 예수 그리스도 십자가의 피에 그 옷을 씻어 회개한 알곡 백성들 셀수 없는

큰 무리들 21세기 75억 명의 사람들이 한시대를 살아가는 지구촌 전 세계에서 다 찾아 모아서

하나님께서 예비하신 보호처와 밀실에 보호하시고 잠깐 숨어있게 하시고 세상을 심판하시는

공의로우신 하나님 전삼년반이 끝나고 후삼년반 42달 날짜는 1260일 끝나면 첫째 대접재앙으로

시작하여 여섯째 대접 재앙까지 1290일 30일과 일곱째 마지막 대접재앙 아마겟돈 핵전쟁

45일을 더한 1335일 동안 살아있는자 하나님께서 지구촌 전세계 각 나라와 인종과 언어를

초월하여 예비하신 보호처와 밀실에서 흰옷을 입은 자들이 주리지도 아니하며 목마르지 아니하고

해나 아무 뜨거운 기운에 상하지 아니하는 셀수 없는 큰 무리가 복이 있으리라

보라 여호와께서 그 처소에서 나오사 21세기 75억 명의 사람들이 한시대를 살아가는

지구촌 전세계 각 나라와 인종과 언어를 초월하여 땅의 거민의 죄악을 벌하실 것이라

지구촌 온 땅이 그위에 잦았던 피를 드러내고 그 살해당한 자를 다시는 가리우지 아니하리라

심판주 하나님의 불꽃같은 눈은 어느 누구도 피할수가 없습니다

계 12:6 그 여자가 광야로 도망하매 철장권세 아이를 낳은 만국을 다스릴 남자 두 증인의 권세자

모세와 엘리야 같은 사명자를 낳은 촛대교회 알곡 백성들이 광야로 도망하매 거기서

구원받은 셀수 없는 큰 무리가 1260일 동안 저를 알곡 백성들을 양육하기 위하여

하나님께서 예비하신 보호처가 있더라

단 12:11-12 매일 드리는 제사를 폐하며 하나님 앞에 매일 드리는 새벽 예배를 폐하며

멸망케 할 미운 물건이 세울 때부터 일천이백구십 일을 지낼 것이요

기다려서 일천삼백 삼십오 일까지 이르는 그 사람은 복이 있으리라

미운 물건의 정체는 용의 권세를 받은 붉은 짐승 소련 나라와 칼막스 주체사상 동맹을 맺은

공산국가 나라들이 후삼년반 4그달 동안 말하는 우상을 만들어 세워놓고 우상에게

생기를 주어 그 짐승의 우상으로 말하게 하고 (말하는 우상이 미운물건)

한 이레는 7년 7년 절반은 후삼년반 한때 두때 반때를 지나서 성도들의 권세가

다 깨어지기까지나 그렇게 되면 이모든 일이 다 끝나리라 하더라

땅에 거하는 자들 각 나라와 인종과 언어를 초월하여 후삼년반에 떨어 진자 들은

말하는 짐승의 우상에게 경배하지 아니하는 자는 몇이든지 다 죽이게 하더라

미운 물건이 세울 때부터 1290 일을 지낼 것이요

기다려서 1335일 까지 이르는 살아 있는 사람은 하나님께서 예비하신 보호처와 밀실에서

후삼년반 1260일을 지나 대접재앙 30일 아마겟돈 핵전쟁 45일을 더한 1335일 까지

지구촌 전세계 각 나라와 인종과 언어를 초월하여 알곡 백성들이 보호처와 밀실에서

보호를 받고 있는 셀수 없는 흰옷을 입은 큰 무리들 그사람들이 복이 있으리라

마 24:21-31 이는 마지막 그때에 큰 환난이 있겠음이라 창세로부터 지금까지

이런 환난이 없었고 후에도 없으리라

그날들을 감하지 아니할 것이면 모든 살아 있는 육체가 구원을 얻지 못할것이나 그러나

택하신 하나님의 자녀들을 위하여 그날들을 후삼년반 1260일을 하나님의 은혜로 감하시리라

마지막 그때에 사람들이 너희에게 말하되 보라 그리스도가 가짜 예수가

여기 있다 혹 저기 있다 하여도 믿지 말라

21 세기 75 억 명의 사람들이 한시대를 살아가는 전세계 지구촌 온 땅에는 거짓

그리스도들과 거짓 선지자들이 일어나 큰 표적과 기사를 보이어 할수만 있으면 택하신

자들도 미혹하게 하리라 보라 심판주 예수 내가 너희에게 미리 말하였노라

그러면 사람들이 너희에게 말하되 보라 그리스도가 광야에 있다 하여도

나가지 말고 보라 골방에 있다 하여도 믿지 말라

번개가 동편에서 나서 서편까지 번쩍임같이 심판주 예수의 재림도 그러하나라

죽엄이 있는 곳에는 독수리들이 모일찌니라

그날 심판의날 7년 대환난후에 즉시 해가 어두워지며 달이 빛을 내지 아니하며

별들이 하늘에서 떨어지며 하늘의 권능들이 흔들리리라

환난후에 심판주 예수가 오실 징조가 하늘에서 보이겠고 그때에 21 세기 75억 명의

사람들이 한시대를 살아가는 전세계 지구촌 온 땅의 모든 족속들이 통곡하며

21 세기 75억 명의 사람들이 지구촌 온 땅에서 각 나라와 인종과 언어를 초월하여

한시대를 살아가는 사람들이 심판주 예수가 하늘을 가르고 만국을 진동시키고

구름을 타고 능력과 큰 영광으로 오는 것을 보고 통곡하리라

저가 심판주 예수가 큰 나팔 소리와 함께 천사들을 보내리니 저희가 십사만 사천이

전삼년반 1260일 동안 여러 나라와 족속과 방언과 백성에게 전세계 백성들 안에서

그 택하신 하나님의 자녀들을 하늘 이끝에서 저 끝까지 사방에서 모으더라

아무라도 능히 셀수 없는 큰 무리들이 흰옷을 입고 지구촌 전 세계에서 알곡 백성들이

몰려와서 하나님께서 예비하신 후삼년반 1260일과 하나님의 진노의 대접재앙 3일

아마 겟돈 핵전쟁 45일을 더한 1335일 까지

하나님께서 양육하시는데 주리지도 아니하며 목마르지도 아니하고 해나 아무 뜨거운

기운에 상하지 아니하는 밀실과 하나님께서 예비하신 보호처가 있습니다

이사람들이 전세계 각 나라와 인종과 언어를 초월하여 복이 있는 사람들이요

하루에 한나라 한민족이 탄생하는 거룩하고 강한 민족이요 예수 그리스도께서 통치하시는

에덴동산 회복 천년왕국에 들어가서 천년동안 생활하는 의인들이요 하나님 사랑안에

있는 지상 최대의 거부의 축복을 받은 존귀한 자들입니다 할렐루야

단9:27	그가 거짓 음녀가 장차 많은 사람으로 더불어 한 이레 동안의 언약을 굳게 정하겠고 그가

궤휼에 능한 거짓 음녀가 그 이레에 절반에 제사와 예물을 금지할 것이며 한이레는 7년

환난중 전삼년반 1260일 동안은 택하신 자들을 위하여 감하여 주시고 후삼년반 42달 동안

하나님 앞에 예배드리고 하나님 앞에 드리는 예물을 금지할 것이며 또 잔포하여

미운 물건이 (말하는 우상이 미운물건) 날개를 의지하여 지구촌 전세계 곳곳에 설 것이며

또 이미 정한 종말까지 1335일 까지 하나님의 진노가 황폐케 하는 자에게

쏟아지리라 하였느니라

계16:1-21 첫째 대접 재앙에서 여섯째 대접 재앙까지 30일 동안 지구촌 전세계 온땅

각 나라와 인종과 언어를 초월하여 전세계에 재앙이 쏟아지는 대접 재앙과

일곱째 마지막 대접재앙 아마겟돈 핵전쟁으로 45일 동안 지구촌 온땅 공기 가운데

쏟으매 큰 음성이 성전에서 보좌로부터 나서 가로되 되었다 하며

번개와 음성들과 뇌성이 있고 또 큰 지진이 있어 어찌 큰지 창세 이후로 이런 환난이 없었고

어찌큰지 사람들이 지구촌 땅에 있어 옴으로 이같이 큰 지진이 없었더라

하나님의 진노의 큰 지진으로 큰 성이 지구가 세 갈래로 갈라지고 만국의 성들도 지구촌 전세계

견고한 빌딩들도 무너지니 큰성 바벨론이 21 세기 75억 명의 사람들이 한시대를 살아가는

큰성 지구촌이 하나님 앞에 기억하신바 되어 그의 심판주 하나님의 맹렬한 진노의 포도주

잔을 받으매 지구촌 전세계 각 섬도 없어지고 지구촌 전세계 산악도 간데 없더라

또 중수가 한 달란트나 되는 30키로나 되는 큰 우박 덩어리가 하늘로부터 사람들에게

내리매 사람들이 그 박재로 인하여 하나님을 훼방하니 그 재앙이 심히 큼이러라

하나님의 맹렬한 진노로 지구촌 전세계 큰성 바벨론은 귀신의 처소요 각종 더러운 영들이

모여 음행하며 사치하고 치부하고 사람을 속이고 거짓말하는 바벨세상을 심판하고

하나님께서 지구촌 전세계 세상을 따라가는 바벨교회를 지진과 재앙과 뜨거운 불로 심판할 때에

하나님의 진노가 지나가기 까지 밀실에서 문을 닫고 숨어있던 전세계 각 나라와 인종과 언어를

초월하여 셀수 없는 큰 무리와 후삼년반 42달 동안 하나님께서 예비하신 보호처에서 보호를 받는

흰옷을 입고 큰 환난에서 나오는 셀수 없는 많은 알곡 백성들이 1335일 까지 하나님 보호 안에서

살아있는 자들이 하루에 한나라 한민족이 생기는 것이 예수 그리스도께서 천년동안

통치하시는 에덴동산 회복 큰 지진으로 큰성 지구가 세갈래로 갈라져서 만국의 성들도 무너지고

각 섬도 없어지고 산악도 간데 없는 지구를 하나님께서 다시 명품으로 만드셔서 광야와

메마른 땅이 기뻐하며 광야에서 물이 솟겠고 사막에서 시내가 흐르는 에덴동산

회복 천년왕국에 들어가는 자들의 축복을 아무도 빼앗아 갈자가 없습니다

인종과 언어를 초월하여 흰옷을 입은 이 사람들이 지상 최대의 축복을 받은 거부들 입니다

사 66:7- 14 시온은 구로하기 전에 생산하며 시온은 사랑의 예수님과 약혼한 거룩한 신부

고통을 당하기 전에 남자를 낳았어

이러한 일을 들은 자가 누구이며 이러한 일을 본 자가 누구뇨 나라가 어찌 하루에 생기겠으며

민족이 어찌 순식간에 나겠느냐 그러나 시온은 구로하는 즉시에 그 자민을 순산하였도다

여호와께서 가라사대 하나님 내가 임산케 하였은즉 해산케 아니하겠느냐 네 하나님이

가라사대 나는 해산케 하는 자인즉 어찌 태를 닫겠느냐 하시니라

예루살렘을 사랑하는 자여 다 그와 함께 기뻐하라 다 그와 함께 즐거워하라

그를 위하여 슬퍼하는 자여 다 그의 기쁨을 인하여 그와 함께 기뻐하라

영적 이스라엘 너희가 젖을 빠는 것같이 그 위로하는 하나님 품에서 만족하겠고 젖을 넉넉히

빤 것같이 하나님의 그 영광의 풍성함을 인하여 즐거워하리라

여호와께서 이같이 말씀하시되 보라 하나님 내가 영적 이스라엘 그 자민에게 평강을 강같이

그 자민에게 열방의 영광을 넘치는 시내같이 주리니 영적 이스라엘 자민 너희가 그 젖을

빨 것이며 자민 너희가 하나님 옆에 안기며 하나님 무릎에서 놀 것이라

어미가 자식을 위로함 같이 하나님 내가 영적 이스라엘 너희를 위로할 것인즉

자민 너희가 예루살렘에서 위로를 받으리니

너희가 이를 보고 마음이 기뻐서 영적 이스라엘 자민 너희 뼈가 연한 풀의 무성함 같으리라

여호와의 손은 그 종들에게 나타나겠고 하나님의 진노는 그 원수에게 더하리라

하루에 한나라 한민족이 생기는 것이 하나님의 맹렬한 진노가 지나가기 까지 밀실에서

하나님의 보호받던 각 나라와 인종과 언어를 초월하여 셀수 없는 많은 무리와

후삼년반 42달 동안 하나님께서 예비하신 보호처에서 보호를 받는 셀수 없는 큰 무리가

대접재앙 1290일을 지나 아마겟돈 핵전쟁 1335일 까지 하나님 보호안에서 전세계 각 나라와 인종과

언어를 초월하여 살아있는 남종과 여종들 흰옷을 입은 알곡 백성들 영적 이스라엘 자민들이

예수 그리스도께서 통치하시고 다스리시는 거룩하고 광활한 땅 천년왕국에 들어가는 셀수 없는

큰 무리가 하루에 한나라 거룩하고 강한 민족이 탄생하는 것을 말씀을 하고 있습니다

영원히 안죽고 영원히 살기 위하여 하나님을 믿고 경외하며 신뢰하며 찬양하며 하나님께서

명령하신 법을 지키고 항상 열두 사도들의 신앙을 가지고 의인들의 반열에 서있고

하나님 보호 안에서 세상 끝날까지 성령 하나님과 항상 함께 하시기를 축복합니다

사 65:20 거기는 날수가 많지 못하여 죽은 유아와 수한이 차지 못한 노인이 다시는 없을 것이라 곧 백세에

죽는 자가 아이겠고 백세 못되어 죽는 자는 저주받은 것이니라

하나님께서 생상한 자민 남녀 종들이 예수 그리스도의 나라 천년왕국에 들어가서 나무의 수한과

같이 천년동안 안죽고 아이를 낳으니 이것이 영적 이스라엘 아브라함의 자손들 네 씨로 하늘을

별과 같고 바다가의 모래와 같게 셀수 없으리라 하나님의 신을 네 자손에게 하나님의 복을 네

후손에게 내리리니 곧 백세에 죽는자가 아이겠고 백세 못되어 죽는 자는 저주받은 것이라

천년왕국에서 900년 후에 태어난 자들에게 잠간동안 마귀를 놓으니 마귀가 100세 못된

자들에게 들어가니 원망하고 불평하고 싸워서 하늘에서 불이 내려와 저희를 소멸하니

900년 이후에 태어난 자가 아이겠고 백세 못되어 죽는 자는 저주받은 것이니라

계 20:1-3 또 요한이가 보매 천사가 무저갱 열쇠와 큰 쇠사슬을 그 손에 가지고 하늘로서 내려와서

용을 잡으니 곧 아담과 하와를 꾀인 옛 뱀이요 마귀요 사단이라 잡아 일천년 동안 결박하여

무저갱에 던져 잠그고 그위에 인봉하여 천년이 차도록 다시는 만국을 미혹하지 못하게

하였다가 그후에는 900년 후에는 반드시 잠간 놓으리라

계 20:7-10 에덴동산에서 천년의 시간이 차매 옛뱀 용 마귀 사단이 그 옥에서 놓여

나와서 땅의 사방 백성 곧 곡과 마곡을 미혹하고 모아 싸움을 붙이리니 그 수가 바다 모래 같으리라

천년왕국 에서 천년동안 확장되고 대확장이 되어 900년 후에 태어난 백세못된 많은 사람을

미혹하고 모아 싸움을 붙이리니 그 수가 바다 모래 같으리라

저희가 백세 못된 자들이 천년왕국에서 지면에 널리 퍼져 원망하고 불평하니

성도들의 진과 하나님이 사랑하시는 성을 두루매 하늘에서 불이 내려와

저희 백세 못된 자들을 소멸하고

또 저희를 백세 못된 자들을 미혹하는 마귀를 잡아 불과 유황 못에 던지우니 거기는

용의 권세를 받은 붉은 짐승과 짐승의 권세를 받은 거짓 선지자도 있어

600 수 60수 6수 666 삼자가 세세토록 밤낮 괴로움을 받으리라

마귀의 정체에서 많은 신학 박사나 주의 종들이 하나님께서 부리던 루시퍼 천사가

하나님 앞에 불순종하고 타락하여 마귀가 되어 온천하를 꾀는 마귀라

(천사가 타락하여 마귀가 된게 아닙니다)

-208-

사14:12 너 아침의 아들 계명성이여 어찌 그리 하늘에서 떨어졌으며

너 열국을 엎은 자여 어찌 그리 땅에 찍혔는고

아침의 아들 계명성은 루시퍼 천사의 타락이 아니고 (느부갓네살 왕의 타락입니다)

바벨론 나라 느부갓네살 왕이 교만하여 타락함을 이사야 선지자가 설명하고 있습니다

바벨론 나라 느부갓네살 왕은 많은 나라 열국을 엎은자요 많은 사람들을 학대하고 강포와

억압하고 임의로 사람들을 죽이고 금은 보화가를 약탈하고 힘이없는 많은 나라 사람들을

포로로 잡아다가 자기의 임의대로 죽이는 악한 왕입니다

사14:4-8 하나님께서 이사야 선지자에게 너는 바벨론 나라 느부갓네살 왕에 대하여 이 노래를 지어

이르기를 학대하던 자가 어찌 그쳤으며 강포한 성이 어찌 그리 폐하였는고

여호와께서 이스라엘 백성들이 하나님 앞에서 죄를 범할때에 느부갓네살 왕을

악인의 몽둥이로 활용 했지만 하나님께서 허락하신 70년이 끝나면

패권자 느부갓네살 왕의 홀을 꺾으셨도다

여호와 하나님께서 북이스라엘과 남유다가 여호와 하나님 보시기에 악을 행하면

하나님 앞에 범죄하면 앗수르나 패권자 느부갓네살 왕을 악인의 몽둥이로 들어쓰심

느부갓네살 군대가 분내어 여러 민족을 치기를 마치 아니하였고 노하여 열방을 억압하고

학대하고 많은 사람을 죽여도 강포자 느부갓네살을 막을자가 없었더라

렘52:1-30 유다 시드기야 왕이 바벨론나라 느부갓네살 왕에게 잡히고 느부갓네살 왕이

시드기야 아들들을 시드기야 앞에서 죽임을 당하고 유다의 모든 방백들을 다 죽이며

시드기야 왕의 두눈을 빼고 쇠사슬로 결박하여 바벨론 나라로 끌어다가

시드기야 왕이 죽는 날까지 옥에 가두었더라

여호와의 전과 왕궁을 불사르고 예루살렘 모든 집과 귀인들의 집까지 불살랐으며

갈대아 인의 온 군대가 예루살렘 성벽을 다 헐어으며

여호와의 전의 귀한 금은 보화와 귀한 하나님의 성물을 바벨론으로 다 가져갔고

유다인들이 바벨론 나라에 포로가 되어 끌려간 사람들이 4600명 이 사람들을

70년 동안 억압하고 학대하고 죽여도 강포자 느부갓네살을 막을자가 없었더라

사14:9-14 천하를 호령하던 느부갓네살이 죽어 음부 지옥에 떨어짐으로 음부가 소동하여

음부에 있던 열방의 모든 왕들이 다 느부갓네살 에게 말하여 이르기를

너도 우리같이 연약하게 되었느냐 너도 우리같이 되었느냐 하리로다

네 영화가 음부에 떨어졌음이여 너의 비파 소리까지로다 구더기가 네 아래

깔림이여 땅에서 지렁이가 느부갓네살 너를 덮었도다

너 아침의 아들 계명성이여 어찌 그리 하늘에서 떨어졌으며 너 열국을

엎은 자여 어찌 그리 땅에 찍혔는고

네가 네 마음에 이르기를 느부갓네살 내가 하늘에 올라 하나님의 뭇별 위에

나의 보좌를 높이리라 내가 북극 집회의 산   위에 좌정하리라

가장 높은 구름에 올라 지극히 높은 자와 비기리라 하도다

단 4:20-22 왕의 보신 그 나무가 자라서 견고하여지고 그 고는 하늘에 닿았으니 땅끝에서도 보이겠고

그 잎사귀는 아름답고 열매는 많아서 만민의 식물이 될 만하고 들짐승은 그 아래

거하며 공중에 나는 새는 그 가지에 깃들이더라 하시오니

왕이여 이 나무는 곧 왕이시라 이는 왕이 자라서 견고하여지고 창대하사

하늘에 닿으시며 왕의 권세는 땅끝까지 미치심이니다

느부갓네살 왕의 권세가 하늘에 닿아으며 느부갓네살 왕의 성장기를 다니엘이 설명함

사14:15-20 그러나 이제 느부갓네살 네가 모든 권세가 끝나고 음부 곳 지옥 구덩이의 맨 밑에 빠치우리로다

너를 보는 자가 주목하여 너를 자세히 살펴보며 말하기를 이사람 느부갓네살이

땅을 진동시키며 열국을 경동시키며

세계를 황무케 하며 성읍을 파괴하며 사로잡힌 자를 포로 자들을 그 집으로

놓아 보내지 않던 자가 아니뇨 하리로다

열방의 왕들은 모두 각각 자기집에서 죽어서 영광 중에 무덤에서 자건만는

오직 느부갓네살 너는 자기 무덤에도 들어가지도 못하고 무덤에서 내어 쫓겼으니 가증한 나무

가지 같고 칼에 찔려 돌구덩이에 빠진 주검에 둘려싸였으니 밟힌 시체와 같도다

느부갓네살 네가 바벨론 자기 땅을 망하게 하였고 자기 백성을 죽였으므로 네가 죽인

사람들과 일반으로 안장함을 얻지 못하나니 죽어서도 편안히 쉬지도 못하네

-210-

악을 행하는 자의 후손은 영영히 이름이 나지 못하리로다 할찌니라

단 5:30 그날 밤에 바벨론 나라 느부갓네살 왕의 아들 갈대아 왕 벨사살이 죽임을 당하였고
하나님께서 하시는 일을 아무도 막을자가 없습니다

벧후 2:4 창조주 하나님이 범죄한 천사들을 용서치 아니하시고 지옥에 던져 어두운 구덩이에 두어
백보좌 심판 때까지 지키게 하셨으며

유 1:6 또 자기 지위를 지키지 아니하고 자기 처소를 떠난 천사들을 큰 날의
백보좌 심판때까지 영원한 결박으로 흑암에 가두셨으며
창조주 하나님께서 말씀하신 명령을 거역한 천사들을 큰 날의 백보좌 심판때까지
영원한 결박으로 가두었다고 하나님께서 말씀하시고 계십니다

계 5:11 요한이가 또 보고 들으매 하나님 보좌와 네 생물과 이십사 장로들이 둘러선
많은 천사의 음성이 있으니 그 천사의 수가 만만이요 천천이라

계 4:6-8 하나님 보좌 앞에 수정 같은 유리 바다가 있고 하나님 보좌 가운데와
하나님 보좌 주의에 네 생물이 있는데 앞뒤에 눈이 가득하더라
그 첫째 생물은 사자 같고 그 둘째 생물은 송아지 같고 그 세째 생물은 얼굴이
사람 같고 그 네째 생물은 날아가는 독수리 같은데
네 생물이 각각 여섯 날개가 있고 안과 주의에 눈이 가득하더라 그들이 밤낮 쉬지 않고
이르기를 거룩하다 거룩하다 거룩하다 주 하나님 곧 전능하신 이여
전에도 계시고 이제도 계시고 장차 오실 자라 하고

하나님 보좌 가운데와 보좌 주의에 네 생물이 있는데 첫째 생물은 사자 같고
둘째 생물은 송아지 같고 세째 생물은 얼굴이 사람같고 네째 생물은 날아가는
독수리 같은데 네 생물이 각각 여섯 날개가 있고 그 안과 주의에 눈이 가득하고
네 생물이 밤낮 쉬지 않고 이르기를 거룩하다 거룩하다 거룩하다 만군의 여호와

주 하나님 곧 전능하신 하나님 이시여 전에도 계셨고 이제도 계시고 장차 오실 심판주 하나님을 경외하며 모시는 통찰력과 눈이 앞뒤로 가득찬 네 생물은 하나님께서 밤낮 부리는 하나님의 대행기관 입니다

단 7:10 불이 강처럼 흘러 하나님 보좌 앞에서 나오며 하나님 에게 수종하는 천사는 천천이요 하나님 앞에 시위한 천사는 만만이며 하나님이 심판을 베푸는데
죽은 자들이 백보좌 심판때에 다 살아나서 육신의 때에 자기가 행한 행위를 따라 책들에 기록된 대로 심판을 받으 선한 일을 행한 자는 생명의 부활로 악한 일을 행한 자는 심판의 부활로 나오리라

계 20:11-15 또 요한이가 크고 흰보좌와 그 위에 앉으신 심판주 하나님을 보니 땅과 하늘이 태초에 하나님이 천지를 창조하신 하늘과 온땅 지구가 하나님 앞에서 피하여 간데 없더라
또 요한이가 보니 아담때부터 사람들이 지구촌 전세계에 태어나서 각 나라와 인종과 언어를 초월하여 백보좌 심판때에 죽은 자들이 무론 대소하고 다 살아나서 하나님 보좌 앞에 섰는데 책들이 펴 있고 또 다른 책이 펴졌으니 곧 생명책이라 죽은 자들이 자기가 육신의때에 행한 행위를 따라 책들에 기록된 대로 심판을 받으 바다가 그 가운데서 죽은 자들을 내어 주고 또 사망과 음부도 그 가운데서 죽은 자들을 내어주매 각 사람이 육신의때에 자기가 행한 행위대로 심판을 받고 사망과 음부도 불못에 던지우니 이것은 둘째 사망 곧 영원한 불못이라 누구든지 하나님의 생명책에 이름이 기록되지 못한 자는 불못에 던지우더라

마 5:22 나 예수는 너희에게 이르노니 형제에게 노하는 자마다 심판을 받게 되고 형제에 대하여 미워하고 욕하고 조롱하고 괴롭히고 미련한 놈이라 하는 자는 회개가 없으면 지옥 불에 들어가게 되리라

이온땅 지구촌에는 아담때부터 전세계 각 나라와 인종과 언어와 사상을 초월하여 지구촌에서 살다가 죽은 영혼들과 지금 21세기 75억 명의 사람들이 한시대를 살아가는 사람들에게 하늘의 천사들이 낮에나 밤에나 비가오나 눈이 오나 24시간

분마다 초마다 1년 365일 아담때부터 세상 끝날까지 한사람 한사람 말하는 것

생각하는 것 행동하는것 천사들이 하나 하나 다 기록하여 그 많은 천사들이

하늘에 계신 하나님 아버지의 얼굴을 항상 뵈옵고 매일 경과 보고 하는데

아담때부터 지구촌에 태어나서 육신의 때에 개개인의 생활한 기록들이

년도와 달과 요일과 시간까지 하나님의 생명책에 다 기록이 되어 있습니다

선한 일을 행하는 자는 생명의 부활로 악한 일을 행한 자는 심판의 부활로 나오리라

마 10:40-42 너희를 영접하는 자는 나 예수를 영접하는 것이요 나 예수를 영접하는 자는

나 예수를 보내신 하나님을 영접하는 것이라

선지자의 이름으로 선지자를 영접하는 자는 선지자의 상을 받을 것이요

의인의 이름으로 의인을 영접하는 자는 의인의 상을 받을 것이요

또 누구든지 제자의 이름으로 이작은 소자 중 하나에게 냉수 한 그릇이라도 주는 자는

예수님이 보시고 진실로 너희에게 이르노니 그렇게 하는 사람은 결단코

상을 잃지 아니하리라 하시니라

마 25:37-40 이에 의인들이 대답하여 가로되 주여 우리가 어느 때에 주의 주리신 것을 보고

공궤하였으며 목마르신 것을 보고 마시게 하였나이까

어느 때에 나그네 되신 것을 보고 영접하였으며 벗으신 것을 보고 옷 입혔나이까

어느 때에 병드신 것이나 옥에 갇히신 것을 보고 가서 뵈었나이까 하리니

만왕의 왕 예수 그리스도 임금이 대답하여 가라사대 예수 내가 진실로 너희에게이르노니

너희가 여기 내 형제 중에 지극히 작은자 하나에게 한 것이 곧 내게 한것이라 하시고

내 아버지 하나님께 복 받을 자들이여 나라와 창세로 부터 너희를 위하여

예비된 나라를 상속하리라

히 1:1-14 모든 천사들은 부리는 영으로서 구원 얻을 후사들을 위하여 섬기라고 보내심이 아니뇨

하늘과 지구촌 전세계 온 땅의 셀수 없는 수많은 천사들

유 1:9 천사장 미가엘은 싸우는 천사 모세의 시체에 대하여 마귀와 다투어 변론할 때에 감히 훼방하는
판결을 쓰지 못하고 다만 말하되 주께서 너를 꾸짖으시기를 원하노라 하였거늘

단 10:13-14 그런데 바사국 군이 이십일 일동안 나를 막았으므로 가브리엘 천사 내가 거기 바사국
왕들과 함께 머물러 있더니 군장 중 하나 미가엘 천사가 와서 나를 도와주므로 이제
가브리엘 천사 내가 말일에 세상 끝날에 네 백성의 영적 이스라엘 백성들이 당할 일을
다니엘 네게 깨닫게 하려 왔노라 대저 이   이상은 오랜 후의 일이니라

마 24:15 그러므로 너희가 선지자 다니엘이 말한 바 멸망의 가증한 것이 거룩한 곳에 선 것을 보거든
(읽는 자는 깨달을 찐저) 거룩한 성을 42달 후삼년반 동안 용의 권세를 받은 짐승과
거짓 음녀가 짓밟으리라 (말하는 우상에게 경배하는 것이 멸망의 가증한것)

다니엘 선지자가 말일에 세상 끝날에 영적 이스라엘 하나님의 백성들 지구촌 전세계
각 나라와 인종과 언어를 초월하여 70 이레중 일곱 이레와 육십이 이레가 육적 이스라엘
백성들에게 69 이레가 지나갔고 은혜의 문이 닫혔지면 한 이레 7년 대환난이
시작이 되면 21 세기 75억 명의 사람들이 한시대를 살아가는 전세계 각 나라와 인종과
언어를 초월하여 사람들을 미혹하고 이레의 절반에 후삼년반 동안 하나님 앞에
드리는 제사와 예배와 예물을 금지할 것을 말씀하시고 이 이상은 오랜 후의
일이라 멸망의 가증한 것은 후삼년반 42달 동안 용의 권세를 받은 짐승과
공산당의 권세를 받은 거짓 음녀가 이적을 행하되 사람들 앞에서 불이 하늘로부터
땅에 내려오게 하고 짐승 앞에서 받은 바 거짓 음녀가 이적을 행함으로 지구촌
온 땅에 후삼년반에 거하는 자들을 미혹하고 짐승의 우상에게 생기를 주어 그 짐승의
우상으로 (말하는 우상에게 경배하는 것이) 다니엘 선지자가 말한바 멸망의 가증한것 입니다

계 12:7-9 하늘에 전쟁이 있어 천사장 미가엘과 천사에게 속한 하늘의 사자들이
용으로 더불어 싸울새 용과 용에게 속한 그의 사자들도 싸우나
천사장 미가엘 천사와 미가엘 천사 에게 속한 하늘의 사자들을 이기지   못하여
용과 용에게 속한 사자들이 다시 하늘에서 저희의 있을 곳을 얻지 못한지라

큰 용이 내어 쫓기니 아담과 하와를 꾀인 옛뱀 곧 마귀라고도 하고 사단이라고도 하는 온 천하를 꾀는 자라 지구촌 온 땅으로 내어 쫓기니 그의 사자들도 용과 함께 지구촌 온 땅으로 내어 쫓기니라 마귀라고도 하고 사단이라고도 하는 온 천하를 꾀는 자가 지구촌 온 땅으로 쫓겨 내려와서 21세기 75억 명의 사람들이 한시대를 살아가는 지구촌 전세계 각 나라와 인종과 언어와 사상을 초월하여 흉난한 바다 풍랑과 같이 지구촌 전세계가 평안하고 잔잔한 날이 없습니다 풍랑이 많습니다 나라와 나라가 싸우고 파괴하고 죽이고 민족과 민족이 서로 미워하고 속이고 싸우고 죽이고 지구촌 나라마다 황충의 떼들이 들고 일어나서 데모하고 파괴하고 약탈하고 불을 지르고 한민족 형제가 서로 미워하고 싸우고 죽이고 형제와 형제가 미워하고 싸우고 죽이고 부모와 자식이 미워하고 싸우고 이웃과 이웃이 미워하고 싸우고 힘이 있는 선진국 나라가 연약하고 미약한 나라들을 힘으로 억압하고 속이고 서로 미워하고 거짓말하고 서로 비방하며 싸우고 21세기 75억 명의 사람들이 한시대를 살아가는 각 나라와 인종과 언어를 초월하여 지구촌 전세계는 가난과 질병과 감옥과 재앙과 테러와의 전쟁 나라마다 무역전쟁 사이버 전쟁 보이스피싱과의 전쟁 천문학적 돈을 투자하여 사람들을 많이 죽이는 각종 특수 무기와 각종 미사일과의 전쟁 지구촌 각 나라마다 물질을 많이 차지하여 창고에 많이 쌓으려고 지구촌 전세계 각 나라와 인종과 언어를 초월하여 사람들이 하는 행위가 파괴하고 싸우며 서로 속이고 미워하며 돈을 사랑하고 거만하며 낮과 밤을 구분하지 못하고 오락과 향락에 취하여 먹고 마시고 장가들고 시집가고 지구촌 전세계 나라마다 싸우고 서로 미워하고 속이고 거짓말하고 싸워서 망하게 하고 죽이게 하는 배우자는 온 천하를 꾀는 마귀떼가 지구촌 전세가 각 나라와 인종과 언어를 초월하여 사람들 마음과 생각속에 들어가서 서로 미워하고 속이고 거짓말하고 사나우며 서로 싸우게 하여 온 인류를 다 죽이게 하는 것이 온 천하를 꾀는자 마귀떼가 온 나라마다 싸우게 하고 무역전쟁 사이버전쟁 보이스피싱과의 전쟁 사람들을 많이 죽이는 각종 무기와 각종 미사일과의 전쟁이 21세기 75억명의 사람들이 한시대를 살아가는 지구촌 온땅 사람들에게 닥아 오고 있으며 피할 곳도 숨을 곳도 없습니다 지구촌 전세계 남과 북이 철과 진흙이 총과 칼로 각종 무기와 각종 미사일로 하늘에서 땅에서 바다에서 싸우는 것을 앞으로 두 눈으로 직접 보게 됩니다

그러나 하늘의 천사장 미가엘과 미가엘 천사에게 속한 하늘의 사자들에게 하늘에서 쫓겨 버려온 온 천하를 꾀는자 마귀와 사단과 싸워 이기고 짐승과 거짓 음녀와 싸워 이기고

-215-

세상 유혹과 미혹하는 더러운 영들과 싸워 이기고 각종 우상과 세상을 하나님 말씀으로 믿음으로

싸워 이기는 자들은 승리자요 영적 이스라엘이요 하나님께서 예비하신 광활한 땅에

들어가서 거룩한 성산 천년왕국 에덴동산 에서 천년동안 생활하며 살아가는 자들 입니다

인종과 언어를 초월하여 이사람들이 지구촌 전 세계에서 지상 최대의 거부들 입니다

많이 가진 부자 나라가 지구촌 전세계 연약하고 가난한 나라들을 보살피고 도와줄때

하나님께서 보시고 하늘에 신령한 것으로 땅에 기름진 것으로 더욱 풍성하게 채워주시는 사랑의

하나님을 믿고 연약하고 가난한 나라와 이웃과 형제를 도와주시기를 예수 그리스도 이름으로 축복합니다

단 9:3-27 다니엘이 조국을 위하여 금식하며 베옷을 입고 재를 무릅쓰고 주 하나님께 기도하며 간구하기를 결심하고

우리 열조의 죄와 우리열왕들과 방백들과 온 백성들에게 말씀하시고 하나님께서 세우신 율법을

범하고 하나님 말씀을 청종하지 아니하였으므로 이로주가 이모든 재앙이 우리에게 임하였나이다

그러하온즉 우리 하나님이여 지금 주의 종의 기도와 간구를 들으시고 주를 위하여 주의 얼굴

빛을 황폐한 예루살렘 성에 비취시옵소서

내가 이같이 말하여 기도하며 내 죄와 및 내백성 이스라엘 죄를 자복하고

내 하나님의 거룩한 산을 위하여 내 하나님 여호와 앞에 간구할 때에

곧 내가 말하여 기도할 때에 이전 이상 중에 본 그 사람 가브리엘 천사가

빨리 날아서 저녁 제사를 드릴 때 즈음에 내게 이르더니

내게 가르치며 내게 말하여 가로되 다니엘아 내가 이제 네게 지혜와 총명을 주려고 나왔나니

곧 네가 기도를 시작할 즈음에 하나님의 명령이 내렸으므로 이제 네게 고하러 왔느니라

너는 크게 은총을 입은 자라 그런즉 너는 이 일을 생각하고 그 이상을 깨달을 찌니라

네 백성과 네 거룩한 성을 위하여 (칠십 이레로) 기한이 정하였나니 허물이 마치며

죄가 끝나며 죄악이 영속되며 영원한 의가 드러나며 이상과 예언이 응하며

또 지극히 거룩한 자가 기름부음을 받으리라

그러므로 다니엘아 너는 깨달아 알찌니라 예루살렘을 중건하라는 영이 날때부터

기름부음을 받은 자 곧 왕이 일어나기까지 일곱 이레와 육십 이 이레가 지날 것이요

바벨론에서 70년 만에 해방이 되어 본토 예루살렘에 돌아온 백성들이

7X7=49년 걸쳐서 스룹바벨 성전 짓는 기간이 (일곱 이레)

-216-

학1:1-15 다리오 왕 이년 유월 곧 1달 초하루에 여호와의 말씀이 선지자 학개로 말미암아

스알디엘의 아들 유다 총독 스룹바벨과 여호사닥의 아들 대제사장

여호수아에게 임하니라 가라사대

만군의 여호와가 말하여 이르노라 이 백성이 말하기를 여호와의 전을 건축할 시기가

이르지 아니하였다 하느니라

여호와의 말씀이 선지자 학개에게 임하여 가라사대

이 전이 황무하였거늘 너희가 이때에 판벽한 집에 거하는 것이 가하냐

스1:1-3 바사왕 고레스 원년에 여호와께서 예레미야 선지자 입으로하신 말씀을 응하게 하시려고

바사왕 고레스의 마음을 감동시키시매 고레스가 온 나라에 공포도 하고 조서도 내려 가로되

바사왕 고레스는 말하노니 하늘의 신 여호와께서 세상 만국으로 내게 주셨고

나를 명하사 유다 예루살렘에 전을 건축하라 하셨으니

이스라엘 하나님은 참 신이라 너희 중에 무릇 그 백성된 자는 다 유다 예루살렘으로

올라가서 거기 있는 여호와의 전을 건축하라 너희 하나님이 함께 하시기를 원하노라

예레미야 선지자 예언대로 70년 만에 유다 자손이 바벨론에서 해방이 되어 고국으로

돌아온 유다 백성들이 하나님의 성전을 건축한다는 소문을 들은 유다와 베냐민의

자손들이 애굽 앗수르 아람 땅으로 피난을 갔다가 고국으로 돌아와서

우리도 너희와 같이 하나님의 성전을 같이 건축하자 할때에

스4:3 스룹바벨과 예수아와 기타 이스라엘 족장들이 이르되 우리 하나님의 전을 건축하는데 너희는

우리와 상관이 없느니라 바사왕 고레스가 우리에게 명하신 대로 우리가 이스라엘 하나님

여호와를 위하여 바벨론에서 돌아온 우리가 홀로 건축하리라 하였더니

이로부터 애굽 앗수르 아람 땅에서 돌아온 유다와 베냐민의 대적들이

바벨론에서 70년 만에 해방되어 돌아온 유다 백성들이 하나님의 성전 건축하는

것을 방해하여 분쟁이 생겨서 46년 동안이나 중단 되었던 성전을

학개 선지자의 외치는 소리를 유다 백성들이 듣고

학개 선지자가 외치기를 하나님의 이전이 황무하였거늘 너희가 이때에 판벽한 집에서

너희의 집들은 아름답게 꾸미고 그안에 거하는 것이 가하냐

그러므로 이제 나 만군의 여호와가 말하노니 너희는 자기의 소위를 살펴볼찌니라

너희가 많이 씨앗을 뿌릴찌라도 수입이 적으며 먹을찌라도 배부르지 못하며 마실찌라도

흡족하지 못하며 옷을 입어도 따뜻하지 못하며 일군이 삯을 받아도

그것을 구멍 뚫어진 전대에 넣음이 되었느니라

나 만군의 여호와가 말하노라 너희는 자기의 소위를 살펴볼찌니라

너희는 산에 올라가서 나무를 가져다가 하나님의 전을 건축하라 그리하면 하나님 내가

그로 인하여 기뻐하고 또 영광을 얻으리라 나 여호와가 말하였느니라

너희가 많은 것을 바랐으나 도리어 수입이 적었고 너희가 그것을 집으로 가져갔으나

하나님 내가 불어버렸느니라 나 만군의 여호와가 말하노라 이것이 무슨 연고뇨 하나님의 성전은

황무하였으되 너희는 각각 자기의 집에 빨랐음이라 너희 집들만 아름답게 하였느니라

그러므로 너희로 인하여 하늘은 이슬을 그쳤고 땅은 산물을 그쳤으며

하나님 내가 한재를 불어 이땅에 산에 곡물에 새 포도주에 기름에 땅의 모든 소산에

사람에게 육축에게 손으로 수고하는 모든 일에 임하게 하였느니라

스알디엘의 아들 스룹바벨과 여호사닥의 아들 대제사장 여호수아와 남은 바 모든 백성이

그 하나님 여호와의 목소리와 선지자 학개의 말을 청종하였으되 이는 그들이 하나님 여호와께서

학개 선지자를 보내셨음을 인함이라 백성이 다 여호와를 경외하매

때에 여호와의 사자 학개가 여호와의 명을 의지하여 백성에게 고하여 가로되

나 여호와가 말하노니 하나님 내가 너희와 함께하노라 하셨느니라 하니라

여호와께서 스알디엘의 아들 유다 스룹바벨의 마음과 여호사닥의 아들 대제사장

여호수아의 마음과 남은 바 모든 백성의 마음을 흥분시키시매 그들이 와서

만군의 여호와 그들의 하나님의 전 역사를 하였으니

때는 다리오 왕 이년 유월 이십사 일이었더라

학2:1-23 칠월 곧 그 달 이십일 일에 여호와의 말씀이 선지자 학개에게 임하여 가라사대

너는 스알디엘의 아들 유다 총독 스룹바벨과 여호사닥의 아들 대제사장 여호수아와

남은 백성에게 고하여 이르라

너희 중에 남아 있는 자 곧 이전의 영광을 본 자가 누구냐 다윗의 아들 솔로몬이 지은

예루살렘 성전을 본 자가 누구냐 이제 이것이 너희에게 어떻게 보이느냐

이것이 너희 눈에 보잘 것이 없지 아니하냐

그러나 나 여호와가 이르노라 스룹바벨아 스스로 굳세게 할찌어다 여호사닥의 아들

대제사장 여호수아야 스스로 굳세게 할찌어다 나 여호와의 말이니라 이 땅 모든 백성아

스스로 굳세게 하여 일할찌어다 하나님 내가 너희와 함께하노라 만군의 여호와의 말이니라

너희 선조가 애굽에서 나올 때에 하나님 내가 너희 선조와 언약한 말과 하나님 나의 신이

오히려 너희 중에 머물러 있나니 두려워하지 말찌니라

나 만군의 여호와가 말하노라 조금 있으면 심판주 하나님 내가 백마를 타고 재림할

때에 하늘과 지구촌 온 땅과 바다와 육지를 진동시킬 것이요

또한 만국을 진동시킬 것이며 만국의 보배가 이전에 이르리니 하나님 내가 영광으로

이전에 충만케 하리라 만군의 여호와의 말이니라

바벨론에서 70년 만에 해방이 되어 본국으로 돌아온 유다 백성들이 학개 선지자 말을

듣고 예언서로 지은 스룹바벨 성전이 솔로몬 왕이 금과 은과 보석과 진주와 백향목으로

돌로 지은 예루살렘 성전보다 너희의 눈으로 보기에 보잘 것이 없는 이 스룹바벨 성전의

하나님의 영광이 크리라 만군의 여호와의 말이니라

은도 내 것이요 금도 하나님 것이라 만군의 여호와의 말이니라

이전의 나중 영광이 이전 영광보다 크리라 만군의 여호와의 말이니라

하나님 내가 이 곳에 평강을 주리라 만군의 여호와의 말이니라

너희는 오늘부터 이전을 추억하여 보라 구월 이십사일 곧 여호와의 전 지대를

쌓던 날부터 추억하여 보라

곡식 종자가 오히려 창고에 있었느냐 포도나무 무화과나무 석류나무 감람나무에 열매가

맺지 못하였었느니라 그러나 9월 24일 여호와의 전 지대를 쌓던 날부터

하나님 내가 복을 주리라

그 달 이십사일에 여호와의 말씀이 다시 학개 선지자에게 임하여 가라사대

학개야 너는 유다 총독 스룹바벨에게 고하여 이르라 심판주 하나님 내가

하늘과 지구촌 온 땅을 진동시킬 것이요

열국의 보좌를 엎을 것이요 열방의 세력을 멸할 것이요 그 병거들과 그 만탄자를
엎드러뜨리리니 말과 그 말 탄자가 각각 그 동무의 칼에 엎드러지리라

나 만군의 여호와가 말하노라 스알디엘의 아들 내 종 스룹바벨아 나 여호와가
말하노라 그 날에 하나님 내가 너를 취하고 너로 인을 삼으리니 이는 하나님 내가
너를 택하였음이니라 만군의 여호와의 말이니라

45년 동안 중단 되었던 성전이 4년 3개월 만에 스룹바벨 성전이 완공이 되어
일곱 이레 7×7=49년이 지나가고

| 단8:20-22 | 다니엘 네가 본바 두뿔가진 수양은 곧 메대와 바사 왕들이요 |

털이 많은 수염소는 곧 헬라 왕이요 두눈 사이에 있는 큰 뿔은 곧 첫째 알렉산더 왕이요
이 뿔이 꺾이고 알렉산더 대왕이 33세에 죽고 그 대신에 네뿔이 났은즉 그 나라
헬라나라 가운데서 네 나라가 일어나되 그 첫째 왕의 권세만 못하더라

알렉산더 대왕을 따르던 네 장군 안디오쿠스 에피파네스 셀류쿠스 프톨레비 네 장군은
남과 북으로 갈라져서 1세대 2세대 3세대 걸쳐서 남북 전쟁으로 육십이 이레 62×7=434년
동안 남북 전쟁으로 유다 백성들의 시련기 헬라나라 네 장군들이 북쪽으로 남쪽으로 올라 가면서
내려가면서 거룩한 예루살렘 성전안에서 돼지를 잡아먹고 돼지 피를 성전벽에 바르고 할때에

| 요10:22 | 예루살렘에 수전절이 이르니 때는 겨울이라 |

더럽혀진 예루살렘 성전을 마카비의 혁명으로 깨끗하게 성전을 수리 한것이 수전절 때는 겨울이라
B.C 164년에 유다 마카비가 예루살렘 성전을 청결하게 하고
여호와 하나님 앞에 다시 봉헌식을 올려 드림으로
62 이레 434년 남쪽 유다 백성들의 시련이 끝나게 되고

| 단9:25 | 그러므로 다니엘아 너는 깨달아 알찌니라 예루살렘을 중건하라는 영이 날때부터 |

기름부음을 받은 자 곧 왕이 일러나기까지
왕중의 왕 예수 그리스도께서 유대 땅 베들레헴에 오시기 까지

-220-

일곱 이레와 육십이 이레가 지날 것이요 일곱이레 49년 동안 스룹바벨 성전 짓는기간

육십이 이레는 434년 동안 헬라나라 네 장군이 남북 전쟁으로

남쪽 유다 백성들의 시련기 62레 62×7= 434년이 지날것이요

그때 곤란한 동안에 스룹바벨 성전이 중건되어 거리와 해자가 이룰 것이며

구약과 신약 사이 약 400년 동안 인류의 구원자 세상죄를 지고가는

하나님의 어린양 예수 그리스도께서 유대 땅 베들레헴에 오시기까지

약 400년 동안 공백기간 거리와 해자가 이룰 것이며

사7:14 그러므로 주께서 징조로 너희에게 주실것이라 보라 처녀가 잉태하여

아들을 낳을 것이요 그 이름을 임마누엘이라 하리라

왕중의 왕 예수 그리스도께서 이땅에 오시기전 750년전 이사야 선지자가

예언한 대로 아기 예수님이 유대 땅 베들레헴에 오셨습니다

마1:23 보라 처녀가 잉태하여 아들을 낳을 것이요 그 이름을 임마누엘이라 하리라

처녀 마리아의 몸에 성령과 물과 피로 잉태하여 아기 예수님이 유대 땅 베들레헴에

왕중의 왕 예수 그리스도께서 오셔서 성부의 하나님 아버지께서 허락하신 복음 사역을 33년

동안 다 완수하시고 아무죄도 없으신 예수님께서 온 인류를다 구원하기 위하여 많은 고난을

받으시고 로마의 군병들이 하나님께서 보내신 성자의 하나님 예수님을 채찍으로 때리고

대제사장과 서기관 바리새인 장로들이 예수님 얼굴에 침을 뱉으며 왕중의 왕 예수님을

희롱하고 욕하고 주먹으로 치고 손바닥으로 때리며 갈보리 언덕 십자가에서 손과 발에

못을 박고 창으로 예수님 옆구리를 찌르니 곧 피와 물이 다 흘러나오니 죽으시고

하나님께서 사흘후에 다시 살리사 40일 동안 제자들에게 보이시고

하나님 나라의 비밀과 내가 너희를 사랑한 것 같이 너희도 서로 사랑하라

또 생명의 말씀을 가르치고 심판주 내가 다시 올때까지 믿음을 굳게 지키고

예수 그리스도의 이름으로 명령하여 더러운 귀신과 마귀와 사단과 거짓과 싸워 이기고

세상 유혹과 미혹하는 각종 더러운 영들과 싸워 이기는자가 승리자요 영적 이스라엘 이요

하나님의 거룩한 자녀요 왕중의 왕 예수님 신부의 자격이 되는자요

내가 가서 너희를 위하여 처소를 예비하면 예수 내가 다시 와서 너희를 내게로

영접하여 나 있는 곳에 너희도 있게 하리라

예수 내가 아버지께 구하겠으니 그가 또 다른 보혜사를 너희에게 주사

영원토록 세상 끝날까지 너희와 함께 하시리니

오직 성령이 너희에게 임하시면 너희가 권능을 받고 예루살렘과 온 유대와

사마리아와 땅끝까지 이르러 내 증인이 되리라 하시니라

이 말씀을 마치고 저희 오백명의 형제들이 보는데서 하늘로 올리워 가시니라

사 53:5-6 예수님께서 창으로 찔림은 온 인류의 사람들의 허물을 인함이요

예수님께서 온몸을 상함은 온 인류의 사람들의 죄악을 인함이라

예수님께서 징계를 받음으로 온 인류의 사람들의 평화를 누리고

예수님께서 채찍에 맞음으로 온 인류의 사람들의 죄악에서 질병에서 가난에서

죽음에서 나음을 입었도다

지구촌 온 땅에서 살아가는 온 인류의 사람들은 인종과 언어를 초월하여 다 양같아서

그릇 행하여 각기 제 길로 제멋대로 갔거늘 여호와 께서는 온 인류의 무리의 죄악을

하나님 아들 독생자 예수 그리스도에게 담당시키셨도다

마 27:45-50 제육시로부터 온 땅이 어두움이 임하여 제구시까지 계속하더니

제구시 즈음에 예수께서 크게 소리 질러 가라사대 엘리 엘리 라마 사박다니 하시니

이는 곧 나의 하나님 나의 하나님 어찌하여 나를 버리셨나이까 하는 뜻이라

예수께서 다시 크게 소리 지르시고 영혼이 떠나시니라

단 9:26-27 육십이 이레 후에 기름부음을 받은 자가 온 인류를 죄에서 질병에서 가난에서 사망에서 생명으로

구원하신 예수 그리스도께서 골고다 갈보리 언덕 십자가 에서 끊어져 없어질 것이며

장차 한 왕의 백성이 와서 장차 한 왕은 궤휼에 능한 거짓 음녀가 네째 짐승 공산당 지도부의

권세를 받아 그 성읍과 성소를 훼파 하려니와 음녀의 종말은 홍수에 엄몰될 것 같을 것이며

또 세상 끝날까지 각 나라와 인종과 언어를 초월하여 전쟁이 있으리니

21세기 75억 명의 사람들이 한시대를 살아가는 지구촌 온 땅에 나라와 나라의 전쟁 무역전쟁

사이버 전쟁 보이스피싱과의 전쟁 테러와의 전쟁 기근과 가난과의 전쟁 재앙과 전염병과 전쟁

질병과의 전쟁 각 나라마다 하늘에서 땅에서 바다에서 각종 미사일 전쟁이 세상 끝날까지

전쟁이 있으리니 지구촌 온 땅이 황폐할 것이 작정되었느니라

그가 거짓 음녀가 장차 많은 사람으로 더불어 한 이레 동안의 언약을 굳게 정하겠고 거짓 음녀가

그 이레의 절반에 후삼년반 42달 동안 하나님 앞에 드리는 제사와 찬양과 예배와 예물을

금지할 것이며 또 잔포하여 사나우며 미운 물건이 날개를 의지하여 설 것이며 또 이미 정한

종말까지 세상 끝날까지 진노가 황폐케 하는 자에게 쏟아지리라 하였느니라

한 이레는 7년 창조주 성자의 하나님 예수 그리스도를 나의 구세주로 믿는 사람들

지구촌 전세계 각 나라와 인종과 언어를 초월하여 성령 하나님을 만나서 거듭난자 구원받은

셀수 없는 큰무리가 흰옷을 입고 큰 환난에서 나오는 자들인데 어린양 예수의 피에 그 옷을

씻어 마음속에 생각속에 더러운 세상 죄악을 씻어 희게 한자들 영적 이스라엘이요 하나님의

자녀들은 하나님 안에서 후삼년반 42달 동안 보호안에 있고 대접재앙과 아마겟돈핵 전쟁까지

1335일 동안 하나님께서 예비하신 보호처와 밀실에서 보호를 받고

지구촌 땅에 거하는 자들은 한이레 7년 동안 큰 환난과 재앙을 받고 궤휼에능한 거짓 음녀의 말을

따르며 정한 종말까지 하나님의 진노가 황폐케 하는 자에게 쏟아지리라 하였느니라

마 24:21-22 이는 마지막 그때에 큰 환난이 있겠음이라 창세로부터 지금까지

이러한 환난이 없었고 후에도 없으리라

그날들을 감하지 아니할 것이면 모든 육체가 구원을 얻지 못할 것이나 그러나

하나님께서 지구촌 전세계 각 나라와 인종과 언어를 초월하여 택하신 자들을 위하여

한 이레의 절반 후삼년반 42달 날짜는 1260일을 감하시리라

창조주 하나님께서 택하신 영적 이스라엘 백성들을 위하여 한때 두때 반때

후삼년반 42달 날짜는 1260일 동안 감하여 주시고

지구촌 전세계 각 나라와 인종과 언어를 초월하여 구원받은 영적 이스라엘 백성들

셀수 없는 큰무리들 택하신 자들을 전삼년반 1260일 동안 하늘 이끝에서 저 끝까지

한 알갱이도 땅에 떨어지지 아니하고 다 찾아서 하나님께서 예비하신 보호처와 밀실에
다 들어가면 저희가 주리지도 아니하며 목마르지도 아니하고 해나 아무 뜨거운 기운에
상하지 아니하게 대접재앙과 아마겟돈 핵전쟁 1335일 까지 보호를 받으면
용의 권세를 받은 붉은 짐승과 거짓 음녀가 한 이레의 절반 후삼년반 42달 동안 하나님 앞에
예배도 못드리게 하고 예물도 하나님 앞에 못드리게 금지하며 땅에 속한 자들과
세상에 속한 바벨교회에 하나님의 진노의 재앙이 쏟아지리라

계 11:2 성전 밖 마당은 척량하지 말고 그냥 두라 이것을 이방인에게 주었은즉 저희가 짐승과 거짓 음녀가
거룩한 성을 바벨교회를 42달 동안 짓밟으리라 후삼년반에 떨어진 자들은 구원이 없습니다

단 7:2-7 다니엘이 진술하여 가로되 내가 밤에 보았는데 하늘의 네 바람이 큰 바다로
혼란한 바벨세상 지구촌에서 몰려 불더니
큰 짐승 넷이 바다에서 혼란한 바벨세상 지구촌에서 나왔는데 그 모양이 각각 다르니

	구약시대 네나라 네짐승	신약시대 유엔총회 이사국 네나라	
첫째 사자	바벨론 나라	첫째	미합중국 나라
둘째 곰	메대와 바사 나라	둘째	영국 나라
셋째 표범	헬라 나라	셋째	프랑스 나라
넷째 짐승은	로마 나라	넷째	소련 연방국 나라

중국 나라도 유엔총회 이사국 나라인데 용의 권세를 받은 소련 공산당과 1950년 동맹을 하므로
용의 권세를 받아서 중국땅은 용그림 으로 덮혀있고 칼막스 주체 사상이 하나 똑같이 일하고
똑같이 나누고 똑같이 먹고 다 같이 잘살자 말과 행동이 다르고 하나님은 없다고 거짓말하고
하나님을 믿는 백성들의 자유를 박탈하고 학대하고 거짓말하고 감옥에 가두고

굶기고 공산당 지도부의 말을 거역하면 죽이고 사상과 소위와 질이 같으므로 두 나라지만

하나님께서 하나요 지구촌 전세계 공산국가 나라 지도부를 하나로 말씀하시고 하나님 말씀이

응하기까지 후삼년반 42달 동안 같이 일을하고 주어진 시간이 끝나면 다같이 망하리라

용의 권세를 받은 공산국가 공산당도 영원히 살수 있는 길이 있습니다 지금은 은혜의때

신원의 날이 오기전에 어떠한 죄를 지었든 회개하면 용서하시는 하나님

하나님의 대적 용의 권세를 받은 공산당 지도부를 탈퇴를 하고 하나님 앞에 나오면 하나님께서

사랑하시고 기뻐하시고 품어주시고 안아주시고 축복하시고 구원의 길로 생명의 길로 인도하십니다

다니엘이 밤 이상 가운데 그 다음에본 네째 짐승은 무섭고 놀라우며 또 극히 강하며 또 큰철 이가

있어서 먹고부셔뜨리고 그 나머지는 발로 밟았으며 이 짐승은 전의 모든 짐승과 다르고 또 열뿔이 있으므로

　구약시대 네째 짐승은 로마나라는 지나갔고

신약시대 네째 짐승은 소련 연방국 나라 공산당 안에서 열뿔이 일어날 열 왕이요

후삼년반 42달 동안 일할 권세를 받고 임금처럼 권세를 행하며 일을하며

신약시대 소련 연방국 나라가 러시아 나라로 바끼고 큰 철이가 있고 사나우며

소련 나라는 아브라함의 후처 그두라가 여섯 아들을 낳아 그 자손들이 아브라함이 죽기전에

본처 사라가 90세에 낳은 자기 아들 이삭 에게서 떠나라고 서자들에게 재물을

풍성하게 나누어주며 동방과 동국으로 가라고 자녀들을 나누어서 보낸것이 오늘날

21 세기 동유럽 북유럽 여러나라 민족들로 형성되어 있습니다

동유럽 게르만족 독일 나라를 비롯하여 여러 국가들로 형성되어 있습니다 북유럽

슬라브족 소련 나라를 비롯하여 여러 국가들로 형성되어 있으며 게르만족과 슬라브족은

한 형제입니다 강한 민족들 입니다 하나님께서 함께 하시는 민족이요 나라들 입니다

중국 몽골 대한민국 일본 조상들은 노아 셈 아르박삿 에벨 에벨은 두 아들을 낳고

하나의 이름은 벨렉이라 하였으니 그때에 세상이 나뉘었음이요 벨렉의 아우의 이름은

욕단이며 욕단은 13 아들을 낳아 그들이 거하는 곳은 메사 에서부터

스발로 가는 길의 동편 산이었더라

노아 셈의 후손 벨렉과 욕단의 후예들은 메사에서부터 스발로 가는 길의 동편 산이었더라
21 세기 오늘날 벨렉의 후손들은 소련나라 일부 지역과 중국 대륙을 택하여 생활을 하며
욕단의 후예들은 소련나라 일부 지역과 중국나라 일부 지역과 몽골나라 일부 지역과
지구 땅끝의나라 지구 땅 모퉁이 동방의 나라 한반도 대한민국 땅에서 자리를 잡고
생활을 하면서 바다건너 일본 땅 까지 들어가서 생활을 하며 여호와 하나님을
경배하며 찬양하며 거룩한 제사를 드린곳이
대한민국 인천시 강화군 강화 마니산에서 욕단의 후예들이 우주 말물을 창조하신
여호와 하나님 앞에 거룩한 제사를 드린곳이 인천 강화도 마니산 정상
백두산과 중국 산에서도 하나님께 제사를 드린곳이 있다고 합니다
　중국 몽골 대한민국 북한 일본은 한 형제입니다

대한민국과　북한 한민족 조상은 노아의 5대손 욕단의 자손들 하나님이 세우신 천손의 나라
대한민국은 지구 땅끝의나라 지구 땅 모퉁이 동방의 나라 단일민족 하나님께서 함께하시는
대한민국은 21 세기 제2의 영적 이스라엘 입니다 하나님께서 낮에나 밤에나 불꽃같은
눈으로 감찰하시고 돌보시고 축복하시고 제2의 영적 이스라엘 대한민국을 괴롭히는 나라는
어느나라 이든 하나님이 앞서 가셨서 쳐서 부수며 대한민국을 사면에 불성곽으로 보호
하시는 하나님 아브라함의 자손 육적 이스라엘을 하나님꺼서 낮에나 밤에나
불꽃같은 눈으로 감찰하시고 늘 함께 하신것 같이
21 세기 제2의 영적 이스라엘 대한민국 지구 땅끝의나라 지구 땅 모퉁이 동방의 나라
하나님이 세우신 천손의 나라 대한민국과 세상 끝날까지 항상 함께 하시는 하나님을
영원히 경배하며 신뢰하며 찬양합니다 대한민국은 노아의 큰아들 셈의 족속은 여호와를 찬송하리로다

미국 나라는 노아의 세째 아들 야벳의 족속 하나님께서 미국을 창대케하사
셈의 장막에 거하게 하시고 가나안은 그의 종이 되게 하시기를 원하노라
대한민국과 북한은 노아의 큰아들 셈의족속 셈은 여호와를 찬송하리로다
대한민국과 미국은 한 형제입니다 세상 끝날까지 같이 가는것이
여호와 하나님 말씀안에서 계획하신 대로 이루어 가고 있습니다

미국 나라에 속한 미국교회와 한인교회가 많은 남녀 선교사들이 지구촌 전세계 여러 국가에 나가서 천문학적 달러와 돈을 드려 가면서 복음전도 사역을 수백년째 하고 있으며 대한민국에 속한 한국교회 수많은 남녀 선교사들이 지구촌 전세계 나가서 인종과 언어를 초월하여 복음전도 사역을 하며 헐벗고 굶주리고 절망에 빠져있는 사람들에게 힘과 용기와 삶의 정신을 심어주며 복음전도 영혼구원 사역을 자비량으로 하면서 천문학적 달러와 돈을 드려가면서 하나님의 사랑을 가지고 죄에서 질병에서 가난에서 죽어가는 많은 사람들을 살려내고 하나님 앞으로 인도하며 대한민국 기독교 한기총과 한국교회 각 총회의 지원과 각 노회의 지원과 대한민국 각 교회의 지원과 일천만 성도들의 기도와 물질을 지원 받아서 지구촌 전세계 나가서 하나님께서 명령하신 복음전도 사역을 하고 있습니다 사랑의 하나님께서 보시고 기뻐하시고 복음전도 사역을 하는 남종과 여종들에게 힘을주시고 기도와 물질로 돕는 교회와 성도들을 축복하세는 하나님 21 세기 제2의 영적 이스라엘 대한민국 교회와 성도들 미국 교회와 한인교회 성도님들을 보시고 하나님께서 축복하시고 기뻐하십니다

육적 이스라엘도 노아의 큰아들 셈의 족속에서 셈의 9대손 아브라함을 택하시고 이삭 야곱 야곱은 형 에서의 발꿈치를 잡고 나온 야곱을 천사가 네 이름은 다시는 야곱이라 부를 것이 아니요 이스라엘이라 부를 것이나 이는 네가 하나님과 사람으로 더불어 겨루어 이기었음이니라 하나님께서 아브라함과 약속하신 기업을 430년 만에 애굽에서 나와 이스라엘의 영도자 모세와 여호수아를 세워서 약속의 땅 일곱 족속과 31명 왕들을 다 물리치고 육적 이스라엘 열두 지파에게 기업을 나누워주신 하나님 하나님께서 택하신 성민의 나라 하나님께서 함께하시는 강한 민족 입니다

육적 이스라엘 안에도 창조주 성자의 하나님 주 예수 그리스도를 나의 구세주로 믿는 영적 이스라엘 교회안에 하나님의 자녀들이 많이 있지요 육적 이스라엘 사람들 가운데 창조주 성자의 하나님 주 예수 그리스도를 믿고 성령 하나님을 만나서 자기의 죄를 자복하고 열조와 방백들과 조상들의 죄를 자복하고 영적 이스라엘로 돌아올 때에 하나님께서 기뻐하시고 많은 알곡 백성도 나오고 두 증인의 권세자 모세와 엘리야 같은 사명자 저희가 하늘의 권세를 가지고 하늘문을 닫고 여는 여러가지 재앙으로 바벨세상 온 땅을 치는 권세자 십사만 사천 반열에 들어갈자도 나오고 놀라우신 하나님의 은혜가 임하게 됩니다

야곱의 형 에서의 족속은 터키 나라와 이란 나라 이슬람 국가

야곱 육적 이스라엘과 에서는 한 혈통 한 형제입니다 강한 민족들 입니다

아브라함의 아내 사라의 몸종 하갈이 낳은 아들 이스마엘 족속은 사우디아라비아를

비롯하여 중동 회교국가 여러 민족과 나라들로 형성되어 있습니다

아버지는 믿음의 조상 아브라함의 자손 육적 이스라 엘과 이복형제 입니다

구약시대 육적 이스라엘은 약 나천년동안 여호와 하나님께서 함께하신 성민의 나라

신약에와서 창조주 하나님의 아들 독생자 세상죄를 지고 가는 하나님의 어린양 예수

그리스도를 나의 왕으로 구세주로 믿어야 하나님의 자녀가 되고 사랑을 받고 죄에서

질병에서 가난에서 죽음에서 구원을 받고 거룩한 하나님의 자녀가 되어 이땅에서

한평생 살다가 죽어도 백보좌 심판때에 생명의 부활을 받아서 새 하늘과 새땅

영원한 천국이 보장이 되며 살아서 재림주 예수님을 만나는 자들은 예수 그리스도께서

천년동안 통치하시는 천년왕국에서 예수님과 같이 에덴동산 에서 천년동안 생활하며

아름다운 금잔디 초원에서 예쁜 꽃들과 수만가지 동식물과 같이 뛰어놀며 장난하고 생활하며

자녀들도 많이낳고 살다가 천년의 시간이 끝나면 처음 하늘과 처음 땅이 지구가 없어지고

창조주 하나님께서 영원한 새 하늘과 새 땅을 다시 명품으로 만드셨서 하나님과 어린양 예수

그리스도의 보좌로부터 생명수 강물이 흐르고 강 좌우에 생명나무가 있어 달마다 열두 가지

실과를 맺히는 영원한 새 하늘과 새땅 영원한 천국에서 열두가지 생명나무 과일 향기로운 열매도

먹고 생명수를 마시며 눈물도 없고 아픔도 없고 질병도 없고 가난도 없고 한숨도 미움도 없고 원망도

불평도 없고 분쟁도 없고 시기도 거짓도 없고 이별도 슬픔도 없고 사망도 애통도 없는 영원한 천국에서

하나님과 사랑의 예수님과 믿음의 거장들 수많은 의인들의 얼굴을 서로 보면서 같이 뛰어놀며 하나님께 세세토록

찬양하며 기쁨이 흘러넘치는 나라 맑은 생명수의 강물이 흘러넘치는 새 하늘과 새 땅에서 살아갑니다

창조주 성부의 하나님 성자의 하나님 성령의 하나님 주 예수 그리스도를 나의 왕 구세주로

믿고 따르지 아니하면 하나님과는 아무런 상관이 없습니다

21세기 75억 명의 사람들이 한시대를 살아가는 지구촌에는 각 나라와 인종과 언어를

초월하여 하늘과 온 땅에 수만가지 우상을 섬기고 사이비 종교와 더러운 사귀와

미신과 잡신을 섬기고 있는 오만가지 신들은 다 가짜입니다

하나님께서 우주만물을 창조하시고 하나님의 형상대로 사람을 만드시고 생육하고 번성하여 땅에
충만하라 땅을 정복하고 모든 것을 다스리라고 명령하신 하나님을 사랑하고 경배하며
신뢰하며 계명과 법을 지키는 자에게는 천대까지 은혜를 베푸시고
하나님의 자녀로 인을 치시고 세상 끝날까지 함께 하시고 축복하시고
하나님을 믿지 아니하면 죄를 갚되 아비로부터 아들에게로 삼사대까지 보응하리라
21세기 75억 명의 사람들이 한시대를 살아가는 지구촌에는 다섯째 나팔 속에서 살아가고
있으며 다섯째 나팔 부른지가 100년이 넘게 지나가고 있습니다 시간이 없습니다
사랑의 하나님 은혜의 문이 닫혀지고 있으며 심원의 날이 온 인류의 사람들에게 닥아오고
있습니다 지구촌에는 각 나라마다 코로나 재앙으로 사랑하는 사람과 이웃과 형제를
잃은 슬픔과 아픔속에서 살아가며 지구촌 전세계 각 나라마다 경제 환난과 기근이 닥아오고
있으며 지구촌 전세계 75억 명의 사람들이 한시대를 살아가면서 먹고 살아갈 수 있는 물과 식품이
앞으로 부족합니다 지구촌 각 나라마다 무역전쟁 사이버 전쟁으로 싸우지만 오래가지는
않습니다 그 뒤에는 철과 진흙이 남과 북으로 갈라져서 2억 만명의 군인들이 침과 힘으로
하늘에서 땅에서 바다에서 각종 마사엘로 총과 칼로 싸우겠지만 승자는 없습니다 같이 망합니다

21세기 75억 명의 사람들이 한시대를 살아가는 지구촌 전세계 각 나라와 인종과 언어를
초월하여 셀수 없는 큰 무리가 흰옷을 입고 하나님 보호 안에서 보호처와 밀실에 있는 자들이
세상과 전쟁과 재앙과 질병과 가난과 싸워서 이긴 자들이며 승리자들 입니다

노아가 농업을 시작하여 포도 나무를 심었더니 포도 농사를 하여 포도주를 마시고 취하여
그 장막 안에서 벌거벗고 자는 아버지의 하체를 노아의 둘째 아들 함이 보고 허물을 덮지 아니하고
밖으로 나가서 두 형제에게 고하매 셈과 야벳이 옷을 취하여 어깨에 메고 뒷걸음쳐
들어가서 아버지의 하체를 덮었으며 셈과 야벳은 얼굴을 돌이키고 그 아비의 하체를
보지 아니하였더라 노아가 술이 깨어 작은아들 함이 자기에게 행한 일을 알고
함의 넷째 아들 가나안은 저주를 받아 그 형제의 종들의 종이 되기를 원하노라
지구촌 아프리카 여러나라 흑인들이 함의 네째 아들 가나안 족속 입니다

그런데 하나님께서 아브라함을 택하신 본자손 육적 이스라엘 사람들과

2기 세기 지구촌 전세계 영적 이스라엘 나라 사람들에게 하늘의 지혜와 총명과 명철과 이상과 재능과 통찰력과 창의력과 집중력과 하늘의 능력을 주셨어 어느 국가나 어느 민족이

육적 이스라엘 나라 백성들과 그 세기 영적 이스라엘 나라 백성들 지혜를 따라 갑수가 없습니다 그 세기 지구촌 온 땅에는 각 나라와 인종과 언어를 초월하여 75억 명의 사람들이 자가 동과 서를 하루에 왕래하며 달나라 별나라를 갔다 왔다 하며 분주하게 살아가고있습니다

창조주 하나님 아들 성자의 하나님 주 예수 그리스도를 나의 구세주로 믿는 민족이나 나라들이 선진국이며 축복을 받은 나라이며 제일가는 강국입니다

하나님을 믿고 경배하며 신뢰하고 경외하며 찬양하며 기도하며 모여서 예배드리며 하나님 말씀을 읽고 하나님 말씀을 듣고 하나님께서 말씀하시고 명령하신 법을 지키는 제12의 영적 이스라엘 백성들 민족이나 나라들을 따라갈 수가 없습니다

창조주 하나님께서 독생자 아들 성자의 하나님 예수 그리스도에게 하늘과 땅의 모든 권세와 심판하는 권세와 창세로부터 세상 끝날까지 온 인류를 축복하시고 살리시고 죽이는 심판하는 모든 권세를 하나님 아버지가 주셨느라

요 11:25-26 예수께서 가라사대 나는 부활이요 생명이니 주 예수를 믿는 자는 죽어도 살겠고 아담 때부터 지구촌에 태어나서 하나님을 믿고 2천년 이후 지금까지 주 예수를 믿고 죽어서 땅속에 티끌에 거하는 자도 백보좌 심판할때에 다 살아서 생명책에 이름이 기록된 자는 생명의 부활을 받아서 영원한 천국 새 하늘과 새 땅에서 영원히 살겠고 생명책에 이름이 기록되지 못한 자는 영원한 불못에 들어갈 자도 있겠고

무릇 살아서 주 예수를 믿는 자는 그세기 75억 명의 사람들이 한시대를 살아가는 지구촌 전세계 각 나라와 인종과 언어를 초월하여 주 예수를 믿는 자는 심판주 예수께서 하늘과 온 땅과 바다와 육지를 진동시키고 오시는 예수님을 맞이하는 사람들은 예수님께서 통치하시는 천년왕국에 들어가서 에덴동산에서 천년동안 생활하며 하나님과 예수님을 믿다 순교를 당한 아벨의 피로 시작하여 셀수없는 순교자들과 천년동안 생활하며 살다가 천년의 시간이 끝나면 영원한 천국 새 하늘과 새 땅으로 들어가니 살아서 예수를 믿는자는 영원히 죽지

-230-

아멘하리니 이것을 네가 믿느냐   아멘

계 9:13-21 여섯째 천사가 나팔을 불매 요한이가 들어 하나님 앞 금단 네 뿔에서 한 음성이 나서

나팔가진 여섯째 천사에게 말하기를 큰 강 유브라데에 결박한 네 천사를 놓아 주라 하매

네 천사가 놓였으니 네 천사는 유엔총회 이사국 미국 영국 프랑스 소련 - 러시아 네 천사에게 전쟁을

하라 놓였으니 그들은 그년 월일 시에 이르러 사람 삼분의 일을 죽이기로 예비한 자들이더라

이것이 하나님께서 허락하신 남북 전쟁이요 철과 진흙의 마지막 삼차전쟁 입니다

미국 나라와 군사동맹을 맺은 우방국가 자유민주의 여러 나라들과

소련 공산당 나라와 군사동맹을 맺은 공산국가 여러 나라들이 2천년 ○○2년 월일 시에 전쟁을

하여 지구촌 전세계 인구 약 75억 명의 사람중 늘 25억 명의 사람들을 죽이기로 예비한 자들이더라

마병대의 수는 이만 만이니 2억 명의 군인들이 남과 북으로 갈라져서 각종 미사엘과

대포 자주포 총과 칼로 하늘에서 땅에서 바다에서 전쟁을 하니

요한이가 보니 불빛과 자주빛과 유황빛 흉갑이 있고 또 말들의 머리는 사자 머리같고

그 입에서는 불과 연기와 유황이 나오더라

이 세 재앙 곧 저희 입에서 미국 나라와 군사동맹을 맺은 자유국방 연합군 여러나라

각종 미사일에서 각종 무기에서 나오는 불과 연기와 유황으로

소련 공산당과 동맹을 맺은 공산당 연합군 여러나라 각종 미사일에서 각종 무기에서 나오는

불과 연기와 유황으로 인하여 지구촌 전세계 귀중한 사람들 25억 명의 사람들이 죽임을 당하라

지구촌 전세계 각 나라와 인종과 언어를 초월하여 기 세기 한시대를 살아가는 수많은

사람들이 죽임을 당하고 전쟁으로 재앙으로 질병에서 죽지 않고 살아남은 사람들은 그 손으로

행하는 일을 회개치 아니하고 오히려 여러 귀신과 또는 보거나 듣거나 다니거나

하지 못하며 말도 못하는 금우상 은우상 동우상 돌우상 나무로 만든 우상에게 절하고

또 그 살인과 복술과 음행과 도적질을 회개치 아니하더라

렘 25:32-33 나 만군의 여호와가 말하노라 보라 재앙이 나서 나라에서 나라에 미칠 것이며

대풍이 전쟁이 땅 끝에서 일어날 것이라

그날에 전쟁의 날에 나 여호와에게 살륙을 당한 자가 땅 이 끝에서 땅 저 끝까지 미칠 것이나

전쟁이 일어나서 많은 사람들이 죽어도 그들을 슬퍼서 우는 사람도 없고

죽은 사람들 장례준비를 할 사람도 없고 죽은 시체들이 땅속에 매장함을 얻지 못하고

지면에서 지구촌 온 땅에서 분토가 되리라

지구 땅 이 끝에서 저끝까지 죽은 시체들을 보고 슬퍼서 우는 사람도 없고

땅을 파고 시체를 매장할 사람도 없고 분토 똥물이 섞인 흙이 되리라

계13:4-10 용이 짐승에게 권세를 주므로 용에게 경배하며 짐승에게 경배하여 가로되

누가 이 짐승과 같으뇨 누가 능히 이로 더불어 싸우리요 하더라

또 짐승이 큰 말과 참람된 말하는 입을 받고 또 42달 일할 권세를 받으라

짐승이 입을 벌려 하나님을 향하여 하나님은 없다고 훼방하되 그의 이름과 예수 이름을

전하지 못하게 하고 하나님의 장막 교회와 곧 하늘에 거하는 자들을 훼방하더라

또 짐승이 용의 권세를 받아 기름과 등불이 없는 바벨교회와 땅에속환 성도들과 싸워

이기게 되고 지구촌 각 족속과 백성과 방언과 나라를 다스리는 권세를 받으나

하나님 앞에 찬양과 매일 드리는 제사 새벽 예배와 예물을 못드리게 금지하며

자유를 박탈하고 공산국가 공산당 지도부가 하나님의 대적 입니다

죽임을 당한 어린양 예수의 생명책에 창세 이후로 녹명되지 못하고 온 땅에

21세기 지구촌 에서 한시대를 살아가는 자들은 다 짐승에게 경배하리라

누구 들지 귀가 있거든 성령의 귀가 있거든 들을째어다

사로잡는 자는 자기도 사로잡힐 것이요 칼로 죽이는 자는 자기도 마땅히

칼에 죽으리니 성도들의 인내와 믿음이 여기 있느니라

용의 권세를 받은 붉은 짐승 공산국가 공상당 60수가 42달 후삼년반 일할 권세를 받았서

어린양 예수 그리스도의 생명 책에 창세 이후로 녹명되지 못하고 이름이 없는자

지구촌 온 땅에   후삼년반에 거하는 자들은 다 짐승에게 경배하리라

계13:11-18 요한이가 보매 또 다른 짐승이 지구촌 땅에서 올라 오니 궤휼에 능한 거짓 음녀

6수가 새끼 양같이 두 뿔이 있고 용처럼 말하더라

붉은 짐승 앞에서 받은바 이적을 행하되 심지어 사람들 앞에서 불이 하늘로부터

땅에 내려오게 하고

짐승 앞에서 받은 바 이적을 행함으로 땅에 거하는 자들을 미혹하며 땅에 거하는 자들에게

이르기를 칼에 상하였다가 살아난 짐승을 위하여 우상을 만들라 하더라

거짓 음녀가 짐승의 권세를 받아 그 짐승의 우상에게 생기를 주어 그 짐승의 우상으로

말하게 하고 또 짐승의 우상에게 경배하지 아니하는 자는 몇이든지 다 죽이게 하더라

거짓 음녀가 모든 자 곧 작은 자나 큰자나 부자나 빈궁한 자나 자유한 자나

종들로 그 오른손에나 이마에 짐승의 표를 받게 하고

누구든지 이 표를 짐승의 표를 가진자 외에는 매매를 못하게 하니

이 표는 곧 짐승의 이름이나 그 이름의 수라

지혜가 여기 있으니 총명 있는 자는 그 짐승의 수를 세어 보라 그 수는 사람의 수니 육백육십육이니라

옛 뱀이요 용이요 마귀요 사단이 600수

용의 권세를 받은 넷째 붉은짐승 공산당이 60수

붉은 짐승의 권세를 받은 궤휼에 능한 거짓 음녀가 6수 삼자가 666

단 7: 23-25 묻선 자가 이처럼 이르되 네째 짐승은 곧 땅의 네째 나라인데 이는 모든 나라보다

달라서 천하를 삼키고 밟아 부숴뜨릴 것이며

그 열 뿔은 이 나라에서 넷째 짐승 소련 연방국 - 러시아 안에서 일어날 열 왕이요

왕의 대우를 받는 기간은 후삼년반 42달 날짜는 1260일 동안 받으며

하나님의 말씀이 응하기 까지 하심이니라

그후에 또 하나가 일어나리니 그는 먼저 있던 자들과 다르고 궤휼에 능한

거짓 음녀가 일어나서 또 세 왕을 복종 시킬 것이며

미국 영국 프랑스 세 왕이 세 나라가 유엔총회 이사국에서 탈퇴를 하면 짐승의 권세를

받고 나온 거짓 음녀가 지극히 높으신 하나님을 대적하며 또 지극히 높으신 하나님의 성도를

괴롭게 할 것이며 거짓 음녀가 또 때와 법을 변개코자 할 것이며 땅에속한 성도는

거짓 음녀의 손에 붙인바 되어 거짓 음녀 마음대로 법을 고쳐 가면서 후삼년반에 떨어진

지구촌 온 땅에 거하는 성도는 거짓 음녀의 손에 붙인 바 되어

한때와 두때와 반때 후삼년반 42달 동안 고통을 받으니라

계 17:3-7	곧 성령으로 요한을 데리고 광야로 가니라 요한이가 보니 여자가 거짓 음녀가 붉은빛 짐승을 탔는데
	그 짐승의 몸에 참람된 이름들이 가득하고 일곱 머리와 열 뿔이 있으며
	그 거짓 음녀가 일곱째 머리 용의 권세를 받고 나온 소련 공산당 - 러시아 지도부의 등을 탔는데
	거짓 음녀가 자줏빛과 붉은빛 옷을 입고 금과 보석과 진주로 꾸미고 손에 금잔을 가졌는데
	경제권을 가지고 일을 하는데 가증한 물건과 그의 음행의 더러운 것들이 가득하더라
	거짓 음녀의 이마에 이름이 기록되었으니 비밀이라 큰 바벨론이라 지구촌 전세계 온 땅의
	수많은 음녀들과 가증한 것들의 어미라 하였더라
	또 요한이가 보매 이 여자가 거짓 음녀가 성도들의 피와 예수의 증인들의 피에 취한지라
	요한이가 그 여자 거짓 음녀를 보고 기이 여기고 크게 기이히 여기니
	천사가 가로되 요한아 왜 기이히 여기느냐 천사가 여자와 거짓 음녀가 그의 짐승을
	탄 바 일곱 머리와 열 뿔 가진 짐승의 비밀을 네게 이르리라
단 7:19-21	이에 다니엘이 넷째 짐승의 진상을 알고자 하였으니 곧 그것은 모든 짐승과 달라서 심히 무섭고
	그 이는 철이요 그 발톱은 놋이며 먹고 부숴뜨리고 나머지는 발로 밟았으며
	또 그것의 넷째 짐승의 머리에는 열 뿔이 있고 그외에 또 다른 뿔이 거짓 음녀가 나오매
	세 뿔이 그 앞에서 빠졌으며 거짓 음녀가 용의 권세를 받은 넷째 짐승 소련나라 공산당
	러시아 지도부 등을 타고서 일을하니 세 뿔이 그 앞에서 빠졌으며
	미국 영국 프랑스 세 뿔이 세 나라가 유엔총회 이사국에서 탈퇴를 하니
	그 거짓 음녀 그 뿔에는 눈도 있고 큰 말하는 입도 있고 거짓 음녀는 새끼 양같이 두 뿔의
	권세도 있고 용처럼 말하는 입도 있고 그 모양이 동류보다 강하여 보인 것이라
	내가 다니엘이 본즉 이 뿔이 거짓 음녀가 땅에 거하는 성도들로 더불어 싸워 이기고
	죽임을 당한 어린양 예수의 생명책에 창세 이후로 녹명되지 못하고 이 땅에 사는
	자들은 다 짐승에게 경배하리라
단 7:26	그러나 심판이 시작된즉 그는 거짓 음녀는 권세를 빼앗기고 끝까지 멸망할 것이요
계 18:7-8	그가 거짓 음녀가 어떻게 자기를 영화롭게 하였으며 사치하였던지 그만큼 고난과 애통으로
	갚아 주라 그가 음녀가 마음에 말하기를 나는 여황으로 앉은 자요 과부가 아니라

결코 애통을 당하지 아니하리라 하니

이 음녀가 나는 과부가 아니라 예수를 신랑으로 믿는자요 용의 권세를 받은 넷째짐승 소련 공산당
러시아 지도부 권세를 가지고 자줏빛과 붉은 빛 옷을 입고 금과 보석과 진주로 꾸미고
자기를 영화롭게 하며 사치하고 나는 여왕으로 앉은 자요 과부가 아니라
이 음녀가 궤휼에 능한 속이는데 능한 거짓 음녀가 카토릭 천주교 교황청에서 나오느냐
지구촌 전세계 영적 이스라엘 기독교 교회 안에서 거짓목자 거짓 음녀가 나오느냐
나는 과부가 아니라 예수를 신랑으로 믿는자라 나는 결단코 애통을 당하지 아니하리라하니
그러므로 하루 동안에 그 재앙들이 이르리니 곧 사망과 애통과 흉년이라 그가 또한 불에
살아지리니 그를 심판하신 주 하나님은 강하신 자이심이니라

계 17 : 16-17 네가 요한이가 본바 이 열 뿔과 넷째 짐승이 거짓 음녀를 후삼년반 42달 동안 이용을 하고
음녀를 미워하여 망하게 하고 벌거벗게 하고 음녀의 살을 먹고 불로 아주 사르리라
하나님이 자기 뜻대로 할 마음을 저희에게 주사 한 뜻을 이루게 하시고 저희 나라를
그 짐승에게 후삼년반 42달 동안 주게 하시되 하나님 말씀이 응하기까지 하심이니라

그 세기 75억 명의 사람들이 이온땅 지구촌에는 자유민주주의 나라 사람들과 공산주의 나라
사람들이 섞여져서 한시대를 살아가지만 생각과 소위와 사상은 섞일수가 없습니다
자유민주주의 사상은 사랑과 자유 공동체 안에서 성실과 정직 각자 본인 자신의 능력대로 일을 하여
자기가 일한대로 자유롭게 누리고 생활하며 창의적인 지혜와 아이티기술 개발과 자신의
꿈과 발전을 전 세계로 이루어 나가는 행복한 생활을 하면서 살아 가지만
공산주의 사상은 능력있게 다른 사람들 보다 몇십배 일을 해도 공산국가 공산당 지도부에서
나누어 주는대로 칼막스 주체사상은 똑같이 일하고 똑같이 나누고 부자와 가난한자 없이 똑같이
먹고사는 사상을 앞세우기 때문에 자신의 꿈도 희망도 발전도 미래도 자유도 행복도 없습니다
철과 진흙이 합하지 않음과 같이 생각과 소위와 사상이 서로 섞일수 없는것이 자유민주의
사상과 공산주의 칼막스 주체사상이 마지막 때에 두 놋산의 대립입니다

단 2 : 43 왕께서 철과 진흙이 섞인 것을 보셨은즉 그들이 다른 인종과 서로 섞일 것이나
피차에 합하지 아니함이 철과 진흙이 합하지 않음과 같으리이다

21 세기 75억 명의 사람들이 한시대를 살아가는 지구촌에는 각 나라와 인종과 언어를 초월하여

자유민주의 나라 사람들과 공산주의 나라 사람들이 서로 섞어져서 살아가고 있으며

많은 사람들이 하루에 지구촌 동서를 빨리 왕래하며 지식이 더하여 과학 문명과 글로벌

우주산업 개발 시대에 살아가면서 우주정거장을 타고 달나라 별나라 가며 21 세기 75억 명의

사람들이 한시대를 살아가면서 지구 촌 전세계 자유민주의 나라 물건과

공산주의 나라 물건을 1988년 서울 올림픽이 끝나고 서로 왕래하며 공산국가와 수교를

맺은후 서로 공유하며 먹는것 마시는것 입는것 각종 공산품 모든 자동차와 전자제품 비행기

항공산업 해양산업 국방산업 각종 무기체계와 서로 공유하며 무역전쟁 사이버전쟁

지구촌 각 나라마다 국방안보 전투 강화력 마사일 전쟁과 기근과 가난과 재앙과 질병과

테러와의 전쟁을 하면서 두 놋산 사이에서 미합중국과 소련연방국 미국 나라와 동맹국인

안보방위 조약을 맺은 자유민주의 국가 사람들과 소련나라 공산당과 동맹을 맺은 공산국가

사람들의 칼막스 주체사상이 생각과 소위와 사상이 섞어지지 않는 것을

하나님께서 아시고 시대 시대마다 선지자들을 세우시고 말씀하시고

다니엘 선지자 에게 2700년전 말씀하신 것이 1917년 소련 공산당 혁명 이후 107년이

지난 21세기 오늘날 남과 북 철과 진흙이 섞어질수가 없는것을 세상 끝날까지 말씀 하셨습니다

21세기 75억 명의 사람들이 지구촌 온 땅에서 한시대를 살아가는 사람들이 눈으로 보고 살아갑니다

단 8 : 3 - 14   다니엘이 눈을 들어 본즉 두뿔 가진 수양이 섰는데 수양의 시대는 21 세기 75억 명의 사람들이

한시대를 살아가는 각 나라와 인종과 언어를 초월하여 한 이레 7년 대환난 중에 지구촌

전세계 영적 이스라엘 교회 하나님께서 택하신 성도들을 위하여

전삼년반 1260일 동안은 성령 하나님께서 함께 하시고

수염소 시대는 한때 두때 반때 후삼년반 42달 동안은 성령 하나님께서 도와주지 않습니다

짐승과 작은 뿔 거짓 선지자가 후삼년반 42달 일할 권세를 받아 진리를 땅에 던지며

매일 드리는 제사 새벽 예배도 제하여 버리며 그의 성소를 하나님 교회를 헐었으며

거짓 음녀가 자기 생각대로 행하며 성소와 백성이 내어준 바 되며

짓밟힐 일이 어느 때까지 이를고 하매

그가 천사가 다니엘에게 이르되 이천삼백 주야 까지니

그때에 성소가 정결하게 함을 입으리라 하였느니라

2300주야는 전삼년반 후삼년반 대접재앙 아마겟돈 핵전쟁 시간을 빼면시간

1260 + 1260 + 30 + 45 = 2595 - 2300 = 295일

전삼년반 은혜의 문이 닫히고 전삼년반 시작 된것이 295일 약 10개월이 지나고

전삼년반 남은 시간은 965일 동안 두 증인의 권세자 모세와 엘리야 같은 사명자

부르심을 입고 빼내심을 얻고 앞에 거짓말이 없고 흠이 없는 진실한 십사만 사천에게

심판하는 영과 죄를 소멸하는 영으로 죄를 씻으시고 피까지 청결하게 하시고 하나님께서

일곱영을 부어주심 여호와의 신 곧 지혜의 신 총명의 신 모략의 신 재능의 신 지식의 신

경외의 신 공의로운 판단의 신을 하나님께서 십사만 사천에게 부여주어 하늘의 권세를 주어

지구촌 전세계 각 나라와 인종과 언어를 초월하여 영적 이스라엘 교회 알곡 백성들을 하늘

이 끝에서 저 끝까지 한 알갱이도 땅에 떨어지지 아니하고 사방에서 알곡 백성들을 찾는 기간입니다

계11:3-12 | 하나님 내가 나의 두 증인에게 권세를 주리니 저희가 굵은 베옷을 입고

일천이백육십 일을 예언하리라   1260일

모세와 엘리야 같은 두 증인의 사명자 십사만 사천이 지구촌에 나타나서 저희 입에서

말씀의 불이 나와 하나님의 대적 원수를 소멸 할찌니 누구든지 두 증인의 권세자 십사만 사천을

해하려 하면 반드시 이와 같이 죽임을 당하리라 두 증인의 권세자가 하늘문을 닫고 열며

물을 변하여 피되게 하고 여러가지 재앙으로 땅을 치는 권세자들이 지구촌 전세계에

나타나면 한 이러리 7년 대환난 시작된것이 약 10개월 290일이 지난것을 알수가

있습니다 전삼년반 남은 시간은 965일 동안 큰 환난에서 나오는 알곡 백성들

어린양 예수의 피에 죄를 씻어 구원받은 셀수 없는 큰 무리들 21 세기 한 시대를 살아가는

지구촌 전세계 각 나라와 인종과 언어를 초월하여 두 증인의 권세자 모세와 엘리야 같은

십사만 사천이 지구촌 전 세계에서 알곡 백성들을 찾는 기간입니다

하나님께서 홍수로 세상을 심판 하실때에 노아가 만든 방주로 말을 하지 못하는

짐승들도 정결한 짐승은 암수 일곱씩 부정한 것은 암수 둘씩 공중의 새도 암수 일곱씩

취하여 방주로 나와 방주 안으로 들어가듯이

하나님께서 택한 백성들을 지구촌 전세계 각 나라와 인종과 언어를 초월하여

십사만 사천이 지구촌 전 세계에 흩어져서 여러 나라와 족속과 방언과 백성에게 영원한

복음을 전할때에 구원받은 알곡 백성들을 하나님 앞으로 다 나오게 하십니다

하나님께서 예비하신 보호처와 밀실에다 셀수 없는 알곡 백성들을 다 보호하시고

십사만 사천은 하나님께서 명령하신 사명을 다 완수하고 증거를 마칠 때에 하나님께서

십사만 사천에게 준 권세를 거두시므로 저희 십사만 사천 시체가 큰 성길에 있으리니 그 성은

영적으로 하면 소돔 이라고도 하고 애굽 이라고도 하니 곧 저희 주께서 십자가에 못박히신 곳이라

백성과 족속과 방언과 세계 여러나라 중에서 사람들이 십사만 사천 시체를 사흘 반 동안을

목도하며 무덤에 장사하지 못하게 하리로다

삼 일 반 후에 하나님께로부터 생기가 저희 십사만 사천 속에 들어가매 저희가

발로 일어서니 구경하는 자들이 크게 두려워하더라

하늘로부터 큰 음성이 있어 이리로 올라 오라 함을 저희가 십사만 사천이 듣고

구름을 타고 하늘로 올라가니 저희 원수들도 구경하더라

| 계 6:11 | 각각 순교 자들에게 흰 두루마기를 주시며 왕권을 주시며 아벨의 순교의 피로 시작하여 |

하나님을 믿고 순교를 당한자와 복음을 전하다가 순교를 당한 셀수 없는 순교자의 동무

종들과 형제들도   자기처럼 너희처럼 죽임을 받아 그수가   십사만 사천 수가 차기까지

십사만 사천이 죽은지 삼일반 후에 하나님의 생기가 저희 속에 들어가매 십사만 사천이

살아나서 변화를 받아 구름을 타고 하늘로 올라가서 예수님 앞에서 반열을 조직하여

마지막 악의 세력을 옛뱀 용 마귀 사단과 붉은짐승 지구촌 온 땅에 하나님의 대적 공산당과

거짓 목자와 지구촌 전세계 각종 사이비 종교와 각종 우상과 세상 거민과

세상을 따라가는 바벨 교회를 지구촌 온 땅에서 진멸하고자 지상 강림 합니다

| 계 14:1-6 | 심판주 예수님과 지상 강림을 합니다 또 요한이가 보니 보라 어린양이 심판주 예수님께서 |

시온 산에 섰고 그와 함께 십사만 사천이 지상 강림하여 시온 산에 섰는데 십사만 사천

이마에 어린양 예수님의 이름과 그 하나님 아버지의 이름을 쓴 것이 있도다

요한이가 하늘에서 나는 소리를 들으니 많은 물소리도 같고 큰 뇌성도 같은데 내게 들리는

소리는 거문고 타는 자들의 그 거문고 타는 것 같더라

저희가 보좌와 네 생물과 장로들 앞에서 새 노래를 불러 땅에서 구속함을 얻은

십사만 사천 인밖에는 능히 이 노래를 배울 자가 없더라

이 사람들은 십사만 사천은 여자로 거짓 음녀로 더불어 더럽히지 아니하고 신앙의 정절이

-238-

있는 자라 어린양이 예수님이 어디로 인도하든지 따라가는 자며 사람 가운데서 구속을 받아

처음 익은 열매로 하나님과 예수님에게 속한 자들이니

그 입에 거짓말이 없고 흠이 없는 자들이더라

또 요한이가 보니 다른 천사가 공중에 날아가는데 땅에 거하는 자들 곧 여러 나라와

족속과 방언과 백성에게 지구촌 전세계 백성에게 전할 영원한 복음을 가졌더라

이 사람들이 하늘에 있는 군대들이 희고 깨끗한 세마포를 입고 백마를 타고

백마를 탄 심판주 예수님을 따르며 21 세기 75억 명의 사람들이 한시대를 살아가는

바벨세상을 심판하며 세상을 따라가는 바벨교회를 심판하며 마귀의 나라와

하나님의 대적 공산국가 공산당 지도부를 진멸하기까지 심판주 예수님을 따르더라

계 7 : 9-17 이 일 후에 요한이가 보니 각 나라와 족속과 백성과 방언에서 전 세계에서 아무라도 능히 셀수

없는 큰 무리가 흰옷을 입고 손에 종려가지를 들고 보좌 앞과 어린양 예수님 앞에 서서

큰 소리로 외쳐 가로되 구원하심이 보좌에 앉으신 우리 하나님과 예수님에게 있도다 하니

이는 큰 환난에서 나오는 자들인데 어린양 예수의 피에 그 옷을 씻어 희게 하였느니라

그러므로 알곡 백성들이 하나님의 보좌 앞에 있고 또 그의 성전에서 밤낮 하나님을 섬기매

보좌에 앉으신 하나님이 그들 위에 장막을 치시리니 셀수 없는 알곡 백성들

저희가 다시 주리지도 아니하며 목마르지도 아니하고 해나 아무 뜨거운 기운에 상하지 아니할찌니

이는 보좌 가운데 계신 어린양 예수님이 저희의 목자가 되사 생명수 샘으로 인도하시고

하나님께서 저희 눈에서 모든 눈물을 씻어 주실 거임이러라

창세 이후로 이 사람들이 지구상에서 제일 축복을 받은 지상 최대의 거부의 사람들 입니다

21 세기 75억 명의 사람들이 한시대를 살아가는 지구촌 전세계 각 나라와 인종과

언어를 초월하여 많은 사람들이 창조주 하나님 예수 그리스도를 나의 구세주로 믿고

구원받은 영적 이스라엘 백성들 셀수 없는 큰 무리를 예수님께서 통치하시는 천년 왕국에서

천년동안 생활을 하고 천년의 시간이 끝나면 영원히 죽지 아니하고 영원한 천국 새 하늘과

새 땅을 소유하며 예수님과 영원히 같이 사는 남종과 여종들 마음이 기뻐서 즐거워하리라

이 사람들이 하루에 한나라 거룩한 한민족 자민이 하루에 탄생하여 예수님께서 통치하시고

다스리시는 천년왕국 에덴동산 회복 거룩하고 강한나라 한민족 부정 부패도 없고 도적질도 없고

거짓과 사고도 없고 슬픔과 아픔도 없고 미움과 원망도 없고 다투고 싸움도 없고 상처도 이별도 없고

군인과 경찰도 없고 경찰도 감옥도 없고 재앙도 가난도 없고 데러와의 전쟁도 없고 폭력도 질병도 없고

아픔도 병원도 의사도 죽음도 없는 사랑과 기쁨과 은혜가 넘치는곳 광활한 땅 예수 그리스도의 나라

첫째 아담이 뱀이 꾀므로 미혹을 받아서 선악과를 먹고 하나님께서 명령하신 법을 지키지

아니하고 죄를 범하여 죽음이 왔고 지구를 마귀에게 통째로 빼앗겼지만

둘째 아담 성자의 하나님 심판주 예수님께서 마귀나라 본부를 다 진멸하고 거룩하고 아름다운

천년왕국 에덴동산을 다시 회복 시키는 천년왕국에는 수많은 동식물들이 하나님을

찬양하며 아름다운 맑은 시내물과 맑은 강물이 흐르며 아름다운 초원 금잔디 위에 수만 가지의

예쁜 꽃들이 빵긋 웃으며 그윽한 꽃향기와 구원받은 하나님의 백성들이 나무의 수한과 같이

천년동안 사랑의 예수님과 창세로부터 하나님을 믿고 복음을 전하다가 순교를 당한

목 베임을 받은 각 나라와 인종을 초월하여 셀수 없는 믿음의 거장 순교자들도 천년왕국에서

생활하며 살다가 천년의 시간이 끝나면 새 하늘과 새 땅에서 영원한 천국에서 살아갑니다

계 19 : 11-21 또 요한이가 하늘이 열린 것을 보니 보라 백마를 타신 심판주 예수님은 충신과 진실이라

그가 예수님이 공의로 심판하며 싸우더라

우주만물을 창조하신 심판주 예수님의 눈이 불꽃 같고 그 입에서 좌우에 날선 검이 나오고

예수님 얼굴은 해가 힘있게 비취는것 같고 예수님의 머리에 많은 면류관이 있고

또 이름 쓴 것이 하나가 있으니 예수님밖에 아는 자가 없고

또 심판주 예수님이 피뿌린 옷을 입었는데 그 이름은 하나님의 말씀이라 칭하더라

하늘에 있는 군대들이 십사만 사천이 희고 깨끗한 세마포를 입고 백마를 타고

백마를 타신 심판주 예수님을 따르더라

하늘의 군대 십사만 사천 입에서 이한 검이 나와 말씀의 검으로 만국을 치겠고 대접재앙과

아마겟돈 핵전쟁에서 살아있는 지구촌 땅에거민 바벨세상을 치겠고 친히 저희를

철장으로 다스리며 또 친히 하나님 곧 전능하신 이의 맹렬한 진노의 포도주틀을 밟겠고

신앙의 정절도 없고 불법을 행하며 세상을 따라가는 지구촌 온땅 바벨교회를 심판하며

십사만 사천 옷과 그 다리에 이름 쓴 것이 있어 만왕의 왕이요 만주의 주라 하였더라

또 요한이가 보니 한 천사가 해에 서서 공중에 나는 모든 새를 향하여 큰 음성으로

외쳐 가로되 와서 하나님의 큰 잔치에 모여

왕들의 고기와 장군들의 고기와 장사들의 고기와 말들과 그 말 탄자들의 고기와 자유한 자들이나

종들이나 무론 대소하고 새를 향하여 외쳐 가로되 죽은 시체 모든 자의 고기를 먹으라 하더라

또 요한이가 보매 용의 권세를 받은 붉은 짐승과 짐승에게 속한 땅의 열왕의 임금들과

거짓 선지자 그 군대들이 마귀떼들이 모여

그 말 탄 자와 백마를 타신 심판주 예수님과 백마를 타고 예수님을 따르는 십사만 사천과

전쟁을 하여 짐승이 잡히고 그 앞에서 이적을 행하던 거짓 선지자도 함께 잡혔으니 이는

짐승의 표를 받고 그의 우상에게 경배하던 자들을 이적으로 미혹하던 자라 이 둘이

60수와 6수가 산채로 유황 불붙은 못에 던지우고 그 나머지는 백마 탄 자의 입에서

나오는 말씀의 검에 죽으매 지구촌 전세계에 있는 모든 새가 그 고기로 배불리우더라

계 20:10 ─ 또 저희를 미혹하는 마귀가 아담과 하와를 꾀인 옛 뱀이요 용이요 마귀 600수가 불과

유황 못에 던지우니 거기는 그 짐승 60수와 거짓 선지자 6수도 있어 666 삼자가 세세토록 밤낮

괴로움을 받으리라 옛뱀 용 마귀와 용의 권세를 받은 붉은 짐승과 짐승의 권세를 받은 거짓

선지자 666 삼자가 산채로 유황 불붙은 못에 던지우니 세세토록 밤낮 괴로움을 받으리라

그리고 지구촌 온 땅에는 하나님의 진노의 대접재앙 30일과 아마겟돈 핵전쟁 45일 동안

하늘에서 불이 쏟아져서 지구촌 모든 생물들이 죽고 큰 지진으로 이온땅 지구가 세 갈래로

갈라지고 지구촌 온땅 견고한 성 아름다운 큰 도시 빌딩들도 다 무너지고 지구촌 각 섬도

없어지고 지구촌 전세계 큰 산악도 간데 없더라 마지막 재앙입니다

단 12:11-12 ─ 1290일을 지낼 것이요 기다려서 1335일 까지 이르는 살아있는 그 사람이 복이 있으리라

살아 있는 사람들은 하나님의 진노가 지나가기 까지 하나님께서 예비하신 보호처와

밀실에서 셀수 없는 많은 무리가 1290일을 지나 대접재앙을 지나 1335일 까지

아마겟돈 핵전쟁까지 밀실에 숨어있는 자들이 살아있는 자

이 사람들이 지상 최고의 축복을 받은 거북들 입니다

계 16:1-15 ─ 또 요한이가 들으니 성전에서 큰음성이 나서 일곱 천사에게 말하되 너희는 가서 하나님의 진노의 일곱

대접을 21세기 75억 명의 사람들이 한시대를 살아가는 지구촌 온 땅에 쏟으라 하더라

첫째가 ─ 가서 그 대접을 지구촌 온 땅에 쏟으매 악하고 독한 현대가 짐승의 표를 받은 사람들과

	그 말하는 우상에게 경배하는 자들에게 나더라
둘째가	그 대접을 지구촌 바다에 쏟으매 지구촌 온 세상의 바다가 곧 죽은 자의 피같이
	되니 지구촌 온바다 가운데 모든 생물이 죽더라
세째가	그 대접을 지구촌 온세상 강과 물 근원에 쏟으매 피가 되더라
	요한이가 들으니 물을 차지한 천사가 가로되 전에도 계시고 시방도 계신
	거룩하신 하나님이시여 이렇게 심판하시니 의로우시도다
	저희가 거짓 음녀가 많은 성도들과 많은 선지자들의 피를 흘렸으므로 저희로
	피를 마시게 하신 것이 합당하나이다 하더라
	또 요한이가 들으니 제단이 말하기를 그러하다 주 하나님 곧 전능하신 하나님이시여
	심판하시는 것이 참되고 의로우시도다 하더라
네째가	그 대접을 해에 쏟으매 해가 권세를 받아 불로 사람들을 태우니
	사람들이 크게 태움에 태워진지라 이 재앙들을 행하는 권세를 가지신 하나님의
	이름을 훼방하며 또 회개하여 영광을 주께 돌리지 아니하더라
또 다섯째가	그 대접을 짐승의 공산당 나라 지도부의 보좌에 쏟으니 그 나라가 곧 어두워지며 사람들이 아파서
	자기 혀를 깨물고 아픈것과 종기로 인하여 하나님을 훼방하고 저희 행위를 회개치 아니하더라
또 여섯째가	그 대접을 큰강 유브라데에 쏟으매 강물이 말라서 동방에서 오는 왕들의 길이 예비되더라
	동방에서 오는 왕들 하늘의 군대 십사만 사천이 신신고 유브라데 강을 건너서
	하나님의 지휘본부 시온산에서 마지막 심판을 준비하더라
	또 요한이가 보매 개구리 같은 세 더러운 영이 용의 입과 짐승의 입과 거짓 선지자의 입에서 나오니
	저희는 귀신의 영이라 이적을 행하여 온 천하 임금들에게 가서 하나님 곧 전능하신 이의
	큰날에 전쟁을 위하여 마귀의 졸개들을 모으더라
	보라 하나님 내가 도적같이 오리니 누구든지 깨어 자기 옷을 지켜 벌거벗고 다니지
	아니하며 자기의 부끄러움을 보이지 아니하는 자는 복이 있도다
습 1:2-6	하늘과 땅과 우주 만물을 창조하신 여호와께서 가라사대 하나님 내가 21세기 75억 명의
	사람들이 한시대를 살아가는 각 나라와 인종과 언어를 초월하여 지면에서
	지구촌 전세계 온 땅에서 불로 모든 것을 진멸하리라
	심판주 하나님 내가 심판의 날에 사람과 짐승을 진멸하고 공중의 새와 바다의 고기와

거치게 하는것과 악인들을 아울러 진멸할 것이라 심판주 하나님 내가 세상에 속한

사람을 지구촌 온땅 지면에서 멸절하리라 나 만군의 여호와의 말이니라

심판주 하나님 내가 유다와 예루살렘 모든 거민 위에 손을 펴서 바알의 남아 있는 것을

그곳에서 멸절하며 그마림이란 우상의 이름과 및 그를 섬기는 제사장들을 아울러 멸절하며

무릇 지붕에서 하늘의 일월 성신에게 경배하는 자와 경배하며

여호와께 맹세하면서 말감을 가르켜 맹세하는 자와

창조주 여호와 하나님을 배반하고 좇지 아니한자와 여호와 하나님을 찾지도 아니하며 구하지도

아니한 자를 지구촌 전세계 온땅에서 각 나라와 인종과 언어를 초월하여 멸절하리라

슥14:12 | 예루살렘을 친 모든 백성에게 심판주 하나님 여호와께서 내리실 재앙이 이러하니

어린양 예수님 보혈로 피로산 교회를 부수고 불태우고 하나님 백성들을 학대하고 자유를 빼앗고

욕하고 괴롭히고 감옥에 가두고 밥을 굶기고 죽이고 하나님 앞에 예배를 못드리게

방해한 자들에게 내리실 재앙이 이러하니 곧 섰을 때에 그 살이 썩으며

그 눈이 구멍 속에서 썩으며 그 혀가 입 속에서 썩을 것이요

21 세기 75억 명의 사람들이 한시대를 살아가는 지구촌 온땅 각 나라와 인종과 언어를

초월하여 모든 사람들에게 닥아오며 두 눈으로 보게 됩니다

심판주 하나님께서 내리는 진노의 재앙은 의학으로 고칠수가 없습니다

계16:16-21 | 세 영이 히브리 음으로 아마겟돈이라 하는 곳으로 왕들을 모으더라

일곱째가 | 하나님의 진노의 마지막 그 대접을 공기 가운데 쏟으매 큰 음성이

성전에서 보좌로부터 나서 가로되 되었다 하니

번개와 음성들과 뇌성이 있고 또 큰 지진이 있어 어찌 큰지 사람들이 지구촌 땅에

있어 옴으로 이같이 큰 지진이 없었더라

큰 성이 지구가 세 갈래로 갈라지고 만국의 성들도 지구촌 전세계 아름다운 도시 빌딩들도

무너지니 큰성 지구촌 바벨론이 심판주 하나님 앞에 기억하신바 되어 그의 맹렬한 진노의 포도주

잔을 받으매 지구촌 온 땅에 각 섬도 없어지고 지구촌 온 땅에 큰 산악도 간데 없더라

또 중수가 한 달란트나 되는 우박이 하늘로부터 지구촌 전세계 각 나라와 인종과 언어를 초월하여

-243-

사람들에게 버리매 사람들이 그 박해로 인하여 하나님을 훼방하니 그 재앙이 심히 큼이러라

성자의 하나님 예수 그리스도 보혈로 피로 산 하나님께서 택하신 알곡 백성들을 하늘 이 끝에서
저 끝까지 사방에서 각 나라와 인종과 언어를 초월하여 셀수 없는 많은 무리를
하나님께서 예비하신 보호처와 밀실에서 흑삼년반 42달 1260일을 지나 대접재앙 30일
1290일을 지나 아마겟돈 핵전쟁 45일 1335일 동안 보호하시고 지구촌 바벨세상을
심판 하시는 공의로우신 사랑의 하나님을 영원토록 찬양합니다

사 26:20-21 하나님의 백성들아 갈찌어다 하나님의 진노의 심판이 지나가기까지 네 밀실에
들어가서 네 문을 닫고 심판주 하나님의 분노가 지나가기까지 잠깐 숨을찌어다
보라 여호와께서 그 처소에서 나오사 지구촌 온 땅의 거민의 죄악을 벌하실 것이라
온 땅이 그 위에 잦았던 피를 드러내고 그 살해당한 자를 다시는 가리우지 아니하리라

21세기 75억 명의 사람들이 한 시대를 살아가는 지구촌 전세계 각 나라와 인종과
언어를 초월하여 많은 사람들이 하루에 동서를 왕래하며 우주정거장을 타고
달나라 별나라 갔다 왔다 하며 나라마다 무역전쟁 사이버 전쟁 미사일 전쟁을
하면서 서로 싸우면서 살아가지만 승자는 없습니다

하나님께서 마지막 심판할때에 하나님의 분노가 지나가기까지 잠깐 숨을찌어다
하나님께서 예비하신 보호처와 밀실에서 숨어있는 이 사람들 지구촌 전세계
각 나라와 인종과 언어를 초월하여 셀수 없는 큰 무리가 흰옷을 입고
예수 그리스도의 옷을 입고 인성과 인격이 변화된 거룩한 신부들 환난에서
나오는 자들 예수님 보혈의 피로 죄를 씻어 거듭 태어난 자요
기름과 등불을 가진 알곡 백성들 2300 주야가 끝나면 예수 그리스도의 나라
예수님께서 이땅을 지구를 새롭게 명품으로 만드려서 예수님께서
다스리시고 통치하시는 천년왕국이 천년동안 펼쳐집니다
하나님께서 명령하신 말씀을 읽고 말씀을 듣고 하나님께서 사람과 약속한 말씀을
순종하고 법을 지키는 자들이 천년왕국에 들어갑니다

첫째	아담이 뱀에게 미혹을 받아 하나님께서 말씀하신 명령을 거역하고 선악과를 먹고
	에덴 동산에서 쫓겨나고 죽음이 왔고 온땅 지구를 통째로 옛 뱀이요 용이요
	마귀에게 빼앗긴 이 온땅 지구를
둘째	아담 심판주 예수님께서 옛 뱀이요 용이요 마귀요 사탄을 잡아서 큰 쇠사슬로 결박하여
	일천년 동안 무저갱에 던져 잠그고 그 위에 인봉하여 천년이 차도록 다시는 만국을
	미혹하지 못하게 하였다가 그후에는 반드시 잠간 놓이리라

예수님께서 에덴동산 지구를 다시 찾아서 아벨의 피로부터 하나님 나라 복음을 전하다가
순교를 당한 지구촌 전세계 각 나라와 인종과 언어를 초월하여 셀수 없는 수많은 순교자들과
하늘에 있는 군대들 희고 깨끗한 세마포를 입고 백마를 타고 백마를 타신 예수님을 따르는
십사만 사천과 그 자녀들과 말실과 보호처에 있던 구원받은 셀수 없는 알곡 백성들이
예수님께서 에덴동산을 회복하여 천년왕국에 들어가서 사랑의 예수님과 순교자들과 알곡
백성들이 천년동안 사는나라 예수 그리스도께서 통치하시고 다스리시는 거룩한 평화의 왕국
거룩한 나라 그길은 거룩한 길이라 깨끗지 못한자는 그 거룩한 길을 지나가지 못하겠고
오직 구속함을 얻은 자만 들어갈 수가 있습니다

요5:24-29 예수 내가 진실로 진실로 너희에게 이르노니 예수의 말을 듣고 또 나를 보내신 하나님 아버지를
믿는 자는 영생을 얻었고 심판에 이르지 아니하리니 사망에서 생명으로 옮겼느니라
진실로 진실로 너희에게 이르노니 죽은 자들이 하나님의 아들 예수의 음성을 들을 때가
오나니 곧 이때라 백보좌 심판때라 듣는 자는 살아나리라
하나님 아버지께서 자기 속에 생명이 있음같이 아들 성자의 하나님
예수 그리스도 에게도 생명을 주어 그 속에 있게 하셨고
또 인자됨을 인하여 심판하는 권세를 세상 끝날까지 주셨느니라
이를 기이히 여기지 말라 아담때부터 지구촌에 태어나서 한평생 살다가 죽어
지구촌 전세계 무덤속에 있는 자가 다 심판주 하나님의 음성을 들을 때가 오나니
선한 일을 행한 자는 생명의 부활로 나오고
악한 일을 행한 자는 심판의 부활로 나오리라

지구촌 전세계 각 나라와 인종과 언어를 초월하여 복음을 전하다가 순교를 당한 셀수 없는 수많은

순교자들과 하늘에 있는 군대들 십사만 사천과 그 자녀들과 큰 환난에서 나오는 자들 예수의

피에 그 옷을 씻어 희게 한자들 지구촌 전세계 각 나라와 인종과 언어를 초월하여 보호처와

밀실에서 하나님의 분노가 지나가기까지 1335일 까지 보호를 받던 셀수 없는 알곡 백성들이

천년 왕국에서 예수님과 천년동안 사는나라 하루에 한나라 한민족이 탄생하는 거룩한 나라

예수 그리스도의 나라 사랑의 예수님께서 공평과 정의로 통치하시는 천년왕국 에덴동산 회복입다

이리와 어린양이 함께 먹으며 사자가 소처럼 짚을 먹으며 뱀은 흙으로 식물을 삼고

광야와 메마른 땅이 기뻐하며 모래 사막이 변하여 광활한 땅에 백합화 꽃이피어

즐거워하며 하늘과 땅과 강들과 바다와 모든 산천초목이 하나님을 찬양하며

예수님께서 다스리시는 천년왕국 에는 해참도 상참도 없고 속이고 거짓말도 없고 가난도

질병도 아픔도 없고 재앙도 없고 테러도 전쟁도 없고 미움도 없고 원망도 시기도 없고

분쟁도 없고 죽음도 이별도 없는 나라 거룩한 천년왕국 에덴동산 회복입다

사 66:7-14 시온은 구로하기 전에 생산하며 고통을 당하기 전에 남자를 낳았으니

이러한 일을 들은 자가 누구이며 이러한 일을 본자가 누구뇨 나라가 어찌 하루에 생기겠으며

민족이 어찌 순식간에 나겠느냐 그러나 시온은 구로하는 즉시에 그 자민을 순산하였도다

여호와께서 가라사대 하나님 내가 임산케 하였은즉 해산케 아니하겠느냐 네 하나님이

가라사대 나는 해산케 하는 자인즉 어찌 태를 닫겠느냐 하시니라

이사람들이 후삼년반 42달 1260일과 하나님의 진노의 대접재앙 30일 1290일을 지나

남북 마지막 아마겟돈 핵전쟁 45일 1335일 까지 지구촌 전세계 각 나라와 인종과 언어를 초월하여

하나님 안에서 보호를 받던 셀수 없는 큰 무리들 하나님의 진노의 심판이 지나가기까지

하나님께서 예비하신 보호처와 밀실에서 문을 닫고 숨어있던 셀수 없는 큰 무리들

2300주야가 끝나면 어린양 예수님이 목자가 되어 예수님께서 통치하시고 다스리시는

천년 왕국으로 들어가 하루에 한나라 한민족이 순식간에 탄생하는 자민 입다

서로가 나라와 인종이 다르고 언어가 다르지만 하루에 한나라 한민족으로 만드시는

능력의 하나님께서 언어도 하나로 만드시겠지요 믿음도 하나요 생각도 사상과

소위가 하나 되어서 우리대장 예수 그리스도를 따르는 거룩하고 강한나라 한민족

하나님의 백성 거룩한 자민들 입니다

예루살렘을 사랑하는 자여 다 그와 함께 기뻐하라 다 그와 자민과 함께 즐거워하라

그를 위하여 슬퍼하는 자여 다 그의 기쁨을 인하여 자민과 함께 기뻐하라

너희가 젖을 빠는 것같이 그 위로하는 하나님 품에서 만족하겠고 젖을 넉넉히

빤 것같이 그 하나님 영광의 풍성함을 인하여 즐거워하리라

여호와께서 이같이 말씀하시되 보라 하나님이 그에게 자민에게 평강을 강같이 자민에게

열방의 영광을 넘치는 시내같이 주리니 자민 너희가 그 젖을 빨 것이며 천년왕국 에서

자민 너희가 하나님 옆에 안기며 사랑의 하나님 무릎에서 놀 것이라

어미가 자식을 위로함같이 하나님 내가 자민 너희를 위로할 것인즉 자민 너희가

천년왕국 에서 생활하는 자민 너희가 예루살렘에서 위로를 받으리라

자민 너희가 이를 보고 마음이 기뻐서 자민 너희 뼈가 연한 풀의 무성함 같으리라

여호와의 손은 그 종들에게 나타나겠고 하나님의 진노는 그 원수에게 더하리라

사 65:17-25 보라 하나님 내가 새 하늘과 새 땅을 창조하나니 이전 것은 기억되거나 마음에 생각나지 아니할 것이라

이사야 선지자는 천년왕국도 말씀하시고 동시에 새 하늘과 새 땅 영원한 천국도 말씀하셨습니다

성부의 하나님 성자의 하나님 성령의 하나님께서 말씀으로 창조하신 지구가 6000년

넘게 권고했던 지구가 21세기 75억 명의 사람들이 한시대를 살아가는 각 나라와

인종과 언어를 초월하여 그 어느날 그년 몇월 몇시에 큰 성이 지구가 세 갈래로 갈라지고

지구촌 전세계 만국의 성들도 무너져서 수많은 도시의 빌딩도 무너지고 지구촌 각 섬도 없어지고

산악도 간데없는 이땅 지구를 창조주 하나님께서 다시 명품으로 만드러서

광야와 메마른 땅이 기뻐하며 사막이 백합화가 피어 즐거워하여

하나님께서 다시 만드신 거룩한 천년왕국 에는 해됨도 없고 상함도 없을 것이니

이는 물이 바다를 덮음같이 여호와의 아는 지식이 세상에 충만할 것임이라

하나님의 백성 자민들이 살아가는 천년왕국 에는 천년의 시간이 있습니다 천년의 시간이 끝나면

하나님께서 새 하늘과 새 땅을 다시 창조하나니 처음 하늘과 처음 땅이 없어졌고 바다도

다시 있지 않더라 처음 하늘과 처음 땅이 지구가 없어지고

새 하늘과 새 땅을 다시 새롭게 창조하시는 하나님 새 예루살렘의 성곽에 열두 문이 있고

문에 열두 천사가 있고 그 문들 위에 이름을 썼으니 영적 이스라엘 열두 지파의 이름들이라

그 성에 성곽은 열두 기초석이 있고 그 위에 예수님의 제자 십이 사도의 열두 이름이 있으며

예루살렘 성곽은 수정같이 맑은 열두가지 진주와 각종 보석과 정금으로 둘러 있고

그 열두 문은 열두 진주니 문마다 한 진주요 성의 길은 맑은 유리 같은 정금이요

그 성은 해와 달의 비췸이 쓸데 없어 이는 하나님의 영광이 비취고 예수님이 그 등이 되심이라

거룩한 성새 예루살렘은 맑은 생명수의 강물이 하나님과 및 어린양 예수님의 보좌로부터 나서

길 가운데로 흐르고 강 좌우에 생명나무가 있어 열두가지 실과를 맺히되 달마다

그 실과를 맺히고 그 나무 잎사귀들은 만국을 소성하기 위하여 있더라

영원한 새 하늘과 새땅 천국에는 시간이 없습니다 밤도 없습니다 해와 달과 등불이

쓸데없고 하나님의 영광의 빛이 되시고 예수님이 등이 되시며

하나님과 예수님을 찬양하며 경외하며 섬기며 세세토록 영원히 사는 나라가

영원한 천국 새 하늘과 새땅 입니다

이땅 지구촌에서 한평생 살면서 힘들고 마음 아파서 고통 스러워고 상처받은

모든 이전것은 기억되거나 마음에 생각나지 아니할 것이라

너희 자민들은 하나님이 창조하신 에덴동산 천년왕국 에서 기뻐하며 즐거워할찌어다

보라 하나님이 예루살렘으로 즐거움을 창조하며 그 백성으로 기쁨을 삼고

하나님 내가 예루살렘을 즐거워하며 나의 백성들은 기뻐하리니 우는 소리와

부르짖는 소리가 그 가운데서 다시는 들리지 아니할 것이며

거기는 천년왕국에는 날수가 많지 못하여 죽는 유아와 수한이 차지 못한 노인이 다시는 없을

것이라 곧 백세에 죽는 자가 아이겠고 백세 못되어 죽는 자는 저주받은 것이리라

그들이 하나님 백성 자민들이 천년왕국 에서 가옥을 건축하고 그곳에 거하겠고

포도원을 재배하고 열매를 먹을 것이며

하나님의 백성 자민들이 건축한 데 타인이 거하지 아니할 것이며 자민들이 재배한 것을

타인이 먹지 아니하리니 이는 하나님의 백성의 수한이 나무의 수한과 같겠고

하나님의 택한 자가 그 손으로 일한 것을 같이 누릴 것이며

자민들의 수고가 헛되지 않겠고 자민들이 생산한것이 재난에 걸리지 아니하리니

자민들은 여호와의 복된 자의 자손이요 그 자민의 소생도 그들과 함께될 것임이라

자민들이 부르기 전에 하나님이 응답하겠고 자민들이 말을 마치기 전에 하나님이 들을 것이며

이리와 어린양이 함께 먹을 것이며 사자가 소처럼 짚을 먹을 것이며 뱀은 흙으로 식물을 삼을 것이니

하나님이 만드신 에덴동산 천년왕국 에는 해함도 없겠고 상함도 없으리라 여호와의 말이니라

슥 8:3-6 나 여호와가 말하노라 하나님 내가 시온에 돌아왔은즉 예루살렘 가운데 거하리니 예루살렘은

진리의 성읍이라 일컫겠고 만군의 여호와의 산은 성산이라 일컫게 되리라

만군의 여호와가 말하노라 예루살렘 길거리에 늙은 지아비와 늙은 지어미가 다시 앉을

것이라 나이가 많으므로 각기 손에 지팡이를 잡을 것이요

천년동안 안죽고 건강한 몸으로 살면서 자녀를 낳아 확장되고 대확장되어 아브라함의 자손이

하늘의 별과 같고 바다의 모래와 같게 하리니 수많은 사람들이 천년왕국 에덴동산

그 성읍 거리에 동남과 동녀가 가득하여 거기서 에덴동산 천년왕국 에서 장난하리라

보호처에서 밀실에서 보호받던 셀수 없는 많은 무리가 천년왕국에 들어가서 천년동안 생활하며

자녀들을 낳아 팔백년 구백년이 지나면 그 사람들이 늙은 지아비 늙은 지어미 동남과 동녀가

에덴동산 천년왕국 금잔디 위에서 장난하고 놀아도 아무 허물이 없습니다 그곳에는 마귀가 없습니다

만군의 여호와가 말하노라 이 일이 그날에 남은 백성의 눈에는 기이하려니와

여호와 하나님의 눈이 어찌 기이하겠느냐 만군의 여호와의 말이니라

사 35:1-10 아름다운 새시대 천년왕국 에서 하나님의 택한 백성들이 누릴 축복

광야와 메마른 땅이 기뻐하며 사막이 백합화같이 피어 즐거워하며

무성하게 피어 기쁜 노래로 즐거워하며 레바논의 영광과 갈멜과 사론의 아름다움을 얻을 것이라

그것들이 하나님의 백성들이 여호와의 영광 곧 우리 하나님의 아름다움을 보리로다

너희 자민들아 약한 손을 강하게 하여 주며 떨리는 무릎을 굳게 하여 주며

겁내는 자에게 이르기를 너희는 굳세게 하라 두려워 말라 너희 하나님이 오사 보수 하시며

보복하여 주실 것이라 하나님이 오사 너희 자민을 구하시리라 하라

그때에 소경이 눈이 밝을 것이며 귀머거리의 귀가 열릴 것이며

그 때에 저는 자는 사슴같이 뛸 것이며 벙어리의 혀는 노래하리니 이는 광야에서

물이 솟겠고 사막에서 시내가 흐를 것임이라

뜨거운 사막이 변하여 못이 될것이며 메마른 땅이 변하여 원천이 될 것이며

시랑이 눕던 곳에 풀과 갈대와 부들이 날것이며

거기는 대로가 있어 에덴동산 천년왕국에 들어가는 그길은 거룩한 길이라 일컬는 바 되리니

깨끗지 못한 자는 지나가지 못하겠고 오직 구속함을 입은 자들을 위하여 있게 된 것이라

우매한 행인은 어리석은 자들은 그 거룩한 길을 지나 갈수가 없으며

거기는 사자가 없고 사나운 짐승이 그리로 올라가지 아니하므로 그것을 만나지 못하겠고

오직 구속함을 얻은 자만 그리로 행할 것이며

여호와의 속량함을 얻은 자들이 돌아오되 노래하며 시온에 이르러 그 머리 위에 영영한

희락을 띠고 기쁨과 즐거움을 얻으리니 슬픔과 탄식이 달아나리로다

사 11:6-9 거룩한 천년왕국 에덴동산은 이리가 어린 양과 함께 거하며 표범이 어린 염소와 함께 누우며

송아지와 어린 사자와 살찐 짐승이 함께 있어 어린아이에게 끌리며

암소와 곰이 함께 먹으며 그것들의 새끼가 함께 엎드리며 사자가 소처럼 풀을 먹을 것이며

젖먹는 아이가 독사의 구멍에서 장난하며 젖뗀 어린아이가 독사의 굴에 손을 넣을 것이라

하나님이 지으신 거룩한 에덴동산 천년왕국 에는 해됨도 없고 상함도 없을것이니 이는 물이

바다를 덮음같이 여호와의 아는 지식이 세상에 충만할 것임이니라

계 20:4-6 또 요한이가 보좌들을 보니 거기 앉은 자들이 있어 심판하는 권세를 받았더라 또 요한이가 보니 예수의

증거와 하나님 말씀을 인하여 하나님의 나라 복음을 전하다 순교를 당한 아벨의 피로부터 성경 66권

안에 하나님의 나라 복음을 전하다 목베임을 받은 수많은 순교자들의 영혼들과 그박에

창세 이후로 복음을 전하자가 지구촌 전세계 온 땅에서 각 나라와 인종과 언어를 초월하여

순교를 당한 셀수 없는 수많은 순교자의 영혼들과 또 짐승과 그의 우상에게 경배하지도 아니하고

이마나 손에 짐승의 표를 받지도 아니한 변화성도 십사만 사천이 살아서

예수 그리스도로 더불어 천년동안 천년왕국 에덴동산 에서 왕 노릇 하니

그 나머지 죽은 자들은 그 천년이 차기까지 살지 못하더라 이는 첫째 부활이라

이 첫째 부활에 참예하는 자들은 복이 있고 거룩하도다 둘째 사망이 백보좌 심판도 순교자들과

십사만 사천은 다스리는 권세가 없고 도리어 순교자들과 십사 만 사천은 하나님과

예수 그리스도의 제사장이 되어 천년동안 예수 그리스도로 더불어 왕 노릇 하리라

-250-

곧 부르심을 입고 빼내심을 얻고 진실한 자들 하늘에 있는 군대들이 깨끗한 세마포를 입고

백마를 타고 공의로 심판하며 마귀와 싸우시는 심판주 예수님을 따르는 백마를 탄 십사만 사천은

그 옷과 그 다리에 이름 쓴 것이 있어 만왕의 왕이요 만주의 주라 하였더라

주께서 그 심판하는 영과 죄를 소멸하는 영으로 더러운 죄악을 씻으시며

육신의 몸에 더러운 피까지 청결케 받은 십사만 사천 하늘의 군대들에게

하나님께서 여호와의 신 곧 지혜의 신 총명의 신 모략의 신 재능의 신 지식의 신

경외의 신 그 눈에 보이는 대로 심판치 아니하며 귀에 들리는 대로 판단치 아니하며

공의로운 판단의 신이 임하여 입의 말씀의 권세로 바벨 세상을 치며 입술의 기운으로

악인을 죽이며 세상을 따라가는 바벨 교회를 심판하는 십사만 사천 입니다

계22:3-5 다시 저주가 없으며 하나님과 그 어린양 예수님의 보좌가 그 가운데 있으리니

그의 예수 그리스도의 종들 십사만 사천은 영원한 새 하늘과 새땅 천국 에서도 하나님과

예수님 보좌 가운데서 하나님과 예수님을 섬기며 그의 얼굴을 예수님 얼굴을 볼 터이요 그의

이름도 예수님의 이름과 그 하나님 아버지의 이름도 저희 십사만 사천 이마에 있으리라

다시 밤이 없겠고 등불과 햇빛이 쓸데없으니 이는 주 하나님이 저희에게 비취심이라

저희 십사만 사천은 새 하늘과 새땅 영원한 천국 에서도 세세토록 왕노릇 하리로다

창조주 성부의 하나님은 만왕의 왕 창조주 성자의 하나님 예수 그리스도는 왕중의 왕

하늘의 군대 십사만 사천은 하나님과 예수님을 섬기는 분봉왕이 됩니다

노아의 9대손 아브라함의 자손 육적 이스라엘 안에도 창조주 성자의 하나님 예수 그리스도를

나의 왕으로 나의 구세주로 믿고 어린양 예수 그리스도께서 갈보리 언덕 십자가에서 보혈의 피를

흘리시고 죽으심이 나의 모든 죄 때문에 나를 살리기 위하여 찔리시고 상함을 받으시고 징계를

받으시고 책찍에 맞으시고 예수님 얼굴에다 침을 뱉고 머리를 때리고 희롱을 당하신 것이

나의 죄때문에 고난 당하시고 죽으셨구나 깨닫고 자기죄를 자복하고 회개하고 거듭난 자와

성령 하나님을 만나서 옛 사람을 죄를 벗어버리고 오직 가난한 심령으로 다시 새롭게 되어

하나님 말씀을 읽고 듣고 법을 지키는 성도들 변화 된자들은 마귀의 자식에서 거룩한 하나님의 자녀로

왕자님 공주님으로 신분이 바뀌고 세상과 마귀와 거짓과 싸워서 이긴 영적 이스라엘 입니다

-251-

많은 알곡 백성들도 나오고 두 증인의 권세자 모세와 엘리야 같은 사명자

십사만 사천에 들어갈 세세토록 왕권을 받을자도 나오고

심판주 예수께서 불꽃같은 눈으로 십사만 사천과 많은 알곡 백성들을 찾고 있습니다

예수님께서 통치하시는 천년왕국 에서 천년동안 생활하다 천년의 시간이 끝나면 백보좌 심판이

시작됩니다 아담때부터 지구촌 전세계 태어나서 각 나라와 인종과 언어를 초월하여 이땅에서

한평생 살다가 죽은 티끌같은 영혼들이 하나님의 음성을 들을때에 다 살아서 하나님의

심판때 앞에서 각 사람이 자기의 행위를 따라 생명의 부활과 심판의 부활로 나오리라

계20:11-15 또 요한이가 크고 흰 보좌와 그 위에 앉으신 심판주 하나님을 보니

땅과 하늘이 하나님 앞에서 피하여 간데 없더라

또 요한이가 보니 아담때부터 천년왕국에 들어가지 못하고 죽은 자들이 무론 대소 하고

다 살아나서 하나님 보좌 앞에 섰는데 책들이 펴 있고 또 다른 책이 펴졌으니

곧 생명책이라 죽은 자들이 자기 행위를 따라 책들에 기록된 대로 심판을 받으니

하나님께서 명령하신 법을 지켜느냐 (하라 하지말라 먹으라 먹지말라) 명령하신 하나님 말씀

창세로부터 시대 시대마다 제사장들과 선지자들과 사도들을 세우셔서 말씀하시고 기록한 성경책

하나님께서 말씀하시고 명령하신 법을 순종하며 지켰느냐 불순종 했느냐 육신의 때에

각 사람이 자기가 행한 행위대로 심판을 받으니 이땅 창조된 이후 아담으로 시작하여

지구촌 온땅 전세계 각 나라와 인종과 언어와 사상을 초월하여 지구촌에 태어나서 21세기 175억

명의 사람들이 한시대를 살아가다 죽은 자들과 천년왕국에 들어가지 못하고 죽은 자들은

바다가 1 가운데서 죽은 자들을 내어 주고 또 사망과 음부도 그 가운데서 죽은 자들을

내어 주매 각 사람이 다 살아나서 육신의 때에 자기가 행한 행위대로 심판을 받고

사망과 음부도 불못에 던지우니 이것이 둘째 사망 곧 불못이라 영원한 지옥

누구든지 각 나라와 인종과 언어를 초월하여 남녀노소 빈부귀천 막논하고 누구든지

하나님의 생명책에 이름이 기록되지 못한 자는 불못에 던지우더라

사26:19 백보좌 심판 때에 심판주 하나님의 음성을 들을 때가 오느니 티끌에 거하는 자들아

아담때부터 신원의 날이 끝난 이후까지 죽은 시체들 지구촌 온 땅에서 바다에서 산에서

강이나 사막에서 죽어서 티끌에 거하는 자들아 너희는 다 살아나서 깨어 노래하라

주의 이슬은 빛난 이슬이니 지구촌 온 땅이 죽은 자를 내어 놓으리라

하나님의 생명책에 이름이 기록된 자들은 생명의 부활로 새 하늘과 새땅 천국으로 들어가고

생명책에 이름이 기록되지 못한 자들은 심판의 부활을 받았서 영원한 불못으로 던지우리라

창조주 하나님 아담때부터 지구촌에 태어나서 일류의 구원자 예수 그리스도께서 이땅

베들레헴에 오시기전에 지구촌 전세계 각 나라와 인종과 언어를 초월하여 죽은 수많은 영혼들과

창조주 성자의 하나님 주 예수를 믿어야 구원을 받았다 이말을 듣지 못하고 지구촌 온땅에

태어나서 한평생 살다가 죽은 사람들 지구촌 전세계 각 나라와 인종과 언어를 초월하여

복음이 들어가기 전에 죽은 사람들 우리 대한민국 선조들과 지구촌 전세계 각 나라 모든 백성 선조들도

동일 합니다 지구촌 온땅에 태어나서 육신의 때에 한평생 살아온것 가지고

심판주 하나님께서 정의와 공의와 공의로우신 심판을 하시는데 (양심) 심판이 있습니다

지구촌 온 땅에 태어나서 육신의 때에 선한 삶을 살았나 거짓말하고 악하게 살았나

도덕과 윤리와 사상과 소위와 (양심의) 심판이 있습니다

심판주 하나님은 창세로부터 지구촌 전세계 각 나라와 인종과 언어를 초월하여 남자와

여자 모든 사람들이 육신의 때에 각각 행한 행위대로 하늘의 천사들이 그년 월일 시에

개개인이 기록한 것을 하늘 보좌에 계신 하나님의 얼굴을 항상 뵈옵고 책들에 기록된 대로

심판을 하시는 공의로우신 창조주 하나님은 불꽃같은 눈으로 하나님의 형상대로 만드신

피조물인 한사람 한사람 세상 끝날까지 심장과 폐부를 감찰하시고 각 사람이 자기가

육신의 때에 행한 행위대로 심판을 받습니다 각인이 자기가 육신의 때에 행한 일을

하나님 앞에 직고 하리라 심판주 하나님을 속일수도 없고 속지도 않습니다

롬 2:14-16 하나님의 피조물인 이방인의 불신자 들도 율법이 없어도 인간이 살아가면서 이웃과 형제와

타인에게 지켜야 할 도리 (양심이) 있습니다 육신의 때에 자기가 행한 행위대로 각 나라와

인종과 언어를 초월하여 백인종 황인종 흑인종 지구촌 온땅 전세계 각각 각인이 백보좌

심판을 받는 그날 그시에 다 살아나서 심판주 하나님 앞에 서리라 각 나라와 인종과

언어를 초월하여 남자 여자 모두가 육신의 때에 자기가 행한 일을 직고 하리라 사실대로 말을함

천국이냐 지옥이냐 공의로우신 하나님께서 다 아시고 각 사람의 마음과 생각과 심장과 폐부를

감찰하시고 각각 그 행위대로 은밀한 것들까지 공의로우신 심판을 하시는 하나님

요 5:21-29 　하나님 아버지께서 죽은 자들을 일으켜 살리심같이 아들 예수도 자기의 원하는 자들을 살리느니라

하나님 아버지께서 아무도 심판치 아니하시고 심판을 다 아들 예수에게 맡기셨으니

이는 각 나라와 인종과 언어를 초월하여 모든 사람으로 하나님 아버지를 공경하는 것같이

아들 예수를 공경하게 하려 하심이라 아들 성자의 하나님 주 예수 그리스도를 공경하지 아니하는

자는 예수를 이땅에 보내신 하나님 아버지를 공경하지 아니하느니라

예수 내가 진실로 진실로 너희에게 이르노니 내 말을 듣고 또 나 예수를 이땅에 보내신 하나님을

믿는 자는 영생을 얻었고 심판에 이르지 아니하리니 사망에서 생명으로 옮겼느니라

예수가 진실로 진실로 너희에게 이르노니 창세로 부터 지구촌 온 땅에 태어나서 한평생 살다가

죽은 자들이 하나님 아들 심판주 예수의 음성을 들을 때가 오나니 곧 이때라

백보좌 심판때에 듣는 자는 다 살아나리라

하나님 아버지께서 자기 속에 생명이 있음같이 아들 예수에게도 생명을 주어 그속에

있게 하셨고 또 인자됨을 인하여 창세로부터 세상 끝날까지 하늘과 땅의 모든

심판하는 권세를 성자의 하나님 아들 예수에게 주셨느니라

이를 기이히 여기지 말라 창세로부터 각 나라와 인종과 언어를 초월하여 지금까지 지구촌에

태어나서 생활하며 살아가다 죽어서 무덤속에 있는 자가 심판주 예수의 음성을 들을 때가

오나서 죽어서 티끌에 거하는 영혼들이 다 살아나서 백보좌 심판대 앞에서

유신의 때에 자기가 행한 행위를 따라 나오리니

선한 일을 행한 자는 생명의 부활로 영원한 새 하늘과 새 땅 천국으로 들어가고

악한 일을 행한 자는 심판의 부활을 받아서 영원한 유황 불못으로 들어가고

마 12:35-37 　선한 사람은 그 쌓은 선에서 선한 것을 내고 악한 사람은 그 쌓은 악에서 악한 것을 내느니라

심판주 예수가 너희에게 이르노니 사람이 무슨 무익한 말을 하든지

백보좌 심판날에 이에 대하여 심문을 받으리니

네 말로 의롭다 함을 받고 네 말로 정죄함을 받으리라

산자와 죽은자를 심판하실 심판주 하나님 앞에서 각각 그 사람에게 그가 일한대로

말한대로 상급이 있고 보응이 있느니라

계 21:1-27 　또 요한이가 새 하늘과 새 땅을 보니 처음 하늘과 처음 땅이 없어졌고 바다도 다시 있지 않더라

창조주 하나님께서 천지창조 하신 하늘과 땅 바다 산과 강과 아담때부터 21 세기 75억 명의

사람들이 한시대를 살아가던 하늘과 땅과 산과 강과 바다

천년왕국 에서 천년동안 살아가던 하늘과 땅과 바다 지구가 없어지고

또 요한이가 보매 새 하늘과 새 땅에 거룩한 성 새 예루살렘이 하나님께로부터 하늘에서

내려오니 그 예비한 것이 신부가 남편을 위하여 단장한 것 같더라

요한이가 들으니 보좌에서 큰 음성이 나서 가로되 보라 하나님의 장막이 사람들과 함께 있으매 하나님이

저희와 함께 거하시리니 저희는 하나님의 백성이 되고 하나님은 친히 저희와 함께 계셔서

저희는 알곡 백성들은 천년왕국 에서 천년동안 생활하며 자녀를 낳아 확장되고

대확장이 된 셀수 없는 하나님의 백성들과 십사만 사천과 그 자녀들과

아벨의 때부터 복음을 전하다 순교를 당한 셀수 없는 수많은 순교자들과

아담대부터 21 세기 75억 명의 사람들이 한세대를 살아가면서 하나님을 믿고 죽어서

티끌에 거하는 셀수 없는 수많은 하나님의 자녀들과 천년왕국에 들어가지 못하고

하나님을 믿고 죽어 티끌에 거하는 자들이 백보좌 심판때에 하나님의 생명책에

이름이 기록 된자들은 생명의 부활로 다 살아나서

저희는 하나님의 백성이 되고 하나님은 친히 저희와 함께 계셔서

모든 눈물을 그 눈에서 씻기시매 다시 사망이 없고 애통하는 것이나 곡하는 것이나

아픈 것이 다시 있지 아니하리니 처음 것들이 다 지나갔음이니라

보좌에 앉으신 하나님이 가라사대 보라 내가 만물을 새롭게 하노라 하시고

또 가라사대 이 말은 신실하고 참되니 기록하라 하시고

또 요한에게 말씀하시되 이루었도다 나 하나님은 알파와 오메가요 처음과 나중이라

시작과 끝이라 하나님이 생명수 샘물로 목마른 자에게 값없이 주리니

이기는 자는 마귀와 붉은 짐승과 거짓 음녀와 세상 유혹과 미혹과 각종 더러운 악의 영들을

믿음과 말씀과 기도로 싸워 이기는 자는 이것들을 유업으로 얻으리라

나는 저희 하나님이 되고 그는 하나님의 아들 딸이 되리라

새 하늘과 새땅 거룩한 성 새 예루살렘 성전은 열두 문이 있고 열두가지 보석과 진주요

성의 길은 맑은 유리 같은 정금이요 예루살렘 성전은 주 하나님 곧 전능하신 이와 및 어린양

예수님이 그 성전이심이라 그 거룩한 성 새 예루살렘은 해나 달의 비침이 쓸데 없어

이는 하나님의 영광이 비취고 어린양 예수님이 그 등이 되심이라

만국이 그 빛 가운데로 다니고 땅의 왕들이 십사만 사천은 자기의 영광을 가지고 그리로

천국으로 새 하늘과 새땅 거룩한 성 새 예루살렘으로 들어오리라

거룩한 성 새 예루살렘 열두 성문은 낮에 문을 닫지 아니하리니 거기는 밤이 없음이라

사람들이 만국의 영광과 존귀를 가지고 그리로 천국으로 들어오겠고

무엇이든지 속된 것이나 가증한 일 또는 거짓말 하는 자는 결코 그리로 들어오지 못하되

오직 어린양 예수 그리스도의 생명책에 이름이 기록된 자들뿐이라

계22:1-9 또 저가 수정같은 맑은 생명수의 강을 요한에게 보이니

하나님과 및 어린양 예수의 보좌로부터 나서

맑은 유리 같은 정금길 가운데로 흐르더라 예수님께서 통치하시는 새 하늘과 새땅

영원한 천국에는 수정같은 맑은 생명수의 강물이 흐르고

강 좌우에 생명나무가 있어 열두 가지 실과를 맺히되 달마다 생명나무가

열두가지 실과를 맺히고 그 생명나무 잎사귀들은 만국을 소성하기 위하여 있더라

생명나무 열두가지 실과를 먹으면 생명이 영생합니다

창 3:22-24 여호와 하나님이 가라사대 보라 이 사람 아담이 선악을 아는 일에 우리중 성부 성자 성령

하나님 하나같이 되었으니 그가 아담이 그 손을 들어 생명나무 실과도 따먹고

(영생할까) 하노라 하시고

여호와 하나님이 에덴 동산에서 그 사람을 아담과 하와를 내어 보내어

그의 근본된 토지를 갈게 하시니라

이같이 하나님이 그 사람을 아담과 하와를 쫓아내시고 에덴 동산 동편에 구룹들

천사들과 두루 도는 화염검을 두어 생명나무의 길을 지키게 하시니라

다시 저주가 없으며 하나님과 그 어린양 예수의 보좌가 그 가운데 있으리니

그의 종들이 십사만 사천은 하나님과 예수님을 섬기며

하나님과 예수님의 얼굴을 볼 터이요 그의 이름도 저희 이마에 있으리라

계14:1 또 요한이가 보니 보라 어린양 심판주 예수님이 시온 산에 섰고 그와 함께 십사만 사천이 섰는데

그 이마에 예수님의 이름과 하나님 아버지의 이름을 쓴 것이 있도다

다시 밤이 없겠고 등불과 햇빛이 쓸데없으니 이는 주 하나님이 저희에게 비취심이라

저희 십사만 사천은 영원한 천국 새 하늘과 새땅 거룩한 성 새 예루살렘에서 만왕의 왕

하나님과 왕중의 왕 예수님을 섬기며 저희가 십사만 사천이 분봉 왕으로 세세토록 왕 노릇 하리로다

또 그가 요한에게 말하기를 이 말씀은 신실하고 참된지라 주 곧 선지자들의 영의 하나님이

그의 종들에게 결코 속히 될 일을 보이시려고 그의 천사를 보내셨도다

보라 심판주 예수가 속히 오리니 이 성경책의 예언의 말씀을 지키는 자가 복이 있으리라 하더라

이것들을 보고 들은 자는 나 요한이니 내가 듣고 볼 때에 이 일을 내게 보이던

천사의 발 앞에 경배하려고 엎드렸더니

천사가 요한에게 말하기를 나는 너와 네 형제 선지자들과 또 이 성경책의 말을 지키는

자들과 함께 된 종이니 그리하지 말고 오직 하나님께 경배하라 하더라

계 22:10-15 │ 또 요한에게 말하되 이 책의 예언의 말씀을 인봉하지 말라 때가 가까우니라

불의를 하는 자는 그대로 불의를 하고 더러운 자는 그대로 더럽고

의로운 자는 그대로 의를 행하고 거룩한 자는 그대로 거룩하게 하라

보라 심판주 예수가 하늘과 땅과 바다와 지구촌 온 땅을 진동 시키고 속히 오리니

내가 줄 상이 내게 있어 각 사람에게 육신의 때에 그의 일한 대로 갚아 주리라

금면류관 의의 면류관 생명의 면류관 자랑의 면류관 받을자와 하나님의 기업을 받을자

다섯고을 열고을 받을자 천국 열쇠와 다윗의 열쇠를 받을자 장자의 축복을 받을자

광명한 새벽 별 신랑 예수님을 맞지할 신부의 자격을 받을자 왕권의 축복을 받을자

나 하나님은 알파와 오메가요 처음과 나중이요 시작과 끝이라

그 두루마기를 빠는 자들은 복이 있으리니 이는 저희가 생명나무에 나아가며

열두 진주와 지극히 귀한 각색 보석과 맑은 유리 같은 정금길 열두 문들을 통하여

새 예루살렘 거룩한 성에 들어갈 권세를 얻으려 함이로다

개들과 술객들과 행음자들과 살인자들과 우상 숭배자들과 및 거짓말을 좋아하며

지어내는 자마다 성밖에 있으리라 성밖은 구원이 없습니다

계 22:16-20 │ 나 예수는 교회를 위하여 내 사자를 보내어 이것들을 너희에게 증거하게 하였노라

나는 다윗의 뿌리요 자손이니 곧 광명한 새벽 별이라 예수라 하시더라

-257-

성령과 신부가 말씀하시기를 오라 하시는도다 듣는 자도 오라 할 것이요 목마른 자도

올 것이요 또 원하는 자는 값없이 생명수를 받으라 하시더라

예수 내가 이 책의 예언의 말씀을 듣는 각인에게 증거하노니 만일 누구든지 이것들 외에

더하면 하나님이 이 책에 기록된 재앙들을 그에게 더하실 터이요

만일 누구든지 이 책의 예언의 말씀에서 제하여 버리면 하나님이 이 책에 기록된

생명나무 실과와 및 거룩한 성에 참예함을 제하여 버리시리라

이것들을 증거하신 하나님이 가라사대 심판주 예수 내가 진실로 속히 오리라 하시거늘

아멘 주 예수여 오시옵소서

계 2:25-29 다만 너희에게 있는 것을 심판주 예수 내가 다시 올 때까지 믿음을 굳게 잡으라

하나님을 믿는 너희가 지구촌 전세계 각 나라와 인종과 언어를 초월하여 너희가 어떠한

환경에서도 너희 각 사람에게 주신 믿음 너희 각 사람에게 준 십자가 좌로나 우로나

치우치지 아니하고 신부된 너희들은 신랑 예수님만 바라보고 세상 끝날까지 심판주 예수님께서

오시는 그날까지 신앙의 정절을 목숨보다도 더욱 귀한 믿음을 굳게 지키고 항상 의인들의 반열에

서있고 선지자들의 반열에 서있고 순교자들의 반열에 서있고 사도들의 신앙을 따라가며 버릴것은

과감하게 다 버리고 취할 것은 취하고 목숨보다 믿음을 더욱 귀하게 굳게 지키고

옛 뱀이요 용이요 마귀와 사단을 하나님 말씀으로 믿음과 기도로 싸워 이기는 자와

붉은 짐승과 거짓 음녀와 우상과 세상 유혹과 미혹하는 영과 각종 더러운 영들을 말씀과

믿음으로 싸워서 이기는 자와 세상 음녀로 더럽히지 아니하고 믿음의 정절이 있고 정직하고

어떠한 환경과 여건속에서도 불법을 행하지 아니하고 게으르지 아니하고 나태하지

아니하고 목숨보다 귀한 믿음을 굳게 지키고 그 입에 거짓말이 없고

오직 의롭게 행하며 정직히 말하며 토색한 재물을 가증히 여기며 뇌물을 받지

아니하며 눈을 감아 악을 보지 아니하며 하나님 말씀을 순종하며

예수님이 어디로 인도하든지 따라가는 자며 하나님께 말씀하신 명령과 법을 지키고

21세기 75억 명의 사람들이 한시대를 살아가는 각 나라와 인종과 언어를 초월하여

지구촌 바벨세상에 마귀와 더러운 귀신과 우상과 각종 더러운 영들을 하나님 말씀과

믿음과 기도로 싸워서 이기는 자들에게 만국을 다스리는 권세를 주리니

그가 철장을 가지고 더러운 죄악된 바벨 세상과 구산품 좋은 포도가 아니고

믿음이 변질이 되어 들포도가 맺혔도다 지구촌 전세계 세상에 속한 바벨교회와

악한 세상을 따라가는 바벨세상 거민들을 다스려 질그릇 깨뜨리는 것과 같이 하리라

나 예수도 내 아버지께 받은 것이 그러하니라

심판주 예수님께서 옛 뱀이요 용이요 마귀와 붉은 짐승과 거짓 음녀와 세상을 이긴 자들과

끝까지 믿음을 지키는 자들에게 새벽 별을 주리라 예수 신랑을 맞이할 신부 자격을 주리라

귀 있는 자는 성령이 하나님의 교회들에게 하시는 말씀을 들을찌어다

할렐루야 하나님 아버지의 아들 예수 그리스도 생명의 떡과 생수의 근원되신 주 예수

그리스도를 믿는 21세기 75억 명의 사람들이 한시대를 살아가는 지구촌 전세계 각 나라와

인종과 언어를 초월하여 남종과 여종 남녀노소 모두 하나님의 백성들이여

심판주 하나님 예수님이 오실 때까지 예수님께서 통치하시고 다스리시는 에덴동산

천년왕국에 들어 갈때까지 24시간 365일 세상 끝날 까지 기도하시고 찬양하며

하나님을 믿고 경배하며 경외하며 신뢰하며 믿음의 선진들이 이 땅에서는 외국인과 나그네로

살아 가면서 이 땅에것 가짜를 다 버리고 더 좋은 하늘에 본향을 생각하며 걸어가신

믿음의 거장들 그 의인들의 반열에 항상 서서 걸어가시길 축복합니다

예수님께서 통치하시고 다스리시는 거룩하고 아름다운 에덴동산 천년왕국 에서

천년동안 생활하며 천년의 시간이 끝나면 처음 하늘과 처음 땅이 없어지고

하나님께서 새 하늘과 새 땅을 명품으로 만드시고 거룩한 성 새 예루살렘 맑은 유리

같은 정금길 맑은 생수의 강물이 흐르고 강 좌우에 생명나무가 있어 열두가지 실과를

달마다 맺히는 생명나무의 실과를 먹으며 값없이 생수를 마시는

(거룩하고 아름다운 새 하늘과 새 땅 영원한 천국 새 예루살렘으로)

이말씀을 읽은 지구촌 전세계 창조주 하나님 주 예수 그리스도를 믿고 경배하며 신뢰하며

사랑하는 천하보다 귀하신 모든 분들을 예수 그리스도 이름으로 축복하고 사랑합니다

최고의 연회 장소로 천년왕국 에덴동산과 새 하늘과 새땅 영원한 천국

새 예루살렘으로 여러분을 초대합니다 사랑합니다 할렐루야

마24:45-47	충성되고 지혜 있는 종이 되어 주인에게 그집 사람들을 맡아 때를 따라 양식을 나눠 줄 자가
	누구뇨 포도주와 젖을 주며 생명의 근원되시고 생명수와 생명의 떡 예수 그리스도를 주며
	육적 이스라엘 하나님과 지구촌 전세계 영적 이스라엘의 하나님을 전하며
	사랑의 하나님과 공의 하나님을 전하며 초림주 하나님과 재림주 하나님을 전하며
	조금 있으면 하늘과 지구촌 온 땅과 바다와 육지와 만국을 진동시킬 심판주 예수님을
	전하며 천년왕국 에덴동산과 새 하늘과 새땅 영원한 천국 새 예루살렘을 전하며
	하나님께서 시대 시대마다 말씀하신 숨겨진 모략전이 비밀을 전하며
	때를 따라 천국 복음과 영원한 복음 양식을 나눠 줄 자가 누구뇨
	주인이 올 때에 창조주 성자의 하나님 주 예수 그리스도 심판주가 올 때에
	그 종의 이렇게 하는 것을 보면 그 종이 복이 있으리라
	심판주 하나님 예수 내가 진실로 너희에게 이르노니
	주인이 하나님이 그 모든 소유를 저에게 맡기리라
계1:3	이 예언의 말씀을 읽는 자와 예언의 말씀을 듣는 자들과 그 가운데 기록한 말씀을
	법을 지키는 자들이 복이 있나니 때가 가까움이라
계 22:21	주 예수의 은혜가 모든 자들에게 있을찌어다 아멘
	마라나타 주여 어서 오시옵소서
	서울 금천구 시흥 1동 985-11호 신정교회 강 병 주 목사
	전화 02 - 896 - 9430

21세기 마지막 바벨론 멸망과
에덴동산 회복과
영원한 새 하늘과 새땅이 펼쳐집니다

초판 1쇄 발행 2024년 10월 1일

글	강병주
발행인	권선복
발행처	도서출판 행복에너지
출판등록	제315-2011-000035호
주소	(157-010) 서울특별시 강서구 화곡로 232
전화	0505-613-6133
팩스	0303-0799-1560
홈페이지	www.happybook.or.kr
이메일	ksb6133@naver.com

값 30,000원
ISBN 979-11-93607-54-1 (03230)

도서출판 행복에너지는 독자 여러분의 아이디어와 원고 투고를 기다립니다. 책으로 만들기를 원하는 콘텐츠가 있으신 분은 이메일이나 홈페이지를 통해 간단한 기획서와 기획의도, 연락처 등을 보내주십시오. 행복에너지의 문은 언제나 활짝 열려 있습니다.

'행복에너지'의 해피 대한민국 프로젝트!

<모교 책 보내기 운동> <군부대 책 보내기 운동>

한 권의 책은 한 사람의 인생을 바꾸는 힘을 가지고 있습니다. 한 사람의 인생이 바뀌면 한 나라의 국운이 바뀝니다. 그럼에도 불구하고 많은 학교의 도서관이 가난하며 나라를 지키는 군인들은 사회와 단절되어 자기계발을 하기 어렵습니다. 저희 행복에너지에서는 베스트셀러와 각종 기관에서 우수도서로 선정된 도서를 중심으로 <모교 책 보내기 운동>과 <군부대 책 보내기 운동>을 펼치고 있습니다. 책을 제공해 주시면 수요기관에서 감사장과 함께 기부금 영수증을 받을 수 있어 좋은 일에 따르는 적절한 세액 공제의 혜택도 뒤따르게 됩니다. 대한민국의 미래, 젊은이들에게 좋은 책을 보내주십시오. 독자 여러분의 자랑스러운 모교와 군부대에 보내진 한 권의 책은 더 크게 성장할 대한민국의 발판이 될 것입니다.